高等学校工程管理专业规划教材

建筑企业战略管理

中南大学　王孟钧　陈辉华　刘少兵　编著

中国建筑工业出版社

图书在版编目（CIP）数据

建筑企业战略管理/中南大学王孟钧等编著．—北京：中国建筑工业出版社，2007

（高等学校工程管理专业规划教材）

ISBN 978-7-112-08903-1

Ⅰ．建… Ⅱ．王… Ⅲ．建筑工业-工业企业管理-高等学校-教材 Ⅳ．F407.96

中国版本图书馆 CIP 数据核字（2006）第 159940 号

高等学校工程管理专业规划教材
建筑企业战略管理
中南大学　王孟钧　陈辉华　刘少兵　编著

*

中国建筑工业出版社出版、发行（北京西郊百万庄）
各地新华书店、建筑书店经销
北京密云红光制版公司制版
北京建筑工业印刷厂印刷

*

开本：787×1092 毫米　1/16　印张：16¾　字数：405 千字
2007 年 2 月第一版　2009 年 7 月第二次印刷
定价：**25.00** 元
ISBN 978-7-112-08903-1
（15567）

版权所有　翻印必究
如有印装质量问题，可寄本社退换
（邮政编码 100037）

本社网址：http://www.cabp.com.cn
网上书店：http://www.china-building.com.cn

本书以现代企业战略管理理论为基础，结合建筑行业的特点，通过建筑企业战略环境分析、内部条件分析，以及竞争优势分析，研究提出具有鲜明特色的建筑企业战略管理理论与实证案例。

全书共有十章内容，包括：建筑企业战略管理导论、建筑企业战略环境分析、建筑企业内部条件分析、建筑企业竞争优势分析、建筑企业总体战略、建筑企业竞争性战略、建筑企业市场开拓战略、建筑企业跨国经营战略、建筑企业职能战略、建筑企业战略的实施与控制。

本书可作为高等学校工程管理专业、土木工程类专业及其他相关专业的本科教材和研究生教材，也可供工程建设、设计、施工、咨询等单位以及大型承包商的高层领导、经营管理人员学习、参考。

* * *

责任编辑：张　晶
责任设计：赵明霞
责任校对：王金珠

前　言

20 世纪 80 年代初，我国建筑行业开始由计划经济走向市场经济，一些眼光长远的成功企业开始思索企业发展战略问题，并逐渐进入"战略制胜时期"。但在实践过程中也遇到了不少困惑与难题，亟需理论支持。近年来，尽管建筑企业战略管理研究取得一定成果，但理论体系还不够完善，有待于进一步开展系统而深入的研究。

随着经济全球化进程的加快，特别是我国加入 WTO 以后，建筑市场环境发生了剧烈变化，建筑企业（大型承包商）面临更多的机遇与挑战。由于我国建筑企业战略管理起步较晚，行业特色明显，形势发展逼人，实施战略管理有其迫切性和特殊性，因此，重视和强化企业战略管理已成为建筑企业（大型承包商）求生存、谋发展的必然选择。

本书共有十章内容，以系统的理论、新颖的构思、详实的案例构建了建筑企业战略管理的完整知识体系，突出了我国建筑企业（大型承包商）的行业特色与战略管理特征。第一章为导论，阐述了建筑企业战略管理的主要内容，第二、三章是战略环境分析和内部条件分析，第四章阐述了建筑企业竞争优势的来源和途径，第五章是建筑企业整体战略的内容；第六章是竞争性战略的内容，第七、八、九章是建筑企业职能战略，包括市场开拓、战略、跨国经营战略、人力资源战略、资本经营战略、技术创新战略和品牌战略，第十章阐述了建筑企业战略实施与控制的主要内容和方法。本书可作为高等学校工程管理专业、土木工程类专业及其他相关专业的本科教材和研究生教材，也可供建设领域企、事业单位，特别是大型承包商的高层领导、经营管理人员学习、参考。

本书由中南大学王孟钧、陈辉华、刘少兵编著。第一章由王孟钧、陈辉华撰写，第二章由陈辉华、韦玮撰写，第三章由王孟钧、薛立谦撰写，第四章由陈辉华、彭敏撰写，第五章由陈辉华、刘少兵撰写，第六章由王孟钧、彭庆辉撰写，第七章由王孟钧、赵建伟撰写，第八章由刘少兵、俞冠军撰写，第九章由俞冠军、李博、赵建伟撰写，第十章由王孟钧、戴若林撰写。本书最后由王孟钧、陈辉华统稿。同时，常燕、马英斌、罗伟、刘轶、李爱芬、刘洁等也为本书的编写做了大量的工作。

由于作者的学术水平与实践经验有限，本书不妥之处在所难免，敬请各位读者批评指正，我们将在以后的修订工作中，不断充实完善。

在本书的编写过程中，参考了许多国内外专家学者的论文、专著、教材和资料，在此谨向他们表示衷心的感谢！

目　　录

第一章　建筑企业战略管理导论 ... 1
第一节　企业战略的概念和特征 ... 1
第二节　企业战略管理理论的发展 ... 3
第三节　建筑企业战略管理的必要性与特殊性 ... 8
第四节　建筑企业战略管理的主要内容 ... 10
复习思考题 ... 16

第二章　建筑企业战略环境分析 ... 17
第一节　建筑企业宏观环境分析 ... 17
第二节　建筑企业经营环境分析 ... 22
第三节　建筑企业战略环境分析与评价方法 ... 36
复习思考题 ... 38

第三章　建筑企业内部条件分析 ... 39
第一节　建筑企业的资源 ... 39
第二节　建筑企业的能力 ... 45
第三节　建筑企业资源与能力的关系 ... 51
第四节　建筑企业内部条件战略分析技术 ... 57
复习思考题 ... 63

第四章　建筑企业竞争优势分析 ... 64
第一节　建筑企业竞争优势概述 ... 64
第二节　战略资源、核心能力与建筑企业竞争优势 ... 69
第三节　建筑企业竞争优势的层次互动模型 ... 80
第四节　价值链与建筑企业竞争优势 ... 84
第五节　建筑企业竞争优势的创建模式 ... 89
复习思考题 ... 93

第五章　建筑企业总体战略 ... 94
第一节　战略目标的制定 ... 94
第二节　建筑企业战略态势选择 ... 103
第三节　建筑企业的成长战略 ... 111
第四节　建筑企业战略选择的方法与技术 ... 123
复习思考题 ... 130

第六章　建筑企业竞争性战略 ... 131
第一节　成本领先战略 ... 131
第二节　差异化战略 ... 138

第三节　集中化战略 …………………………………………… 146
　　第四节　建筑企业基本竞争战略的扩展 ………………………… 148
　　第五节　建筑企业竞争性战略的选择 …………………………… 153
　　复习思考题 …………………………………………………………… 155

第七章　建筑企业市场开拓战略 ……………………………………… 156
　　第一节　建筑企业市场细分与定位 ……………………………… 156
　　第二节　建筑企业市场开拓战略体系 …………………………… 162
　　第三节　建筑企业市场开拓战略的实施要点 …………………… 169
　　复习思考题 …………………………………………………………… 176

第八章　建筑企业跨国经营战略 ……………………………………… 177
　　第一节　建筑企业跨国经营战略概述 …………………………… 177
　　第二节　建筑企业跨国经营战略的环境分析 …………………… 179
　　第三节　建筑企业跨国经营战略的规划 ………………………… 180
　　第四节　建筑企业跨国经营战略的制定与实施 ………………… 184
　　复习思考题 …………………………………………………………… 191

第九章　建筑企业职能战略 …………………………………………… 192
　　第一节　建筑企业人才战略 ……………………………………… 192
　　第二节　建筑企业资本运营战略 ………………………………… 204
　　第三节　建筑企业技术创新战略 ………………………………… 211
　　第四节　建筑企业品牌战略 ……………………………………… 219
　　复习思考题 …………………………………………………………… 232

第十章　建筑企业战略的实施与控制 ………………………………… 233
　　第一节　概述 ……………………………………………………… 233
　　第二节　建筑企业战略实施 ……………………………………… 235
　　第三节　建筑企业战略控制 ……………………………………… 247
　　复习思考题 …………………………………………………………… 257

参考文献 ………………………………………………………………… 258

第一章 建筑企业战略管理导论

随着中国加入WTO和国内经济的快速增长，建筑市场环境发生了剧烈变化，我国建筑企业（大型承包商）面临更多的机会与挑战。越来越多的建筑企业开始重视企业发展战略问题，并逐渐进入"战略制胜时期"，强化战略管理已成为建筑企业求生存、谋发展的必然选择。本章在分析西方企业战略管理理论发展的基础上，阐述了建筑企业战略管理的必要性与特殊性，以及建筑企业战略管理的主要内容。

第一节 企业战略的概念和特征

一、企业战略的概念

战略一词，原为军事用语。顾名思义，战略就是作战的谋略。《辞海》中对战略一词的解释是："军事名词。对战争全局的筹划和指挥。它依据敌对双方的军事、政治、经济、地理等因素，照顾战争全局的各方面，规定军事力量的准备和运用。"《中国大百科全书·军事卷》诠释战略一词时说："战略是指导战争全局的方略。即战争指导者为达成战争的目的，依据战争规律所制定和采取的准备和实施战争的方针、政策和方法。"

在英语中，战略一词为 strategy，它来源于希腊语的 stratagia，也是一个与军事有关的词。《韦氏新国际英语大词典》（第三版）定义战略一词为"军事指挥官克敌制胜的科学与艺术。"随着人类社会实践的发展，战略一词被广泛应用于军事之外的领域，从而赋予了新的含义。而将战略思想运用于企业经营管理之中，就产生了企业战略这一概念。

什么是企业战略？在西方战略管理文献中没有一个统一的定义，不同的学者赋予企业战略以不同的含义。美国哈佛大学商学院教授安德鲁斯（Andrews）认为，战略是要通过一种模式，把企业的目标、方针、政策和经营活动有机地结合起来，使企业形成自己的特殊属性和竞争优势，将不确定的环境具体化，以便较容易地着手解决这些问题。美国著名战略学家安索夫（Ansoff）则认为，战略构造应是一个有控制、有意识的正式计划过程；企业的高层管理者负责计划的全过程，而具体制定和实施计划的人员必须对高层管理者负责，通过目标、项目、预算的分解来实施所制定的战略计划。而加拿大麦吉尔大学管理学教授明茨伯格（Mintzberg）提出了企业战略的5P'S，即计划（plan）、计策（ploy）、模式（pattern）、定位（position）和观念（perspective），从五个不同角度对战略加以阐述。综上所述，企业战略是以企业未来发展为基点，为寻求和维持持久的竞争优势而做出的有关全局的重大筹划和谋略。

二、企业战略的特征

尽管战略学家对企业战略的内涵有着不同的理解，但对于企业战略特征的认识并没有太大的分歧。概括起来，企业战略具有如下的特征：

1. 全局性

企业战略突出的特征就是对全局的把握，战略家必须有极好的全局观。只有从全局出发考虑战略问题，才能使企业各方面、各阶段的问题能在总方向的指引下得到正确的解决。战略的全局性特征，要求企业战略必须根据企业总体发展的需要来制定，追求企业的整体效果。

2. 长远性

企业战略应以企业的长期生存和发展为出发点，研究长远的战略问题。企业战略考虑的是企业未来相当长一段时期内的总体发展战略，通常着眼于未来 3~5 年乃至更长远的目标。企业战略的长期性特征，要求把企业战略的制定和实施定位在未来，以适应时代发展趋势和市场变化方向，而不是局限于当前要处理的问题。

3. 指导性

企业战略是对企业的未来经营方向和目标的纲领性的规划和设计，对企业经营管理的所有方面都具有指导意义。企业战略规定了企业在一定时期内基本的发展目标，以及实现这一目标的基本途径，从而对企业全体职工起着指导和激励作用。

4. 竞争性

企业在激烈的市场竞争中，不可避免地出现两极对抗或多极对抗，而且其竞争对手实力强劲。企业战略也像军事战略一样，其目的也是为了克敌制胜，赢得市场竞争的主动权，因此，竞争性是企业战略非常明显的特征之一。

5. 创新性

企业战略往往是与未来的新趋势相联系的，它区别于以往的五年计划或长期计划的一个重要方面就是其创新性。企业为了生存和发展，就必须不断拓展新的经营领域，开创新的事业。企业战略的创新性源于企业内、外部环境的多变性，因循守旧的企业战略是无法适应时代发展要求的。

6. 风险性

企业战略是对未来发展的规划，然而环境总是处于不确定的、变化莫测的趋势中，任何企业战略都伴随有风险。企业战略的制定并不是企图消除风险，而是能够对风险的程度做出某种判断，并对风险的后果做出评估，然后做出正确的决策。

7. 适应性

企业战略应建立在现有的主观因素和客观条件基础上，一方面，企业战略必须与企业管理模式相适应，企业战略不应脱离现实可行的管理模式，而且管理模式也应适当调整以适应企业战略的要求；另一方面，企业战略也要与战术、策略、方法和手段等相适应，缺乏实施的力量和技巧，企业战略难以取得好的效果。

8. 相对稳定性

企业战略一经制定后，应在较长时期内保持稳定（不排除局部调整），以利于企业各级单位、部门加以贯彻和执行。

三、战略与有关术语的区别与联系

1. 战略与决策的区别与联系

决策，简单地说就是方案的选择和实施，它存在于企业生产经营过程的各个环节、各个时期之中，是个广泛的概念。对战略方案的选择和实施也是一种决策，而且是非常重要的决策，这种决策称为战略决策。但决策不仅包括战略决策，而且还有许多日常决策和短期决策，决策的原理同样适用于战略的制定和实施过程。

2. 战略与规划的区别与联系

规划和决策一样是个广泛的概念，有长期规划、短期规划等等。规划不仅有战略规划，还有许多其他规划。而战略作为一种谋划，本身就是一种长远规划，故常称为战略规划。

3. 战略与策略的区别与联系

战略与策略有时会互相通用，有一些重大的策略，虽然称为策略，实质上是一种战略，如目标市场策略，实际是一种市场战略。但有些策略，如商标策略、供销策略、价格策略，却不能称之为战略。因此，二者的区分不能仅从表面字义上而要从其所包含的内容来划分，主要看其是否带有战略的特征，所以从严格意义上说，二者是有区别的。《辞海》把策略定义为执行战略的手段。但是，战略是有层次性的，分战略就是执行总战略的手段。因此，我们常把时间较短的局部性的谋划称为策略，以免混淆战略的特征。战略和策略的关系反映全局和局部、长远利益和当前利益的辩证关系，它们是既有区别又有联系的。

4. 战略与战术的区别与联系

战术是保证战略实现的手段或办法，是指局部的、短期的针对某一特定问题而采取的行动，具有较大的灵活性，因此，可以很容易地将其与战略加以区分。

四、企业战略管理的概念

美国著名战略学家安索夫1972年在《企业经营政策》杂志上发表了"战略管理思想"一文，正式提出了"战略管理"（strategy management）的概念，为以后战略管理理论的进一步发展奠定了基础。1979年安索夫又出版了《战略管理论》一书，安索夫认为，企业战略管理是指将企业日常业务决策与长期计划决策相结合而形成的一系列经营管理业务。而美国学者斯坦纳（Steiner）在1982年出版的《管理政策与战略》一书中认为，企业战略管理是确定企业使命，根据企业外部环境和内部经营要素设定企业组织目标，保证目标的正确落实并使企业使命最终得以实现的一个动态过程。

此后，许多战略研究学者与企业家从不同的角度进行研究和拓展，提出了不同的见解，概括起来有以下几种：

（1）企业战略管理是决定企业长期发展的一系列重大管理决策和行动，包括企业战略的制定、实施、评价和控制；

（2）企业战略管理是企业制定长期战略和贯彻这种战略的活动；

（3）企业战略管理是企业在处理自身与环境关系过程中实现其宗旨的管理过程。

综上所述，企业战略管理是指企业的高层决策者在分析企业内外部环境的基础上，制定出明确的战略目标和全局性的谋划，并将这种谋划和决策付诸实施，以及在实施过程中进行控制的一个动态管理过程。

第二节　企业战略管理理论的发展

西方企业战略管理理论起源于20世纪中期，它随着企业管理理论的发展而发展，逐渐从生产管理、经营管理进入战略管理阶段。企业战略管理理论可以分为四个发展阶段：

早期战略思想、传统战略管理理论、竞争战略管理理论以及动态战略管理理论。

一、早期战略思想

在此阶段，虽没有出现完整的战略理论体系，但已产生了很精彩的战略思想。美国哈佛大学的迈克尔·波特（Michael Porter）教授对此作了精辟的概括，总结了早期战略思想阶段的三种观点。

1. 企业战略思想的第一种观点

20 世纪初，法国学者法约尔（Fayol）对企业内部的管理活动进行整合，将工业企业中的各种活动划分成六大类：技术活动、商业活动、财务活动、安全活动、会计活动和管理活动，并提出了管理的五项职能：计划、组织、指挥、协调和控制，当时这些学者和管理者都是将思考的重点放在组织内部活动的管理上，这可以说是最早出现的企业战略思想。

2. 企业战略思想的第二种观点

1938 年，美国经济学家巴纳德（Barnard）在《经理人员的职能》一书中，首次将组织理论从管理理论和战略理论中分离出来，认为管理和战略主要是与领导人有关的工作。此外，他还提出管理工作的重点在于提高组织的效率，其他的管理工作则应注重组织的效能，即如何使企业组织与环境相适应。这种关于组织与环境相"匹配"的主张成为现代战略分析方法的基础。

3. 企业战略思想的第三种观点

20 世纪 60 年代，哈佛大学的安德鲁斯对战略进行了四个方面的界定，将战略划分为四个构成要素，即市场机会、公司实力、个人价值观和渴望、社会责任。其中市场机会和社会责任是外部环境因素，公司实力与个人价值观和渴望则是企业内部因素。他还主张公司应通过更好地配置自己的资源，形成独特的能力，以获取竞争优势。

二、传统战略管理理论

20 世纪 60 年代初，美国著名管理学家钱德勒（Chandler）于 1962 年发表有关战略的著作《战略与结构》，成为现代企业战略管理理论研究的起点。在其论著中，他首先详细、全面地分析了环境、战略和组织结构之间的互动关联。他经过仔细分析后得到的结论是：企业战略应适应环境的变化——满足市场需求，而组织结构又必须适应企业战略的要求，随战略的发展变化而变化。从此以后，很多学者积极地参与企业战略管理理论的研究，在这一时期出现了多种不同的理论学派。

1. 设计学派

这一学派的观点始于钱德勒，后由安德鲁斯作出了精确的界定。安德鲁斯认为，战略形成过程实际上是把企业内部条件因素与企业外部环境因素进行匹配的过程，这种匹配能够使企业内部的优势和劣势与企业外部的机会和威胁相协调，并由此建立了著名的 SWOT 战略分析模型。设计学派要求企业战略通过一种模式，将企业的目标、方针政策、经营活动和不确定的环境结合起来，使企业形成自己的特殊战略属性和竞争优势。

2. 计划学派

计划学派几乎与设计学派同时产生，以安索夫 1965 年出版《公司战略》一书为标志。西方战略管理文献一般将战略分为企业总体战略和经营战略两大类，这对推动战略管理的进一步发展起到了积极的作用。计划学派认为，战略的形成是一个受到控制的、有意识的、规范化的过程，原则上主要由领导承担整个过程的责任，但在实践中则由计划人员负责实施，因此，企业战略应当详细、具体，包括企业目标、资金预算、执行步骤等实施计划，以保证企业战略的顺利实现。

3. 创意学派

创意学派认为战略形成过程是一个直觉思维、寻找灵感的过程，强调领导才能的重要性。直觉式策略并没有一定的好坏，在一些特别情况下（如组织成立的早期）是被需要的，这种方式可以让策略更为灵活或具有弹性。

4. 认知学派

认知学派认为，战略的形成是基于处理信息、获得知识和建立概念的认知过程——其中后者是战略产生的最直接、最重要的因素，而在哪一阶段取得进展并不重要。

5. 学习学派

学习学派与以往学派的不同之处在于，它认为战略是通过渐进学习、自然选择形成的，可以在组织上下出现，并且战略的形成与贯彻是相互交织在一起的。

6. 权力学派

权力学派认为，战略制定不仅要注意行业环境、竞争力量等经济因素，而且要注意利益团体、权力分享等政治因素。

7. 文化学派

文化学派认为，企业战略根植于企业文化及其背后的社会价值观念，其形成过程是一个将企业组织中各种有益的因素进行整合以发挥作用的过程。

8. 环境学派

环境学派强调的是企业组织在其所处的环境里如何获得生存和发展。在环境学派中，环境和领导以及组织一起被列为战略形成过程中的三个中心力量，并且领导和组织从属于外部环境，环境居于支配地位。

9. 结构学派

结构学派把企业组织看成是一种结构——由一系列行为和特征组成的有机体，而把战略制定看成是一种整合，即由各种学派的观点综合而成的体系。

10. 定位学派

定位学派的观点始流行于20世纪80年代，其杰出代表人物是迈克尔·波特。定位学派认为企业在制定战略的过程中必须要做好两个方面的工作：一是企业所处行业的结构分析；二是企业在行业内的相对竞争地位分析。

综上所述，这一阶段的战略管理理论研究主要集中于以下几个方面：一是研究战略与环境的关系；二是战略应从上至下，即由高层管理者构思设计；三是战略应该通过正式计划予以实施。

三、竞争战略管理理论

在企业战略管理理论的发展过程中，以上战略学派都曾在一定时期内发挥过一定作用。但随着企业战略理论和企业经营实践的发展，企业战略管理理论的研究重点逐步转移到企业竞争方面，特别是20世纪80年代以来，西方经济学界和管理学界一直将企业竞争战略理论置于学术研究的前沿地位，从而有力地推动了企业竞争战略管理理论的发展。回顾20多年来的发展历程，企业竞争战略管理理论涌现出了三大主要战略学派：行业结构学派、核心能力学派和战略资源学派。

1. 行业结构学派

行业结构学派的创立者和代表人物，是美国著名战略学家迈克尔·波特教授。波特的杰出贡献在于，实现了产业组织理论和企业竞争战略理论的创新性兼容，并把战略制定过程和战略实施过程有机地统一起来。波特认为，构成企业环境的最关键部分就是企业投入竞争的一个或几个行业，行业结构极大地影响着竞争规则的确立以及可供企业选择的竞争战略。为此，行业结构分析是确立竞争战略的基石，理解行业结构永远是战略制定的起点。波特还指出，企业需要做好的第二个工作是，在已决定进入的行业中进行自我定位。为此，波特创造性地建立了五种竞争力量分析模型，他认为一个行业的竞争状态和盈利能力取决于五种基本竞争力量之间的相互作用，即进入威胁、替代威胁、买方讨价还价能力、供方讨价还价能力和现有竞争对手的竞争，而其中每种竞争力量又受到诸多经济技术因素的影响。因此，当影响行业竞争的作用力以及它们产生的深层次原因确定以后，企业的当务之急就是分析自己在所处行业中的强项和弱项，并据此作出正确的战略决策。在这种指导思想下，波特提出了赢得竞争优势的三种基本战略：成本领先战略、差异化战略和集中化战略，这为企业战略管理的进一步发展开辟了新途径。

2. 核心能力学派

1990 年，美国学者普拉哈拉德（Prahalad）和哈默尔（Hamel）在《哈佛商业评论》上发表了《企业核心能力》一文。其后，越来越多的研究人员开始投入企业核心能力理论的研究。所谓核心能力，就是所有能力中最核心、最根本的部分，它可以通过向外辐射，作用于其他各种能力，影响着其他能力的发挥和效果。一般说来，核心能力具有如下特征：

（1）核心能力可以使企业进入各种相关市场参与竞争；

（2）核心能力能够使企业具有一定程度的竞争优势；

（3）核心能力应当不会轻易地被竞争对手所模仿。

核心能力学派强调组织内部的技能、集体学习以及组织的管理技能，认为竞争优势的根源在于组织内部，新战略的实施会受到公司现有资源的约束，因此，企业战略的目标就在于识别和开发竞争对手难以模仿的核心能力。只有具备了这种核心能力，企业才能很快适应迅速的市场变化，满足顾客的需求，才能在顾客心目中将企业与竞争对手区分开来。另外，企业要获得和保持持续的竞争优势，就必须在核心能力、核心产品和最终产品三个层面上参与竞争。在核心能力层面上，企业的目标应是在产品性能的特殊设计与开发方面建立起领导地位，以保证企业在产品制造和销售方面的独特优势。

3. 战略资源学派

在企业竞争实践中，每个企业的资源和能力是各不相同的，同一行业中的企业也不一定拥有相同的资源和能力。这样，企业战略资源和运用这种战略资源的能力方面的差异，就成为企业竞争优势的源泉。20 世纪 80 年代，库尔（Cool）和申德尔（Schendel）通过对制药业若干个企业的研究，进一步确定了企业的特殊能力是造成它们业绩差异的重要原因。1990 年，普拉哈拉德和哈默尔在对世界上优秀公司的经验进行研究的基础上提出，竞争优势的真正源泉在于"管理层将公司范围内的技术和生产技能合并为使各业务可以迅速适应变化机会的能力"。战略资源学派既承认公司特别资源与竞争力的重要性，也承认产业环境分析的重要性，认为企业能力只有在相应环境中才能体现出重要性，并认为能力与资源作为企业竞争地位的核心，要考虑：需求（是否满足顾客需要，是否具有竞争领先优势——结构分析）、稀缺性（是否是可模仿的、可替代的、或是可持久的）、适宜性（谁拥有利润）等要素。因此，企业竞争战略的选择必须最大限度地有利于培植和发展企业的战略资源，而战略管理的主要工作就是培植和发展企业对自身拥有的战略资源的独特的运用能力，即核心能力，而核心能力的形成需要企业不断地积累战略制定所需的各种资源，需要企业不断学习、不断创新、不断超越。只有在核心能力达到一定水平后，企业才能通过一系列组合和整合形成自己独特的，不易被人模仿、替代和占有的战略资源，才能获得和保持持续的竞争优势。

尽管波特的行业结构分析，以及稍后出现的核心能力和战略资源观在企业战略研究的侧重点上各有不同，但鉴于它们把以买方市场为主要经济特征、环境呈现复杂多样性的变化作为战略研究的时代背景，而将市场竞争作为战略研究的主要内容，以谋求建立和维持企业的竞争优势作为战略目标，我们可以将它们同称为竞争战略。

四、动态战略管理理论

随着21世纪的到来，全球众多企业面临的竞争环境更加易于变化和难以预测。面对竞争环境的快速变化、产业全球化竞争的加剧、竞争者富于侵略性的竞争行为以及竞争者对一系列竞争行为进行反应所带来的挑战，传统战略管理的理论方法已经无法满足现实生活中企业战略管理决策的需要。于是，近年来一些管理学者提出了新的战略管理理论，即"动态能力论"及"竞争动力学方法论"等。

1. 动态能力论

该理论的提出主要基于以下的认识：过去的战略管理理论是由从企业战略的层次上对企业如何保持竞争优势的分析构成的，而对企业怎样和为什么要在快速变化的环境中建立竞争优势却论述不多。动态能力论则主要是针对基于创新的竞争、价格/行为竞争、增加回报以及打破现有的竞争格局等领域的竞争进行的。它强调了在过去的战略管理理论中未能受到重视的两个方面：第一，"动态"的概念是指企业重塑竞争力以使其与变化的经营环境保持一致的能力，当市场的时间效应和速度成为关键、技术变化的速度加快、未来竞争和市场的实质难以确定时，就需要企业有特定的、对创新的反应。第二，"能力"这一概念强调的是战略管理在适当地使用、整合和再造企业内外部的资源和能力以满足环境变化需要。

2. 竞争动力学方法论

竞争动力学方法是在竞争力模式理论、企业能力理论和企业资源理论的基础上，通过对企业内外部影响企业经营绩效的主要因素——企业之间的相互作用、参与竞争的企业质量、企业的竞争速度和灵活性等方面的分析，来回答在动态的竞争环境条件下，企业应怎样制定和实施战略管理决策，才能获得超过平均水平的收益和持续的竞争优势。

近年来，竞争动力学的研究和分析在国外受到越来越多的关注，而且有关这方面的研究成果被普遍地应用在战略管理的实践中。首先，它研究处于竞争状态的企业之间的竞争作用，这种竞争作用产生的原因，以及竞争作用发生的可能性；第二，它研究和分析影响企业竞争或对竞争进行反应的能力要素；第三，它还对不同条件下的竞争结果进行了分析和对比。

五、企业战略管理理论的发展趋势与特点

从企业战略管理理论研究的发展趋势来看，现阶段企业战略管理理论呈现出以下几个特点：

1. 注重动态性理论分析。注重对企业在变化的、动态的内外部环境条件下的系统分析，同时，对外部环境、战略资源、组织能力和内部系统间的相互关联及动态适应性进行深入的研究。

2. 强调系统的复杂性。在传统战略管理理论阶段，由于环境的相对稳定性和可预测性从而保证了传统战略实施的成功。但在目前动荡的环境中，研究系统越来越复杂，进行比较准确的中长期预测几乎是不可能的。因此，应从系统的角度，动态地考虑企业战略，必须增强战略的柔性以实现对组织的快速调整和变革。

3. 各学派之间呈现有机整合趋势。随着企业战略理论与实践的丰富与发展，新的企业战略管理理论学派不断出现，各理论学派之间互相渗透、互相借鉴将成为新的发展趋势。

第三节 建筑企业战略管理的必要性与特殊性

一、建筑企业战略管理的必要性与紧迫性

1. 建筑企业战略管理的必要性

随着经济全球化进程的加快，尤其是在我国加入 WTO 以后，建筑市场逐步对外开放，市场环境发生了剧烈变化。同时，我国建筑企业（大型承包商）也面临着更大的国际建筑市场竞争压力，有更多的机会与国际大型承包商同台竞争，加强建筑企业战略管理已成为企业求生存、谋发展的必然选择。

（1）实施战略管理是企业适应市场变化的需要

随着社会主义市场经济体制的建立与完善，我国建筑企业的性质、地位以及外部关系发生了根本变化。建筑企业不仅要面对国内错综复杂的金融市场、生产资料市场、技术市场和信息市场，还要面对更加复杂多变的国际市场，这就迫使企业必须研究环境变化趋势，认真谋划自己的发展战略。

（2）实施战略管理是优化组织结构和经营格局的需要

优化行业组织结构，加快形成大、中、小企业合理分工、有机联动、协调发展的经营格局，是形势发展的客观要求和必然趋势。未来几年，建筑企业的兼并、重组将不可避免地加速进行。建筑企业只有在内部与外部、微观与宏观、局部与全局结合的基础上，明确自己的战略战术，审时度势，顺势而上，才能求得新的发展。

（3）实施战略管理是提升企业竞争力的需要

加入 WTO 以后，建筑企业的竞争对手不仅有国内规模各异、层次不同的企业，而且还有大量外资企业，这些竞争对手争夺项目和市场，同时也争夺人才、资金、技术等资源。竞争的存在和激化迫使企业努力提高自身的竞争力，谋划竞争战略，在竞争中求生存，图发展。

（4）实施战略管理是企业长远发展的需要

目前，国家和各大型国有企业正在积极着手"十一五"规划。国务院下文明确要求各

部委、各大型国有企业将"十一五"规划的编制与企业发展战略的制定有机结合起来，要求企业必须从战略角度考虑企业的长远发展问题。只有认识到实施企业战略管理是增强企业实力、谋求企业长远发展的的有力武器，才能争取经营主动性，实现企业与外部环境变化的动态平衡，在"十一五"期间乃至未来几十年取得长足的发展。

2. 建筑企业战略管理的紧迫性

在建筑业这个特殊的行业中，虽然利润不菲，但是真正快速发展并长盛不衰的企业却不多。一些大型国有建筑企业或集团公司通过行政手段组建而成，虽然规模迅速扩大，产值成倍增长，但缺乏市场竞争的考验，缺乏企业内部治理机制和长远发展规划；一些工程总承包公司，还没有真正成为管理密集、资金密集和技术密集型企业；一些建筑企业实力不是很强，却把有限的资源分散到不同的行业，盲目追求"多元化"，到头来只能是以己之短，攻人之长，四面出击而首尾难顾；还有一些建筑企业几乎是什么赚钱干什么，别人干什么我也干什么，从而使企业在产品和业务结构方面出现了雷同趋势。这些都是由于缺乏战略管理而暴露出来的弊端。因此，建筑企业实施战略管理有其迫切性。

事实说明，仅仅依靠行政手段组建企业集团、打造"航空母舰"还不能从根本上解决企业的长远发展问题，建筑企业迫在眉睫的任务就是必须尽快制定与实施一整套切实可行的战略目标和战略措施，这是我国建筑企业增强国际市场竞争能力的需要，是加快与国际市场接轨的一次大变革，机不可失，刻不容缓。

在20世纪80年代，我国建筑企业就开始由计划经济走向市场经济。这一变革使一些眼光长远的企业领导者们开始思索企业的发展战略问题，一部分企业虽然没有明确地提出战略管理这一概念，但是其经营思想中，还是隐含着战略的观点，也就是理论上称之为"隐性战略"的战略管理。由于建筑企业受到宏观经济环境的强烈影响，几乎是完全被动地依赖于外界环境，这使得许多建筑企业感到前景莫测，更有许多中小企业发现自己经常处于生存危机的困境之中。进入20世纪90年代以后，在其他行业应用战略管理理论取得优良业绩的启发下，建筑企业逐渐认识到战略管理对企业生存发展的重要性，一些建筑企业开始尝试进行战略管理，并获得了长足的发展，从而逐渐进入"战略制胜时期"。从这些企业的成功实践来看，其业务领域正在不断地拓展，经济效益也稳步上升。但在实践过程中也遇到了不少的困惑与问题，亟需寻找理论依据和答案。

与此同时，我国学者也开始对建筑企业及建设领域的战略管理理论进行积极地探索，提出了许多有价值的思路和观点，取得了一定的成果。但是理论体系还不够完整，有待于进一步开展系统而深入的研究，以便更好地指导和推进我国建筑企业的战略管理实践。

二、建筑企业战略管理的特殊性

我国建筑企业战略管理起步较晚，行业特征明显，形势发展逼人，实施战略管理有其必要性、迫切性，更有其特殊性。建筑企业战略管理的特殊性体现在以下几个方面：

（1）市场开拓战略是企业战略的重点

建筑产品的单件性、一次性特点导致生产经营方式的特殊性，需要企业不断开拓经营领域，多渠道承揽工程项目。因此，市场开拓能力是企业的核心能力，市场开拓战略是企业战略管理的重点和核心。

（2）经营结构调整与优化是战略管理的首要任务

建筑行业涉及面宽，进入门槛低，竞争十分激烈，产业趋同现象严重，迫切需要调整和优化经营结构，延伸建筑业产业链，向建筑业上、下游相关产业发展，形成工程总承包、施工总承包、专业承包、劳务分包的多层次、宽领域的经营格局。因此，调整与优化企业经营结构是战略管理的首要任务。

（3）战略管理环境具有动态性和不确定性

建筑企业面临复杂多变的环境，且对环境的依赖性大，生产经营环境具有动态性和不确定性，应及时调整企业战略目标，优化内部组织架构，以更好地适应外部环境的变化。同时，建筑企业应重视市场细分与目标市场定位工作，强化企业竞争优势的培育和打造。

（4）人才战略具有特殊意义

我国建筑企业大多属劳动密集型，大量使用农民工、临时工和非技术工种工人，人员素质参差不齐、人员结构不太合理，管理水平和利润水平有待提高。因此，人才战略有着特殊的意义，其战略的内容和侧重点也有不同。应重视人才战略，形成智力密集型、技术密集型、资金密集型和劳动密集型并存的发展格局。

（5）品牌战略值得重视

目前建筑市场竞争激烈，秩序较为混乱，社会呼唤建筑企业遵法守约，诚信经营。重视品牌战略，加强企业文化建设，提高业主满意度和社会信誉成为建筑企业战略管理的重要内容，是增强企业核心能力，促进企业持续发展的有效途径。

第四节 建筑企业战略管理的主要内容

一、建筑企业战略的层次和体系

1. 企业战略的层次

对于一个典型的企业来说，其战略可以包括三个层次：公司战略（corporate strategy）、竞争战略或业务战略（business strategy）和职能战略（functional strategy）。

（1）公司战略

公司战略又称总体战略。公司战略研究的对象就是一个由一些相对独立的业务组合而成的企业整体，而公司战略是这个企业整体的战略总纲，是企业最高管理层指导和控制企业的一切行为的最高行动纲领。

从企业战略管理的角度来看，建筑企业的公司战略的侧重点表现在以下三个方面：

1) 企业使命的确定。即企业应该选择经营哪些业务，进入哪一行业或领域，为业主提供哪些服务等。

2) 战略经营单位（SBU）的划分及战略事业的发展规划。如开发新业务的时机与方式，现有业务或市场的放弃、维持或者扩展的安排等。

3) 关键的战略经营单位的战略目标。

（2）竞争战略

竞争战略也称为业务战略，它是在公司战略指导下，经营管理某一个特定的战略经营单位的战略计划，是公司战略之下的子战略。它的重点是要解决企业如何在选定的行业领域内与对手展开有效的竞争，即主要解决的是竞争手段问题，竞争战略是企业赖以生存和与竞争对手争夺市场的基本工具。

从企业外部来看，建筑企业竞争战略的目的是为了使企业在某一个特定的经营领域或细分市场中取得较好的效果——努力寻求建立什么样的竞争优势。从企业内部来看，是为了对那些影响企业竞争成败的市场因素的变化做出正确的反应，并协调和统筹安排那些影响企业竞争优势的生产、财务、研究和开发、市场开拓、人力资源等经营活动，竞争战略可以为这些经营活动的组织和实施提供直接指导。

(3) 职能战略

职能战略是为贯彻、实施和支持公司战略与竞争战略而在企业特定的职能管理领域制定的战略，它的重点是提高企业资源的利用效率，使企业资源的利用效率最大化。企业职能战略是由一系列详细的方案和计划构成的，涉及企业经营管理的所有领域，包括财务、生产、销售、研究与开发、公共关系、采购、人事等各部门。实际上，职能战略是公司战略、竞争战略与实际达成预期战略目标之间的一座桥梁，如果能够充分地发挥各职能部门的作用，加强各职能部门的合作与协调，顺利地开展各项职能活动，特别是那些对战略的实施至关重要的职能活动，就能有效地促进公司战略、竞争战略的成功实施。

建筑企业的职能战略一般可分为市场开拓战略、技术创新战略、人力资源战略、资本运营战略、品牌战略、跨国经营战略等。

2. 建筑企业战略的体系

建筑企业战略体系是指企业的总体战略、竞争性战略和各项职能战略有机地联系起来

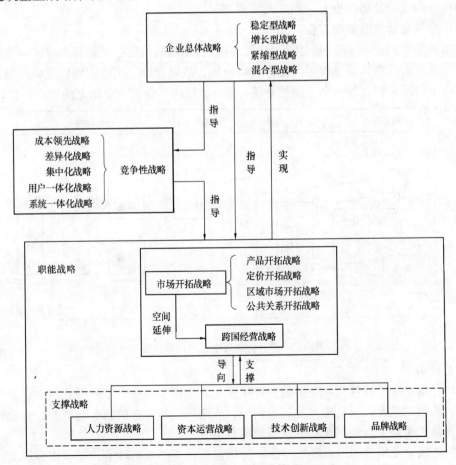

图 1-1 建筑企业战略体系

所形成的战略体系。建筑企业战略体系如图1-1所示。

在大中型建筑企业、特别是多元化建筑企业里，企业总体战略是最高层次的战略。总体战略一般有4种类型，即稳定型（维持型）战略、增长型（发展型）战略、紧缩型（撤退型）战略和混合型战略，这些战略根据不同情况又细分为不同的战略，具体内容在第五章阐述。企业的每个战略经营领域或战略经营单位可以采用不同的战略类型，形成企业总体战略的组合战略。这样一个组合战略往往以某一类型的总体战略为主配合其他类型的总体战略，形成一个集合体。

建筑企业为了某一个特定的经营领域或细分市场与对手展开有效的竞争所采取的竞争性战略包括成本领先战略、差异化战略、集中化战略，以及用户一体化战略和系统一体化战略。具体内容在第六章阐述。

建筑企业各职能战略中，市场开拓战略处于核心主导地位，它与企业发展是相辅相成的，建筑企业应将市场开拓作为思考问题的出发点和归宿，市场开拓战略又包括：产品开拓战略、定价开拓战略、区域市场开拓战略以及公共关系开拓战略。跨国经营战略是市场开拓战略在空间上的延伸。而人力资源战略、资本运营战略、技术创新战略和品牌战略是建筑企业发展的支撑战略，建筑企业只有充分而合理的配置企业内部的资源和人力、财力、物力，建立起强有力的支撑系统，市场开拓战略才能得到切实的执行，并取得预期的效果。这些内容将分别在第七、八、九章阐述。

二、建筑企业战略管理过程

在明确了建筑企业战略内容体系之后，我们从动态的角度描述建筑企业战略管理的整个过程。动态的战略管理过程可以分为战略分析、战略设计、战略实施和战略控制四个阶段，每一个阶段又包含若干个不同的步骤。图1-2描述了建筑企业动态的管理过程模型。

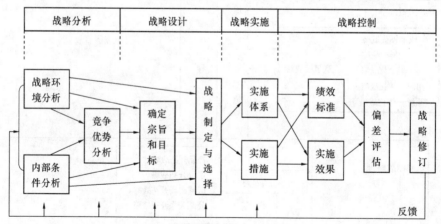

图1-2 建筑企业战略管理过程模型

1. 战略分析

战略分析是要了解建筑企业所处的环境正在发生哪些变化，这些变化将给企业带来哪些影响，其目的是发现企业未来发展过程中，战略环境所存在的机会与威胁，企业内部所具有的优势和劣势，为制定企业的经营战略奠定基础。

（1）建筑企业所处的战略环境分析。分析建筑企业的战略环境，是要把握环境的现状及变化趋势，利用有利于企业发展的机会，避开环境可能带来的威胁，这是建筑企业谋求生存发展的首要问题。建筑企业的战略环境又分为宏观环境和经营环境两个层次。

(2) 建筑企业所具备的内部条件分析。分析建筑企业的内部条件,目的在于掌握企业的内部所具备的资源和能力的现状,找出影响企业战略形成与成败的关键因素,辨别企业的优势和劣势。

(3) 建筑企业的竞争优势分析。企业的竞争优势主要来自于其所拥有或控制的战略资源和核心能力。因此,对建筑企业进行竞争优势分析,其目的是要辨识企业所拥有的与战略环境相匹配的战略资源和核心能力。

2. 战略设计

通过对建筑企业战略环境的分析,明确了"企业目前处于什么位置"这个问题,战略设计就是要回答"企业应该发展成为一个什么样的企业"及"企业如何发展"的问题,它包括确定企业宗旨、设置企业的战略目标及制定企业的战略。

(1) 确定企业使命

企业使命,又称为企业宗旨,是指企业存在的理由和目的。确定企业使命,就是要根据企业内外部环境因素的分析,判断企业应该从事什么业务,以及应成为什么性质的企业或组织类型。企业的使命实质上是为谁服务和如何服务的问题,根据这个问题规划自身的活动范围、规模和未来发展的格局。因此,要确定企业使命,就要先确定它的现有顾客和潜在顾客。谁是顾客,顾客分布在何处?顾客的价值观是什么?市场发展趋势和潜力如何?等等。根据这些要求,考虑企业经营业务是否恰当,从而确定明确的企业使命。

一个企业的使命是指向外部的,而不是指向企业内部的,换言之,企业使命必须定位于企业的外部。因为顾客是企业生存的基础,一个企业只有为自己的产品和服务找到足够的顾客,它才能够生存和发展下去。当市场、竞争地位、消费者需求以及其他战略环境等方面发生重大变化时,会导致企业使命的改变。

(2) 制定战略目标

企业的战略目标就是企业在遵循自己的宗旨时所要达到的长期的特定地位,它可以看作是企业活动在一定时期所要得到的结果。企业宗旨为企业高层管理者选择要达到的战略目标提供了方向和范围。

战略目标的确定是企业战略规划中至关重要的一步,是战略管理的核心。只有在充分了解企业所处的战略环境的基础上,明确战略目标,企业才能根据实现目标的需要,合理地分配企业的各种资源,正确地安排企业经营活动的优先顺序和时间表,恰当地指明任务和职责。不确定企业的战略目标,企业的使命就可能成为一纸空文。

(3) 企业战略的制定与选择

企业战略是为实现企业的宗旨和目标服务的,它是指导企业经营管理的综合性蓝图,是从企业发展的全局出发而做出的较长时间的、总体性的谋划和行动纲领。它涉及到企业发展中的带有全局性、长远性和根本性的问题。

1) 战略制定

战略制定是一项复杂的决策过程,它将涉及产品和服务的开发方向,进入哪一类型的细分市场;在产品和服务方向确定以后,还要决定以怎样的方式进入市场等等。在做这些决策时,管理人员应该尽可能多地制定出可供选择的方案,不要只考虑那些比较明显的方案。因此,在战略制定过程中形成多种战略方案是首要的环节,它是战略选择的基础和前提。

2）战略选择

战略选择就是在分析企业外部环境、内部条件和当前绩效的基础上，在既定的战略方案中选择最佳的方案。选择的方法很多，将在后面予以介绍。但是，选择战略必须注意几个问题：第一，战略是否与企业的宗旨相一致；第二，战略是否与环境相适应；第三，战略是否与企业所拥有的资源相匹配；第四，战略是否能有效地应对将遇到的各种风险；第五，战略是否能有效地执行。

3. 战略实施

战略实施是贯彻落实企业战略方案、完成战略目标并取得预期成果的过程。战略实施主要涉及以下一些问题：如何在企业内部各部门和各层次间分配和使用现有的资源；为了实现企业目标，还需要获得哪些外部资源以及如何使用，是在各部门之间平衡还是重点支持某些项目；为了实现既定的战略目标，需要对组织机构作哪些调整，这种调整对各部门和有关人员产生怎样的影响，他们是支持还是反对这种变革等等。

4. 战略控制

战略控制就是将经过信息反馈回来的实际战略实施成效与预定的战略目标进行比较，检验二者的偏离程度，并采取有效措施进行纠正，以达到战略目标的完成。

（1）设定绩效标准

根据企业战略目标，结合企业内部的人力、物力、财务及信息等条件，确定企业绩效标准，作为控制与评价的参照系。

（2）实施效果监控与偏差评估

实施效果是战略在执行过程中实际达到目标程度的综合反映。要想掌握准确的效果资料和数据，必须建立管理信息系统，并运用科学的控制方法和控制系统。将企业的实际效果与绩效标准对比，进行偏差分析评估。

（3）战略的修订

战略在执行过程中，受企业内部条件的限制和外部环境的变化影响，出现偏差甚至难以继续执行下去，就必须迅速做出调整、纠正或终止执行的决定，对企业战略进行一定的修订。特别是亏损企业，要分析企业是由于哪些原因导致亏损，是政策性亏损、腐败性亏损、负担性亏损（如企业办社会，负担过重）、技术性亏损（技术设备落后），还是产业结构性亏损、经营管理性亏损。要根据国家的产业发展政策、法规、行业发展趋势以及企业内部的实际状况，采取专题攻关、提合理化建议等方法进行尽快的修订，以利于企业抓住机遇，保证企业战略目标的实现。

案例：公司发展战略的制定与实施

某冶金建设有限公司是一个在宝钢工程建设中发展起来的大型联合建筑施工总承包企业，连续多年排位居全国同行业之首。

在新形势下，公司适时地进行了战略形势分析，认为：（1）大型国有企业，战术性适应只能解决生存问题，必须要在战略上适应，解决发展问题。（2）必须有独特的优势，如资质等级高，市场信誉好；装备先进，技术手段多；人才集中，员工素质高；现金流量充沛，财务状况好，才有进一步发展的潜力。（3）关键是要从战略出发，从增强企业核心竞争力出发，把更多精力放到制定战略上来，使企业真正进入战略创新的时代。结合本企业的特点，公司制定和实施了五大战略。

1. 品牌化发展战略

从员工的品牌知识、理念、行为教育方面和打造高速度、高质量、高技术的品牌工程方面入手，通过大众媒体进行品牌宣传和品牌形象推销，始终强化企业的品牌效应，不断提高企业品牌的含金量和知名度。企业已形成了以宝钢工程为代表的高炉、炼钢、热轧施工品牌、以厦门国际会展中心为代表的会展中心施工品牌、以南京奥体为代表的体育场馆品牌、以浦东磁悬浮、上广电、广州大学城、宁波北仑港等为代表的市政、电子、房建、水力等10大品牌，成为企业的重要资产、宝贵的战略资源、资本增值的重要基础。

2. 科技创新战略

经过多年努力，一是已形成科技创新战略思路；二是解决许多重大的、深层次的、有效益的、可以提高企业核心竞争力的、有利于企业发展的技术难题；三是每年以数千万资金持续不断地投资购买满足在建工程生产急需和新技术增长点所需的设备；四是形成占员工总人数1/3的科技创新人才队伍；五是形成科技创新的核心新技术，如大型建筑的大网格、大跨度钢结构制作安装技术、特大型高炉快速安装技术、大体积深坑基础施工技术、特厚、超薄、异种金属焊接技术、新型建筑机器人液压技术等，许多技术在国内外获奖，有的项目被列为国家投资扶持的科技攻关项目；六是通过技术创新，实现管理创新。在建筑企业中率先全面建立现代化管理信息网络化系统，使管理信息化，以更有效地参与市场竞争。

3. 企业文化战略

企业文化精髓是超越与卓越。超越是员工的自身超越、企业的自我超越、市场的对手超越；卓越是在岗位创造卓越、在企业创造卓越、在市场创造卓越。这种超越与卓越是公司在长江上、中、下游南征北战几十年形成的，是独特的。特别在宝钢建设和上海城市发展和经济建设中，公司以全新的理念、广阔的视野、创造的精神融入了现代国际大都市的精华，将适应竞争的营销文化、质量文化、科技文化、诚信文化、用户至上文化渗透到企业工作的方方面面，成为了企业发展的持续推动力。2005年，公司的企业文化经验收入中国企业文化促进会培训教材，编入中国20年企业文化成果集，被评为中国企业文化优秀案例。

4. 大经营战略

针对大型国有企业的特点，公司始终实施大经营战略：一是整体强化综合专业优势，集中力量拓展冶金行业以外的市政、公共建筑、水利、交通、电子等市场；二是整体巩固区域优势，立足上海市场，扩大华东市场，辐射全国市场，走向国际市场；三是整体强化综合协调，产值要有效益产值，规模要有有利可图规模，发展要有后劲的发展；四是整体强化营销部门建设，更新手段，提高素质，配优装备，实施各级营销联动与联网，在统一的品牌下，实施大营销。目前，公司的非冶金市场占有比例已占到70%左右，市场拓展成效显著。

5. 资源整合战略

实施资源整合战略的主要做法是：(1) 将原分散在各单位的生产人员、设备、设施进行整合，集中归口管理；(2) 将生存困难的2个土建公司进行整合，合理分流，精兵简政，实施优势互补；(3) 将原与主业无关、效益不好的三资三产企业进行整合、清理、重组，解决发展的历史包袱；(4) 将5个钢结构厂进行了整合，进行统一定位和规划，形成整体一条龙；(5) 将分散在5个单位、十大类的大型工程机械进行资源整合，组建工程机械租赁中心。整合的效果是极为明显的，如：整合后土建公司的产值由原来的3亿元，已连续两年增至10亿元以上。钢结构加工制造的整合，使该产业呈现跨越式发展，几年来，由5万吨、10万吨、15万吨到35万吨，2004年已成为全国排名第一的钢结构制作大企业。

以上五大发展战略的成功实施，已初见成效。仅与2000年相比，企业产值翻番、利润翻番、员工人均收入增长96%，增幅接近1倍。目前，公司又制定了新的战略发展目标，即在5年内成为国内一流、国际著名的总承包企业，达到产值再翻番、利润再翻番、员工收入再翻番的目标。为此，公司又在酝酿和实施新的发展战略：产权结构调整战略、组织结构调整战略、资源优化配置战略以及管理创新战略等。

复习思考题

1. 请阐述企业战略管理理论的发展阶段、代表人物及其主要观点。
2. 结合我国国情和行业背景，谈谈战略管理对我国建筑企业发展的重大意义。
3. 建筑企业的战略体系是怎样构成的？它们之间的关系怎样？
4. 你认为战略管理过程的四个阶段哪个更为重要？
5. 建筑企业应该如何进行战略的制定与选择？
6. 请结合实例，论述建筑企业战略管理的必要性和特殊性。

第二章 建筑企业战略环境分析

战略管理与日常管理的一个重要区别在于：战略管理更加关注广泛的环境变量对企业生存与发展的影响。构成外部环境的所有因素都会对企业产生这样或那样的影响，但从企业的实际情况出发，不可能也不必要对所有外部环境因素进行详尽的分析和研究。因此，在进行外部环境分析时，应该有的放矢，重点研究关键环境因素，特别是那些在过去和现在都对企业运行产生了重大影响，并将继续对企业未来的发展产生不可忽略影响的战略环境因素，并科学地预测其变化趋势。

因此，建筑企业外部环境分析的第一步就是界定"战略环境"与"一般环境"的区别。一般来说，战略环境对企业的影响是全局性而非局部性的，战略环境本身是动态而非静态的，对企业的影响主要体现在现在与未来。

建筑企业战略环境分析包括"宏观环境分析"和"经营环境分析"两部分，涉及多层面、多因素，其复杂性和多变性是不言而喻的。本章主要介绍建筑企业宏观环境分析和经营环境分析方面的内容与方法。

第一节 建筑企业宏观环境分析

一般而言，宏观环境分析的对象主要是：政治与法律环境 P（political）、经济环境 E（economic）、社会文化环境 S（social）、科技环境 T（technological），即通常所指的 PEST 分析，如图 2-1 所示。

一、政治与法律环境分析

政治环境包括国家的政治制度、权力机构、颁布的方针政策、政治团体和政治事件等因素。法律环境则包括了国家制定的法律、法规、条例以及执法状况等因素。政治法律环境对企业的影响有以下一些特点：一是直接性，国家的政治法律环境直接影响着企业的经营和发展；二是难以预测性，对于企业来说，难以预测国家政治法律环境的变化；三是不可逆转性，政治法律一旦影响到企业，就会使企业发生十分迅速和明显的变化，而这一变化是企业自身驾驭不了的。

1. 政治环境分析

（1）企业所在地区和国家的政局稳定状况

目前我国政府执政得力，民族团结，社会环境和谐，经济持续稳定发展，这为广大建筑企业的发展创造了一个良好的前提条件。

国际政治形势及其变化分析，主要包括：国际政治局势、国际关系、目标国的国内政治环境及政局稳定状况等。

（2）政府推行的基本政策

政府通过制定和实施各种法规、政策以及其他一些旨在保护环境、调整产业结构、引

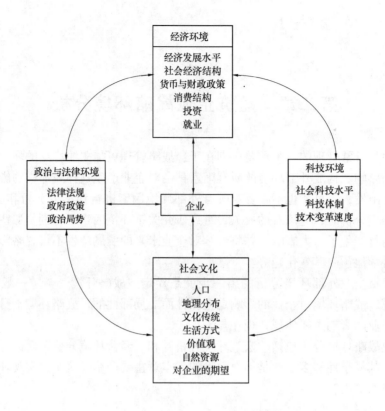

图 2-1 宏观环境影响因素分析图

导投资方向等措施来对国民经济实施宏观控制。此外，作为供应者，政府拥有无可比拟的自然资源、土地和国家储备等，它的决定与偏好极大地影响着建筑企业的战略；作为购买者，政府很容易培育、维持或消除许多市场机会，如大规模的政府采购等等。

近年来，为防止经济增长过热，国家出台了一系列宏观调控政策。如提高相关行业资本金比例、紧缩银行贷款、全面清理固定资产项目、不再新批非农业用地以及禁止施工企业为开发商垫付资金等。这些短期性政策的出台，必然会对建筑企业的经营产生重大影响：一是新开工的项目减少，建筑市场缩小，竞争更加激烈；二是在建项目可能因政策问题而停工，产生了一系列棘手而又急需处理的善后问题；三是发包方可能因银根紧缩而产生新的工程款拖欠，建筑企业资金紧缺、还贷付息的压力还要加大。

面对宏观调控的短期性政策和发展基础设施建设的长期性政策，建筑企业仅靠经营规模取得效益的生存之道受到挑战，所以，建筑企业既要及时认真地解决宏观调控带来的一系列问题，又要制定以科学管理、技术进步、专业化或多元化经营为主要内容的长远发展战略。

2. 法律环境分析

法律是政府监管的一种手段，一些政治因素对企业行为有直接影响，但是一般说来，政府主要是通过制定法律法规来间接影响企业的活动。针对企业监管的法律法规很多，这些法律法规的主要目的有四个：一是反对不正当竞争，保护企业利益；二是反对不正当商业活动，保护消费者利益；三是保护社会整体利益不受侵害；四是促进整个社会经济全面发展。

法律环境分析的主要因素包括：

(1) 法律法规体系。近几年来,国家相继颁布了一系列规范企业资质、经营行为的法律、法规,如《合同法》、《劳动法》、《反不正当竞争法》、《政府采购法》、《招标投标法》、《房地产管理法》以及正在修订的《建筑法》等,这些已经出台和将要出台的有关法律、法规,直接影响建筑企业的生存发展,因此,建筑企业对国家法律、部门规章和地方法规都要有充分的了解。

(2) 国家执法机构。在我国主要有法院、检察院、公安部门以及各种行政执法部门。与建筑企业关系比较密切的行政执法部门有技术质量管理部门、规划管理部门、安全监督部门、政府审计部门、环境保护管理部门、计量管理部门、工商行政管理部门、税务部门、物价部门、专利部门等。此外,还有一些临时性的行政执法部门,如各级政府的安全、财政、税收、物价检查组织等。建筑企业在进行战略环境分析过程中,与相关的执法部门的广泛联系与沟通也是不可忽略的因素。

(3) 法律意识。企业的法律意识是法律观念和法律思想的总称,是企业对法律制度的认识和评价。企业的法律意识,最终会物化成为一定性质的法律行为,并造成一定的行为结果,从而构成每个企业不得不面对的法律环境。我国许多建筑企业在长期发展过程中,积累了丰富的法律事务经验,对如何避免法律风险,如何运用法律工具维护自身的合法权利具有清醒的认识。但同时仍有相当多的建筑企业,特别是中小型建筑企业,缺乏足够的法律意识,往往在不知不觉间触犯法律,不会利用法律保护自身,更有甚者,有意识地打法律的擦边球或知法犯法。在进行政治法律环境分析时,企业法律意识是需要认真进行评估的因素。

(4) 国际法所规定的国际法律环境和东道国的法律环境。随着我国加入世贸组织,我国建筑企业投身于国际建筑市场的力度愈来愈大,海外建筑市场的光明前景已经在相当数量的建筑企业的战略规划中或模糊或清晰地勾画出来。同时,对于大多数建筑企业来说,国际建筑市场通行的国际惯例、复杂的国际法律体系与陌生的东道国法律环境也是同样需要适应的新课题。在这种大环境下,对国际法和东道国法律体系的分析也就必不可少。

二、经济环境分析

经济环境是指构成企业生存和发展的社会经济状况以及国家的经济政策,包括社会经济结构、经济发展水平、经济体制、宏观经济政策、社会购买力、消费者收入水平和支出模式、消费者储蓄和信贷等因素。衡量这些因素的经济指标有国内生产总值、就业水平、物价水平、消费支出分配比例、国际收支状况,以及利率、通货供应量、政府支出、汇率等国家货币政策和财政政策。与政治法律环境相比,经济环境对建筑企业生产经营的影响更加直接具体。

1. 社会经济结构

社会经济结构是指国民经济中不同的经济成分,不同的产业部门以及社会再生产各个环节相互的适应性、量的比例以及排列关联的状况。社会经济结构主要包括五方面的内容,即行业结构、分配结构、交换结构、消费结构和技术结构。

2. 经济发展水平

经济发展水平是指一个国家经济发展的规模、速度和所达到的水准。反映一个国家经济发展水平的常用指标有国民生产总值、国民收入、人均国民收入、经济增长速度等等。

3. 经济体制

经济体制是国家的经济组织的形式。经济体制规定了国家和企业、企业与企业、企业与各个经济部门之间的关系，并通过一定管理手段和方法，调控或影响社会经济流动的范围、内容和方式。

4. 经济政策

经济政策是指国家政府制定的，在一定时期内实现国家经济发展目标的战略或策略，它包括综合性的全国经济发展战略和产业政策、国民收入分配政策、价格政策、物质流通政策、金融货币政策、劳动工资政策、对外贸易政策等。作为一个从计划经济向市场经济转型中的国家，考虑到举国体制的聚集效益，我国的经济政策在某种程度上来说，更加能够在较短的时间跨度和地域广度上对特定产业产生更大的影响。从"西部大开发"、"振兴东北"、"中部崛起"到"铁路跨越式大发展"，这些国家经济发展战略的实施，无不给广大的建筑企业带来了巨大的新增市场机会。对于这一点，建筑企业在进行战略环境分析时，应该给予特别的关注。

5. 社会购买力

社会购买力是指一定时期内社会各方面用于购买产品的货币支付能力。国民收入的使用主要是由消费和积累两部分构成。其中，消费部分又分为个人消费和社会消费，前者形成居民购买力，后者形成社会集团购买力。市场规模最终取决于购买力的大小。

6. 消费者收入水平和支出模式

消费者支出模式最终取决于消费者收入水平。调查消费者的支出模式，除了要考虑其收入水平以外，还要考虑不同国家、地区的生活习惯、价值观念以及家庭生命周期的不同阶段等因素。近年来，随着经济水平的提高与人们消费观念的改变，对建筑产品及服务的形式、水平都有了新的要求，建筑企业就必须充分考虑这些变化。

7. 消费者储蓄和信贷

消费者储蓄的最终目的是为了消费，它来源于消费者货币收入。在一定时期内，消费者储蓄水平直接影响到消费者本期货币支出和潜在购买力水平。所以消费者储蓄的增减变动会引起市场需求规模和结构的变动，从而对企业的营销活动产生影响。一般而言，在国民储蓄增加时，对建筑产品的需求就会相对减少；反之，则意味着消费者的消费意愿强烈，对建筑产品的需求也就随之上升。调查消费者储蓄情况，应注意政策变动、利率变动、通货膨胀水平等因素的影响。

实践证明，每当国民经济整体形势趋好、发展加速、投资增长时，建筑业就迎来快速发展的黄金时期；相反，每当国民经济增长趋缓、发展减慢、投资降温时，建筑业就会首先感受到市场紧缩和发展吃紧，可谓是"春江水暖鸭先知"。宏观经济环境对建筑业影响最为直接和突出，是建筑业的生命线。

经济环境决定了建筑市场的容量，要研究建筑业的未来发展趋势，就必须先研究经济环境，对上述各个经济环境要素进行分析，准确把握宏观经济环境对企业的影响，从而制定出正确的企业发展战略。

三、社会文化环境分析

社会文化环境是指企业所处的社会结构、社会风俗和习惯、信仰和价值观念、行为规范、生活方式、文化传统、人口规模与地理分布等因素的形成和变动。

1. 文化传统

文化传统是一个国家或者地区在较长历史时期内所形成的一种社会习惯，它是影响企业活动的一个重要因素。文化对企业的影响同时又是间接、潜在和持久的，它对企业的价值取向，对企业职工的心理、人生观、性格、道德以及审美观点的影响和导向是不容忽视的。

2. 价值观

价值观是指社会公众评价各种行为的观念标准。不同的国家和地区，其价值观是不同的。例如西方国家价值观的核心是个人的能力和事业心；东方国家价值观的核心是强调集体利益，日本、韩国等国的企业注重内部关系的融洽、协调和合作，形成了东方企业自己的高效率模式。我国建筑企业在进行社会文化环境分析时，应该有意识地在企业的实际情况与我国传统的文化精髓、价值观之间寻找共同的基点，进而建立富有特色而不失传统底蕴的企业文化。

3. 社会发展趋向

近一二十年来，我国社会发生了很大变化，这些变化打破了传统习惯，使得人们重新审视自己的信仰、追求及其生活方式，影响着人们对消费倾向、业余爱好，以及对产品和服务的新需求，从而使得企业面临更多的机遇与挑战。建筑企业在提供产品和服务时，必须充分考虑现时顾客的消费心理变化与消费结构的改变。

4. 社会各阶层对企业的期望

社会各阶层包括政府部门、业主、股东、原材料及设备供应商，以及其他社会阶层，这些阶层对建筑企业的期望各有不同。例如，股东评价企业的标准主要是看投资回报率、股东权益增长率等；业主看重的则是工程质量和企业信誉等。

5. 人口因素

人口因素主要包括人口总数、年龄构成、人口分布、人口密度、教育水平、家庭水平、家庭状况、居住条件、死亡率、结婚率、民族结构以及年龄发展趋势、家庭结构变化等等。人口因素对企业战略的制定有重大影响。例如人口总数直接影响着社会生产总规模；人口的地理分布影响着住宅小区位置选择；人口的教育文化水平直接影响着建筑企业的人力资源状况；家庭户数及其结构的变化与住宅的需求和变化密切相关，因而也就影响到房地产的规模与形势。

建筑企业要通过社会文化要素来分析市场，尤其是国际市场，要了解经营地区的社会习俗、道德观念及其人口构成、生活方式以及他们的行为准则等，"只有从文化上把握一个民族，才有可能和一个民族做生意"，这方面的要素分析在我国建筑企业开拓国际市场时显得尤为重要。

四、科技环境分析

科技环境是指企业所处环境中的科技要素及与该要素直接相关的各种社会现象的集合，包括国家科技体制、科技政策、科技水平和科技发展趋势等。

企业的科技环境，大体包括社会科技水平、社会科技力量、国家科技体制、国家科技政策和科技立法等基本要素。

1. 社会科技水平

社会科技水平是构成科技环境的首要因素，它包括科技研究的领域、科技研究成果及先进程度、科技成果的推广及应用三个方面。

2. 社会科技力量

社会科技力量是指一个国家或地区的科技研究与开发的整体实力。

3. 科技体制

科技体制是指一个国家科技系统的结构、运行方式及其与国民经济其他部门关系的总称，主要包括科技事业与科技人员的社会地位、科技机构的设置原则和运行方式、科技管理制度、科技推广渠道等。

科技环境因素对企业的影响是双重的，一方面，它可能给某些企业带来机遇；另一方面，科技因素会导致社会需求结构发生变化，从而给某些企业甚至整个行业带来威胁。

我国建筑业的技术水平与发达国家相比，还有很大的差距。我国建筑业"科技贡献份额"只占生产总量的25%~35%，而发达国家为75%~85%；我国建筑业"企业技术研发投资"不足生产总量的0.3%，而发达国家为3%，相差10倍以上。由此可见，我国大多数建筑企业目前仍停留在劳动密集、粗放经营的水平线上。

当代科技日新月异，建筑企业是否拥有"四新"技术、专利技术和创新"工法"的能力，对顺利承揽工程项目、实现经营目标起着关键的作用。因此，追踪全行业的科技发展水平和趋势，是建筑企业战略环境分析的重要内容之一。

值得指出的是，在进行建筑企业宏观环境分析时，必须对宏观环境所包括的范围作出合理界定。通常意义上的宏观环境指的是全国乃至国际范围内的各种宏观环境因素的总和，但由于企业进行战略环境分析的出发点不一样，关注的重点和范围是不同的。在对不同的行业领域和地区市场进行宏观环境分析时，还需要运用PEST分析法进行细化。

第二节　建筑企业经营环境分析

关于经营环境的定义，美国著名市场营销专家菲利普·科特勒（philip·kotler）认为："企业的经营环境由企业经营管理职能外部的因素和力量组成，这些因素和力量影响经营管理者成功地保持和发展同其目标市场顾客交换的能力。"经营环境的内容也随着社会经济的不断发展以及不同的行业特点产生差异并不断发展的，简言之，建筑企业经营环境是指影响建筑企业经营活动的各种外部因素的结合体。

企业经营环境包括了行业与市场两大部分，其中对建筑行业进行的分析包括行业结构分析和行业战略群体分析，对建筑市场的分析包括市场结构与竞争对手分析、市场需求和供给分析。

一、行业结构分析

行业结构对竞争原则的确定和企业应采取的战略，具有重大的影响。

迈克尔·波特认为，行业激烈的竞争源于行业内在的经济结构，每个行业都存在着"潜在加入者的威胁"、"替代品的威胁"、"购买者的讨价还价能力"、"供应者的讨价还价能力"、"现有竞争者之间的抗衡"这五种基本的竞争力量。根据我国建筑行业的特点，还应再加入"与利益相关者的关系"这一要素。从制定战略的角度看，这六种竞争力量的共同作用，决定着建筑行业竞争的强度和获利能力，如图2-2所示。

应该注意的是，我们应把行业结构这样的长期因素与影响企业利润的那些临时性短期

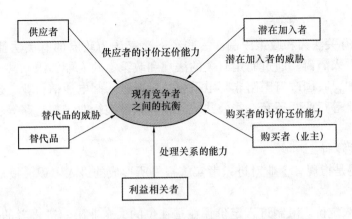

图 2-2　建筑行业六种竞争力量分析图

因素区分开来。如原材料涨价、需求激增等，这些短期因素仅具有战术上的意义，而没有战略上的意义。

在制定企业战略的时候，应从本质上分析每个竞争力量的状况和综合强度，有助于弄清企业竞争压力的来源，弄清楚企业的优势与劣势，寻求企业在本行业中的有利地位。因此，行业结构分析是战略制定的基础工作，是建筑企业进行战略环境分析的重点。

1. 潜在加入者的威胁

对于一个企业来讲，潜在加入者的进入威胁，取决其进入障碍的高低和原有企业可能产生的反应，我们将其通称为"进入障碍"，前者称为"结构性障碍"，后者称为"行为性障碍"。

(1) 结构性障碍

结构性障碍包括以下几种：

1) 规模经济。规模经济是指在一定时期内，企业所生产的产品或劳务的绝对量增加时，其单位成本趋于下降。当产业规模经济很显著时，处于最小有效规模或者超过最小有效规模经营的老企业对于新进入者而言就有成本优势，从而构成了进入障碍。

2) 产品差异化优势。对于那些存在产品差异的行业，现有企业可能因较早进入该行业或过去的广告和良好服务而赢得商标、信誉和用户对品牌的忠诚，因而具有超过新进入者的优势。也就是说，新进入者建立品牌和信誉的投资或努力带有特殊的风险性。

3) 资金需求。如果生产某种产品需要投入大量的资金，或者因为竞争而需要大量投资，那么这种资金需求就是一种进入障碍。很显然，不同行业的资金密度不同，为实现规模经济生产所需的资金量就也不同。例如，对于将要进入房地产开发市场的企业而言，筹集资金就是一个很大的进入障碍。

4) 绝对成本优势。不论规模经济的大小，在所有产出水平上，现有企业可能都比新进入者具有成本优势，这种优势一般来源于领先一步的战略。通过较早地进入行业，现有企业可能已经获得了熟练的工人、低价的原材料，进入时间越早，越能从经验或者学习中获益。

5) 分包商信任。一般来说，由于分包商对风险的厌恶以及对新进入者的信用状况不了解，分包商更加青睐有过合作经验的总承包企业，往往不愿与新进入企业建立业务往来。这样，新的加入者就面临着花费大量资源来与现有分包商建立信任关系或是寻求新的分包商的风险。

6）政府的有关法律和政策限制。一些经济学家认为政府的有关法律和政策限制是一种最直接的进入障碍。通过制定有关的法规和政策，政府能够限制甚至封锁对某一产业的进入。例如，我国政府限制非邮电系统的企业进入邮电通信行业，也限制私有企业进入银行和保险等行业，还有一些公共服务和基础设施行业，如铁路等也受到类似的保护。

（2）行为性障碍

行为性障碍是指现有企业对进入者实施报复所形成的进入障碍。报复手段主要有两类：

1）限制进入定价。限制进入定价往往是在位的大企业限制进入者的一个重要手段，特别是在那些技术优势正在削弱，而投资正在增加的市场上，情况更是如此。

2）进入对方领域。进入对方垄断领域是寡头垄断市场上常见的一种报复行为，其目的在于抵消进入者首先采取行动可能带来的优势，避免对方的行动给自己带来风险。例如，大型工业设计院进军项目管理、施工承包领域，以适应工程总承包发展的需要。

对于我国建筑企业来说，潜在的加入者是指那些准备进军建筑业的各类企业，除了那些可能从装饰业或设计行业等上下游相关产业转化而来的潜在力量以外，还包括从其他行业转移过来的企业，特别应引起注意的是境外的大型承包商。在我国加入 WTO 的过渡期结束后，外商独资建筑企业将以中国企业法人的同等身份在中国建筑市场展开竞争，政府对国内建筑企业的保护和优惠政策会越来越少。因此，我国建筑企业在进行行业结构分析时，应注重收集并掌握国外承包商在华承包工程的项目信息，分析其优势与特点，以便制定有针对性的战略。

2. 现有竞争者之间的抗衡

一般而言，为某一顾客群体服务的企业不止一个，企业实际上是在一群竞争对手的包围和制约下从事自己的经营活动，竞争对手之间的抗衡不仅决定了它们各自的市场地位，而且直接影响着行业的获利能力。

行业内现有企业竞争的激烈程度是由以下相互作用的结构性因素决定的：

（1）竞争者的数量、规模和实力。当一个行业的企业为数众多时，必定有部分企业为了占据更大的市场份额和获得更高的利润，而突破本行业规定或默认的"行规"，独立行动，采取打击、排斥其他企业的激进竞争手段。这势必在现有的竞争者之间引起激烈的抗衡。即使在企业为数不多的行业中，若各企业的实力均衡，由于资源的有限性，也会使得现有竞争者之间的竞争加剧。

（2）行业增长的速度。当行业增长比较缓慢时，各企业为了生存和发展，不得不把注意力主要集中在争夺市场占有率上，这样往往容易触发价格战和促销战，进而会导致激烈竞争。而在行业快速增长的条件下，各企业可以和行业同步快速增长，而且还可以在增长的过程中充分利用自己的资金和资源，所有的企业都可以从中获利，行业之间的竞争程度就会比较缓和。

（3）固定成本与库存成本的高低。当一个行业固定成本较高时，企业为降低单位产品的固定成本而势必采取增加产量的措施。企业的这种发展趋势，可能使生产能力过剩，导致价格大战，从而使现有竞争者的竞争激化。产品的库存成本对行业的竞争激烈程度也有类似的影响，有些行业的产品很难库存或库存费用极高，这种情况下，企业就会为了降低库存成本而进行低价倾销，从而导致行业市场的竞争加剧。

（4）产品的统一性和转换成本的高低。一个行业的产品若差异性大，购买者必然是按照对某些特定销售者的偏好和忠诚性来购买的，生产企业之间竞争就会相对缓和。反之，产品之间若没有明显的差异性，购买者选择的就是价格和服务，这使得生产者就必须在价格和服务上展开激烈的竞争，从而激化现有竞争者之间的抗衡。同样，转化成本低时，购买者有很大的选择自由，也会产生类似的情况。

（5）规模经济的要求。规模经济要求企业不断扩大生产规模，新的生产能力不断增加，必然会经常打破行业的供需平衡，使得行业产品供过于求，迫使企业不断降价销售，从而推动了现有竞争者之间的抗衡。

（6）退出障碍。退出障碍是一个与进入障碍相对应、相联系的一个概念，它是指那些迫使经济效率差、甚至亏损的企业仍留在行业中从事生产经营活动的因素。这些因素主要有：

1）固定资产的专用程度。当资产涉及具体业务或地点的专用程度较高时，就会使得其清算价值降低，或导致其转移或转化成本高，从而难以退出现有行业。

2）退出成本。退出成本包括劳工协议、重新安置的成本、设备维修能力等等，如果这方面的包袱过重，会加大退出障碍。

3）内部战略联系。这是指企业内部某经营单位与企业其他单位在市场形象、市场营销能力、利用金融市场及设施共用等方面的相互联系。这些因素往往使得企业认为留在某经营单位所在的行业中是具有战略意义的。

4）感情障碍。企业在制定退出战略的时候，会引发一些员工的抵触情绪，因为企业的退出往往使得这些员工的利益受到损害。

5）政府和社会的约束。政府考虑到失业问题和对地区经济的影响，有时会出面反对和劝阻企业作出退出的决策。

当企业的退出障碍过高时，经营不好的企业只能继续坚持下去，从而也会导致现有竞争者之间的竞争激化。

在对现有竞争者抗衡的分析中，最重要的是确定主要竞争对手，并制定相应的对策。谁是企业的主要竞争对手？这是每一个企业都应当明确回答的问题，国外的建筑企业可以通过政府发布的统计资料、证券市场公布的财务数据等公共途径，了解谁是自己的主要竞争对手。而我国建筑企业难以收集这方面的信息，由于现行体制、市场机制的限制，还远远不能满足需要，企业只有在投标时才能知道谁是临时的竞争对手。

确定企业的主要竞争对手只是第一步，紧接着就要收集所需要的各种信息。收集的信息越多，企业就越有可能找到战胜对手的正确战略。因为主要竞争对手的短处就是企业的机会；同样，主要竞争对手的长处可能就是企业的威胁。

3．购买者的讨价还价能力

任何行业的购买者和供应者，都会在各种交易条件（价格、服务、质量等）上尽力迫使对方让步，使得自己获得更多的利益。在这一过程中，讨价还价的能力扮演着一个重要的角色。无论作为供应者还是购买者，其讨价还价能力均由以下因素决定。

(1) 行业的集中度。不论是对购买者或是供应者来说，如果行业集中度比对方高，仅由少数大企业控制，这就提高了企业在讨价还价过程中的砝码，使得对方不得不接受自己的条件。

(2) 交易量的大小。若购买量占供应者供应量的比重较大，购买者在讨价还价过程的地位就比较高。

(3) 转换成本的高低。若购买者转换供货单位的费用大，转换困难，购买者讨价还价的地位就比较低；反之，如果购买者可以很容易地转换供应者，则其在讨价还价中的地位就会提高。

(4) 产品差异化情况。如果行业产品是标准化或者是差异很小的，那么购买者在讨价还价中占有优势，而且会使行业产品价格总体下降。

(5) 购买者对价格的敏感程度。如果购买者对价格很敏感，那么购买者就会对行业形成较大的价格压力。通常在以下几种情况下，购买者可能会对价格很敏感：①涉及的原材料占购买者产品成本的比重很大；②涉及的原材料对购买者产品的整体质量无关紧要；③购买者的边际利润已经很低。

(6) 信息掌握程度。如果供购双方谁对对方的成本信息或出价底线信息了解得多，谁就在讨价还价的过程中占据主动。

(7) 纵向一体化程度。纵向一体化包括后向一体化和前向一体化。后向一体化即购买者也开始从事原材料的制造和销售，前向一体化则是个反向过程。若购买者已经实现了后向一体化，或购买者具有后向一体化的能力与意愿，就会让供应者在讨价还价中处于不利地位。

建筑企业的"购买者"，最主要就是指工程项目的发包方。发包方在工程招标投标过程的行为直接影响企业的效益。在建筑行业"僧多粥少"的情况下，发包方占据有利的地位，往往采取压低标价、提高质量标准、增加服务要求，使利润率低下的建筑企业更是雪上加霜。因此，研究企业所在领域内发包方的类型及其偏好，是建筑企业在分析环境因素时必须考虑的内容。需要说明的是，"发包方的偏好"是指发包方对标内、标外最注重的内容，即发包方的关注点。大量事实证明，投发包方之所好，建筑企业往往会得到意想不到的益处。例如：如果发包方的偏好是"价廉物美"，即使在发包方已经具体规定了使用材料，企业在市场上搜寻到价格便宜、质量保证、送货及时的替代材料，也可能得到发包方的首肯，这样，企业就可以因批量采购而得到价格优惠；如果发包方的偏好是"提前完工"，那么企业就努力赶工，不仅容易取得发包方的好感，而且还有可能获得提前工期奖。

4. 供应者的讨价还价能力

供应者的讨价还价能力与购买者的类似，也是由以下因素决定。

(1) 行业的集中度。如果供应者所处行业的行业集中度比对方高，仅由少数大企业控制，这就提高了企业在讨价还价过程中的砝码。例如，在某一特定的住宅市场上，仅有少数几家有实力的住宅开发企业，购买者除此之外没有其他选择，这样一来，这些住宅开发企业就具有了相对的定价话语权。

(2) 交易量的大小。若供应量占购买者购买量的比重大，供应者讨价还价的地位就高。

(3) 转换成本的高低。若购买者转换供货单位的费用大，转换困难，供应者在讨价还价的过程中就占据了一个比较有利的位置；反之，如果购买者可以很容易地转换供应者，则供应者在讨价还价中就处于一个相对不利的位置。

(4) 产品差异化情况。如果行业内企业的产品差异较大，那么供应者在与购买者的讨价还价过程中就占有优势，就具有提价的空间。

(5) 信息掌握程度。供应方如果能对购买方购买意愿的强烈程度、愿意负担的最高价格、其他供应者的报价等有效信息有所了解，就可以根据具体情况，在讨价还价过程中把握先机。

(6) 纵向一体化程度。若供应者在前向一体化中有所建树，就会在与购买者讨价还价时占据主动。

对建筑企业来讲，"供应者"主要是建筑材料供应商与分包商。由于材料费一般占工程总造价的60%~70%，是影响企业投标报价和成本效益的主要因素。所以，供应商提供材料的价格、数量、质量、延期付款条款及供应商的信誉，直接影响企业的竞争实力。例如，一些具有大规模吞吐能力的材料供应商，可以在流动资金周转方面为建筑企业提供必要的便利，做到先供料后结账。同样，分包商也在建筑业中扮演着一个十分重要的角色。因此，建筑企业应注意收集材料供应商、分包商的资料和信息，与有实力的供应商及分包商建立长期的战略合作伙伴关系。

5. 替代品的威胁

替代品是指那些与本行业产品具有同样功能的产品。替代品替代现有产品有两种类型，一种是"直接产品替代"，另一类是"间接产品替代"。

(1) 直接产品替代。即某一种产品直接取代另一种产品，也称为"淘汰性替代"。

(2) 间接产品替代。即由能起到相同作用的产品非直接地取代另外一些产品，也称为"转变型替代"。

当然，对于某些产品来说，直接产品替代与间接产品替代只是一个相对的概念，直接替代品与间接替代品的界限并不一定十分清晰。

一般说来，由于建筑产品的特殊性，在现有科技条件下"衣、食、住、行"的不可替代性，对整个建筑业而言，并不存在拥有新产品的行业对建筑业存在"替代品的威胁"。本书中所指是特定产品的"替代品的威胁"。这些"替代品威胁"，一方面体现在传统建筑结构形式被新颖的建筑结构形式所取代，或一种施工技术被一种新技术所取代等，即"淘汰型替代"；另一方面表现为投资方改变建设方案，譬如用水底隧道代替跨江大桥、以盘山公路取代长大隧道等，即"转变型替代"。

这些"替代品"对建筑企业的经营可能产生重大的影响，甚至构成生存发展的威胁。因此，建筑企业要时刻注意国内外技术进步的动态，要紧跟时代的步伐，甚至还要在观念意识上、科研开发上先行一步。此外，要对潜在的业主不断进行跟踪、分析，全面研究可能出现的变化，及时把握业主的真实意图，把握投标与经营机会，随时做好应对准备。

6. 与利益相关者的关系处理能力

利益相关者是指包括政府在内的，与建筑企业利益直接相关的主体。就目前而言，建筑企业要特别处理好与以下利益相关者的关系：

(1) 与金融机构的关系。在项目的施工过程中，建筑企业可能要与多个金融机构发生信贷、担保关系。首先是与开户行的关系，取得周转资金贷款；其次是与发包方开户行的关系；再就是与贷款金融机构的关系。此外，与担保单位的关系也不容忽视。建筑企业要努力树立良好的信誉，以求得融资的方便。

(2) 与政府的关系。建筑企业应积极主动地接受建设行政主管部门的领导和税收、审计、城管、公安等部门的监管。在今后相当长的一段时间内，政府对建筑业的宏观监管不会减弱，而且大量的基础设施都是政府投资项目，因此，与政府关系的紧密将大大有助于建筑企业的自身发展。

(3) 与中介、服务机构的关系。中介、服务机构包括招投标代理单位、造价咨询单位、会计咨询单位等社会化专业代理机构以及各种行业协会等社会组织。无论这些机构代表的是业主利益，或是扮演建筑企业的社会化技术支持力量这一角色，还是仅仅是行业内的一个中立的利益协调者，这些机构对建筑企业的经营活动都有很大的影响。

(4) 与联盟企业的关系。随着BOT、EPC、DB等建设方式的推行，与联盟者的关系也应越来越为建筑企业所重视。随着工程项目规模和技术难度的增大，单一的建筑企业很难处理好全部事务，只有通过强强联合的方式建立联盟，才能共同应对机遇与风险，这样一来，建筑企业如何处理与联盟企业的关系就显得相当重要。

(5) 与境外代理人的关系。代理制度是在当前国际工程承包中被广泛采用的一种方法，在许多国家已成为法定制度。企业通过代理人，加深对项目所在地各方面的了解，打通各种关系，以便提高中标率并保证工程的顺利实施。因此，对在境外承包工程的企业而言，客观分析和评价代理人的地位，寻找信誉好、易合作、影响大的代理人合作，也是环境分析的一个重要内容。

二、行业战略群体分析

行业分析的另外一个重要方面是要确定行业内所有主要竞争对手在战略方面的特征。波特用"战略群体"的划分来研究这些特征。一个战略群体是指某一行业中在某一战略方面采用相同或相似战略的各企业组成的集团。如果产业中所有企业基本采用的是同一种战略，则该行业中就只有一个战略群体。一般来说，在某一行业中有多个群体，它们采用特征完全不同的战略。

1. 战略群体的特征

波特教授在《竞争战略》一书中指出，用于识别战略群体的特征可以考虑以下一些变量：

(1) 产品（或服务）差异化的程度；
(2) 各地区交叉的程度；
(3) 细分市场的数目；
(4) 所使用的分销渠道；
(5) 品牌的数量；
(6) 营销的力度；
(7) 纵向一体化程度；
(8) 产品的服务质量；
(9) 技术领先程度；
(10) 研究开发能力；

(11) 成本定位；
(12) 能力的利用率；
(13) 价格水平；
(14) 装备水平；
(15) 所有者结构；
(16) 与政府、金融等外部利益相关者的关系；
(17) 组织的规模。

为了识别战略群体，必须选择这些特征中的几项对行业内的各个企业进行分析。同时应当注意，在选择划分行业内战略群体的特征的时候，要避免选择同一行业中所有企业都相同的特征。

2. 行业内战略群体分析

战略群体分析有助于企业了解相对于其他企业而言本企业的战略地位，以及公司战略变化可能产生的竞争性影响，具体体现在以下几方面：

(1) 有助于很好地了解战略群体间的竞争状况，主动地发现近处和远处的竞争者，也可以很好地了解某一群体与其他群体之间的不同。

(2) 有助于了解各个战略群体之间的"移动障碍"。移动障碍即一个群体转向另外一个群体的障碍。

(3) 有助于了解战略群体内企业竞争的主要着眼点。同一战略群体内的企业虽然采用了相同或者类似的战略，但由于群体内各个企业的具体优势不同，因而会导致实施同样战略而效果不同。战略群体分析可以帮助企业了解其所在的战略群体的战略特征和其他竞争对手的战略实力，以选择本企业的竞争战略和战略发展方向。

三、市场结构与竞争对手分析

1. 市场结构分析

市场结构是指行业内企业间的市场联系特征，即构成行业市场的买者之间、卖者之间、以及买者和卖者之间的商品交易关系的地位和特征。如何处理垄断与竞争的矛盾问题是行业组织研究的核心问题，而市场结构是决定行业组织垄断和竞争程度的基本因素。经济学家通常按竞争程度把市场结构分成四类：完全竞争、垄断竞争、寡头垄断、完全垄断。充分了解这四种市场结构的特征，有助于建筑企业对市场竞争对手的性质进行正确的估计，进而采取合理的应对措施。

(1) 完全竞争市场

完全竞争市场通常被认为是经济学家为了研究的方便而建立的一种理想模型。一般来说，完全竞争市场应当具备以下主要特征：

1) 有极多的买主和卖主。卖主和买主之间不必固定买卖关系，每个卖主和买主同他们全体进行的交易量相比起来都很小，他们中间任何一个的行为变化都根本无法影响市场价格。从这一点讲，我国建筑市场基本符合完全竞争市场的要求。

2) 同一行业中的每一个企业生产的产品都是完全无差异的。这样一来，如果哪个企业敢于将其产品和服务的价格提高到市场价格以上，惟一的后果就是失掉它全部的买主。在建筑业中，所有的建筑产品都是独一无二的，但由于施工企业是按图施工，当工程设计图纸确定后，由谁来建设施工差别不大。

3）不存在不确定性或行业秘密。假定所有的经济活动主体，不管是卖主还是买主，都拥有该市场的完全信息。但是，在现实中，所有的企业都有自己的商业秘密和价格敏感资料，他们不会将自己的业主名单、供应来源或详细的成本资料无偿地提供给别人使用。因此可以说，建筑市场中完全信息的假设不成立。

4）该行业不存在进出障碍。由于建筑业是一个劳动密集型行业，建立一个小型建筑企业的资金要求比较低，施工设备也不必全部自行购买而可以租赁，劳动力和建筑材料也同样不成问题，因此进入门槛很低。但即使这样，建筑行业也存在若干看不见的障碍。例如，在建筑市场中，社会关系非常重要，无论是政府投资项目还是民间投资项目，都摆脱不了具体的人际关系的影响，新进入的建筑企业往往要经过相当一段时间才能够完全与已有的建筑企业抗衡。

对于一个理想的完全竞争市场，以上四个条件，缺一不可。按照经济学的理论，在完全竞争条件下，只要企业追求最大利润，从长期来看，不仅企业的生产效率可以达到最高，而且资源在各种产品之间的分配也是最优的。这也就是我们通常所指的完全竞争的市场机制像一只看不见的手，能够实现社会资源的最佳配置。显然，现实中不存在这样的完全竞争市场，虽然完全竞争市场模型脱离实际太远，却是研究其他类型市场结构的起点。

在整个建筑市场当中，劳动力市场以及普通住宅设计施工市场的同质化日益明显，进入与退出门槛很低，可以认为劳动力市场、一般住宅的设计和施工市场比较接近于完全竞争市场。建筑企业可以结合自身情况，在保证质量的前提下，把降低成本作为企业管理的中心工作，以低成本为主要竞争手段，通过规模经济，从而获得最大的利润。

(2) 完全垄断市场

完全垄断市场是整个市场上只有惟一的一个厂商的市场结构，在这样的市场上，垄断企业可以控制和操纵价格和产量。具体地讲，完全垄断市场的条件主要有：

1）市场上只有惟一的一个厂商生产和销售产品；
2）该厂商生产和销售的商品没有任何相近的替代品；
3）其他任何厂商进入该市场都极为困难或不可能。

一般来说，垄断企业通常是通过利用自己的垄断地位，控制产品的供应量，从而达到提高产品价格，实现垄断利润。

与完全竞争的市场一样，现实中也极少存在完全垄断的市场。通常来说，接近完全垄断的行业是指那些自然垄断行业，例如，电力、电报、电话和煤气等规模经济性显著的公用事业。对于这些行业，政府通常准许其实施垄断，但由政府直接控制其价格，其目的是不让其有超额利润，并促使其增加产量和提高质量。

由于建筑业属于竞争性行业，一般建筑技术容易掌握和传播，少数专利或专有技术也难以长期保持，加之大多数国有建筑企业都在向股份制公司的方向转变，所以，从全国范围来看，建筑市场上不容易形成垄断。但是，在某个局部地区，短期内形成垄断还是可能的。其原因主要是由于建筑产品和生产过程、施工方法的特殊性，以及建筑企业从一个地方到另一个地方的迁移成本比较高的缘故。

(3) 寡头垄断市场

寡头垄断市场是指少数几家厂商控制绝大部分乃至整个市场的产品和销售的市场结构。寡头垄断市场在发达国家的很多行业里都普遍存在，而我国的航空市场、石化市场，也都是由少数几家企业所控制。

与完全垄断市场相似，在某个局部地区，建筑市场出现寡头垄断也是可能的。我国建筑企业数目相当惊人，有各种各样的性质、专业和特长，并且布局十分分散。这样一来，在某一特定地区，往往会出现只有少数几家企业控制了某一专业市场的局面。

与其他市场结构相比，寡头垄断市场结构的一个显著特点就是，企业之间的行为互相依存，互相影响。在这一市场结构下，由于一个行业只有几家主要企业，一家企业的行为对整个市场的影响就举足轻重了。例如，在某一地区仅有两家砂石材料供应商，属于无差别的寡头垄断，那么，如果甲企业降价，乙企业的砂石就销售不出去，只好也降价。这样，甲企业的市场行为，就引起了乙企业的反应，而乙企业的反应反过来又会引起甲企业采取进一步的行动。这种相互关系可以体现在竞争的所有方面，包括价格、销售量、产品特征和促销、服务等等。每一家寡头垄断企业在作出重大决策前都必须了解和估计竞争对手的行为和可能作出的反应，其制定的竞争战略的效果，很大程度上取决于对竞争对手的分析是否到位。

(4) 垄断竞争市场

垄断竞争市场是指在市场中有许多企业生产和销售有差别的产品。可以看到，垄断竞争市场的特征与完全竞争市场的特征比较接近，二者的主要区别在于垄断竞争市场上的同种产品是有差异的。这种差异或体现在产品特性或服务上，或通过富有煽动力的广告宣传铭刻在购买者的脑海中，又或者仅仅是因为彼此竞争的企业处于不同的地区。这意味着，与完全竞争市场不同，垄断竞争市场上的企业是有可能提高自己产品和服务的价格而不失掉购买者的。企业采取这种行动的后果显然取决于产品的特点，以及供应者相对购买者的地理位置等因素。建筑市场中出现这种市场结构的例子不胜枚举。例如，虽然所有的建筑企业都可以提供同样的施工服务，但是即使项目所在地的某家建筑公司的报价较高，项目业主仍愿意将项目交给该公司承揽，而不是一家报价较低但业主不熟悉的外地企业。

在不同的市场结构中，建筑企业的竞争着眼点也各不相同。在完全竞争市场上，建筑企业之间的竞争主要是通过价格来进行。但在垄断竞争市场上，不仅存在价格竞争，还存在着产品差异化竞争。在某种程度上来说，只有提高产品的差异化程度，才能在垄断竞争市场上获得更高的利润。

例如，小型建筑企业可以为市场上某一特定顾客群的特定需要提供服务，如专门生产桥梁锚具或提供专门的速凝混凝土等，在这一细分市场上的正确定位，有利于取得竞争优势。

以上分析了四种基本的市场结构。但实际上大多数行业，其市场结构很少有完全符合其中任何一种的，建筑市场也不例外。但通常认为，建筑业市场结构兼具寡头垄断和垄断竞争两种特点。

2. 竞争对手分析

竞争对手分析是企业战略环境分析的重要内容之一。竞争对手分析帮助企业了解对手企业当前的经营现状和动态，为企业的战略制定与调整提供依据。

建筑企业的竞争者主要有两类：一类是与本企业经营业务相同或类似的企业和机构，如资质、业务范围等相似的承包企业；另一类是拥有相同或类似资源的企业和机构，如机械设备、生产能力类似的企业。

对竞争对手的分析，可以从以下几个方面入手：

（1）对手的财务状况

1）赢利状况分析。侧重考察对手的利润率等财务指标，对照行业平均利润率，分析对手的赢利状况与水平。

2）现金周转状况分析。重点考察对手的短期融资能力。

3）发展状况分析。重点考察对手的战略投入方向，以判断对手的未来发展走势。

（2）对手的非财务目标

重点分析与市场占有、业内影响、技术领先等方面的一些相关指标，以了解对手的阶段重点目标和努力方向。

（3）对手的战略决策思维倾向

重点分析判断对手企业决策者对本企业和行业环境等方面的基本认识和决策思维倾向。

（4）对手的当前战略

重点分析对手企业已经获得和可能获得的竞争优势，既定战略目标、重大决策和相关举措。

（5）对手的能力分析

重点分析对手企业在经营管理、快速反应、内部变革、生产经营等方面的基本能力状况。

四、建筑市场供求分析

企业经营环境分析的另一个重要内容是市场供给与需求分析。在经济学研究中，对供求状况进行分析，其目的是为了研究价格这一最重要的经济指标。在本书中，强调的则是对建筑市场需求进行分类，分析影响建筑市场需求量的因素，明确建筑市场供给的概念以及影响建筑市场供应量的因素，并利用建筑市场供求分析作为研究建筑企业经营环境的有效手段。

1. 建筑市场需求分析

（1）建筑市场需求的相关概念

在对建筑市场进行需求分析之前，我们需要明确一些概念，即建筑市场需求量、有效需求、派生需求和建筑业需求的周期性。

1）有效需求

建筑市场需求量通常是指特定时期内建筑市场的有效需求的总和。有效需求是指购买者在某一时期按给定的价格，愿意并且有能力购买的产品或服务的数量。在建筑市场上，有效需求就是买主希望并且有能力购买的建筑产品和有关服务的数量。有效需求以买主可支配的购买力为后盾，若拿不出钱来，需求就不能算是有效。当前，我国建筑市场上的买主（需求方或业主）有政府部门、企事业单位、个人等，还可以包括一些以赢利为目的的中间商或用户。

2）派生需求

从某种角度上来说，对建筑产品或服务的需求可以称为是一种派生需求。如小汽车、电脑、服装这些产品是最终产品，而用于生产最终产品的厂房、实验室、办公楼等等都属于中间产品。就是说，对厂房、实验室、办公楼等的需求是从对它们所生产的最终产品中派生出来的。对医院用房的需求派生于对医疗的需求，对公路的需求来自于对交通便利的需求等。明确这种派生关系，对于预测国民经济对建筑产品或服务需求量的影响非常重要。不论是设计单位、施工单位，还是材料供应单位、施工机具租赁单位都要善于从这种派生关系中估计、预测自己将来的市场前景。

3）建筑业需求的周期性

在对建筑市场进行需求分析时，必须意识到社会对建筑业的需求是周期性的，建筑业在繁荣一段时间之后，随之而来的常常是衰退或萧条。自20世纪80年代以来，我国建筑业经历了两三个较大的起伏，特别在1993年是建筑业的辉煌时期，但1994年以后就陷入了一个较大的低谷。近年来，建筑市场持续升温，建筑业总体需求也在稳步增长，外部环境对建筑业发展是有利的，但要考虑周期性变化因素。

(2) 建筑市场需求量的影响因素分析

影响某一建筑产品或服务的需求量的因素很多，包括需求价格、利率、其他产品或服务的价格、收入、人口、兴趣与爱好、政策和预期等。

1）需求价格。在一定时间内，购买者对一定量的产品或服务愿意支付的最高价格，称为需求价格。需求价格是由一定量的产品或服务对购买者的边际效用所决定的。由于产品或服务对消费者的边际效用一般随着产品或服务数量的增加而减少，所以购买者愿意支付的最高价格也随之减少。因此，与不同数量的产品或服务对应的需求价格是不同的。数量越多，需求价格就越低。需求价格是影响建筑产品需求量的最重要因素。

2）利率。利率对于绝大多数国民经济活动都有很大的影响。在建筑市场上，利率对需求量的影响尤其明显。因为现代社会的许多建造活动都是从金融市场上借款，或是以其他方式融资进行的。当利率很高时，不但普通平民贷款购房量会缩小，就连一些大型的房地产开发商或投资者也不敢融资借贷。利率上涨，一方面抑制了社会对建筑产品的需求，另一方面也提高了建设项目的成本，降低了投资的收益，其结果是大大地降低了国民经济各部门对建筑业提供的设计、施工、安装以及其他服务的需求量。

3）其他产品或服务的价格。对建筑产品或服务的需求还受到其他产品或服务价格的影响。这里所指的其他服务或产品，有些是替代产品，有些是互补产品，还有些是独立产品。替代产品就是可以提供相同效用的产品，互补产品是连带在一起使用的产品，独立产品则是彼此效用之间没有直接联系的产品。

建筑业提供的产品中有许多是替代产品。例如，参加某工程投标的多个建筑公司为业主提供的施工服务，对于业主来说这些公司彼此之间是可以替代的。就多种替代产品而言，对其中一种产品需求的增加会减少对另外一种或多种产品的需求；一种产品价格的上升会引起其他产品的价格的上升。

建筑业的产品或服务中也有许多是互补的产品或服务。例如，设计和施工、土建和安装、门和门把手、住宅和家具等等。就互补产品全体而言，对其中一种产品需求的增加，会引起对其他产品需求的增加。其中一种产品的价格下降，也可能会引起其互补产品价格的上涨。例如，如果住宅由于某种原因价格下降，购房人数就有可能会上升，购房之后就要添置家具，于是对家具的需求量就会上涨，进而推动家具价格的上升。

当然，独立产品或服务也会以某种方式影响建筑产品或服务的需求量。在我国现阶段，住宅是绝大多数城镇居民需要积攒相当长一段时间方能购买到完全所有权的耐用品。

同时，其他一些产品或服务也已经出现在市场上，吸引或者要求人们进行消费，如小汽车、出国旅游、教育投资等等。这些独立的产品或服务会消耗相当的大众购买力，从而在一定程度上影响人们对住房的实际需求量。

4）收入。如前所述，有效需求取决于支付能力，而支付能力又依赖于收入。所以，类似商品房的建筑产品需求量就和社会平均的收入水平紧紧联系在一起，收入水平越高，对商品房等建筑产品的需求量也就越大。

5）人口。需求量一般同人口成正比。由于建筑物一般预期寿命都会达到或超过50年，所以在考虑建筑产品的长期经济可行性时，应当考虑将来的人口变化。不但是人口的多少，而且人口的分布和构成，收入、年龄、工作、教育背景、家庭组成等等对建筑产品的需求量也有很大影响。从长期来看，对建筑产品的需求以及建造活动之所以持续不断，就是因为人口不断地增长。

6）兴趣和爱好。个人的兴趣和爱好反映了文化、时尚、习惯，甚至地理气候条件的不同。社会的兴趣和爱好可能会受到广告、其他宣传和促销活动的影响，反过来也会影响到个人和公司对不同风格、不同类型建筑产品的需求。例如，建设项目的业主很可能强烈地希望通过建筑物来创造出本企业的某种外在形象，如果某类建筑产品符合业主的兴趣和爱好，那么，在价格等其他因素不变的情况下，这类建筑产品的需求量也会大大地提高。

7）政府政策。政府的政策对建筑业，对建筑产品需求量的影响可能是所有影响因素中最大的。在我国建筑市场上，政府投资项目占有相当大的比例，政府基本建设的力度直接体现在建筑市场上，建筑企业往往也是政府宏观经济政策调整的最早感受者。

8）对价格的预期。在任何时候，对建筑产品价格变化的预期都会影响需求量。例如，人们如果认为将来当地的房价会上涨，则现在对住宅的需求量就会上涨；反之，如果人们认为房价有进一步下跌的可能，人们就会持币待购，进而就会影响到对住宅的需求量。

9）国外建筑市场。世界上许多国家和地区由于经济和社会的迅速发展，以及其他种种原因，自己不能提供足够的建筑产品和服务，需要其他国家提供咨询、设计和施工服务。在当今世界上，咨询、设计、施工服务已经成为国际贸易的重要组成部分。许多国家，包括发达国家，将输出咨询、设计和施工服务作为赚取外汇、带动本国材料、设备和劳动力出口的重要手段。我国建筑企业自20世纪70年代末期以来，一直致力于国外市场的开拓。国外建筑市场已经成为我国建筑市场需求量不可忽视的一部分。

2. 建筑市场供给分析

(1) 建筑市场供给的概述

建筑市场上，建筑产品和服务的供应量是指建筑企业和其他生产要素的提供者在某一时期内和一定价格水平下，愿意并有能力提供的产品和服务的数量。供给可以分为建筑企业供给、其他生产要素提供者的供给和整个行业的供给。

与需求量一样，供应量也可以区分为有效供给和潜在供给。有效供给可以定义为真正能够满足买主需求的建筑产品和服务数量。潜在供给可以按照从事建筑业的人数、建筑企业的个数、一定时期内能够设计或施工的建筑面积等来计算。

目前，我国建筑市场上需求不足，竞争激烈，建筑企业的数量过多，从事建筑施工、设计等人员数量过剩，超过了实际需要。普遍呼吁政府采取措施，限制进入建筑业的人数和企业个数。这种看法恰恰是没有准确认识建筑市场有效供给的直接表现。

实际上，目前我国建筑市场不完全是需求不足，而是有效供给不足，建筑市场的有效供给还远远不能满足需求，主要体现在：

1) 建筑工人的技能、咨询和设计人员的素质和管理人员水平还不够高，导致效率低下和一些质量隐患，不能提供质优价廉的产品和服务。

2) 我国建筑企业还不能与国外先进企业相匹敌，不能为业主提供他们所需要的满意产品和服务。例如，设计-施工总承包、项目管理服务在国外已盛行了多年，但是在我国还没有几家企业可以真正提供这样的服务。即使是单纯的设计咨询服务，我国设计院在很多领域也难以与国外大型设计公司竞争。

3) 在国外的建筑市场上，我国建筑企业能提供的还仅仅只限于施工服务，甚至仅仅限于劳务输出。对于有着较大盈利前景的工程总承包市场和设计咨询市场，我们同样还缺乏足够的竞争能力。

4) 大多数建筑企业不能及时适应建筑市场需求结构的变化。例如，20世纪90年代以来，建筑市场对房屋建筑的需求量减少，而对公路、桥梁等基础设施的施工需求增加，许多建筑施工企业只擅长房屋建筑施工，转型缓慢，从而丧失宝贵的发展机遇。

所有这些都说明，我国建筑企业的有效供给不足。我国应该充分利用市场机制，加强建筑市场的有效供给，以提高我国建筑业从业人员和建筑企业的市场竞争力。

(2) 建筑市场供给的影响因素分析

影响建筑市场供给的主要因素有：

1) 成本。建筑企业的成本包括材料费、人工费、施工机械使用费等生产费用、管理费用、财务费用等。一般说来，在建筑产品和服务的市场价格不变的情况下，生产成本越高，其提供者得到的收益就越小。在成本高收益小时，提供者愿意和能够供给的建筑产品和服务就相对较少。

2) 建筑技术。建筑技术水平直接影响建筑企业的供给能力。一般说来，在其他市场条件不变的前提下，建筑技术水平越高，建筑企业愿意和能够提供的建筑产品和服务数量和种类就越多。

3) 建筑企业数量。生产能力大致相同的建筑企业数量越多，建筑产品和服务的供应量就越大。建筑企业之间的竞争，有利于促进他们改进技术，降低成本，增加有效供给。

4) 建筑企业的发展目标。有些建筑企业为了确立或扩大自己在市场上的地位，愿意以较低的价格提供更多更好的建筑产品和服务。

5) 政府经济政策。政府的经济政策在很大程度上影响建筑企业的发展走向。如果政府实施有利于建筑业的经济政策，如减少对建筑企业的税收等，建筑企业的生产成本就会下降，就能增加其供应量。反之，供应量就会减少。

6) 建筑企业的预期。如果建筑企业预期某种建筑产品或服务的价格会上升，且增加供给能够增加收益，他们就会愿意增加供给。反之，供给就会减少。当然，建筑企业的预期取决于整个国民经济的发展、政府的经济政策、市场的竞争状况和其他一些因素。

第三节　建筑企业战略环境分析与评价方法

在全面分析了建筑企业的宏观环境和经营环境后，建筑企业有必要采用科学的方法对外部战略环境进行预测分析和评价。

一、战略环境要素评价矩阵

战略环境要素评价矩阵是企业外部环境分析的有效方法。主要步骤为：

(1) 确定战略环境关键因素。依据建筑企业战略环境要素的分类，结合本企业的实际情况，经分析、取舍后确定企业战略环境中的关键因素。这些关键因素一般应控制在5~20个之间。

(2) 赋予各因素权重。权数应在0.0（表示不重要）到1.0（表示很重要）之间。某一因素的权数说明这个因素对企业影响的重要性，权数总和应该等于1。

(3) 按四分制给每一个因素打分，以表明这个因素是企业的重大威胁（1分）、轻度威胁（2分）、一般机会（3分）、重大机会（4分）。

(4) 计算综合加权平均值。将某一因素的权数和分数相乘得到某一因素的加权分数。将各因素的加权分数加起来，其总和就是一个企业的综合加权平均值。

无论这个矩阵模型包括有多少重要机会或威胁，企业的综合加权平均值最高是4分，最低是1分，平均值是2.5分。得4分的企业面临许多机会，企业处于一个良好的战略环境中；相反，得1分的企业则面临许多严重的威胁，企业所处战略环境不佳。

二、产业关键战略要素评价矩阵

产业关键战略要素评价矩阵是通过对产业关键战略要素的评价分值比较，展示出建筑业内各竞争者之间的相对竞争力量的强弱、所面临的机会与风险的大小，为建筑企业制定战略提供一种用来识别本企业与竞争对手各自竞争优势、劣势的工具。建立产业关键战略要素评价矩阵可按如下步骤进行：

(1) 由建筑企业战略决策者识别产业中的关键战略要素。评价矩阵中一般要求5~15个关键战略要素。具体由战略决策者通过研究建筑业战略环境与评价结论，针对与企业成功密切相关的要素达成共识。在分析中常见的建筑业关键战略要素有市场份额、规模经济性、价格优势、财务地位、管理水平、工程质量等等。

(2) 对每个关键战略要素确定一个适用于建筑业中所有竞争者分析的权重，以此表示该要素对于在建筑业中成功经营的相对重要性程度。权重值的确定可以通过考察成功竞争者与不成功竞争者的经营效果，从中得到启发。某一要素权重值的变化范围从0.0（最不重要）到1.0（最重要），且各要素权重值之和应为1。

(3) 对各竞争者在每个关键战略要素上所表现的力量的相对强弱进行评价。评价的分数通常取为1、2、3、4，依次为1表示最弱，2表示较弱，3表示较强，4表示最强。评价要注意各分值的给定应尽可能以客观性的资料为依据，以得到较为科学的评价结论。

(4) 将各关键战略要素的评价值与相应的权重值相乘，得出各竞争者在相应战略要素上相对力量强弱的加权评价值。最后对每个竞争者在每个战略要素上所得的加权评价值进行加总，从而得到每个竞争者在各关键战略要素上力量相对强弱情况的综合加权评价值，这一数值的大小就揭示了各竞争者之间在总体力量上相对强弱情况。

三、战略环境预测方法

外部战略环境是复杂的,不仅要分析现在和过去,更要预测其发展趋势。预测是一种十分复杂的活动,因为政治波动、技术进步、文化的改变、竞争状况的变化、新产品或服务的出现、政府政策的变化、经济形势的变化以及其他一些变化总是相互影响或同时发生的。预测方法可以分成两大类:定量方法和定性方法。定量方法主要有经济模型法、回归分析法、趋势外推法和行业前景分析法等。

经济模型是以若干回归等式构成的相互作用的系统为基础的。在先进的计算机的帮助下,经济模型已经成为预测经济变量的一种最广泛运用的方法。一元或多元回归分析是一种用一个或几个自变量的变化来解释另一个因变量变化的统计学方法。趋势外推法是使用较广泛的一种方法,它将企业面临的外部环境中关键因素列举出来,然后分析其发展趋势,从而得出对外部环境的判断与评价。趋势外推就是把当前趋势向未来扩展,它基本的假设是:在短期内,环境是连续、缓慢变化的。但趋势外推法存在的最根本问题是,环境变化趋势本身是许多不同变量相互作用的结果,其中任何一个变量剧烈变动,就会改变环境变化的方向。

行业前景分析法是一种实用方法,通过分析外部环境的关键变量对该行业的可能影响,从而形成行业的前景展望,其步骤如下:

(1) 探讨宏观环境中关键因素的可能变化;
(2) 识别经营环境中的六种竞争力量的现状和发展趋势;
(3) 形成一些未来发展趋势的假设;
(4) 把这些假设与单个发展趋势相结合,推导出一些不相矛盾的前景;
(5) 分析每个前景下行业的大致状况;
(6) 选择那些最有可能发生的前景,或者是对企业未来影响最大的前景,在战略制定中加以考虑和运用。

人们常说"企业是环境的产物",这个环境指的就是企业的外部环境。对于企业而言,它是不可控的。企业进行战略环境分析的目的就是了解企业目前或将要受到哪些方面的挑战与威胁,又将面临怎样的发展机遇,需要对哪些方面作出必要的反应。但面对同样的外部环境,不同的企业所采取的战略和经营行为也存在很大差异,其原因在于企业内部条件的不同,因此,应在外部宏观环境和经营环境分析的基础上,进行内部条件分析,企业内部条件必须与外部环境相结合。

案例:建筑企业的战略环境分析与评价

某建筑企业运用战略环境要素评价矩阵,对其在某区域市场承包工程业务方面的战略环境进行分析与评价。

从表2-1可以看出,经济环境、政策法律对企业有利,企业的技术与管理水平高,从而有较好的机会,但同行业竞争威胁大,供应商与顾客的关系状况也存在较大的风险。综合加权平均值为2.52分,表明该建筑企业的机会是有的,但并不十分乐观。

在此基础上,该建筑企业选择两个主要竞争对手,运用产业关键战略要素评价矩阵,对各自的竞争优势、劣势进行分析与评价。

战略环境要素评价矩阵　　　　　　　　　　　　　　　　　　　　　　表 2-1

代号	环境因素	权数	分数	加权分数
A	经济环境	0.12	3	0.36
B	政策法律	0.12	3	0.36
C	社会人文	0.08	2	0.16
D	技术与管理	0.12	4	0.48
E	市场需求	0.20	3	0.6
F	竞争状况	0.16	1	0.16
G	供应商关系	0.08	2	0.16
H	顾客关系	0.12	2	0.24
	综合加权平均值	1		2.52

产业关键战略要素评价矩阵　　　　　　　　　　　　　　　　　　　　表 2-2

产业关键战略要素	权重	本企业		竞争者 A		竞争者 B	
		评价值	加权评价值	评价值	加权评价值	评价值	加权评价值
市场份额	0.20	3	0.6	2	0.4	2	0.4
价格竞争	0.20	1	0.2	4	0.8	1	0.2
财务状况	0.40	2	0.8	1	0.4	4	1.6
工程质量	0.10	4	0.4	3	0.3	3	0.3
用户信誉	0.10	3	0.3	3	0.3	3	0.3
综合加权评价值	1		2.3		2.2		2.8

从表 2-2 可以得知，财务状况的权重值为 0.4，表明其为关系到企业经营成败的最重要的战略要素。该建筑企业在工程质量方面的评价值为 4，表示在工程质量方面该企业力量最强；而竞争者 A 在价格竞争方面最强，竞争者 B 在财务状况方面最强。依据综合加权评价值，该建筑企业在综合实力上稍强于竞争对手 A，但弱于竞争对手 B。

复习思考题

1. 建筑企业战略环境与一般环境有何区别？
2. 建筑企业宏观环境构成要素中，哪一种要素对建筑企业的战略影响最大？
3. 建筑行业的六种竞争力量是如何影响行业竞争的强度与获利能力的？
4. 如何确定建筑企业所处的市场结构类型并制定相适应的竞争战略？
5. 怎样从建筑市场供求分析中找到企业的商机与发展方向？
6. 建筑企业战略环境分析与评价的方法有哪些？如何运用？

第三章 建筑企业内部条件分析

"知己知彼,百战不殆;知天时地利,百战不殆。"这句话体现了外部环境和内部条件对战争胜负的重要性。随着我国建筑市场的不断发展,市场竞争日趋激烈,仅以外部环境为导向,并不能形成有效的长期发展战略,只有同时重视企业的外部环境和内部条件,明确企业拥有的资源和能力,将追求环境给予的机会寄希望于自己的实力,才能制定出准确的战略,为企业的长远发展服务。

对企业资源和能力的最早认识始于20世纪上半叶。1937年,企业理论的奠基者科斯(Coase)提出:"通过形成一个组织并运用某些权利指导资源的运用,就可以节省某些市场成本。"20世纪80年代,库尔和申德尔的研究指出,企业的特殊能力是造成企业差异的重要原因。90年代中期以来,以安妮·布鲁金(Annie Brooking)为代表的"以资源为基础"的企业理论逐渐崭露头脚,并得到迅速发展。该理论认为,企业可以看作是资源的有机组合。在同一个时期,普拉哈拉德和哈默尔提出竞争优势真正源于"管理层将公司范围内的技术和生产技能合并为使各业务可以迅速适应变化机会的能力"。

这些理论和研究成果表明,在激烈的市场竞争中,企业要获得竞争优势,就必须创造出比竞争对手更高的价值。而企业创造更高价值的能力又依赖其资源的存量及其在使用这些资源的过程中积累的能力,这些资源和能力必须是其对手所不具备的,否则,任何创造超额价值的战略都会被很快地模仿。

本章主要阐述建筑企业的资源和能力,并分析建筑企业资源和能力之间相互促进的辨证关系。

第一节 建筑企业的资源

一、建筑企业资源概述

1. 建筑企业资源的概念

企业资源是企业投入到生产过程中的,为顾客提供有价值的产品与服务的生产要素。它既包括人力、物力和财力等这些传统意义上的资源,也包括技术、信息、时间、知识等现代意义上的资源,特别是一个企业所专用的资产,如专利和商标、品牌和声誉、组织文化等。

建筑企业的主要经营目标是生产建筑产品,或提供各类工程服务。在工程建设过程中,需要进行招投标、勘察、设计、施工、安装、装修装饰以及采购等工作。由于建筑产品具有单件性、投资量大、建设周期长等特点,一个建筑产品,特别是一些大型、特大型工程,其涉及的工作都需要长期、大量地利用建筑企业的各类资源。因此,对建筑企业资源进行分析和研究是非常重要的。

根据建筑企业和建筑产品的特殊性,我们把建筑企业资源定义为:建筑企业实际所拥有或控制的,能够对建筑产品的生产或服务做出贡献的所有生产要素。

2. 建筑企业资源的特点

建筑企业资源的特点,主要包括以下方面:

(1) 建筑企业资源是企业能力的基础,也是企业的专用性资产,存在于企业的所有职能活动中。

(2) 建筑企业资源是竞争优势的基础所在,是人们进行经济效益分析的基本单位。

(3) 建筑企业资源可以多种形式存在,包括普遍存在的、唾手可得的普通投入要素,以及存在高度差异化的资源。

(4) 建筑企业不像一般工业企业拥有多种宣传渠道和广告资源,建筑企业商誉是通过长期积累的产品优势(如优质工程奖)和形象优势(如细致周到的服务)逐渐建立起来的。

(5) 由于工程建设牵涉面广,所以在建筑产品的生产过程中,需要利用比一般工业企业更多的资源,以解决与相关部门和企业(包括当地政府、材料供应商、设备租赁商、分包商等)之间的协调问题。

(6) 建筑企业的工作场地不固定,在前一个工程中建立起的关系资源无法应用到下一个工程中,需要重新建立这类关系资源。

二、建筑企业资源的构成

在企业战略管理理论中,不同学者对企业的资源构成和分类有不同看法。本书从传统意义和现代意义上分析建筑企业资源的构成,并基于资源的形态和功效对建筑企业的资源进行分类。

1. 传统建筑企业资源构成

受计划经济体制和落后管理观念的影响,传统的建筑企业资源分类只是单从产品性质、企业内部角度进行,即资源种类局限在建筑产品生产过程中所消耗的资源,以及建筑企业内部管理等工作中需要的资源。

在传统的观念下,建筑企业被认为是一个物质转换器,投入一定的生产要素,经过一系列施工生产和操作后将其变成所需要的建筑产品。生产要素一般指的是人、财、物。人,是工作过程中最重要的因素,只有通过人的活动,现场管理、招投标、采购、施工等工作才能顺利开展;财,指货币资金,需要用它支付直接费(施工人员工资和建筑材料、机械设备的购买和租赁费用)、现场管理费、其他费用等费用,还包括对应收账款进行及时的记录,使建造工作得以循环;物,指的是物质资源,包括企业的机械设备、建筑材料等。总的来说,传统的建筑企业资源不能脱离企业内部,企业就是生产要素的结合体。

这样,传统观念就将企业资源和生产要素等同起来,认为企业的所有活动只包括内部建筑产品的生产,而忽略了企业之间资金、技术、信息等资源的流动。

2. 现代建筑企业资源构成

随着我国市场经济体制的逐步完善,建筑市场的竞争更加激烈。建筑企业不再局限于建筑产品的生产,而是努力向产业链的上、下游发展。一些大型建筑企业开始承接工程总承包项目,开始涉足房地产开发或项目融资。对于一些特大型工程项目的建设,不同企业间的战略联盟或合作也越来越受到重视。

现代企业资源观,已脱离了企业内部的限制,而从企业经营战略的高度来认识企业资源，认为建筑企业不仅有生产的性质，还有在不同企业间交换和分配的功能。交换活动，就是企业根据各自的生产要求，追求物质、技术和信息资源在不同企业之间的动态平衡，从而促使各企业生产水平的提高。分配活动，是按照各企业生产能力、经营水平的不同，引起不同资源在企业之间的重新配置，以便更好地满足业主的需要。

建筑企业交换和分配活动的过程，反映了企业之间资源的流动以及依存关系和合作关系的建立。从接触的范围看，企业面对的外部社会环境要远远大于内部生产活动所涉及的内容。因此，资源种类也由基本的人、财、物扩展到人、财、物、技术、信息、品牌、文化等。

三、现代建筑企业资源的分类

运用现代企业资源观对建筑企业资源进行分类，可以分为有形资源、无形资源和人力资源三大类。其分类、主要内容及主要衡量指标如表3-1所示。

建筑企业资源分类表　　　　　　　　表3-1

建筑企业资源		主要内容	衡量指标
有形资源	实物资源	固定建筑物、办公设施	人均固定资产、固定资产折旧率、设备平均役龄、设备的专业工艺特性
		施工现场的永久和临时设施	
		机器设备和技术装备	
		企业自有原材料	
	财务资源	企业的资产总值	资产总额、资产负债率
		自有资金规模	可支配现金总量
		融资渠道	授信额度、借贷信用
无形资源	组织资源	企业组织结构和形式	定性分析指标
		经营机制与责任	
		激励机制	
		各项规章制度	
	技术资源	专利技术和专有技术	专利或专有技术的数量
		技术装备和施工工艺水平	技术装备的先进程度
		企业各职能活动的管理技术手段	定性分析指标
	文化资源	企业价值观和企业精神	社会知名度
		企业商誉（包括资质）	合同履约率、信用等级、资质等级
		产品品牌	获"鲁班奖"或"省优工程奖"次数
	信息资源	及时获取供需信息的渠道	信息来源渠道及速度
		及时获取技术信息的渠道	
		工程施工信息化管理	工程项目信息化管理普及率
		网上计量、支付	

续表

建筑企业资源		主 要 内 容	衡 量 指 标
无形资源	社会资源	企业与政府的联系	问题解决率、机会增加率、财务节省率,以及定性分析指标
		企业与其他企业的联系	
		企业与业主的联系	
		企业与供应商等社会群体的联系	
		企业与其他社会主体之间的联系	
人力资源	人力资源	企业领导者的素质	领导能力
		员工的专业技术水平	技术水平
		员工的创新意识和能力	创新能力
		员工的人际沟通与合作能力	协作能力
		员工的忠诚度和奉献精神	敬业精神

1. 建筑企业有形资源

有形资源比较容易被确认和评估,它包括实物资源、财务资源和组织资源。

实物资源是建筑企业生产力水平的重要体现。当建筑企业承接一些工程量大或者技术含量高的工程项目时,设备装备水平会随之提高,从而提高生产力水平,扩大建筑产品品种和生产经营范围。实物资源是建筑企业生产和经营的基础条件。

财务资源是衡量企业竞争地位和对投资者是否有吸引力的主要因素,它在企业的各项财务报表中得以反映。随着工程担保制度的开展,资金实力强、经营规模大的企业才有机会承包规模大、技术含量高的大型工程项目,从而获得较高的效益。充足的财务资源对于建筑企业实施资本运营战略非常重要。

组织资源较难识别,但是它可以通过组织效能来表现。企业组织结构建立的基本原则,就是要能根据企业的条件和特点,在与环境相关的关键领域内进行合理的劳动分工与发展专业化职能。组织资源的衡量可以将其效能通过一定的考评体系转化为量化的指标来进行。有效的组织资源为建筑企业实施人力资源战略提供了保证。

2. 建筑企业无形资源

随着现代企业资源观的深化,无形资源在建筑企业中所占的比重越来越大。它包括技术资源、文化资源、信息资源和社会资源四个部分。

技术资源是建筑企业创造竞争优势的关键要素之一。技术资源雄厚的建筑企业可以提高劳动生产率、降低成本、巩固产品质量,从而创造出更多的利润和良好的声誉。因此,技术资源是建筑企业实施成本领先、差异化、集中化、技术创新等战略的基础。

文化资源是一个企业在长期的生产实践中,由全体员工凝聚起来的企业价值观和企业精神。另外,文化资源还包括基于建筑产品的高质量、低成本以及良好的服务所建立的企业信誉(包括建筑企业的各类资质)和产品品牌。拥有良好的文化氛围是建筑企业实施品牌战略的首要条件。

信息资源是保证提高企业的应变能力,及时获得供求信息和高新技术信息的重要条件。随着计算机和网络的普及,一些建筑企业实现了信息化管理,进行网上计量、支付等业务。及时掌握企业经营过程中所需的信息是建筑企业创造竞争优势的有利条件。

社会资源是建筑企业与其他部门、企业的联系。在社会化协作的前提下，社会资源对企业内部资源的使用和分配起着非常重要的作用。它包括企业与政府之间、企业与其他建筑企业之间、企业与业主之间、企业与供应商、工程主管部门等社会群体之间，以及企业与其他社会主体（行业协会、科研院所和社会团体）之间的联系。社会资源对于建筑企业进行市场开拓、跨国经营起着非常重要的作用。

3．建筑企业人力资源

人力资源包括企业所拥有人才的智慧、经验、知识和能力，反映了企业的知识结构、技能和决策能力。人力资源是介于有形资源和无形资源之间的一种特殊资源。建筑工程项目由于自身的特点，对于员工的专业素质、沟通协调和团队精神等要求很高。建筑企业只有拥有优秀的人力资源，才能从根本上培育竞争优势，并有效地实施各种经营战略。

四、建筑企业资源之间的关系

虽然各类建筑企业资源的意义和功效不同，但是它们共同构成了企业进行各项活动的基础，它们之间也必然存在着一定的相互关系。实物资源、财务资源和人力资源作为生产要素，是为完成建筑产品直接服务的；组织资源保证企业的经营活动的顺利运行，使人员的工作安排、整个企业的秩序有条不紊；在建造过程中，需要充分地利用信息资源，及时掌握产品和材料的供求信息、高新技术信息，从而节省成本、提高质量；需要把握社会资源，与外界建立长期稳定的合作关系；同时，还要注意文化资源的开发与积累。

我们可以通过企业资源的空间结构关系图来形象地阐述它们之间的关系，如图 3-1 所示。

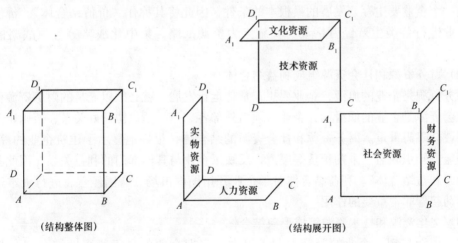

图 3-1 建筑企业资源空间结构图

在建筑企业资源空间结构关系图里，我们将建筑企业的实物资源、财务资源、技术资源、文化资源、社会资源和人力资源分别表示为立方体的六个侧面，同时信息作为企业任何资源利用过程中都需要利用的资源，存在于立方体的内外的整个空间，而为了企业的各项职能工作提供组织保证的组织资源，位于立方体的中心位置，也存在于立方体的整个空间。在这个结构关系图中，我们可以分析出各类资源之间的如下关系：

1. 立方体的十二条边表示资源之间的结合关系

AB：采购人员、市场开拓人员、质量保证期内的维修服务人员；

BC：财务人员；

CD：技术研发人员；

DA：生产人员、后勤管理人员；

A_1B_1：企业精神、商誉、品牌；

B_1C_1：借贷信用、担保信用、授信额度；

C_1D_1：商誉、专利/专有技术；

D_1A_1：土地使用权、品牌权；

AA_1：材料、设备的供应渠道、办公用品供应渠道；

BB_1：筹资/融资渠道、资金输出/合作渠道；

CC_1：筹资/融资方法、风险控制方法；

DD_1：生产技术、施工工艺。

2. 立方体的结构展开图组成三个"结合体"

（1）实物资源和人力资源组成价值结合体

实物资源是建筑企业的物质基础和载体，缺乏它，企业进行的各项工作就如无木之林、无源之水，根本无法开展。人力资源是建筑企业的根本与核心，缺乏它，企业就丧失了生命力，无法对包括实体资源在内的各种资源进行利用。实物资源和人力资源的结合体，是一个企业要生存、发展的最根本的条件，因此将其称作"价值结合体"。价值结合体是企业进行各类生产经营活动、实施人力资源战略、集中化战略等各项战略的基本条件。

（2）财务资源和社会资源组成利益结合体

财务资源是企业的血液，企业要想正常地运行发展，就必须以充足的财务资源作为后盾。社会资源是企业的润滑剂，企业必须与外部各部门、单位协调好关系，否则企业的运作发展就会阻碍重重。财务资源和社会资源的结合体，很好地显示了建筑企业的筹融资、战略联盟、知识联盟、采购租赁等渠道，反映了企业与其他部门的利益关系，因此我们将它称为"利益结合体"。利益结合体对于企业开拓国内市场、跨国经营、进行资本运营等战略活动起着非常重要的作用。

（3）文化资源和技术资源组成形象结合体

文化资源体现了企业的凝聚力和吸引力，它把企业的员工紧密地结合在一起，指明了企业的发展方向；同时，它依靠商誉与品牌，引起了其他人对企业和产品的注意。技术资源是企业的后备力量，它能够快速地促使企业发展壮大；具备高新技术体现了企业与社会一致的发展方向。文化资源和技术资源的结合，体现了企业树立的社会形象，因此叫做"形象结合体"。形象结合体是企业树立品牌优势、实行技术创新战略等活动的有力支撑。

3. 立方体底面的四个关键点

A：质量控制点，控制购入各类建筑材料和交付的建筑产品的质量。

B：利益协调点，是利润来源的渠道，有效协调企业与政府部门及合作各方的利益关系。

C：成本控制点，可以控制投资风险，减少盲目投资，从而控制企业成本。

D：技术促进点，通过技术手段控制施工成本，提高工程质量，增强产品的差异性和企业的吸引力。

通过资源立方体这一空间结构模型，可以直观地看出建筑企业各种资源之间的关系。同时，它形象地说明了各类战略制定和实施所需的资源基础，有利于建筑企业根据自身的目标计划和战略制定情况，加强资源的积累与开发，同时注意资源之间的协调和相互促进。

第二节 建筑企业的能力

一、建筑企业能力概述

建筑企业生产和经营的基础是具备一定的物质资源，但是资源本身并不能创造价值。资源的利用效率在很大程度上取决于企业将它们整合的能力。这种能力通过对资源的利用，逐步使其增值。例如，建筑企业的技术人员开发了一项新技术，有效地降低了成本，提高了利润，技术人员通过自己的开发能力形成了技术资源优势，并使财务资源得到了增值。

1. 建筑企业能力的内涵

哥本哈根商学院教授尼古莱·J·福斯（Nicolai.J.Foss）博士将能力定义为"企业拥有的特殊资产，即与知识相关的、看不见摸不着却又能让大家都能感受的、难以买卖和企业内部各部门可分割的资产"。他强调企业能力是企业拥有的主要资产，是能为人们共同感受到的社会智力资本。

总的来说，能力对企业内部的表现是千变万化的：首先，能力可能出现在特定的业务职能中，比如市场开拓人员的品牌塑造能力；其次，能力也可能与特定技术或建筑产品相联系，比如某个擅长桥梁工程的建筑企业所拥有的专利技术；最后，能力还可能存在于管理价值链各要素的联系和协调这些活动的能力之中。比如，财务人员通过对工程投标、采购、施工、租赁等一系列环节的资金控制或运作，可以为企业创造更多利润。

2. 建筑企业能力的特点

从能力的内涵来看，企业能力的概念比较模糊，但是无论能力的表现是怎么样的，建筑企业的能力都具有几个关键的共同特征：

（1）建筑企业能力的基础是资源，没有资源，能力就没有其作用的载体，无法得到发挥；

（2）建筑企业能力在多个产品或多个市场特别有价值，比如，技术创新能力对于各类建筑产品或工程项目，都非常有价值，可以提高其功能和质量，或有效地控制成本；

（3）建筑企业能力是企业的全体员工通过长期的实践和积累而获得的，因此，能力扎根于"组织惯例"之中，即组织内部活动的惯用方式，即使特定人物离开组织，该项能力仍然能被保持；

（4）建筑企业能力与建筑企业资源是相互对应的，因此，建筑企业能力也拥有很多不同的种类。但是能力的特点与资源的特点不同，如建筑企业的社会资源会因工程所在地的改变而变化，但社会资源的处理能力却在组织内部不断地积累、提高。

（5）建筑企业能力是一种动态的能力，在一个技术飞速进步和需求偏好多变、市场环境日益动态化的超竞争环境中，企业必须不断创新，在既有优势的基础上不断地投入，培育能力，形成新的竞争优势。

二、建筑企业的能力分析

能力是资源实现价值的手段，不同种类的资源都对应着不同的企业能力，因此，对复杂的建筑企业能力进行细分，有利于对其形成全面的认识。能力划分的依据是建筑企业的各项职能活动，按照企业的经营管理、生产管理、财务管理、技术开发、市场开拓、人力资源管理、品牌管理等职能活动，建筑企业的能力可以划分为经营管理能力、生产能力、财务管理能力、技术研发能力、市场开拓能力、人才引进与培育能力和品牌塑造与维护能力，如表3-2所示。

建筑企业能力分类表　　　　　　　　　　　　　　　表3-2

建筑企业能力		主要内容	衡量方法
经营管理能力	高层管理者的能力	内部管理能力，对外部环境的判断与应变能力	定性分析
		决策能力，领导层的协调配合能力	
	企业战略管理水平	经营战略和发展策略是否适合自身发展需要	
		参与市场竞争的能力	
	组织管理完善程度	企业各部门工作之间的受控程度	
		企业部门之间信息交流是否完全	
生产能力	目标管理能力	质量、进度、成本等目标的管理能力	由实际值与计划值进行比较得出
		计算机信息系统进行实时控制的实现程度	
	技术装备水平	生产能力设施的状况和技术水平	定性与定量分析相结合
		施工技术和设备是否安排恰当	
	施工工艺先进程度	现有状况下的生产效率有无剩余能力生产效率的高低	
财务管理能力	筹资融资能力	开拓、掌握筹融资渠道	定量分析（见表3-3）
		正确分析不同渠道的筹资比例及筹融资成本	
		分析资金的长期或短期需要	
	财务控制能力	对人、材、机、管理等方面资金支出的控制	
		定期缴纳财务报表，汇报资金的使用与控制情况	
	风险控制能力	通过财务实力和资金运用能力，规避或有效控制市场、经营、生产风险	
技术研发能力	研发人员素质和数量	技术创新的人力基础，在技术人员中的比率越大，研发能力越强	研发人员数量占企业技术人员总数的比率
	研发经费的投入量	技术创新的物质基础	研发经费占企业收入的比重
	技术模仿创新转化能力	学习、应用先进技术的能力	新技术开发指数 新技术产值率 专有技术的实现程度
		研发新型技术，形成独特技术优势的能力	
		有效利用高新技术并将其转化为生产力的能力	

续表

建筑企业能力		主要内容	衡量方法
市场开拓能力	市场调研能力	掌握产品销售的重点地区和关键地区	市场占有率(反映主导建筑产品在市场的占有深度)、市场覆盖率(反映主导建筑产品在市场的占有广度)
		提出重点开拓的地区,加强宣传和品牌建设	
	信息及时获取能力	通过各种渠道及时掌握建筑产品的供求信息	
	社会资源协调能力	处理好与各种社会资源(上、下游企业及政府和主管部门等)的协调关系	
	应变能力	对建筑市场或环境中出现的意外情况及时应变	
人才培育能力	对人才的吸引能力	建立在规模经济、商誉、管理水平、薪酬等方面的优势	定性与定量分析相结合
	人才激励机制	建立、健全合理的人才激励机制和薪酬机制	
		表现优秀的员工,要给予精神、物质双重奖励	
	人才培育能力	鼓励、培养员工学习更多的知识和专业技能	
		激励、教育员工增强信任感和忠诚度	
品牌塑造能力	企业形象策划能力	依靠文化资源配合企业总体经济规模、技术水平,树立企业的商誉,建立产品品牌	定性分析
	企业文化塑造能力	树立明确的企业价值观、企业精神,全面打造企业文化形象	
	企业商誉维护能力	以高品质建筑产品作为企业的实物广告	
		良好、细致的保修服务	

1. 经营管理能力

经营管理能力是在不同企业之间,体现不同能力的关键因素。它影响着企业的组织力、创新力、资源利用率和经营效果,反映了企业整个经营机制是否充满生机和活力。经营管理能力包括高层管理者的能力、企业战略管理水平和组织管理完善程度。通过对这三个指标的定性分析,就能得到企业经营管理能力的综合评价结果。可以根据该结果决定企业经营者需要进行哪些素质和能力的学习、提高,企业战略是否需要改进,以及组织结构是否合理,需要进行哪些完善。

2. 生产能力

生产能力是描述建筑产品在制造过程中,企业完成工程量的能力和确保产品质量的能力。它是建筑企业的一项关键能力,因为生产能力直接体现了建筑产品的质量、成本、技术和服务等,形成消费者(业主)对企业能力最直观的感受,从而形成企业在竞争中取得竞争优势的重要源泉。生产能力包括目标管理(质量、进度、成本)能力、技术装备水平和施工工艺与流程的先进程度。生产是企业进行资源转换的中心环节,通过对上述三项能力的分析,建筑企业可以知道建筑产品在数量、质量、成本和进度等方面是否形成了有竞争性的生产能力。如果还存在缺陷或不足,建筑企业可以对相应的领域进行改进和完善。

3. 财务管理能力

在建筑企业的运营以及建筑产品的建造过程中,企业通常都要预先垫付一些资金,而在BOT项目中，则要对项目进行部分或全面的投资。由于工程建设投资额数量巨大，以及建筑企业资本运营活动的普及，企业对财务管理能力的要求越来越高。企业必须有能力积聚财力，合理使用财力，控制风险，才能拥有足够的竞争力。财务管理能力可以分为筹融资能力、财务控制能力和风险控制能力三个方面。另外，对于已进行股份制改造、上市的建筑企业，还包括资金的分配能力。

财务管理能力的分析可以根据主要财务报表提供的数据所计算的各类财务比率进行。财务比率不仅表示企业在某一时点上的情况，而且将其与历史数据以及竞争者和建筑行业的平均水平进行比较，揭示本企业所处的水平和地位，反映财务的优势和劣势。财务比率可以分为五大类十五项指标，如表3-3所示。

建筑企业财务比率指标　　　　　　　　　　表3-3

财务比率	作用	指标	计算公式
流动性比率	衡量企业偿还短期债务的能力	流动比率	流动资金/短期债务
		速动比率	(流动资金－库存)/短期债务
资产负债率	衡量企业利用债务融资的能力	债务资产比率	总债务/总资产
		债务权益比率	总债务/总资本
		长期负债权益比	长期债务/股东的总资本
		收益与利息比率	税前利润/总年息支出
经营活动比率	衡量企业经营资金的管理能力	固定资产周转率	总收入/固定资产总值
		资产周转率	总收入/资产总值
		应收账款周转率	年应收账款总额/应收账款总额
		平均回收期	应收款/(总收入/360)
盈利率	衡量企业总体投资和销售获得的效益	毛利率	(收入－成本)/收入
		净利率	(收入－成本－利税)/总收入
		投资收益率	(收入－成本－利税)/总资本
增长比率	衡量企业保持自身地位的能力	销售收入增长率	(本年收入－上年收入)/本年收入
		利润增长率	(本年利润－上年利润)/本年利润

4. 技术研发能力

技术研发能力的大小是衡量建筑企业总体能力的重要参数之一，也是企业确立竞争优势的基础要素。技术研发与较高的经济效益是联系在一起的，它对企业在建筑市场中的竞争有着重大的影响。随着建筑企业对技术研发与引进的重视，高新技术和设备代替了原来复杂的劳动，不仅加快了施工进度，而且可以节省工程成本。技术研发能力包括技术人员的素质和数量、技术开发经费的投入量以及技术创新/转化能力。其中，技术创新是最重要的环节。企业通过技术创新，可以延长建筑产品的寿命，保证质量，形成技术优势，提高竞争能力。

5. 市场开拓能力

建筑企业能否更多地获得业务，提高企业利润，关键在于企业能否有效利用自身资源，使市场开拓能力充分发挥作用。建筑产品和一般工业产品不同，不能将产品直接送入市场面对消费者，必须通过竞争激烈的投标、评标的过程得到承包权。因此，建筑企业的市场开拓需要更强的企业规模作为后盾，以及市场开发人员投入更多的精力和能力。市场开拓能力包括市场调查/研究能力、供求信息及时获取能力、社会资源协调能力和应变能力。

6. 人才引进与培育能力

拥有专业技能或管理能力的人力资源，对企业的生产、经营与发展具有决定性的作用。人力资源的核心问题就是引进人才，开发人的智力，提高劳动者的素质。建筑企业要想在市场竞争中取得优势，必须十分重视人才的引进与培育能力。企业的任何部门都需要具有合适的人才。建筑企业的人力有很大一部分是施工队伍，由于企业基本不设固定工，因此施工队伍的选择应该重视选择和培育两个环节，选择素质高的队伍，淘汰素质低的人员，在较长时间雇用的人员中加大培训力度，先培训，后作业。

要对企业引进与培育人才能力进行分析，其量化指标包括企业员工文化程度分布、员工年龄结构和员工岗位分布。在文化程度分布中，如果企业大专以上学历的员工占到较大多数，说明企业的人才引进和培育工作比较成功，平均文化程度较高。员工的年龄结构中，中青年职工占大部分，作为主力军，是比较理想的状态。员工岗位分布包括管理岗位、专业技术岗位、生产岗位、服务岗位等，管理和技术岗位所占比重大说明了企业对管理和技术的重视，反映出企业向现代化发展的趋势。

7. 品牌塑造与维护能力

名牌消费是当今的时尚和潮流，对于建筑产品来说也是如此，"鲁班奖"、"国优奖"、"省优奖"等成为建筑企业的追求目标。建筑企业要想在市场竞争中取得优势地位，就要提升品牌的塑造和维护能力。它主要包括企业形象策划能力、企业文化塑造能力和企业商誉维护能力。对品牌塑造与维护能力的评价主要是通过定性分析，如建筑产品的知名度、产品质量和成本、企业产品在顾客中的认知度、企业的销售区域等。

三、建筑企业能力之间的关系

通过上述分析我们得知，建筑企业能力是通过利用企业资源而发挥作用，存在于企业各项职能活动之中。各类企业能力的作用不同，但是它们之间存在着相互的关系。可以将企业能力之间的关系绘制成立体图形，如图3-2所示。

在建筑企业能力空间结构关系图中，我们将生产能力、财务管理能力、市场开拓能力、经营管理能力、人才引进与培育能力和技术研发能力作为锥体的六个侧面，而将品牌塑造与维护能力作为锥体的底面，是其他六种能力的核心。这是因为企业品牌和商誉的塑造与维护的前提是，另外六种能力对资源的共同作用形成建筑企业的产品、市场、管理、文化等方面的优势，从而吸引消费者（业主），树立良好的企业形象。因此，品牌的塑造和维护能力与其他各种能力的关系都是相当密切的。在这个结构关系图中，我们可以分析出企业能力之间的关系如下：

1. 十二条边表示能力结合之后的共同作用

AO：资金来源渠道、投资渠道拓宽；有效控制财务；财务抗风险能力增加。

BO：企业员工激励机制的完善；员工培训的机会增多；企业总体经营管理能力上升。

CO：管理人员及建筑产品的应变能力均提高；市场各种信息可以及时获取、迅速决策；社会资源协调能力上升。

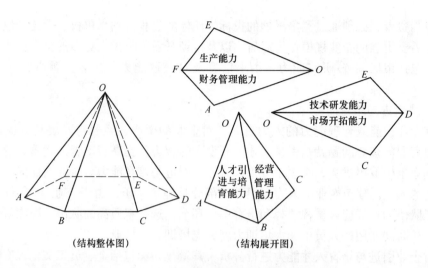

图 3-2 建筑企业能力空间结构关系图

DO：技术研发取得成效，使市场吸引力增强；市场开拓拓宽了技术研发的范围。
EO：劳动生产率提高；工程质量提高；施工成本降低；技术水平提升。
FO：成本控制能力增强；施工技术装备增加；风险费用控制明显。
AB：以完善的激励机制、明确的奖惩机制、公正的提升机制吸引人才；以丰富的管理、技术、施工人才储备塑造产品品牌。
BC：以优秀的高层管理素质、完善的组织结构和规范的规章制度维护企业商誉。
CD：以社会资源协调能力、信息获取能力吸引消费者（业主）。
DE：以技术优势吸引消费者（业主）。
EF：以出色的目标管理、先进的技术装备和施工工艺塑造企业商誉和品牌。
FA：以规模经济、高效的成本管理吸引消费者（业主）。

2．三个能力结合体

（1）生产能力和财务管理能力组成基础能力结合体

建筑产品生产是建筑企业最基本的活动，而对资金进行管理是企业生存的基础条件，因此生产能力和财务管理能力相结合，可以称为企业的"基础能力结合体"。建筑企业要成功地实施资本运营战略、集中化战略、成本领先战略，就必须关注基础能力结合体，提高生产能力和财务管理能力，发挥它们的综合促进作用。

（2）人才引进与培育能力和经营管理能力组成关键能力结合体

人和管理是紧密结合的。经营管理活动是对企业的总体运作、长远目标、长期战略等进行统筹和综合的管理，经营管理能力如果不能达到一定要求，所造成的后果可能是非常严重的。这就需要有强大的人才引进与培育能力作为后盾，利用出色的人才提升经营管理的力度。同时，有效的经营管理也可以促进人才的引进和培育。因此，二者的结合对企业总体能力的提升非常关键，将其称为"关键能力结合体"。关键能力结合体对于建筑企业实施人力资源战略、市场开拓战略和跨国经营战略有着非常重要的引导作用。

（3）技术研发能力和市场开拓能力组成拓展能力结合体

技术研发能力和市场开拓能力的作用虽然有所不同，但它们存在一个共同特征——都是为了建筑产品的销售量（工程承接量）增加而发挥作用。市场开拓是为了让更多的消费者认识企业和企业的产品，提高知名度，增加企业的工程承接量；而技术研发可以通过高新技术缩短建设周期，加快工程进度，使企业在一定的时间里有能力接到更多的工程。二者的结合，是对企业拓展业务的促进，因此这个结合体叫做"拓展能力结合体"。建筑企业的市场开拓战略、差异化战略、成本领先战略、品牌战略的实施在很大程度上依靠于拓展能力结合体来实现。

通过分析各类企业能力的关系，我们可以得到这样的启示：任何企业能力都不是单独存在的，它们只有在相互结合时才能产生更大的能量，促进企业的长远发展。因此，我们在认识、分析、评价企业能力，进行企业战略的制定和实施时，应将企业能力结合起来考虑。

第三节　建筑企业资源与能力的关系

一、建筑企业能力对建筑企业资源的有效运用

建筑企业能力对各类资源的有效运用，可以帮助建筑企业在激烈的市场竞争中创造出产品优势、组织优势和形象优势，扩大企业的知名度，提高企业承接的工程量，增加企业的利润。我们通过能力运用资源所创造的各类优势来理解能力对资源的作用。

1. 创造并保持产品优势，扩大市场份额

建筑产品的优势，可以从成本和质量两个方面来确认。首先，工程成本是产品优势最直观的方面。在投标竞争中，合理低价是中标的理想条件。可以说，在大部分的竞标过程中，追求最低价是业主的普遍想法。其次，工程质量是工程完成的最基本的条件，也是业主最重视的一个方面。因此，建筑企业要取得优势，领先于竞争对手，就要注重工程质量，同时尽量降低工程成本。

在这个过程中，生产能力、技术研发能力和市场开拓能力对实物、人力、技术、信息和社会资源进行了充分的利用。其中，生产能力是建筑产品生产所需要的最基本的能力，是形成产品质量和成本的基础。技术研发通过将技术人员、技术情报等综合作用，研究开发新的施工技术或先进的施工设备和施工流程，可以提高工程质量，并降低造价。而市场开拓活动则以企业的内部资源为依托，与社会资源进行有效的沟通和协调，拓宽销售渠道，吸引更多的消费者。在以上这些能力的充分利用下，资源被转化为产品优势，达到了吸引消费者，扩大市场份额的目的。

2. 形成组织优势，吸引外部的人才和内部的员工

企业的组织优势，表现为对外部人才和内部员工的吸引。一方面，要吸引社会人才加盟自己的企业；另一方面，要留住本企业的员工，为他们提供良好的工作环境，使他们的才能得到展示，个人价值能够顺利实现。

要形成组织优势，就需要人才引进与培育能力对组织、财务、文化、信息和社会资源进行利用。吸引外部人才，首先要通过信息资源和社会资源为企业提供人才来源的渠道；其次，企业要在职位和薪酬方面吸引对方，这就涉及到对组织资源和财务资源的利用，企业必须在这两个方面取得优势，才能引进人才。留住人才。除了上述两方面之外，还需要利用企业的文化资源，逐步使员工了解企业的历史，认同企业的文化，引导个人价值观趋同于企业价值观；同时塑造良好的文化氛围，给员工提供广开言路的机会，无论职位高

低，合理的建议都会得到采纳。另外，还要有健全的组织制度，企业管理要公开、公正，奖罚分明，鼓励员工的正常竞争，按能力和业绩进行提升。通过以上这些活动，基本上形成了组织优势，外部的人才和内部的员工都会受到吸引，自发为企业服务。

3. 塑造形象优势，引起相关合作者的重视

建筑企业的形象优势，表现为企业的稳健经营、诚实守信，以及建筑产品的质优价廉，技术先进等，这些都对投资商、合作伙伴、政府主管部门等形成吸引力。

形象优势的形成，依赖于企业经营管理能力、财务管理能力、社会资源的协调能力和品牌塑造与维护能力，以及对社会资源、人力资源、财务资源、组织资源、品牌资源的综合利用。首先，投资商最关注的是企业的投资风险、领导层的能力和合作态度、企业的诚实守信等方面。这就需要企业充分利用财务资源、人力资源和商誉资源，给投资者留下好的印象。其次，合作伙伴较注意的是企业的财务资源、商誉和社会资源。良好的财务资源和社会资源可以保证企业的抗风险能力，商誉则证明企业的诚信，可以相互信任，相互依赖。最后，企业能力的发挥在于利用财务、人力、品牌、诚信等资源，在长期发展过程中进行积累，最终吸引了政府主管部门这一重要的社会资源，赢得在相同条件下政府对本企业更多的信任和支持。这样，企业在社会上的形象优势就充分地建立起来，有利于企业的长期发展。

二、建筑企业资源对建筑企业能力的促进

建筑企业的资源通过能力的有效运用，创造出了价值。在这个过程中，资源对能力也有反向的一个促进作用。我们按照本章对建筑企业资源分类后的结构，来叙述各类资源对能力的促进作用。

1. 有形资源对建筑企业能力的促进

(1) 实物资源对生产能力的促进

实物资源是建筑企业生产活动的基础，优质而充足的资源可以保证建筑产品的质量，提高劳动生产率，提高生产能力。高质量的工程材料和先进的施工设备，会促使企业的生产能力大幅提高。

(2) 实物资源对人才培育能力的促进

在良好的工作环境中工作，会提高员工的工作积极性，营造安全、积极向上的生产环境。此外，良好的环境能让员工对企业产生高度认同感，融入企业精神。

(3) 财务资源对财务管理能力的促进

财务资源对企业能力的促进表现在，它能抵挡一定的财务风险。建筑企业可能遇到的财务风险包括工程款无法收回、工伤事故要求赔偿等。企业要抵御这些风险，就需要具备足够的财务资源及时消除财务危机，消除不良事件的影响。

(4) 组织资源对经营管理能力的促进

组织资源包括良好的企业组织结构、经营机制和规章制度，它们可以保证企业经营管理的顺利进行。在高效的组织结构中，企业管理者可以提高指挥协同能力，完善组织管理，而经营机制和规章制度可以确保企业战略和策略的实施。

2. 人力资源对建筑企业能力的促进

人力资源存在于企业的各项职能活动中，为各项职能活动的顺利开展提供人才保障。人力资源对建筑企业的财务管理能力、技术研发能力和市场开拓能力都可以产生促进

作用。

(1) 人力资源对财务管理能力的促进

人力资源能够很好地把握企业面临的投融资机会，如果企业资金充足，融资渠道丰富，企业就能对市场机会进行正确判断，将多余资金投入到获利能力强的经营项目上，减少资源浪费，并获得额外的利润。

(2) 人力资源对技术研发能力的促进

人力资源能够准确把握市场需求，模仿、跟踪、学习、开发新的技术。而当企业没有能力自主开发技术时，可适当地引进技术，权衡技术的先进性和实用性，考虑其发展前景和企业的承受能力。

(3) 人力资源对市场开拓能力的促进

人力资源可以增强建筑企业的市场开拓能力，在销售渠道、市场推广以及社会关系方面不断增强。好的项目策划方案、成功的公共关系案例往往都是少数特别重要的人才所起到的作用。

3. 无形资源对建筑企业能力的促进

(1) 技术资源对建筑企业能力的促进

1) 技术资源对生产能力的促进作用。强大的技术资源可以推进生产能力的大幅度提高。要建造优质的建筑产品，就需要有先进的施工机械设备和施工工艺。机械设备的更新、施工工艺的改进都离不开技术资源的支持。

2) 技术资源对技术研发能力的促进作用。丰富的技术资源有利于培养企业自己的技术研发能力。企业不仅可以紧跟市场需要开发新技术，还可以及时将专有技术改进升级，防止因技术替代而造成其价值降低的情况发生。

3) 技术资源对信息获取能力的促进作用。随着现代通讯手段越来越发达，信息技术快速提高了信息的获取能力，并打了多种获取信息的渠道。通过互联网和计算机，建筑产品的供求信息，高新技术的开发信息等，都会被建筑企业及时地获取并加以利用。

(2) 文化资源对品牌塑造与维护能力的促进

企业文化资源是企业在长期的实践积累中建立起来的，包括企业的精神、价值观、商誉、品牌等，是其他企业不可模仿的。完善的企业精神和企业价值观可以建立独树一帜的企业形象，是品牌塑造和维护的重要基础。

(3) 信息资源对建筑企业能力的促进

1) 信息资源对领导者决策能力的促进。信息资源包括企业内部的生产状况、资金状况等，以及企业外部的产品需求信息、材料机械供给信息等方面。通过不同渠道得到的信息资源，为决策能力的发挥提供了基础，可以促使领导者及时根据获取的信息、改进和完善决策。

2) 信息资源对技术研发能力的促进。充分的技术情报，能够增强企业的技术跟踪、学习和预测能力。利用信息资源，可以准确评价本企业的技术水平，找出技术差距，制定相应的技术研发计划，并在缩小技术差距的具体途径上有选择地进行。

(4) 社会资源对建筑企业能力的促进

1) 社会资源对财务管理能力的促进。积极开拓与各类社会资源的关系，特别是寻找更多投资者，并稳定企业与原有投资者之间的关系，取得投资者对企业的信任，从而拓宽筹资和融资的渠道，保证企业有可靠的财务来源。

2) 社会资源对技术研发能力的促进。社会资源包括科学研究院所、高等院校、行业协会等，与这些资源的充分交流，可以学习、引进它们的技术，促进建筑企业技术研发能力。

3) 社会资源对市场开拓能力的促进。丰富的社会资源可以使企业接触到更多的消费者、合作者，拓宽市场销售渠道；同时还可以加强与政府主管部门的联系，争取从政府得到政策倾斜或项目支持，使企业的市场开拓能力更上一层楼。

从以上分析可以看出，建筑企业的资源和能力之间存在着相互依赖、相互促进的关系，它们之间构成了一个相互关联的网络。建筑企业应正确地认识本企业的资源和能力，寻找和利用企业的战略资源与核心能力，创造企业的竞争优势，有效制定和实施符合本企业实际情况的战略，促进企业的长远发展。

案例：建筑企业内部条件分析与评价

1. 背景

某投资集团有限公司始创于1995年，已经发展成为一家以投资置业为基础，以房地产开发、现代科学技术与现代金融资本为龙头，集物业管理、工程建设、建材装饰装修、国际贸易酒店公寓为一体的多元化企业，目前，在海内外拥有独资、合资、合作经营企业20余家，业务往来遍及北京、香港、马来西亚、新加坡、澳大利亚等地。

面对新的形势，集团公司经营者致力于谋划下一步的发展思路与定位。他们意识到，要制定行之有效的经营战略，除了对集团公司外部的环境进行研究之外，还要重点分析集团公司的内部条件，即在房地产开发过程中集团公司所拥有的资源和具备的能力，对这些内部发展条件进行优、劣势分析，通过合适的评价方法对集团公司竞争力进行评价，力求制定出切实可行、有发展前途的企业竞争战略。

2. 集团的内部资源分析

(1) 人力资源分析

对集团公司和下属三家地产公司的人力资源用图表的形式进行如下的全面分析。

1) 人力资源总体情况

集团公司人力资源总体情况如表3-4所示。

集团公司人力资源总体情况　　　　表3-4

部门	人员总数	性别		年龄状况			学历状况					职能分级				入职人员	辞职人员	流失人员
		男	女	25岁以下	25～35岁	35岁以上	大专以下	大专	本科	硕士	博士	经理以下	经理	副总/总经理	副总裁			
集团	55	38	17	7	35	13	6	13	27	9	0	27	12	11	5	15	7	13
鸿运	47	33	14	8	25	14	11	11	24	0	1	39	3	5	0	12	6	13
房产	41	28	13	6	28	7	4	17	19	1	0	28	8	5	0	24	21	5
城市	16	12	4	2	8	6	0	5	11	0	0	9	3	4	0	1	1	6
合计	159	111	48	23	96	40	21	46	81	10	1	103	26	25	5	52	35	37

2) 职级结构分析

集团公司的职级结构约呈金字塔型，结构基本合理，如图3-3所示。

3) 员工受教育程度分析

集团公司员工受教育程度分析如图3-4所示。

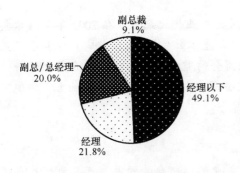

图3-3 集团公司职级结构图

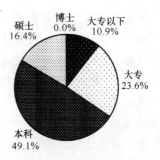

图3-4 集团公司员工受教育程度分析图

由图3-4可以看到，集团公司高学历人才不足，没有受过高等教育的员工人数占10.9%，比例明显偏高。

4) 员工专业素质情况分析

集团公司员工专业素质情况分析如图3-5所示。

由图3-5可以看到，集团公司的人员专业结构状况不太合理，工程技术人员仅占员工总数的1/3，管理人员所占比例偏高，急需增加专业技术类高级人才来支撑其经营管理工作。

(2) 技术资源分析

集团公司控股的工程有限公司由多家甲级勘察设计院以有限责任形式投资组建，这些单位为集团公司提供了强有力的技术保证。另外，还有一些比较有实力的房地产设计咨询公司，也在一定程度上增强了集团公司的技术资源支撑。集团公司的多个房地产项目，都以其独特的设计、高品质和个性化的服务得到了广泛的好评，从而奠定了品牌信誉。

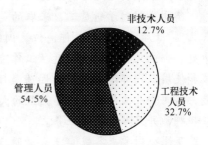

图3-5 集团员工专业素质分析图

(3) 财务资源分析

目前，集团公司的融资途径是传统的"自有资金+银行贷款+购房预付款"，这主要与我国房地产项目融资渠道较窄有直接关系。由于集团公司项目用地是直接批来的，所以融资压力相对其他依靠从别的开发商手中购地的企业要小一些。一般来说，集团公司采用滚动开发方式，由于信用较好，楼盘销售形式也较好，而目前购房人的银行贷款也是直接由银行划拨到开发商账户上，所以集团公司在自有资金占一定比例的基础上，大量使用银行贷款，其中包括相当一部分购房人的银行贷款。由于我国目前对个人贷款的限制增多，推迟了预售房款里按揭贷款部分到达开发商手中的时间，大大影响了资金周转。因此，集团公司的财务资源受到建设资金来源和项目建设及销售情况的影响，应积极拓宽融资渠道。

(4) 社会资源分析

集团公司的经营者认为，作为房地产开发企业，其实就是在整合社会资源，那么，专业的事情一定要交给专业的人去做，对自己负责，也对客户负责，并能提高企业效率。"吃鱼吃两头"，集团公司的工作重点在土地和市场方面，其他工作可以利用广泛的社会资源来完成。

例如，集团公司为了集成最好的社会资源，进行产业优化配置，在2002年与海尔集团在全国工商联住宅产业商会的支持下联手成立"筑屋工作室"，依据住宅产业商会"亚太村"的建设标准，研究课题接受全国住宅产业商会的监督，并由住宅产业商会进行认证。"筑屋工作室"是一种策略性联盟，它使集团公司在新的联合机制的基础上，实现了专业化的资源配置，完成了资源与专业化管理的融合。

3. 集团公司的能力分析

(1) 经营管理能力

2002年，集团公司提出二次创业，从第一次创业的以机会、资源、产品为切入点转变到第二次创业阶段以人才、管理、制度、流程为支撑点。集团公司已经建立起全面计划预算体系、全面人力资源体系、全面质量管理体系、全面客户服务体系、全面技术创新体系、全面市场开发体系、国际化战略联盟体系、金融资本运营体系，这些体系的建立全面提升了集团公司的管理水平，形成了具有当代特色的经营管理风格。

(2) 人才引进与培育能力

集团公司对于新员工，采取的是统一安排、分批上岗的方法。首先让他们进入"训练营"，毕业后才能走上工作岗位。训练营的师资主要来自内部，学习内容包括集团公司的历史、企业文化、规章制度、工作流程、工程技术、企业管理等。集团公司内部人才的选拔和使用以内部培养为主，因为集团公司的人力资源决策人认为内部职工了解企业的历史，认同企业文化，继承了企业的大量经验和知识，能潜移默化地宣传企业的价值观、企业精神，并且熟悉具体业务。

集团公司要求各级管理者着眼于集团公司的可持续性发展，积极培养本岗位的接班人，任何人在被企业提升之前，必须为集团公司培养出本岗位的接班人。这是集团公司管理者的重要职责，写入职员绩效任务中。集团公司员工还要定期接受培训和考核，员工升职必须考试合格，否则没有晋级资格。可以看出，集团公司具有较强的人才培养能力，会为集团公司的可持续发展提供源源不断的人才资源。

(3) 财务管理能力

集团公司董事会下设财经审计委员会，职能部门包括计划财务中心。计划财务中心负责计划预算、金融资本运营、金融信贷业务，为项目运营做好资金预算、筹措和管理工作，确保项目资金到位。完善的财务组织设置使集团公司的计划预算体制非常严格。但是，由于开发项目产业链长，人员不断增加，不可预知的支出费用不断增加，使经营成本加大，项目总体利润降低。虽然每个项目报批时都以数字形式提供预期投资效益回报，但在项目结束后没有经过集团公司财经审计委员会审核，也没有对每个职员的投资成本和实际培训所得综合效益进行评估打分，也未严格要求相关部门与领导对亏损额负责，造成成本控制能力较低。

(4) 市场开拓能力

集团公司董事会下设战略发展决策委员会,职能部门包括经营开发中心、市场开发中心和信息管理中心。经营开发中心负责项目规划管理、地政管理以及建设工程管理;市场开发中心负责市场研究和客户服务,为项目开发与设计提供有效的市场研究服务;信息管理中心负责信息资源提供。各职能部门通过沟通协作,有效地开拓了房地产市场。

在不断取得新的经营业绩的同时,集团公司注重企业各项服务体系的建设。经过圣吉企管顾问公司与集团公司全方位客户服务小组共同努力,在充分调研的基础上制作完成了《全方位客户服务体系指导手册》,从目的、范围、名词定义、服务理念、服务定位、服务战略、服务管理方法等方面对集团公司客户服务体系进行了规范化、系统化、理论化,这成为完善市场开拓能力的另一个途径。

(5) 技术研发能力

由于强大的技术资源作为支撑,集团公司的技术研发,特别是设计研发能力得到了长足的发展。集团公司在2002年提出的"精益地产"的基础上,在产品技术研究、住宅品质提升等方面下了很大的力气。2003年,在"中国房地产报·北京新楼市"的中国北京首届新新人家户型设计精品推介活动中,集团公司分别获得"新新精品户型奖"、"复式住宅专家推荐奖"。可见,技术研发不仅降低了建设成本,而且提升了企业的品牌和商誉。

第四节　建筑企业内部条件战略分析技术

一、内部战略要素评价矩阵

1. 内部战略要素评价矩阵的定义

企业内部战略要素,是存在于企业内部的,对企业的发展起着重要作用的资源和能力。内部战略要素评价矩阵是企业内部战略条件分析的有效方法,它可以帮助企业经营战略决策者对企业内部条件和各个职能领域的优、劣势进行全面综合的评价。

2. 内部战略要素评价矩阵的应用

企业内部战略要素评价矩阵分析法的具体步骤如下:

(1) 由经营战略决策者识别企业内部战略条件中的战略要素。通常列出6~15个为宜。

(2) 确定每个战略要素的权重,以表明各战略要素对企业经营战略的相对重要程度。权重取值范围在0~1之间,但必须使各要素权重值之和为1.0。

(3) 给出各要素的评价值,以1、2、3、4分别代表相应要素对于企业经营战略来说是主要劣势、一般劣势、一般优势、主要优势。评分值可请专家及相关人员分别给相应要素打分,然后取其平均值。

(4) 将某个要素的权重与相应的评价值相乘,即得到该要素的加权评价值。

(5) 将每个要素的加权评价值加总,就可求得企业内部战略条件的优势与劣势情况的综合加权评价值。其平均综合加权值为2.5。

例如,某公司内部战略要素评价矩阵如表3-5所示。可以看出,该企业的主要优势是产品质量,评价值为4,劣势是组织结构适应性差,评价值为1。而产品质量的加权评价值为0.4,职工士气的加权评价值为0.6,这两个战略要素对企业经营战略可能产生的影响最大。该企业的综合加权评价值为2.2,说明该企业内部条件总体水平低于行业平均水平。

某公司内部战略要素评价矩阵分析表　　　　　　　　表 3-5

内部战略要素	权　重	评　价　值	加权评价值
职工士气	0.20	3	0.60
产品质量	0.10	4	0.40
营运资金	0.10	3	0.30
利润增长水平	0.15	2	0.30
技术开发人才	0.15	2	0.30
组织结构	0.30	1	0.30
综合加权评价值	1.00		2.20

二、SWOT分析法

1. SWOT分析法简介

SWOT 是优势（Strengths），劣势（Weaknesses），机会（Opportunities）和威胁（Threats）的英文首写字母的缩写。SWOT 分析法是客观分析公司内部条件和外部环境的一种有效方法。

按照企业竞争战略的完整概念，战略应是一个企业"能够做的"（即组织的强项和弱项）和"可能做的"（即环境的机会和威胁）之间的有机组合。迈克尔·波特提出的竞争理论从产业结构入手对一个企业"可能做的"方面进行了透彻的分析和说明，而能力学派管理学家则运用价值链分析企业的价值创造过程，注重企业的资源和能力，也就是对一个企业"能够做的"方面进行了分析。SWOT 分析，就是在综合了前面两者的基础上，以资源学派学者为代表，将公司的内部能力分析与产业竞争环境的外部分析结合起来，形成了结构化的平衡系统分析体系。

利用 SWOT 分析法，可以找出存在于本企业内部的有利因素和不利条件，从而发现存在的问题，找到解决办法，并明确以后的发展方向。对企业进行 SWOT 分析后，就可以将问题按轻重缓急分类，明确哪些是目前亟需解决的问题，哪些是可以稍微拖后一点儿的事情，哪些属于战略目标上的障碍，哪些属于战术上的问题。可见，SWOT 分析法有利于领导者和管理者在企业的发展上做出较正确的决策和规划。

2. SWOT分析法的应用

应用 SWOT 分析法时，要对企业内部的优劣势和外部环境的机会和威胁进行综合分析，尤其需要将这些因素与竞争对手进行比较。其具体做法如下：

(1) 确认企业当前执行的战略。这种战略可能是成功的，也可能是有问题的。

(2) 确认企业外部环境的关键性变化，把握可能出现的机会和威胁。

(3) 根据企业的资源组合状况，确认企业的关键能力（优势）和受到的关键限制（劣势）。

(4) 对所列出的外部环境和内部条件的各关键因素逐项打分，然后按因素的重要程度加权并求其代数和。

(5) 将上述结果在 SWOT 分析图上具体定位，确定企业应采用的战略类型，如图 3-6 所示。

(6) 战略分析。在右上角定位的企业，具有很好的内部条件以及众多的外部机会，应该采取增长型战略；处于左上角的企业，面临巨大的外部机会，却受到内部劣势的限制，应采用扭转型战略，充分利用环境带来的机会，设法清除劣势；在左下角定位的企业，内部存在劣势，外部面临强大威胁，应采用防御型战略；处于右下角的企业，具有一定的内部优势，但外部环境存在威胁，应采取多种经营战略，利用自己的优势，在多样化经营上寻找长期发展的机会（详见第五章）。

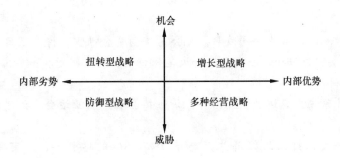

图 3-6　SWOT 分析法中战略类型确定图示

案例：SWOT 分析法的运用

1. 背景

A 公司是集勘察设计、土建、安装、装饰、装修为一体的国有大型企业，是拥有一支技术精湛、作风顽强、敢打硬仗的职工队伍和优秀的管理团队。面临新的发展形势和机遇，A 公司利用 SWOT 分析法，明确了企业的优势、劣势、机会与威胁，为企业战略的制定打下了良好基础。

2. A 公司的 SWOT 分析

(1) 优势分析

自 A 公司成立以来，基本上适应了由政府机关转成企业的环境变化，努力开拓市场，先后承建了一批大中型工业、公共和民用项目，在社会上赢得了一定信誉，目前，又获得了总承包特级资质，领导班子也进行了新的调整，具有以下优势：

1) 有国有企业信誉好的优势，没有国有企业的包袱。目前 A 公司退休人员少，也没有企业办社会的负担，职工的平均知识水平较高。由于集团公司属省属国有大型支柱型企业，各级政府、各级主管部门都很关注和支持。

2) 有高等级和覆盖面宽的资质。A 公司已获得一个总承包特级资质、三个一级资质，还有五个专业承包一级资质，在全国名列前茅。

3) 有良好的外部环境和发展空间。随着营业范围的扩大以及各地建筑市场的开放，凭借特级企业资质证可在全国各地进行投标，不受限制。

4) 有雄厚的人才资源。人才资源主要分为两部分，一部分是集团公司本部人员，他们都具有良好的社会关系和管理经验；另一部分是三个子公司对集团公司的支持，遇到大型工程项目缺乏人手时，通过协商，可借可调，非常方便。

5) 职工普遍有发展、思变、思进愿望。虽然与国外承包商和国内知名建筑企业相比，还有较大差距，但是A公司全体职工工作都有满腔热情，对集团公司未来充满希望。

(2) 劣势分析

1) 机制陈旧是影响企业发展的最大阻力，A公司是新企业，老机制。

2) 改革阻力大，步子慢，A公司不仅体制改革迟缓，机制改革也很慢，酝酿多年的三项制度改革始终没有实质性进展。

3) 工作作风拖拉，办事效率低。形成决议时间长，执行决议时间更长。

4) 管理成本高、效益低，近两年A公司管理费用居高不下，而产值却在徘徊不前，收支比例严重失调。

5) 资金困难，制约着A公司发展。A公司流动资金很少，许多项目拖欠款严重。而工程担保制度的实施，每个工程都要交一大笔保证金，财政问题相当突出。

(3) 机会分析

1) 2008年北京主办奥运会，2010年上海世博会和广州亚运会，为建筑业企业带来新的春天。

2) 我国每年要保持国民经济生产总值7%~8%的增长率，必定要加大基建投资增长。

3) 我国加入世界贸易组织，国内政治稳定，经济繁荣，已成为世界上最受欢迎的投资热点之一。

4) A公司经整合重组，业绩优良，具有特级资质的优势，加快实行区域化经营和联合开发，业绩、产值将会有大幅度提高。

5) 国际建筑市场对中国承包商越来越认可，而且A公司人力成本低的优势，为开拓国际市场提供机会。

(4) 威胁分析

1) A公司已上市多年，面临具有资本运作能力的大型建筑企业实施区域化兼并的威胁。如浙江广厦——国内著名的上市建工集团，凭借股市资本运作能力，通过兼并杭州建工、重庆一建、北京二建等当地知名企业，实施区域发展。

2) 盲目低价之风日盛，企业效益持续走低。

3) 大批的民营企业、个体建筑队通过挂靠运作项目，再加上部分政府官员的腐败，不可避免出现投标中的暗箱操作。

4) 越来越普遍的投标保证金，投标保函与数额逐渐增大的工程拖欠款有可能使企业难以为继。

5) A公司在高速扩张中，工程质量的风险、经济纠纷的风险以及联营队伍人为的风险都有可能给A公司带来巨大的损失。

三、雷达图分析法

1. 雷达图分析法简介

雷达图分析法从企业的生产性、安全性、收益性、成长性和流动性等五个方面，对企业财务状况和经营现状进行直观、形象的综合分析与评价。

雷达图是对企业财务能力分析的重要工具，从动态和静态两个方面分析企业的财务状况。静态分析就是将企业的各种财务比率与其他相似企业或整个行业的财务比率做横向比较；而动态分析是把企业现时的财务比率与先前的财务比率做纵向比较，就可以发现企业财务及经营情况的发展变化方向。

2. 雷达图分析法的指标体系

雷达图把纵向和横向的分析比较方法结合起来，综合计算企业的收益性、成长性、安全性、流动性及生产性等五类指标。

（1）收益性指标

分析收益性指标，目的在于观察企业一定时期的收益及获利能力。主要指标含义及计算公式如表 3-6 所示。

收益性指标列表　　　　　　　　　　表 3-6

收益性比率	基本含义	计算公式
资产报酬率	反映企业总资产的利用效果	（净收益 + 利息费用 + 所得税）/平均资产总额
成本费用利润率	反映企业为取得利润所付代价	（净收益 + 利息费用 + 所得税）/成本费用总额

（2）安全性指标

安全性指的是企业经营的安全程度，也可以说是资金调度的安全性。分析安全性指标，目的在于观察企业在一定时期内的偿债能力。主要指标含义及计算公式如表 3-7 所示。

安全性指标列表　　　　　　　　　　表 3-7

安全性比率	基本含义	计算公式
流动比率	反映企业短期偿债能力和信用状况	流动资产/流动负债
速动比率	反映企业立刻偿付流动负债的能力	速动资产/流动负债
资产负债率	反映企业总资产中有多少是负债	负债总数/资产总额
利息保障倍数	反映企业经营所得偿付借债利息的能力	（税前利润 − 利息费用）/利息费用

流动比率是说明每 1 元负债有多少流动资金作为保证，比率越高，流动负债得到偿还的保障就越大。但比率过高，则反映企业滞留在流动资产上的资金过多，未能有效利用，可能会影响企业的获利能力。经验认为，流动比率在 2:1 左右比较合适。

速动资产是指可以立即变现的资产，主要包括流动资产中的现金、有价证券、应收票据、应收账款等，而存货则变现能力较差。因此，从流动资产中扣除存货后即为"速动资产"。经验认为，速动比率在 1:1 左右较为合适。

资产负债率越高，企业借债资金在全部资金中所占比重越大，在负债所支付的利息率低于资产报酬率的条件下，股东的投资收益率就越高，对股东有利，说明经营有方，善用借债。但是，比率越高，借债越多，偿债能力就越差，财务风险就越大，而负债比率越低，说明企业在偿债时存在着资金缓冲。因此，资产负债率应保持适当的水平。

利息保障倍数如果比率低于 1，说明企业经营所得还不足以偿付借债利息，因此，该比率至少应大于 1。比率越高，说明按时按量支付利息就越有保障。

（3）流动性指标

分析流动性指标，目的在于观察企业在一定时期内资金周转状况，掌握企业资金的运用效率。主要指标含义及计算公式如表3-8所示。

流动性指标列表　　　　　　　　　　　表 3-8

流动性比率	基 本 含 义	计 算 公 式
总资产周转率	反映全部资产的使用效率	经营收入/平均资产总额
固定资产周转率	反映固定资产的使用效率	经营收入/平均固定资产总额
流动资产周转率	反映流动资产的使用效率	经营收入/平均流动资产总额
应收账款周转率	反映年度内应收账款的变现速度	经营收入/平均应收账款

总资产周转率、固定资产周转率、流动资产周转率分别反映全部资产、固定资产和流动资产的使用效率，比率越高，说明资产利用率越高，获利能力越强；应收账款周转率反映年度内应收账款转为现金的平均次数，比率越高，说明企业催收账款的速度越快，坏账损失的可能性越小。

（4）成长性指标

分析成长性指标，目的在于观察企业在一定时期内经营能力的发展变化趋势，一个企业即使收益性高，但成长性不好，也就表明其未来盈利能力下降。因此，以发展的眼光看企业，动态地分析企业财务资料，对战略制定来讲特别重要。主要指标含义及计算公式如表 3-9 所示。

成长性指标列表　　　　　　　　　　　表 3-9

成长性比率	基 本 含 义	计 算 公 式
经营收入增长率	反映经营收入变化趋势	本期经营收入/前期经营收入
税前利润增长率	反映税前利润变化趋势	本期税前利润/前期税前利润
固定资产增长率	反映固定资产变化趋势	本期固定资产/前期固定资产
人员增长率	反映人员变化趋势	本期职工人数/前期职工人数
成本降低率	反映成本变化趋势	本期成本/前期产品成本

（5）生产性指标

分析生产性指标，目的在于了解在一定时期内企业的生产经营能力、水平和成果的分配。主要指标含义及计算公式如表3-10所示。

生产性指标列表　　　　　　　　　　　表 3-10

生产性比率	基 本 含 义	计 算 公 式
人均经营收入	反映企业人均经营能力	经营收入/平均职工人数
人均净利润	反映企业经营管理水平	净利润/平均职工人数
人均资产总额	反映企业生产经营能力	资产总额/平均职工人数
人均工资	反映企业成果分配状况	工资总额/平均职工人数

3. 雷达图的绘制方法

上述企业财务能力五类指标的分析结果可以用雷达图表示出来，如图3-7所示。

雷达图的绘制方法如下：

(1) 画出三个同心圆,同心圆的最小圆圈代表同行业平均水平的 1/2 值或最低水平,中间圆圈代表同行业平均水平,又称标准线,最大圆圈代表同行业先进水平或平均水平的1.5倍;

(2) 把这三个圆圈的 360 度分成五个扇形区,分别代表收益性、安全性、流动性、成长性和生产性指标区域;

(3) 从 5 个扇形区的圆心开始以放射线的形式分别画出相应的财务指标线,并标明指标名称及标度,财务指标线的比例尺及同心圆的大小由该经营比率的量纲与同行业的水平来决定;

(4) 把企业同期的相应指标值用点标在图上,以线段依次连接相邻点,形成的多边形折线闭环,就代表了企业的现实财务状况。

从图中可以看出,当指标值处于标准线以内时,说明该指标低于同行业水平,需要加以改进;若接近最小圆圈或处于其内,说明该指标处于极差状态,是企业经营的危险标志;若处于标准线外侧,说明该指标处于较理想状态,是企业的优势所在。但是,并不是所有指标都处于标准线外侧就是最好,还要根据具体指标进行具体分析。

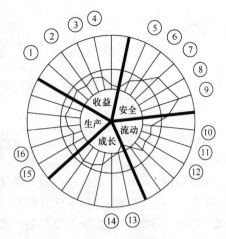

图 3-7 雷达图

注:收益性:(1)资产报酬率;(2)所有者权益报酬率;(3)销售利润率;(4)成本费用率。
安全性:(5)流动比率;(6)速动比率;(7)资产负债率;(8)所有者权益比率;(9)利息保障倍数。
流动性:(10)总资产周转率;(11)应收账款周转率;(12)存货周转率。
成长性:(13)销售收入增长率;(14)产值增长率。
生产性:(15)人均工资;(16)人均销售收入。

复习思考题

1. 建筑企业内部条件分析在战略管理中的作用是什么?
2. 按照本章所提供的建筑企业能力的分类,你认为哪种能力对建筑企业的战略管理更为重要?
3. 按照本章的分类,建筑企业各资源之间、各能力之间的关系怎样?
4. 你认为建筑企业的资源和能力应如何进行分类?应采用什么指标进行衡量?
5. 建筑企业的资源与能力是如何相互影响、相互促进的?
6. 建筑企业内部条件战略分析的方法与技术有哪些?如何运用?
7. 建筑企业战略环境分析与企业内部条件分析之间有何区别与联系?如何将二者有机结合起来?

第四章 建筑企业竞争优势分析

建筑企业战略制订与实施应以准确把握外部环境和内部条件为前提，更应建立在辨识企业所拥有的战略资源和核心能力的基础上，因此，企业竞争优势分析就成为企业战略管理不可或缺的环节。本章基于企业竞争优势理论，分析战略资源、核心能力与企业竞争优势的关系，探究建筑企业竞争优势的真实来源。同时，依据建筑企业竞争优势的层次互动模式，构建了建筑企业竞争优势的创建模式，并提出建筑企业实现和保持持续竞争优势的途径。

第一节 建筑企业竞争优势概述

一、战略管理与竞争优势

战略管理是市场竞争的必然产物。在市场经济的竞争环境下，尽管竞争的结果并不一定是你死我活，但是市场参与者们所面临的来自竞争对手的压力依然严峻。在市场竞争中，人们必须充分考虑竞争对手的实力以及它们可能采取的行动，然后采取相应的对策。但是，一个普遍的问题是，人们可以利用的现有资源似乎总是不能满足竞争的所有要求，它鼓励人们为了未来的竞争去进行投资，发展新的克敌制胜的法宝。经验表明，竞争的关键是如何充分发挥自己的长处，以己之长，克他人之短。

因此，战略管理的核心问题决不是简单地去制定一个目标，而是如何通过对自己现有资源的识别，以明确自身的比较优势，并能不断地保持和发展这种优势。当企业把这种优势充分展现于市场竞争的发展过程中，就会成为市场竞争的赢家。企业进行战略管理的目的就是为了寻求竞争优势，创造市场价值。

二、竞争优势理论的发展

自20世纪60年代战略管理作为一门学科形成以来，关于竞争优势方面的研究文献非常丰富和庞杂，但是至今还没形成一个统一的认识，它们的分析角度、方法及重点各不相同，由此形成诸多的不同理论学派。从初始阶段的传统理论，到20世纪80年代的行业结构理论和20世纪90年代的能力、资源理论等，都从某一方面深入分析了企业的竞争优势。

1. 传统战略理论

传统战略理论认为，企业竞争优势来自于企业内部条件对其所处的外部环境的匹配或适应。安德鲁斯等学者认为，企业所处环境的不断变动可能会给企业带来某些市场机会或威胁。为了获取市场竞争优势或最大化利润，企业应该基于其内部条件和外部环境的分析，发挥其优势和克服劣势，制定和实施独特性的战略，以利用外部机会和避免外部威胁。企业的优势和劣势是相对于市场竞争者而言，市场机会和威胁来自于企业所在市场的所有参与者的集体活动和竞争对手的反应，安德鲁斯把这一分析框架概括为"SWOT"模型。

"SWOT"模型通过分析企业内部的资源和能力列出其优势和劣势,通过分析企业的外部环境列出其市场机会和威胁。企业的战略逻辑就是制定合适的行为模式,以利用市场机会,发挥其优势;避免市场威胁,克服其劣势。企业战略由四种关键力量综合决定,它们分别是:由市场机会所决定的"可能做的"、由企业能力所决定的"能够做的"、由企业领导人和企业价值观决定的"想做的"、由社会所决定的"应该做的"。企业通过对这四种力量的合适组合就能够获得竞争优势。

传统战略理论从既有的行业环境出发,根据外在的环境,调整企业自身的条件,从而谋求更强的市场竞争优势。它把企业所在行业的市场结构看作是外生变量,但是事实上,企业所处行业自身的变化能够直接影响企业的市场绩效,假如行业的盈利率在持续降低,那么不管企业如何经营都很难获得良好的市场绩效。对于已经结构化的行业内的企业来说,它们主要争夺市场份额或市场占有率,这实际上是一种处于表层的产品竞争,从而忽视了隐含形式的实质性的企业整体能力之争。

作为传统战略理论的基本分析框架,"SWOT"模型由于其在关注影响企业发展或成长的关键问题方面具有其简洁性和价值性而受到高度的赞誉,对后来的战略理论的发展具有重要而深远的影响。"SWOT"模型确实可以使企业关注影响其市场绩效的关键因素,它要求收集、描述和分析影响企业的市场绩效的主要外部和内部信息,在重视企业内部条件的同时,更多地关注企业的外部环境,但是它只是简单的汇集而不是深入地分析那些显著影响企业成长的具体因素。但这一模型的突出局限是:对影响因素缺乏明确的界定;没有突出最关键的因素或者说没有轻重缓急和主次之分;对影响因素的评价缺乏坚实的客观基础;由于其分析的简单性和模糊性而使其可操作性较差。而且,这一模型没有分析其所关注的四个要素("优势"、"劣势"、"机会"、"威胁")各自清晰的内涵和相互之间及其与企业绩效之间的明确关系。因此,它只是一种基本的或初级的战略分析理论。

2. 行业结构理论

20世纪80年代,产业经济学的分析方法被应用到战略研究领域,迈克尔·波特把产业组织理论中的SCP(结构—行为—绩效)范式引入到企业竞争战略分析,认为竞争是企业成败的核心所在,企业获取竞争优势的关键是如何确定在行业竞争环境中的竞争战略及如何确定在该行业中的相对位势,核心理念是企业如何保持竞争优势。

行业结构理论仍然遵循着传统战略理论的分析路线,只是更为关注企业发展所面临的外部环境的影响,即安德鲁斯等人的"SWOT"模型中的"O"(市场机会)和"T"(市场威胁)方面的内容,并将这些影响内化为企业所处的市场结构及其变化的影响因素来加以分析。

迈克尔·波特认为企业的成功来源于企业所处行业的吸引力和企业在该行业中的相对市场位势。由此,企业的盈利能力也被相应地分解为两个方面,即行业结构效果和市场位势效果。行业结构的功能在于解释企业盈利的可持续性,但是企业盈利能力的高低则取决于企业的相对市场位势。企业的竞争优势表现为获得高于行业平均水平的盈利率。波特认为行业结构强烈地影响着竞争规则的确立及其相应战略的形成。相对而言,行业外部的力量是相当基本的,因为外部力量通常影响着行业内部的所有企业。决定一个企业盈利能力的根本因素是行业吸引力。

"企业的定位决定了它的盈利能力是高于还是低于行业的平均水平"在某种具有正常盈利率的行业结构中，占据相对于竞争对手更具吸引力的市场位势的企业就会获得竞争优势，从而获得成功。企业的市场位势取决于其各项职能活动的效率。企业由一系列分立但相互联系的经济活动集合而成，它们构成企业的"价值链"，企业以比竞争对手更低的成本完成必要性活动；或者以增加顾客价值的特定方式完成某些活动，并使企业具备索取产品高价的能力，由此获得低成本优势或差异化优势。

迈克尔·波特的行业结构理论将产业组织经济学理论引入战略管理领域，突破了传统战略理论的基本分析框架，大大推进了战略管理的发展和深化。行业结构战略理论利用行业结构和企业的市场位势较好地解释了企业竞争优势的获得及其持久性，并提供了富有建设性的理论框架和具有可操作性的分析工具。

按照企业战略的完整概念，企业战略应该是一个企业"能够做的"（即企业的优势和劣势）和"可能做的"（即外在环境的机会和威胁）之间的有机组合。迈克尔·波特的战略理论从企业所在行业的市场结构入手对一个企业"可能做的"方面作了比较透彻的分析，但是却忽视了企业"能够做的"方面。

行业结构理论是典型的竞争优势外生论，它认为对于某一个行业来说，该行业内的所有企业所面临的市场结构和市场机会在客观上都是同质的。由此推导出的逻辑结果就是某一个行业内的所有企业的盈利率应该基本相同，但是事实上并非如此，可见，行业结构理论也还存在一些不足。

3. 企业内生要素理论

企业内生要素理论以企业要素（如能力和资源）为其分析的视角，认为企业竞争优势来自于它自身所具有的特异条件或素质，而不是其所处的总体环境或行业结构。

企业内部要素战略理论的出现源于行业结构战略理论的局限性和缺陷，因为它把企业竞争优势的获取几乎都归因于企业所在行业的吸引力及其市场位势。根据行业结构理论，同一行业内的企业之间的盈利率差异要小于行业之间的盈利率差异。事实上，许多经验研究表明同行业内企业之间的盈利率差异要比不同行业之间的差异大得多。因此就可以推断竞争优势并非全部来自于外部市场，而是在更大程度上来自于企业自身的某种因素。也就是说，如果将企业以外的所有相同因素都剥离，那么所剩下的就只能是企业自身，或者说竞争优势内生于企业。20世纪80年代中期以来，战略管理学界和企业界开始反思和改进行业结构理论。他们已经认识到行业结构战略理论由于没有打开企业的"黑箱"，而无法认清企业竞争优势的真正来源。在这种背景下，很多学者将竞争优势的着眼点从外部转移到企业层面，由此引致企业内生要素战略理论的迅速崛起和发展。企业内生要素理论主要包括两个分支：能力基础论和资源基础论。

（1）能力基础论

能力基础理论发展于20世纪80年代对行业结构理论的反思，它以"能力"为其分析单元，研究企业竞争优势的创造及其维持。能力基础论指出，20世纪80年代中期以后，企业竞争的基本逻辑发生了显著改变。在此之前市场竞争处于相对稳定的状态，企业战略可以基本维持不变，企业获取竞争优势的关键就是选择在何处（行业）进行竞争和如何合适的定位。但是随着产品生命周期的日渐缩短、经营的日益国际化和技术的飞速发展，企业能否获取成功，则取决于对市场趋势的预测和对顾客需求变化的快速反应。因此，企业战略的核心并不是企业产品、市场结构,而是其行为能力;战略的目标在于识别和开发异质性能力,这种能力是消费者将一个企业与其竞争对手区分开来的主要标志。

能力基础论认为能力是企业在其长期发展过程中形成的、协调企业内部各个组成部分,增强企业附加值创造和新知识获得的集体性学识体系的总和。能力基础论从"能力"视角来分析企业及其经营,认为企业在本质上是一个能力体系,积累、维持和运用能力以开拓产品市场是企业竞争优势的决定性因素,企业能力的积累或储备能够显著影响企业的经营范围,特别是多元化经营的广度和深度。

能力基础论认为"核心能力"是企业竞争优势的源泉。企业竞争优势的形成、巩固和创新与企业核心能力的形成、维持及废弃密切相关。一系列强有力的核心能力的存在决定了企业的有效竞争范围,它构筑了企业特有的"生命线"。

尽管能力基础论通过"能力"范畴,试图打开企业"黑箱",从企业内生要素的角度分析企业竞争优势的创造和维持,为战略管理的发展作出了重大贡献,但是,它还存在许多的不足:对其分析的基本范畴"能力"还没有明确的界定或认识,还没有形成一个比较成形的理论体系;它几乎把企业的内生条件都归结为"能力",或者说"能力"的涵盖面太广;它忽视了能够产生竞争优势的某些客观的异质性资源,如,地理区位、关键投入要素和政府政策等。

(2) 资源基础论

资源基础论的基本观点是企业的竞争优势来源于它所具备的资源的数量和质量及其使用效率,而不是其外在的环境,也就是说企业自身的资源是其竞争优势的基础。由于各个企业所拥有或控制的资源状况不可能完全一样,正像世界上没有两片相同的树叶一样,由此就导致了它们运作效率和盈利率的高低差别。企业之间资源的差异性来自于它自身的异质性和不可转移性。

企业战略受制于其资源的存量和积聚新资源的速度及其使用方式。假如没有资源存量的不平衡或不对称和资源增加的限制,那么任何企业都可以制定和实施任何战略。但是与此同时,成功的战略很快就会被模仿,使超额利润迅速地降为零。企业资源能够决定企业经营活动的效率和效果。因此资源成为企业战略的实质和竞争优势的本质。

资源基础论认为,并不是企业的所有资源都能成为竞争优势的来源,因为企业资源中很多是大家都共有的资源或企业生存的必要条件,而且在竞争市场上普通资源可以通过正常的市场交易而获得。如果要获得这种创造竞争优势的能力和潜力,那么这种资源就必须具有四个基本特性:价值性、稀缺性(供给有限)、不可完全模仿性和不可等效替代性(不能被既不稀缺又不能完全流动的其他资源所替代),否则由此而获得的竞争优势很快就会消散。

资源基础论的主要贡献在于它解释了企业间长期存在的无法直接归因于产业结构的盈利率差异问题,它深化了对企业竞争优势的认识,大大地推进了战略管理的发展。企业管理者可以利用资源基础理论分析其已拥有和控制的异质性资源来确认和预期其竞争优势。

综上所述,上述理论观点的演变和发展并不是以一种观点简单地代替另一种观点,各种观点分析的背景不同,侧重点也不一样,它们都从以前的观点中汲取精华,克服了一些不合时代需要的缺陷,但都还处在不断发展和完善之中。因而我们可以清晰地看到,对企业竞争优势的研究是逐渐深入的,这些理论是相互补充的,共同指导我们战略的制定与实施。

三、建筑企业的竞争优势

1. 建筑企业竞争优势的内涵

建筑企业的竞争优势是建筑企业在竞争性的建筑市场中，依靠其战略资源、核心能力和核心产品，通过低成本或差异化等竞争性战略途径，获取的在同行业中业绩出众的能力，或赚取的超过同行业平均利润率的能力。其竞争能力由先进的企业制度和企业运营机制、创新技术和工艺、资金优势、人才优势等要素或这些要素组合构成。

当然，对于不同类型（施工单位、设计单位、咨询单位等）、不同规模（大、中、小型）的建筑企业，其竞争优势的定位和体现都是不一样的。对于大型企业而言，其可能更重视的是建筑产品的形象与品牌、企业的声誉和信誉；而对于小型企业而言，则更侧重灵活的机制，采用低成本竞争性策略获得自身的市场。这些都是我国现阶段尚在讨论的问题，这里不展开论述，在本章中介绍的建筑企业竞争优势都是基于大型建筑企业（特别是大型承包商）而言的。

目前，建筑市场的多样化竞争使建筑企业竞争格局更加复杂。从竞争的环境来看，产业环境变幻莫测，企业的多元化也打破了行业之间的明显界限，企业战略选择越来越困难。建筑企业间的竞争正在慢慢地从"自然竞争"走向"战略竞争"，原有的缓慢的竞争步伐将被打破，一种主动、革命性的变革在每个企业组织中进行。从竞争的对手来看，对手和合作者的界限越来越模糊，今天的竞争对手就很可能是明天的合作者，当众多相关联的战略联盟的集群互相交错在一起的时候，竞争对手同时也是联盟者。从竞争的主体来看，建筑业中竞争主体日益多元化，竞争的主体可能发生在不同的企业之间，也可能发生在不同的供应链之间，还可能发生在不同的战略联盟或虚拟企业组织之间。

要想在市场竞争中取胜，仅仅把建筑企业看成是资源与能力的组合或者市场的组合是远远不够的，必须把企业看成一个竞争优势的集合。建筑企业的竞争优势应该具有以下特点：

（1）必须真实存在的。建筑企业仅仅希望自己有竞争优势并不意味企业真正具有竞争优势。例如，某企业在投标书中声称自己成本（产品价格）最低，但是开标时或竣工决算时它并不一定真是最低价。

（2）对于用户必须是十分重要的。最终能够让用户获得利益，并且是用户追求和看重的利益才是竞争优势。如果建筑企业仅仅是在某些方面与竞争对手有所不同，只是企业自己认为这些不同很重要，并不意味着企业具有真正的竞争优势。如装饰装修工程中，企业认为自己的设计施工方案是科学合理的，但顾客认为不符合自己的审美情趣，则用户看重和追求的利益没有实现。

（3）必须是具体的。仅仅在口头上说："我们是最好的"并不够。问题是建筑企业在哪方面是最好的？为什么是最好的？如果不能向顾客明确显示自己的优势，只是泛泛的吹嘘，并不是竞争优势。

（4）必须能够增加产值。这意味着企业必须能够向顾客反映这一优势，顾客不仅了解这一竞争优势，而且要能被这一优势打动，认可建筑企业的能力，从而增加建筑企业的产值。

2. 建筑企业竞争优势的价值体现

建筑企业拥有竞争优势，不仅可以给企业带来更多的价值和利润，而且还可以使企业籍此缓和或避免竞争。例如，当业主意识到某个建筑企业的产品和服务优于竞争者或其他替代品，并愿意大量购买时，则该建筑企业就拥有了竞争优势，企业也会因此取得高于竞争对手的销售量、利润及市场地位。

建筑企业竞争优势的价值体现在：

（1）它将吸引和拥有比竞争对手更多的业主（顾客）注意，更易得到参与竞争的机会；

（2）企业将通过提供更多和更高的价值而获得更大的市场份额；

（3）市场占有率优势将转化为更多的利润，这些又可以促进企业拥有更多的持续运行所需的资源，如设备、人才、技术等；

（4）良好的竞争绩效会促进企业竞争力水平的提高，这种良性循环最终会使拥有竞争优势的企业逐渐发展成为拥有强大竞争力的竞争领先者。

与之相反，处于竞争劣势的企业将在这一循环中消失。业主因无法从交易和合作中获得较好的价值，会对企业不满，而不愿继续与其交易，从而使其市场份额和利润下降。在这种情形下，企业用以维持现状所需的资金发生困难，更不用说赶超领先者了。因此，建筑企业的竞争优势越明显、越强，其获利水平和市场地位就越高，市场竞争力水平也越高。

第二节 战略资源、核心能力与建筑企业竞争优势

建筑企业持续经营、基业常青的基础是创造出高于竞争对手的价值，拥有竞争对手所无法比拟的竞争优势，而这种竞争优势依赖于建筑企业的战略资源和核心能力等要素。

一、战略资源是建筑企业竞争优势的基石

资源是企业生产经营过程中投入的要素，它既包括人力、物力和财力等这些传统意义上的资源，也包括技术、信息、时间、知识等现代意义上的资源，特别是一个建筑企业所专用的资产，如专利和商标、品牌和声誉、组织文化等。资源对企业价值创造和竞争优势的贡献在于两方面：一方面，资源能直接影响企业创造出多于竞争对手的价值能力，如大规模生产能力和已建立的品牌，使企业的收益超过竞争对手；另一方面，资源也会作为企业能力的基础对价值创造和竞争优势产生间接性影响。

并非所有的资源都可以成为建筑企业竞争优势和高额利润的源泉，而且，每个建筑企业的成长路径也不相同，同类资源的数量和质量就会存在差别。分析企业的经营绩效就会发现，总有一些特别重要的资源对企业的战略方式及战略效果产生显著的影响，能给企业带来长期竞争优势，这类资源称为"战略资源"。

就重要意义而言，战略资源跟一般资源相比，更能维持企业竞争优势的稳定性和持续性。一项资源要成为战略资源，至少具有四个基本特征：

（1）价值性。资源要能为竞争优势有所贡献，至少要有一定的价值，这是资源的基本要求。资源的价值性反映不同企业在获取资源时难易程度不同，能轻易为所有企业获得的资源不可能成为企业的战略资源。

(2) 稀缺性。竞争优势如果是因为资源的存在，那么这项资源必须是稀缺的。企业占有了稀缺资源，就排除了竞争对手对资源的占有，其成本优势能在长时间内存在。能为所有的企业拥有的资源不是稀缺资源，资源的价值就会显著降低，不能成为企业的战略资源。

(3) 异质性。资源异质性承认企业之间不属于同类关系，它们的资源条件不同。异质性既有普遍性也有专业性，如同处于铁路建设领域的两个公司，在技术开发、生产过程、市场营销等方面的优势并非相等，如一个在华北市场的竞争力强，而另一个在西南市场竞争力强；即便是两个企业有完全相同的技术开发资源，这些资源也会在专业范围上有所差别，一个企业可能专门进行桥梁技术开发，另一个企业则专门进行隧道技术开发。资源异质性也承认资源市场的不完全性，资源交易存在着限制，如果资源交易是无限制的，每个企业都能轻松地复制其他企业的关键资源，那么，就会威胁成功企业的竞争优势地位。

(4) 不可替代性。由于技术的发展，性能更好、成本更低的替代材料不断出现，资源价值随之而降低，企业的竞争优势也因此而降低。因此，企业资源的不可替代性，决定了竞争优势的持续性。

从上述基本特征可以看出，对企业持续竞争优势所起的作用越大，对资源本身的特性要求也就越高，而满足这些特性要求的难度也就越大。并且，战略资源的形成，是非常漫长的过程。多数战略资源的形成，是靠建筑企业自身不断积累的，不能简单地通过市场交换而得到。

就建筑企业而言，物质资源被竞争对手的模仿难度较小，在竞争性建筑市场结构中，土地、设备、材料等是可以通过市场交易获得的，这类资源在建筑企业竞争中所起的作用会因为竞争对手的模仿而降低。对外部依赖性强的资源也难以形成战略资源，如社会资源、信息资源，他们被替代的可能性很强，而且这类资源的数量和质量有可能因为竞争对手的侵蚀而削弱。因此，人力资源、技术资源、文化资源等三类资源成为战略资源的可能性较大。

二、核心能力是建筑企业竞争优势的源泉

企业能力可以出现在特定的业务职能中，也可能与特定技术或产品设计相联系，也可能存在于价值链各要素的联系或协调这些活动的能力之中。企业的价值创造、竞争优势来源于企业的能力，特别是企业的核心能力。

1. 对核心能力的认识

核心能力是一个比较难以理解、较为抽象的概念，从直观的意义上讲，核心能力就是所有能力中最核心、最根本的部分，其作用可以通过向外辐射，作用于其他能力，影响着其他能力的发挥和效果。

核心能力的定义是由普拉哈拉德（Parahald）和哈默尔（Hamel）在1990年提出的，核心能力是"组织中积累性的学识，特别是关于如何协调不同的生产技术和有机结合各种技术流的学识"。它是一个企业所具有的在本行业独树一帜的、难以复制仿效的能力，可实现用户看重的、高于竞争对手的价值，可提供进入广阔多样市场的潜能，从而形成企业长期利润的源泉。核心能力最易集中在知识、专利、管理创新成果等与人和知识有关的方面。核心能力可以是单个要素构成的，也可以是多个要素构成的。

企业核心能力理论是当今管理学与经济学交叉融合的最新理论成果之一，源于战略管理理论、经济学理论、知识经济理论等对企业持续竞争优势源的逻辑探索，正是由于其理论来源的交叉性和多样性，各学者研究的角度也是千差万别。在核心能力理论的发展过程中，不同观点对核心能力的全面认识起到了基础作用、借鉴作用。有关核心能力的主要观点如表 4-1 所示。

有关核心能力的主要观点　　　　　　表 4-1

	主要观点	能力表示或纬度	优点	缺点
整合观	不同技能与技术的集合	战略决策的不同层次，顾客的特定好处	说明了技术的重要作用	分解性差、层次性不强
网络观	技能网络	各种技能及根据其关系构成的网络	可分解性强，深入、直观	重点不突出，对组织文化因素考虑不够
协调观	起源于战略业务单元里企业能力的整合与协调	资源、战略业务单元的交叉	强调战略业务单元的交叉与协调	层次性不强
平台观	对产品平台的作用	用户洞察力、产品技术能力、制造工艺能力、组织能力	通过产品平台连接市场，强调市场	不全面，对组织文化因素考虑较少
技术能力观	用专利指标的相对技术能力	专利份额与潜在技术优势	以专利定量描述	不能反映专利的应用与转化和动态变化
战略构架观	核心能力具有深层次性和长期性	战略柔性、层次竞争	强调柔性、深层次性、长期性	识别难度大，操作性不强
动态观	环境不断变化，企业不断更新自身能力	以组织过程、位置、路径构建动态能力框架	集中于知识、资源、能力的内生创造	忽视了核心能力的长期性
组织学习观	来源于企业制度，组织规程和研究开发惯例	从企业的整体性认识核心能力	重视文化、制度等内容	重点不明确

上述企业核心能力理论观点的共同之处在于：与企业的外部环境相比，企业内部条件相对于企业的市场竞争优势具有决定性作用；企业内部能力、资源、知识的积累，是企业获得超额收益和保持企业竞争优势的关键。因此企业核心能力理论不仅是对传统企业理论、产业组织理论"结构—行为—绩效"分析框架的替代，而且是对波特将产业分析模式应用于战略管理领域分析模式、分析方法的替代。

根据以上观点，核心能力具有六大特点：

(1) 价值性。核心能力的价值性有两方面的含义，一方面是培养核心能力要花费很大的成本，核心能力的培养是一个长期的过程，需要巨额资金投入；另一方面是核心能力能为用户提供某种特定的好处，如杭萧钢构为业主提供的是高层钢结构的核心能力。

(2) 独特性。一项企业能力要成为核心能力，要么为企业所独有，要么比竞争对手做得更好。所有企业的基本能力都相同时，无法成为核心能力。

(3) 不可模仿性。核心能力要能为企业带来持续利润，那么在一定时期内是不能被竞争对手模仿的。

（4）不可替代性。核心能力建立的难度比较高，时间比较长，在一定时期内不易被替代。

（5）延展性。核心能力不仅能维持企业现有业务的稳固地位，而且能引导企业进入新的领域，成为开拓新市场的基础，创造新的利润来源。如目前众多工业设计院在工业设计方面具有一定优势后，成功地向工程总承包公司发展。

（6）动态性。核心能力并非一劳永逸、一成不变。在社会发展日益加快的大环境下，替代技术、替代产品不断出现，过去的核心能力到今天可能不再是核心能力，竞争优势可能不复存在。

核心能力在战略制定中的重要意义在于：它能给公司带来具有某种宝贵竞争价值的能力；它具有成为公司战略基石的潜力；它可能为公司带来某种竞争优势。

2. 建筑企业的核心能力

建筑企业核心能力是企业在长期发展过程中形成的，使企业保持持续竞争优势、获得稳定收益、不易被竞争对手模仿的独特能力。它是企业科学的业务定位、先进的施工技术、良好的企业信誉、特有的营销能力、卓越的经营管理、独特的企业文化等整合的结果。

一般认为，企业核心能力作为企业资源和能力的有机整合系统，主要由管理层面的管理能力、市场层面的经营能力和技术层面的创新能力构成。其中管理能力是企业的内部能力，经营能力是企业的外部能力，而创新能力则是企业的智力能力。经营能力是企业核心能力的中心能力，它上承管理能力所形成的成本优势，下载创新能力形成的产品/技术优势，使它们最终转化为企业的竞争优势和利润优势。

就建筑企业而言，核心能力的这三种能力又可以进一步分解为企业的业务定位、技术和产品创新、企业信誉、营销能力、管理者素质、管理绩效、企业文化等具体构成要素，见图4-1所示。

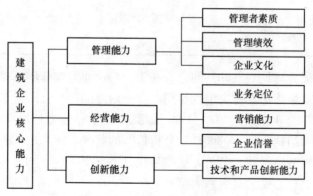

图4-1 建筑企业核心能力构成要素

三、建筑企业核心能力的识别与评价

1. 建筑企业核心能力的识别

对于已有的有关核心能力的识别方法，按其识别指标的量化程度，可分为定性描述法、定量方法、定性与定量相结合方法等。按其识别的角度可以分为内部识别分析法和外

部识别分析法。识别建筑企业的核心能力可结合企业有形（资产）和无形（知识）、静态（技能）和动态（活动）、从内部（企业）和外部（业主和竞争对手）的角度对核心竞争力进行分析和识别。

具体而言，识别核心能力有以下六种方法：价值贡献分析、竞争差异分析、社会关系分析、价值链分析、技能分析、资产分析及知识分析。前三种是外部识别分析法，后三种是内部识别分析法。

（1）价值贡献分析方法。对业主的价值贡献分析是从企业的外部出发，分析在提供给业主的价值中，哪些是业主最看重和最敏感的价值，那些带给业主核心价值的能力便是核心能力。如在道路工程中，若路面施工技术能给以后的运营者带来良好的路面稳定性和日后较低的运营维修成本，那么路面施工技术就是本企业的核心能力。

（2）竞争差异分析方法。从竞争对手的差异分析核心能力首先要分析本企业与竞争对手拥有哪些战略要素、有何异同以及造成差异的原因何在，紧接着要分析企业与竞争者在市场和资产表现外在差异。如施工技术引进、开发和创新速度、建筑产品形象和品牌、企业声誉和信誉、运营或使用周期内的维修服务、所有者或使用者的满意度等，识别哪些是建筑企业具有的战略性资产，根植于战略性资产之中的便是核心能力。

（3）社会关系分析方法。建筑企业同其他企业一样，存在于社会系统中，它和政府、业主、金融机构、设计院所、监理公司和分包商等相关单位的关系决定了企业的社会运行成本。从社会各部门对建筑企业知名度、社会声誉、关注程度以及企业本身的社会影响力着手，认知建筑企业在社会中的影响力，特别是识别建筑企业和社会非商业关系单位打交道的能力。

从企业外部识别建筑企业的核心能力是较为粗略和表层的，但它提供了一种可以迅速抓住核心能力关键特征和表现形式的方法，而且通过对业主贡献和竞争差异分析后，可以从内部视角出发分析和辨别核心能力，进一步分析形成外部差异的内在原因。

（4）价值链分析方法。对建筑企业核心能力的价值链分析，实际上是以活动为基础进行的。建筑企业是一个由一系列活动组成的体系，而不是个别建筑产品或服务的简单结合，这些活动还可以再细分为各种子活动，细分之后就可以确定企业的价值链（见第三节）。若有些活动的经营业绩好于竞争对手，并对最终建筑产品或服务起着至关重要的作用，这些活动就可以被称作本企业的核心能力，一系列的这些活动就建立起了建筑企业的竞争优势。

（5）知识链分析方法。一般说来，核心能力也可被认为是关于如何协调企业内各种资源用途的知识形式。在建筑企业价值链分析中，在确认关键价值活动之后，要进一步识别支持这种活动的是哪些知识，即识别关键知识。如果几项关键的价值活动以同一种关键知识为基础，则这种关键知识可视为建筑企业的核心能力。

知识链分析是从建筑企业对建设领域相关技术、管理和经济知识的吸收与传播、灌输与扩展等知识流的过程出发，来识别企业中具有特殊价值的知识，进而识别核心竞争力。要识别核心能力，首先要了解和掌握在建筑企业的知识流中，与企业相关的知识是如何运行的；接着要分析在这个特殊的知识链中，哪些知识对建筑企业的价值创造起关键作用，特别要分析企业内部的、蕴含于整个企业中的知识；最后要明确在建筑企业知识链中，哪些知识对其他知识的创造、融合和内部交流起重要作用，也就是要明确核心知识。那么，这种能创造企业特有知识的核心知识是企业核心能力难以模仿复制的重要原因，也就是建筑企业拥有核心能力。

（6）技能分析方法。从技能角度分析和识别核心能力对建筑企业来说最容易接受和掌握，因为大多数建筑企业竞争优势外在表现于出众的技能，比如：先进的施工技术和生产组织能力，优秀的项目管理和市场任务开发人员，与业主、设计、监理各方的有效沟通娴熟的技巧。但很难有一个建筑施工企业在所有技能上都是出众的，一般说来，建筑企业的"明星"和"现金牛"业务（见第五章第四节）在于对其战略很重要的职能上有某种技能优势。如果某种战略是关于质量的，企业就可能在施工技术或全面质量管理上具有优势；如果某种战略是关于服务的，那么该建筑企业将需要在提供建筑产品和服务的技能上，通过高效的设计和施工、寿命周期成本费用更低的建筑产品、更周到的服务产品来拥有某些优势。

把"关键技术或技能"同建筑市场的需要联系起来，业务技能的优劣取决于市场的需求。如果一项工程技术或技能对建筑市场产生很大的影响，且这种技能不易被竞争对手学习和使用，这就是企业的核心优势。通过界定"关键技术或技能"，精确抓住"关键子技能"，可以识别出并加以培育成为建筑企业的核心能力，从而获得竞争优势。

2. 建筑企业核心能力的评价

核心能力内化于企业内部各要素之中，且不同的建筑企业其核心能力的表现形态各异，其识别和评价是比较困难的。从建筑企业的特点出发，遵循动态性、可操作性、敏感性、综合性和无冗余等基本原则，可建立科学、合理的指标体系。研究提出的建筑企业核心能力指标体系如图4-2所示。

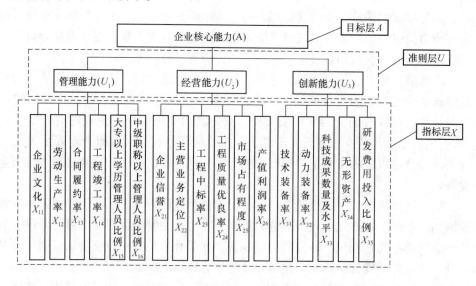

图4-2 建筑企业核心能力指标体系

指标体系建立起来后，就可以利用该指标体系对建筑企业的核心能力进行识别和评价。所谓识别，就是确定企业是否存在核心能力，核心能力体现在哪些方面。而评价则是在识别的基础上，对核心能力的强度进行评价。这里以核心能力的综合评价为例来说明其步骤。

综合评价的方法一般有加权和法、专家评分法、DELPHI法、AHP法、主成分分析法、模糊综合评判法等,每种方法都有其优缺点。由于企业的核心能力是一个多要素构成的复杂的有机系统,且其评价指标中既有定量的数据性指标,又有定性的描述性指标,导致评价具有一定的模糊性,因此,采用模糊综合评判法对企业的核心能力水平进行评价是比较合理的。这里我们采用二级模糊综合评判,其一般步骤如下:

(1) 设 U 为因素集,$U = \{U_1, U_2, U_3\}$。

其中:$U_1 = \{X_{11}, X_{12}, X_{13}, X_{14}, X_{15}, X_{16}\}$,$U_2 = \{X_{21}, X_{22}, X_{23}, X_{24}, X_{25}, X_{26}\}$ $U_3 = \{X_{31}, X_{32}, X_{33}, X_{34}, X_{35}\}$。

V 为评语集,$V = \{$强,较强,一般,较弱,弱$\} = \{Y_1, Y_2, Y_3, Y_4, Y_5\}$

(2) 对每个 U_i($i = 1, 2, 3$)分别进行综合评判。

评价时,定量指标可根据评价分值的计算结果对应于评语集作出判断(评价分值=指标实测值/指标最好实测值),定性指标可根据专家判断给出,由此得到指标 X_{ij} 隶属于第 t 个评语 Y_t 的程度 Y_{ijt},构造评判矩阵 R_i。

$$R_i = \begin{bmatrix} r_{i11} & r_{i12} & \cdots & r_{i1p} \\ r_{i21} & r_{i22} & \cdots & r_{i2p} \\ \vdots & \vdots & & \vdots \\ r_{im1} & r_{im2} & \cdots & r_{imp} \end{bmatrix}, (i = 1,2,3)。$$

另外,通过DELPHI法或专家意见可得出指标层 X 对准则层 U 的权重 N_i($i = 1, 2, 3$)。

其中,$N_1 = (N_{11}, N_{12}, N_{13}, N_{14}, N_{15}, N_{16})$,$N_2 = (N_{21}, N_{22}, N_{23}, N_{24}, N_{25}, N_{26})$,$N_3 = (N_{31}, N_{32}, N_{33}, N_{34}, N_{35})$。

令 U_i 的一级评判向量为 B_i,则

$$B_i = N_i \cdot R_i = (b_{i1}, b_{i2}, b_{i3}, b_{i4}, b_{i5})$$

(3) 进行二级评判。

将每个 U_i($i = 1, 2, 3$)看成一个因素,则 $U = \{U_1, U_2, U_3\}$ 的单因素评判矩阵为:

$$R = \begin{bmatrix} B_1 \\ B_2 \\ B_3 \end{bmatrix} = \begin{bmatrix} b_{11} & b_{12} & b_{13} & b_{14} & b_{15} \\ b_{21} & b_{22} & b_{23} & b_{24} & b_{25} \\ b_{31} & b_{32} & b_{33} & b_{34} & b_{35} \end{bmatrix}$$

由DELPHI法或专家意见得到准则层 U 对目标层 A 的权重:$A = (A_1, A_2, A_3)$,即可得二级评判向量:

$$B = A \cdot R = (b_1, b_2, b_3, b_4, b_5)$$

(4) 将 $B = (b_1, b_2, b_3, b_4, b_5)$ 作归一化处理,再按照最大隶属度原则,即可判别企业核心能力的强弱程度。

案例:建筑企业核心能力的评价

B公司是一个省属特大型骨干企业集团,具有房屋建筑、公路、市政、机电等多项工程总承包资质。B公司拥有员工近10万名,生产经营资本近50亿元,年施工生产能力逾200亿元。B公司管理层十分重视企业战略管理和核心能力的培育,经调查分析,B公司

各项核心能力指标数据及评分值如表 4-2 所示。

B公司核心能力指标及评分值　　　　表 4-2

序 号	评 价 指 标	评 分 值	行业平均值
1	企业文化	70分	—
2	劳动生产率（元/人）	95405	82899
3	合同履约率（%）	85	—
4	工程竣工率（%）	50.7	43.6
5	大专以上学历管理人员比例（%）	41.84	
6	中级职称以上管理人员比例（%）	30.05	
7	企业信誉	85分	
8	主营业务定位	80分	
9	工程中标率（%）	85	
10	工程质量优良率（%）	61.8	41.1
11	市场占有程度	80分	
12	产值利税率（%）	3.3	3.8
13	技术装备率（元/人）	3802	9417
14	动力装备率（千瓦/人）	2.1	6.8
15	科技成果数量及水平	80分	
16	无形资产（元/人）	6727.28	
17	研发费用投入比例	75分	

根据评价模型，结合各项指标评分值，进行企业核心能力评价，限于篇幅，计算过程从略。

经计算，一级评判向量 B_i 分别为：

B_1 = （0.320, 0.680, 0.710, 0.420, 0.235），B_2 = （0.605, 0.730, 0.630, 0.370, 0.215）B_3 = （0.300, 0.530, 0.565, 0.430, 0.320）。

准则层 U 对目标层 A 的权重为 A = （0.3, 0.4, 0.3），则二级评判向量 B 为：

$$B = A \cdot R = (0.3, 0.4, 0.3) \times \begin{bmatrix} 0.320 & 0.680 & 0.710 & 0.420 & 0.235 \\ 0.605 & 0.730 & 0.630 & 0.370 & 0.215 \\ 0.300 & 0.530 & 0.565 & 0.430 & 0.320 \end{bmatrix}$$

$= (0.428, 0.655, 0.635, 0.403, 0.253)$

对 B 进行归一化处理：

B' = [0.180, 0.276, 0.267, 0.170, 0.107]

由最大隶属度原则可知，B公司的核心能力处于较强水平。同时，从评判过程中计算可以看出，B公司在营销能力方面的核心能力处于较强水平，而管理能力及创新能力方面的核心能力则处于一般水平，需进一步加强。

四、建筑企业核心能力的培育

建筑企业培育核心能力，既要重视从无到有的核心能力的创造和培育，又要采取措施整合已有的核心能力；既要重视内部核心能力的积累，又要采取措施从外部获得核心能力。建筑企业可以通过创新和整合来进行内部核心能力的积累，也可以通过联盟战略和兼并收购从外部获得核心能力。

1. 企业内部核心能力培育

(1) 观念创新

观念创新是一切创新之源，是企业竞争力之本。观念创新的内容很多，企业经营管理者要善于用最根本的商业法则来运作企业。杰克·韦尔奇 Jack Welch 说"经营 GE 公司就像经营一个乡村杂货店"，一个大型企业，当然要比一个乡村杂货店复杂得多，但是当你单刀直入，切到它的根本时，你会发现两者的商业法则是一致的。杰克·韦尔奇被称作管理大师，但他认为自己首先是个商人，与街头小贩并无不同。任何企业都有一定程度的复杂性，优秀的企业经营者应学会像街头小贩一样朴实地思考，透过纷繁复杂、令人眼花缭乱的现象归结到商业运作的基本要素上来，以判断企业是否健康运行。用最根本的商业法则来指导企业的工作，衡量好坏得失，是观念创新的重要内容。

(2) 组织结构创新

合理的组织结构为企业提高市场应变和生存发展能力，建立一个有效的运转平台，是企业培育核心能力的基础和载体。现代企业制度是体现市场经济内在要求、符合现代企业管理内在规律的先进制度。因此，不断强化和完善现代企业制度建设，已成为提高我国大型建筑企业核心能力的基础性工作。

目前许多建筑企业的组织结构不适应新的市场竞争的要求，是不争的事实。一些企业仍然保持"小而全"、"大而全"的传统组织模式；一些企业对入世后的新形势、新要求和国际惯例不太熟悉，存在一个组织整体不适应的问题。WTO 强调的是规则和开放，如果不知道规则，恐怕连参加游戏的资格也没有。因此，应着力构筑组织的互补性和组织整体性优化。

(3) 经营方式创新

1) 履约经营。建筑企业在力争提高中标率的同时，要想办法提高履约率，并在履约过程中注意维护自身的利益。

2) 规模经营。保持适度规模经营——投入产出比最大，追求速度效益型发展模式。

3) 多元化经营。从项目前期介入，从项目的可行性研究，项目融资和方案设计，到施工图设计，施工以及物业管理都可看成企业的经营范围，并重视融资能力的建设。

(4) 管理创新

1) 项目管理。项目经理的作用是至关重要的，项目经理可以为企业增加无形资产，也可以为企业增加有形资产，但同时也可能直接损害企业利益，所以要培养优秀的项目经理。

2) 营销管理。建筑企业要把握市场发展趋势，预测市场的未来变化，并及时做出正确的营销决策。

3) 战略管理。要立足目前的生产经营管理，面向未来，重视企业长远发展战略。

世界银行曾组织过对 13 个国家和地区的国有企业经营状况的考察，其研究报告指出，"决定一个企业有无效率的主要因素并不在于它是公有还是私有，而在于怎样管理"。除了国家宏观经济政策和体制，企业自身的素质和经营管理水平是关键。历届世界 500 强企业中，至今已有 257 家破产。据美国商务部的一份调查，每 100 家新成立的企业，四年后只剩下 16 家。许多商业巨子如王安（电脑）、联合航空（美国第六大航空公司）、宝丽莱（世界最大的一次成像光学企业）都因管理不善而走上破产之路。当前，管理创新的重点是把市场的要求与组织的运行相接轨。在现代企业制度的背景下，管理的一个重要课题，是要平衡好股东利益、管理层利益和员工的利益。建筑企业应加快向技术密集型、智力密集型企业的转型，关键在于提高内部管理水平。

（5）技术创新

企业的核心能力是企业内部资源、知识和技术等不断积累、整合和完善的过程，而这些内部资源中最能体现"核心"二字的应当是企业的核心技术，它是企业可持续发展的强大"引擎"。因此，建筑企业应把技术创新作为企业发展的战略重点，应时刻了解和把握国内外施工技术发展的动态和趋向，完善技术创新体系，加大技术研发投入力度，做到人无我有，人有我精，人精我前（超前），这样才能在竞争中处于有利地位。

目前国内众多建筑企业在同一层次竞争，一个重要原因就是企业技术水平档次差距不大，技术特点、特色不明显。对建筑业来说，通过降低材料和劳动力成本来提高建筑产品竞争力的发展空间已经在逐渐缩小，强化以技术创新为核心的市场竞争力，才能提高竞争层次，形成独具特色的竞争优势，提高建筑生产的附加值，这已成为建筑企业持续发展的必然选择。提高建筑业企业技术创新能力，可以采取如下的措施：

1）建筑企业应成为技术创新的主体。企业要成为创新决策的主体，成为技术创新投资的主体，成为技术开发、研究应用的主体，成为技术创新风险承担和利益享有的主体。在大中型建筑企业改革和改制的过程中，要推进科技资本在这些企业的重组，增强和促进企业技术创新的能力。

2）注重先进适用技术的开发和应用。根据工程承包形势发展的要求和建筑业的现状，建筑企业要有针对性的注重研究开发适应建筑生产特点、适合企业承包工程特点的先进适用技术和实用技术。例如，北京建工集团提出，科技创新要为集团的产业结构调整服务，为承揽标志性工程服务，明确部署以承包奥运工程及大型标志性工程为目标，培育企业的专有技术和专利技术，组建一个技术中心，完善一个标准体系，创出一批科技新成果，推出一批精品工程，培养一批科技精英；形成了公司以科技发展委员会为龙头，以专家顾问团为支持，以建研院、设计院为骨干，以子公司为基础，与北京市建筑设计院密切合作的集团科技创新体系。

3）建筑企业应加大对科技的投入，制定技术创新规划，确定技术进步项目或项目群。应加强与科研院所、高等院校的合作研究与开发，要重视知识产权的保护，积极申请具有自主知识产权的专利和工法。

4）对于大多数建筑企业来说，应当大力引进和积极采用新型施工工艺和机械设备，不断提升企业的技术水平。要加强对大型特种施工机械设备、施工机具的引进、创新和使用管理，目前应重点提高建筑业中小工具机具、手工机具器具的机械化程度，尤其是小型手持工具机械化的创新开发和推广应用，提高施工作业效率，降低工程质量过于依赖操作工人手工技能的不可靠程度。

2. 核心能力的整合

一般来说，企业技术创新是取得核心能力的基础，但风险较高、周期较长、投入也较大。而通过对已有核心能力进行有机整合的方式来培育新的核心能力则与之不同，它是一项投入少、风险小、见效快的活动。对已有核心能力进行整合所需的不是大规模的技术创新，而是如何识别和寻找整合的机会，并从组织上加以保证。

(1) 核心能力整合的基础方式

对核心能力的整合有三种基本方式：

1) 技术复合。技术复合是指将两种或两种以上的技术结合在一个系统里，但不影响其原有的个别技术的特性。技术复合并不是创造一种新技术。

2) 技术融合。技术融合是指结合两种或两种以上新技术而开创出另一项崭新的技术，其基本特点是技术融合后，原先的技术失去了其特性。

3) 功能性组合。企业核心能力并不局限于技术领域，在其他功能领域同样存在核心能力，比如有的企业有较强的财务能力，有的企业有较强的营销能力。因此在核心能力整合过程中，还必须考虑到功能性组合，将技术功能方面的核心能力与其他方面的核心能力进行有机结合，从而发挥整体核心能力的优势。

(2) 核心能力整合的要求

整合已有核心能力是获取新的核心能力的重要环节，有效地进行核心能力的整合，要求做到：

1) 认识已有的核心能力。认识已有核心能力是进行核心能力整合的先决条件，如果企业连现在拥有哪些核心能力都不知道，核心能力整合也就无从谈起。企业应该对其特定的核心能力作出明确的界定，尽量把核心能力与包含核心能力的产品（服务）划清界线，把核心能力与非核心能力区分清楚，对技术与技能作出有意义的汇集与整合，然后确定核心能力的所在。

2) 突破战略经营单位的限制。企业现有核心能力往往分布于其属下的战略经营单位（SBU）中，由 SBU 的主管控制着。SBU 的主管要么看不到自己所控制的核心能力与其他 SBU 中所保持的核心能力存在整合的可能性，要么出于部门本位主义的考虑，本能地抗拒出让自己所控制的核心能力。因此，要突破 SBU 的限制，从整体角度统一配置企业各 SBU 的核心能力，特别是核心能力的创造者和携带者。

3. 通过购并获得核心能力

收购、兼并是企业通过外部获得关键资源、核心能力的一条重要途径。近年来，国际上大型工程承包商重组及结构调整浪潮不断，使其得以集中技术、资金和管理抢占和瓜分市场，国际工程承包行业面临更加激烈的竞争和变革。据 2001 年 ENR 统计，著名的瑞典工程公司斯堪斯卡公司（Skanska）通过兼并，使其 2000 年国际市场营业额达 86.4 亿美元，一举获得全球最大国际承包商亚军；而据 2002 年、2003 年 ENR 年统计，该公司连续荣登冠军宝座。此外，世界著名的克瓦纳集团（Kvaemer）、霍尔兹曼公司（Holzman）都进行了资本重组。通过重组、并购不仅可以获得超强的竞争力，还可以成功地拓展发达国家的市场。另外，通过重组、并购，可以合理地配置资源，实现公司的运营成本最小化，利润最大化。可见，降低交易成本、优势互补、增强核心竞争力已成为跨国公司在国际工程项目市场上夺标的利器。

从营造企业核心能力角度看，建筑企业对外购并必须做到以下两点：

1) 购并的目的是为了获取关键资源和核心能力

不少企业在其购并行为中，更多地关注短期的财务收益，较少考虑获取对方所包含的竞争力要素。财务利益固然重要，但核心能力对企业长远发展更有意义。具有良好短期财务收益的购并对象，由于不能对培养核心能力做出显著贡献，自然也难于得到企业核心能力的支持，所以从长远发展来看，并没有多少战略价值。而短期内不具有明显赢利能力的对象却完全有可能包含某些建立核心能力所需的重要因素。如果企业在购并中不能明确地将获取重要竞争力要素作为战略目标，而是过度地追求短期的财务收益，就可能在购并企业的短期财务收益消失后反而为其所累，同时会错过一些可以获取关键竞争力要素的机会。所以，企业购并应把战略目标定位于尽快获取关键资源和核心能力，而不要被短期的利益所蒙蔽。

2) 购并后要对从外部获得的核心能力进行整合

企业通过购并从外部获得建立核心能力的要素后，必须对这些竞争力要素进行技术、管理和市场等方面的重新整合，这样才能真正实现"优势互补、资源共享"，达到企业核心能力方面质的飞跃。如果企业购并后，在技术、管理和市场等方面缺乏有效的整合，这不仅创造不出新的竞争优势，反而使企业结构复杂化，并引发出各种"大企业病"，反倒不如各企业单独经营更有效率和效果。

第三节 建筑企业竞争优势的层次互动模型

在当前的超竞争时代，企业之间的竞争都是分层次展开的。建筑业作为国民经济支柱产业之一，从业人数众多，企业数目庞大，在各个领域与层面上都存在竞争，也就是说，建筑企业之间的竞争已经超越了传统的产品与产品之间的竞争，表现出明显的层次感。因此，认识竞争优势的层次互动模型，在各个层面上构筑相应的竞争优势对于建筑企业的生存和发展具有重要意义。

一、层次互动模型的构成

1. 竞争的层次

一般来说，企业的竞争分为三个层次：一是高级层次"战略规划"的竞争，这是在预测行业发展形势，并精心构建战略发展框架层次上的竞争；二是中级层次"核心能力"的竞争，这是企业对流程和价值链，朝着于自己有利的方向进行改造及重新配置，逐步缩短与将来的市场和产业结构之间的差距而形成的竞争；三是低级层次"市场份额"的竞争，这是一旦出现新的商机及新的产业结构，企业就要努力争取获得市场并提升市场份额的竞争。

2. 构建竞争优势的层次

与竞争层次相对应，企业竞争优势的来源和构建也存在明显的层次性：处于"顶层"的竞争优势，源于营造发展愿景与战略逻辑（即企业发展方向之争）；处于"中间层"的竞争优势，源于营造战略资源与核心能力（即核心能力之争）；处于"基层"的竞争优势，源于营造业务流程与价值链配置（即系统运行能力之争）；处于"表层"的竞争优势，源于营造产品与市场（即市场地位之争）。这四个层面中的竞争优势，是相互联系、相互作用和相互影响的，它们之间的互动过程，形成了企业的整体竞争优势。企业竞争优势层次的互动结构模型如图4-3所示。

从资源角度看，企业的竞争活动大体上是在对企业长期生存至关重要的战略逻辑与公司愿景层面、核心能力层面、价值链配置层面和对企业短期生存举足轻重的最终产品与细分市场层面这四个层面上同时展开的，每一层面中都有其独特的内容，并且彼此之间存在着内在联系的对抗性行动。因此，为了对企业在每个层次的对抗活动提供强有力的支撑，企业就必须分别在这四个层面上同时构造出一定的竞争优势。

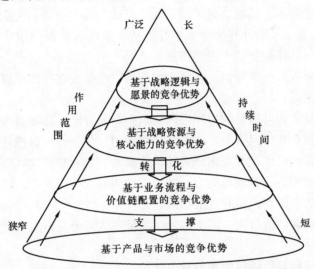

图4-3　企业竞争优势层次的互动结构模型图

二、基于战略逻辑与愿景的竞争优势

基于战略逻辑与愿景的竞争优势是企业获得竞争优势的最高层次。战略愿景是对公司能成为什么样子的描述。在某种程度上讲，可以把战略逻辑与愿景理解成"企业通过协调配置资产与能力而实现目标的经营理念（战略逻辑）和希望在许多年以后达到的某种状态"。清楚地表述连贯一致的愿景并在相当长的一段时间内致力于实现这一愿景的能力对于企业的持久竞争优势至关重要。关键是如何抓住机遇，迎接挑战，在激烈的竞争中做大做强？如何提高自身的核心能力，实现长期稳定发展？

由于建筑企业战略资产和核心能力构建更多地是依靠经验和知识的长期积累，都需要在很长的时间内才能完成，而且在持续的时间内，必须有一个非常具有远见的目标和方向，才能保证企业在比较长的时间内朝着一个既定的目标去努力营造企业的竞争优势，否则难以形成企业的核心能力。建筑企业要想在战略资源与核心能力层次构建起竞争优势，就必须以相对准确地预测未来为前提。

在这一层次上，企业应该着力经营理念和愿景规划，以免在企业的当前状态与企业未来的理想状态之间产生不匹配，并据以界定自己的战略构架——通向未来的道路。

三、基于战略资源与核心能力的竞争优势

基于战略资源与核心能力的竞争优势是建筑企业实际从事活动的深层基础，是企业竞争实力的核心体现。它是基于战略逻辑与愿景的竞争优势实现的第一步，也是最关键的一步。它产生于使建筑企业在最终产品市场上有效竞争并将其与竞争对手区分开来的资源或

能力构成的一组独特资源。

根据普拉哈拉德和哈默尔对企业核心能力所下的定义,核心能力应具有很强的溢出,也就是说一旦建筑企业建立了自己的核心能力,就能使相关的技术领域和新的创新获得可观的收益。因为在生产经营的实践中,建筑企业可以将核心能力组合到不同的创新中,构建新的创造和发展的基础,继而在某一领域里建立起自己的竞争优势,在建筑市场中不断地推出创新成果。

在该层次竞争优势中,其核心是"使企业在资产的使用中协调配置一组特定知识的可重复行动模式",它决定了为比竞争对手更好地从事某些活动而使用特定技术、组织技能和互补资产的方式,具体包括三个主要特征:

(1) 它以企业拥有的一组知识、在企业内部可以获得或在外部可以获取的技术与组织技能或互补资产为基础;

(2) 它要求通过实施可重复的程序协调利用企业的资产。协调意味着企业不同部门和单位之间的沟通、整合和信息交流。资源的协调使用,使企业可以抓住更多的利用资产的机会,实现资源配置的最优化和资源创造的价值最大化。在整合这些资源的时候,通过共同或协作使用不同的知识、技能与能力,可以创造协调效应。其中,这种协调效应是上一层竞争优势所描述的资源协调整合观的结果;

(3) 它能够为顾客创造价值,即提供能够满足顾客需要且不能被竞争对手模仿的产品/服务的功能特征。

四、基于业务流程与价值链配置的竞争优势

在具有了基于战略资产与核心能力的竞争优势以后,建筑企业需要做的就是设法把它与基于战略逻辑和企业愿景的竞争优势体现在建筑企业提供的产品和服务之中,而这种转化能力是靠基于业务流程与价值链配置的竞争优势来支撑的。所以说,建筑企业的业务流程与价值链的培植在获得竞争优势的过程中占有至关重要的地位。在这一层次的竞争优势中,建筑企业应当专注于业主需要,以确定不断变化的顾客(业主)期望、提供价值、传递价值为主线的传递顾客价值和顾客回应策略。

此外,建筑企业在该层次构建竞争优势时,还要求组织流程具有很强的灵活性。这就要求建筑企业打破传统金字塔式的组织结构,建立以流程为核心的管理组织机构,由垂直式的职能管理转向水平式的流程管理。

总的来看,基于业务流程与价值链配置的竞争优势能使建筑企业超越最终产品与市场竞争的短暂、临时、具体的表面化竞争优势,从建筑企业的流程上和价值链的分析中获得企业一系列的竞争优势。这对处于超竞争时代中的建筑企业有着重要的战略意义。

五、基于产品与市场的竞争优势

建筑企业的竞争优势最终都是在市场上实现的,任何努力都必须落实到市场和产品等非常具体的问题上,因此,基于产品与市场的竞争优势是其他各个层次竞争优势的现实体现。

基于最终产品与市场的竞争优势主要与顾客(业主)实际感知的产品或服务优势有关,它的表现形式是多种多样的,但其基本形式是成本优势和差异化优势。成本优势是指建筑企业能够以较低的成本推出自己的产品或服务,从而得到更多的中标机会,扩大自己产品的市场份额,达到规模经济,赢得利润。差异化优势是指建筑企业成功地塑造出产品功能、服务、质量、品牌形象等方面的竞争优势。这里的差异化一方面是指建筑企业自己

的产品在质量上与竞争对手有明显差别，另一方面是指企业产品市场（指顾客）与竞争对手存在差异。

在这一层次上，企业需要做的就是调动企业中的所有资源与能力，以体现上一层次竞争优势的核心产品为基础，通过利用诸如渠道策略、产品策略、促销策略与合谋策略等多种策略赢得短期的竞争优势。

这四个层次中的竞争优势之间是相互联系、相互作用和相互影响的，它们之间的互动过程形成了建筑企业整体的竞争优势。最高层次和中间层次的竞争优势要通过基层和表层的竞争优势来体现，而表层和基层的优势也只有在不断地适应市场变化过程中不断地创新，与最高层次和中间层次的竞争优势具有一致性时，才能使建筑企业拥有对企业持续成长有利的竞争优势。

六、不同层次竞争优势及其互动关系

在上述四个层次竞争优势的互动模型中，有两点值得注意：
(1) 每层竞争优势的营造、保护、更新与运用；
(2) 各层次竞争优势之间的互动关系与协调一致性。

其中，第二点虽然不是直接营造竞争优势的关键，但却是建筑企业整体竞争优势真正发挥作用的关键，其地位至少应与第一点同等重要。因为只有各层竞争优势协调一致，它们之间才不会互相排斥或互相抵消，企业的整体竞争优势才能具有 $1+1>2$ 的协同效果，否则建筑企业所表现出来的竞争优势很可能会小于基于最终产品与市场的最表层竞争优势；只有它们之间发生密切的互动关系，较高层的竞争优势才能在实际竞争中表现出来，并因最终产品与市场层竞争的成功而得到增强。例如，作为一种重要的企业资源，甚至是企业战略资源或核心能力重要组成部分的企业形象或社会声誉，从其最初的建立、培养和维持都离不开最终产品与市场层面竞争优势的支撑，是精心的营销组合策划、良好的广告宣传与促销活动、优良的产品和满意的服务等影响最终产品与市场层次的许多因素共同作用的结果。当然，也离不开基于战略逻辑与愿景层次竞争优势的指导和支撑，使它把企业中的各项看似独立的活动有机地联合在一起。

如果割裂或忽视各层次竞争优势之间的互动关系，任何对较高层次竞争优势所进行的投资与努力都可能是徒劳。这也说明，即使存在某种战略资源或核心能力的企业未必一定能够创造出实际的竞争优势。没有较强的基于战略逻辑与愿景的竞争优势，企业可能根本就认识不到应该如何最有效地利用自己已拥有的某种核心能力，或是怎样调动企业中的资源与能力来充分利用这种核心能力所提供的机会。各层次竞争优势之间的协调一致性和有机互动在竞争优势的构造中有着相当重要的地位。

可以说，基于战略逻辑与愿景的最高层次竞争优势是一个竞争优势循环的逻辑起点，基于最终产品与市场的竞争优势是逻辑终点，基于战略资源与核心能力的竞争优势和基于业务流程与价值链配置的竞争优势是连接于起点与终点之间的桥梁与支撑。从起点到终点的潜在优势向实际优势的转化和更新要求，以及从终点到起点的实际优势对潜在优势的强化与更新要求都必须通过桥梁来进行。

如果将企业间的竞争看作是不同质地、硬度的球之间的碰撞，那么基于战略逻辑与愿景的竞争优势是球的内核、基于战略资源与核心能力的竞争优势和基于业务流程与价值链配置的竞争优势是中间层，而基于产品与市场的竞争优势是球的最外层，两球碰撞时短兵

相接的最外层的质地与硬度取决于内核和中间层，而碰撞结果反馈回去，也能够促进内部的调整与优化。

第四节 价值链与建筑企业竞争优势

建筑企业的竞争优势来源于企业在设计、生产、营销、交货等过程及辅助过程中所进行的许多相互分离的活动。这些活动都对企业的相对成本有所贡献，并且奠定了标新立异的基础。例如，成本优势来源于一些完全不同的资源，如低成本货物分销体系、高效率的组装过程或使用出色的销售队伍。标新立异取决于类似的多种多样的因素，包括高质量原材料的采购、快速反应的订货系统和卓越的产品设计等。而企业是一个"以人为主体的、具有自适应反馈功能的人机开放系统"。因此，系统分析和考察企业的所有活动及其相互作用是十分重要的。

企业进行竞争要素优化组合的过程，就是价值链重组的过程。所谓的价值链，是将一个企业分解为战略性相关的许多活动，企业正是通过比其竞争对手更廉价或更出色地开展这些重要的战略活动来赢得竞争优势。一般说来，价值链中的每一项活动之间都有联系，都占用一定的资源和成本，一项活动的展开方式往往会影响另一项活动的展开。本节引入价值链作为分析的基本工具，研究建筑企业竞争优势。

一、价值链理论及其发展

企业价值链概念是迈克尔·波特教授在 1985 年出版的《竞争优势》一书中首次提出的。波特教授认为，企业每项生产经营活动都是其创造价值的经济活动，那么，企业所有的互不相同但又相互联系的生产经营活动，便构成了创造价值的一个动态过程，即价值链；每一项经营管理活动，就是这一价值链条上的一个环节，一个企业的价值链和它从事的单个活动方式，反映了其历史、战略、推动战略的途径以及活动本身的经济效益；企业的根本活动就是不断创造价值，并在创造价值的过程中实现包括企业价值和社会价值在内的价值最大化。

彼特·海恩斯（Peter Himes）教授进一步发展了波特的理论，提出了新价值链观点。该观点强调把顾客对产品的要求作为生产过程的终点，把利润作为满足这一目标的副产品，这与波特把实现企业利润作为最终目标有较大区别。其次，海恩斯把原材料和顾客纳入他的价值链中，认为它们是创造价值的新源泉，这意味着任何产品价值链中的每一业务单元在价值创造的不同阶段包含不同的公司，而波特的价值链则只包含那些与生产行为有关的直接成员。

随着信息技术发展，出现了"虚拟价值链"的观点，认为任何一个企业组织都是在两个不同世界中竞争：一个是管理人员看得见、摸得着的有形资源世界，称之为"市场场所"；另一个是由信息构成的虚拟世界，这一新的信息世界称之为"市场空间"。它们通过不同的价值链开展价值创造活动，前者通过"有形价值链"即采购、生产、销售，后者通过"虚拟价值链"即信息的收集、组织、筛选与分配。

二、价值链分析的基本原理

所谓价值链分析就是通过分析和评价企业内部、内部与外部之间的相关活动来实现整个企业的战略目标以及成本的持续降低。企业每一阶段每一部分的价值活动都对最终产品的价值有所贡献，每一项价值活动都可以成为企业的利润源泉，也是企业竞争优势之所在。由于企业成本的发生与其价值活动有着共生的关系，即企业为满足顾客要求需要进行一系列的价值活动，价值活动的进行必然伴随成本的发生，因此从企业整体而言，所有的成本都可以分摊到每一项价值活动之中，同时也能够将每一项价值活动创造的价值以及对顾客的满足程度揭示出来。通过价值链分析，企业能够确认自身的价值活动有哪些，处于什么样的分布状态，以及对利润的贡献大小。所以，价值链分析就是通过对企业价值活动发生的合理性分析来寻求降低成本的途径。

价值链分析研究表明，企业所创造的价值实际上来自企业价值链上的某些特定的价值活动，这些真正创造价值的经营活动，就是企业价值链的"战略环节"。企业在竞争中的优势，尤其是能够获得持续的竞争优势，来源于企业在价值链某些特定的战略价值环节上的优势，把握了这些关键环节，也就控制了整个价值链。

三、竞争优势的价值链分析

把企业活动进行分解，通过考察这些活动本身及其相互之间的关系来确定企业的竞争优势，这就是价值链分析的内涵。进一步来说，每一个企业都是由设计、生产、营销、交货以及对产品起辅助作用的各种活动的综合，所有这些活动都可以用价值链表示出来。

企业竞争优势有三个主要来源：

（1）价值活动本身。它是构筑竞争优势的基石，一般都会受到企业管理者的高度重视。由于价值活动已列在企业的价值链中，只要同其他企业对比，就不难发现自身竞争优势之所在。

（2）价值链内部联系。虽然价值活动是构筑竞争优势的基石，但价值链并不是一些独立活动的综合，而是由相互依存的活动构成的一个系统。价值活动是由价值链的内部联系联结起来的，这些联系是某一价值活动进行的方式和成本与另一活动之间的关系。竞争优势往往来源于这些联系。有两种方式可以使其为企业带来竞争优势，其一是最优化，其二是协调。前者是从整体或联系的角度来考虑成本与利益之间的关系，例如，成本高昂的产品设计、严格的材料规格或严密的工艺检查也许会大大减少服务成本的支出，进而使总成本下降，使企业获得低成本的竞争优势；后者是通过协调各种价值活动使其相互配合，从而使企业削减成本或增加经营歧异性，例如协调的改善可以降低公司的库存，进而使成本降低，并使公司经营独具特色。但要做到这一点并不容易，这就要求企业管理者认真分析企业价值链内部各价值活动之间的联系，以发现企业的竞争优势。

（3）价值链的纵向联系。联系不仅存在于企业价值链内部，而且存在于企业价值链与供应商、渠道价值链和买方价值链之间，这就是所谓的纵向联系。纵向联系与价值链内部联系相似，即供应商、渠道或买方的各种活动进行的方式会影响企业活动的成本或利益，反之也是如此。供应商是为企业提供某种产品或服务的，销售渠道具有企业产品流通的价值链，企业产品表示为买方价值链的外购投入，因此，它们各自的各项活动和它们与企业价值链间的各种联系都会为增强企业的竞争优势提供机会。尽管纵向联系常被忽视，也不容易协调和优化，但它的确是企业竞争优势的一个来源，应予以重视。

四、工程总承包企业价值链分析及其竞争优势的提升

依据价值链模型和建筑企业经营范围、经营活动的特点，以工程总承包企业为对象，进行价值链和竞争优势分析。

1. 工程总承包企业价值链分析

工程总承包企业不同于一般的建筑生产经营企业，企业的生产对象和交付使用的"产品"是工程项目，企业的活动以项目为出发点、中心和归宿。工程总承包企业基本的生产经营流程为：由业主或用户需求所形成的项目交易市场——项目承揽——项目咨询——项目设计——采购——项目管理（施工）——项目交付及维修服务——从项目交易市场重新承揽项目而再次重复上述过程。工程项目本身的特点，使得工程总承包企业生产经营链条更符合彼特·海恩斯的观点。对工程总承包企业而言，顾客对产品的需求不仅是生产过程的终点，更是生产过程的起点，而且还具有合同的强制性。同时项目承揽的市场化、竞争的激烈化以及项目生产对市场资源高度依赖性，使得获取与工程项目有关的市场信息就显得非常重要，"虚拟价值链"的内容，也构成了工程总承包企业价值链的重要部分。

依据迈克尔·波特把"实现企业利润"作为企业最终目标及其价值链构成的合理内核的原理，构建工程总承包企业价值链，如图4-4所示。

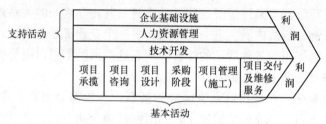

图4-4　工程总承包企业的价值链

（1）项目承揽：包括对项目信息的收集、筛选、分配及为获得项目而采取的一切手段、方法及工作。对工程总承包企业而言，只有不断地获取项目，企业生产经营的主要链条才不致中断。这就要求企业在项目承揽中，要熟悉业主及用户的需求，不仅要对项目交易市场各种信息进行综合分析，了解竞争对手情况，而且要对企业本身情况、市场可利用资源情况进行综合分析和利用，才能拿出切实可行的方案。该活动不仅体现了彼特·海恩斯"顾客和原材料是价值链一部分，是价值创造的新源泉"的观点，而且由于市场竞争激烈，项目承揽对各种信息的需要，使"虚拟价值链"观点成为企业的一种重要手段。通过该活动虚拟实施，还可以对其他活动提出新的要求，有利于流程优化，对工程总承包企业而言，项目承揽是企业价值链的战略环节。

（2）项目咨询：包括项目策划、可行性研究、项目论证、项目咨询、项目融资等工作。它是工程建设项目管理全过程的决定性阶段，前期论证工作做得越全面、细致，那么在工程实施和运营阶段的项目管理工作将进行得越顺利，越容易实现预期目标。

（3）项目设计：设计阶段是对工程造价影响最大的环节。工程造价的90%在设计阶段就已经确定，因此，在设计阶段实行限额设计，通过优化方案降低工程造价的效果十分显著。

（4）采购阶段：由于工程项目不同，对材料、设备的需求也不同，加之工程项目不是在工厂内的"作业生产"，施工过程与地区、市场、社会等因素密切相关，采购不仅仅是通常所指的设备、材料的采购，而且包括设计分包、施工分包、人员招聘等工作。这就要求企业既要利用本身优势，又要广泛利用市场资源，制定最优采购方案，降低采购成本。

（5）项目管理（施工）：对于工程总承包企业而言，承揽到项目后可以自行组织力量施工，也可以将（法律不允许整体发包）项目的一部分发包给分包商进行施工，工程总承包企业主要负责对项目的管理及对分包商的管理和协调。

(6) 项目交付及维修服务：指项目的竣工验收、交付使用并符合有关规范要求。良好的竣工交付与维修服务，可以起到品牌效应，为企业赢得声誉，有利于以后的项目承揽工作。

(7) 技术开发：注重技术开发与创新，采用先进的施工技术、流程，是企业获得高质量产品及成本优势的最有效的方法之一。

(8) 人力资源管理：对工程总承包企业而言，管理幅度很大，为了保证企业能够对项目进行有效控制，必须培养一批懂技术、善管理、通法律、经验丰富的复合型项目管理人才。

(9) 企业基础设施：工程总承包企业对内、外部信息及市场资源的依赖程度很高，企业在制定标准化体系、财务计划、发展战略、质量保证及有关企业方针政策时，不仅要考虑企业内部资源，还要考虑可利用的市场资源，只有这样，才能搞好企业基础设施建设，整合有效的信息和资源，对价值链提供强有力的支持。

通过对工程总承包企业的价值链分析可知，工程总承包企业的"战略环节"或核心能力就是对企业市场资源的掌握、咨询服务与项目融资的能力以及对分包单位的管理，也就是项目承揽、项目咨询及项目管理环节上。抓住了它们，就抓住了工程总承包企业的关键，企业生产经营流程及利润来源就有了保障。

2. 工程总承包企业竞争优势的体现

从工程总承包企业的承包范围及价值链分析可以看出，工程总承包企业相对于单纯的设计、施工企业而言，有其内在的优势，具体表现在以下几个方面：

(1) 工程总承包方式有利于全面履约并确保质量。工程总承包实现设计、采购、施工、试运行全过程的质量控制，能够在很大程度上消除质量不稳定因素。同时，设计、采购、施工、试运行各阶段的深度合理交叉，在设计阶段就积极引用新技术、新工艺，考虑到施工的便于操作性，最大限度地在施工前发现图纸存在的问题，有利于缩短建设周期、保证工程质量。

(2) 设计与施工深度交叉，降低了工程造价。这也是业主越来越倾向于工程总承包的原因。传统的承发包模式下，施工和设计是分离的，双方难以及时协调，常常产生造价和使用功能上的损失。设计和施工的深度交叉，能够在保证质量的前提下，最大幅度地降低成本。同时，设计阶段属于案头工作，进行设计上的修改和优化，花费成本很低，但是对项目投资的影响却是决定性的。

(3) 有利于培育企业的核心能力。从价值链中可以将利润较低、比较劣势的非核心业务外包，同时将外部的相对独立的、具有比较优势的增值环节整合进企业的价值链，优化整个企业价值链系统，增强企业的核心能力，获取长久的竞争优势。

(4) 企业的标准化程度高。工程总承包企业通常驾驭很大的规模工程，对企业的标准化程度要求非常高。也只有很高的标准化水平，才能保证企业高层能够对很大的管理幅度进行有效控制。完善的技术标准体系、管理标准体系和定额体系是工程总承包企业基础竞争力的体现。

(5) 人力资源优势。基于工程总承包宽泛的管理范畴要求，工程总承包企业最需要的是懂技术、善管理、通法律、经验丰富的复合型项目管理人才。这也是我国大型设计院、施工企业与国际一流工程承包公司之间存在差距的主要原因之一。

3. 工程总承包企业竞争优势的提升

就我国目前情况而言，从大型设计院、施工企业及具有相应资质的工程管理（咨询）公司发展成为工程总承包企业是可行的途径。通过分析工程总承包的价值链，可以得知，设计院、施工企业及工程管理（咨询）公司的生产经营流程只是这条价值链上的部分环节，要将它们发展成为工程总承包企业，就必须对其价值链进行再造。虽然对这三类企业的价值链再造的途径是不同的，但在价值链再造过程中它们都需要加强咨询服务、融资功能、设计功能及项目管理功能的建设。

（1）咨询服务功能

工程建设是一项耗资巨大、回收期长、涉及面广的固定资产投资活动。项目建设前期业主需要做大量的投资研究工作，需要回答包括市场需求、建设规模、财务预算、资金筹措、效益评价等多方面的内容。这些工作需要有相应的知识和经验，但大多数投资方都不是这方面的行家，他们需要工程总承包企业的协助。因此，增加咨询服务功能对大型施工企业打造成总承包企业是非常必要的，它为承包商尽早参与项目提供了机会。而设计院及工程管理（咨询）公司虽然有一定的咨询服务功能，但咨询的实力和范围与国外公司有一定的差距，仍然需要加强这方面的建设。

（2）融资功能

开展工程总承包业务，特别是承揽国际工程及大型公共工程，需要具备很强的融资能力。要求企业有雄厚的资本实力，熟悉国内国际资本市场，熟悉各种现代金融工具，具备很强的项目风险评估能力及投资控制能力。由于我国建筑企业的自有资本少，不能满足大型项目资本运作的需要，同时我国银行对企业的信贷额度较低，国家控制外汇信贷规模，审批时间长，审批程序复杂，融资问题成为企业开展总承包业务的瓶颈。解决这个问题一方面需要国家出台相关政策，另一方面也对企业如何建立宽泛的融资渠道，提出了更高的要求。

（3）设计功能

设计与施工相分离是国内传统建设模式，而国际工程以设计与施工相结合为特征。如果没有相应的设计功能，要进行真正意义上的总承包是不可能的，甚至可以说没有设计就没有工程总承包。同时，"边设计、边施工"的模式基于其能够缩短建设周期、降低投资风险的原因而越来越多地被业主采用，施工企业单纯的"按图施工"已经远远满足不了要求。

施工企业增加设计和咨询服务功能可以通过完善其组织结构，增加设计和咨询服务部门来实现，也可以与工程管理（咨询）公司、设计院组成战略同盟或联合体来实现。就申请相应的资质与兼并重组两种方式而言，后者具有时效快和低成本的特点，是一种较好的方式。

（4）项目管理功能

通过对工程总承包企业的价值链分析可知，要培育企业的核心能力，就需要对价值链进行优化，而优化的目的就是要将利润较低、比较劣势的非核心业务外包。对于工程总承包企业而言，利润较低的现场施工作业不一定是核心业务，而且由于企业承揽的项目越多，分包的工程也就越多，企业对分包商的管理与协调就显得更加重要，企业肯定会更加重视具有价值增值空间的项目管理。目前，我国设计院、施工企业及工程管理（咨询）公司的项目管理能力不足，最主要原因是缺乏人才和经验。为了保证企业能够对项目进行有效控制，必须培养一大批懂技术、善管理、通法律、经验丰富的复合型项目管理人才。

第五节　建筑企业竞争优势的创建模式

一、建筑企业竞争优势的创建模型

战略资源和核心能力是建筑企业竞争优势的基石和源泉。建筑企业基于战略资源和核心能力创建竞争优势的模式可以归纳为：建筑企业依据其所拥有或控制的资源在与外部环境相匹配的情况下构成战略资源，同时将战略资源构建成一种或多种核心能力，企业在具备一定的战略资源和核心能力的基础上，在企业制定的战略逻辑和愿景目标的指导下，通过企业总体战略、竞争性战略与职能战略的战略定位，以及企业的业务流程与价值链的配置，在目标市场中获取项目并实现竞争优势。

此时，建筑企业通过整合核心能力创建其核心产品或核心技术，基于核心产品或核心技术提供满足既有或潜在市场需求的最终产品或服务，由此创造竞争优势；企业也可以跳过最终产品，凭借其核心技术直接创造竞争优势。建筑企业基于战略资源和核心能力创建竞争优势的模型如图 4-5 所示。

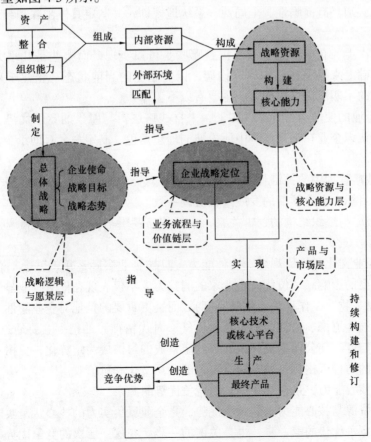

图 4-5　建筑企业竞争优势的创建模型

二、建筑企业实现并保持竞争优势的途径

根据上述基于战略资源和核心能力创造竞争优势的模型可知，建筑企业在拥有一定的与战略环境相匹配的战略资源和核心能力时，要想实现并保持持续的竞争优势，企业需要围绕战略逻辑与愿景目标制定企业的总体规划，同时要依靠业务流程与价值链的配置，也就是需要对企业进行竞争性战略定位，从而将战略资源和核心能力的优势转化为产品与市场优势，并最终实现企业的竞争优势。

1. 建筑企业构建竞争优势的着力点

构建企业竞争优势，形象地说，就是企业根据自身要素和核心业务，来历练"拿手好戏"和打造"看家本领"，这几乎涉及到企业管理的方方面面。竞争优势的层次结构，给了企业一个开阔的视角，对于构建起与内外部环境和自身构成要素协调一致的竞争优势，提供了一个新的思路。这与以往仅仅局限在各个职能部门，分别孤立地思考如何完善企业功能、构建竞争优势的单向思维，是有本质区别的。由于构建企业竞争优势的过程，涉及的面非常广，那么，抓住重点，在着力点下功夫，将会取得事半功倍的效果。

（1）注重面向未来的思考和规划

未来企业竞争胜负的关键因素，往往不是各自拥有的力量和资源，而是运用力量和资源的方式，即采取的战略。因此，构建竞争优势过程中，必须在战略上给予足够的重视。重视战略，就必须具有前瞻性、全局性、系统地规划，并制定具体步骤和细节，以便有效地实施。

在这一层次上，企业首先要谨慎识别哪些是可以实现，而哪些是几乎无法实现的目标，并在此基础上来界定自己的战略构架，以免企业的当前状态与企业未来理想状态之间，产生主观的不匹配。具体而言，主要有以下工作：

1）确立企业的使命与目标。事实上，来自战略逻辑与愿景的竞争优势，要求企业高层管理者充分认识企业在未来竞争中所扮演的理想角色，制定一套有助于企业目标实现的分目标。

2）确定战略管理中的关键程序，如决策过程、资源分配和获取标准等。这些程序要与企业的战略目标、企业预期的发展过程协调一致。

3）协调战略与组织结构的逻辑关系，根据战略逻辑与愿景，设计和调整企业组织结构。

4）整合企业文化和价值观念。这种能力一旦被企业实际运用，就会对企业的持续竞争优势产生重要的影响。一位优秀企业家的洞察力，不仅表现在他对企业显性文化的了解（企业的人、财、物、工作环境、规章制度），而且更重要的是他对企业隐性文化（企业的传统习惯、风气、道德、精神面貌、社会风气、时代精神）的把握。要通过一定的渠道，反复强化规章制度，使公司的良好风气、约定俗成的习惯成为定势化，要树立公司学习的榜样，使榜样的力量人格化，建立富有特色的公司文化和价值观。

（2）拥有核心能力，是企业获得长期竞争优势的源泉

来自战略资源与核心能力上的竞争优势，是企业竞争实力的核心，是实现来自战略逻辑与愿景上的竞争优势的第一步，也是关键的一步。在这一层次的竞争优势中，其核心是"协调配置一组特定知识的可重复行动模式"。

西方企业核心能力理论是在分析电子和机械制造行业的基础上提出来的，来自和服务于市场经济发达国家的企业，以某行业全球一流企业为服务对象，有一定的局限性。因此，在该层次竞争优势的构建中不能生搬硬套，必须注意结合我国建筑业的特点加以摸索。

一般认为，建筑企业核心能力作为企业资源和能力的有机整合系统，主要由管理层面的管理能力、市场层面的营销能力和技术层面的创新能力构成。具体到建筑企业，核心能力的这三种能力又可以进一步分解为企业的业务定位、技术和产品创新、企业信誉、营销能力、经营管理、企业文化等具体构成要素，即它是企业科学的业务定位、先进的施工技术、良好的企业信誉、特有的营销能力、卓越的经营管理、独特的企业文化等共同整合的结果。

因此，构建建筑企业的竞争优势，可以从以下三个方面进行分析和思考：

1）形成以项目成本管理为核心的管理优势，塑造别具一格的品牌形象优势和独特的服务优势。

2）着力开发适应工程需要的新技术、新工艺和拥有自主知识产权的技术，尤其是网络信息技术。

3）发展多样化的营销方式。建筑企业在施工阶段按图施工的被动局面，正随着项目管理模式的不断发展而改变，这不仅是企业转变营销方式的契机，也为重新构建建筑企业的营销方式提供更大的空间。

（3）实现价值增值，是企业竞争优势及其持续的保证

在具备了基于战略资源与核心能力上的竞争优势以后，企业需要做的就是，设法把上述优势体现在企业提供的产品和服务之中，而这种转化能力，要靠基于业务流程与价值链配置上的竞争优势来支撑。

在这一层次的竞争中，建筑企业应当专注于顾客（业主）需要，以确定传递和实现顾客价值，应当重新审视经营机制、管理模式、业务流程等，为发展注入新的动力，以适应市场变化和激烈竞争的需要：

1）提高服务水平。建筑企业价值链与业主价值链的纵向联系，贯穿在项目的承揽、设计、施工、售后服务等各个环节，在这些环节与业主的密切合作，是使双方的价值活动增值的重要来源。所以，企业在为业主服务的过程中，通过创造业主价值链的价值（降低投资或增加业主收益）来提升自己的价值，业主的价值被创造出来了，企业的价值增值也就在其中。

2）重组物流供应链。工程项目的材料费，约占工程总造价的60%~70%，因此，研究物流供应链运营规律，是建筑企业价值链管理十分重要的环节。要通过优化物流供应链、集中物资采购、与供货商组成战略联盟等方式，将管理的焦点聚集到相关企业之间的物流、信息流、现金流的协调、集成和优化上，让供应链上的企业共同实现增加值。

3）重建劳务供应链。重建劳务供应链，是企业提高质量，降低成本，实现企业与业主增值的重要战略措施。一个民工进入工程项目，一般要经过四个环节：民工→包工队→劳务分包商→总承包商。总承包商支付的劳务费，被各个环节层层截留，各个环节还要向各级地方管理部门交纳各种管理税费，价值就在这里流失了。对企业的劳务供应链进行重建，就必须缩短这个链条，把劳务层与总承包商联结得更直接，以减少价值的流失。

此外，企业在这一层次构建竞争优势时，还要求企业的组织流程具有很强的灵活性。这就要求企业打破传统的金字塔式组织结构，建立以流程为核心的管理组织机构，由垂直式的职能管理转向水平式的流程管理和目标管理。合理的组织结构将为建筑企业提高市场应变和生存发展能力，建立一个有效的运转平台。

(4) 产品和服务直接体现竞争优势

企业的竞争优势，最终都要在市场上实现，任何努力都必须落实到市场和产品这些非常具体的问题上，因此，表现在产品与市场上的竞争优势是其他各个层次竞争优势的现实体现。表现在最终产品与市场上的竞争优势，主要与产品或服务的优势有关，它的表现形式是多种多样的。在这一层次上，企业应充分利用所有资源与能力，通过利用多种渠道赢得短期的竞争优势。

建筑企业在这个层次上构建竞争优势，应注意以下几个方面：

1) 提升企业的品牌。建筑市场竞争日趋激烈，业主从对产品的认可已经上升到对品牌的认可。因为，产品是有生命周期的，而品牌没有，企业品牌可以被继承。品牌，不仅是某一产品的综合性标志，更在一定程度上保证了企业生产的所有产品的品质；项目招标投标过程，从某种程度上来说，是业主选择企业品牌的过程。因而，建筑企业应积极加强品牌建设。

许多建筑企业都已通过 ISO9000 质量体系，贯标中总结出三句话，即"说你所做的，做你所写的，写你所做的"，实质上就是一句话，说到的，写到的，一定要做到。例如，江苏省某建筑公司，在上海建筑市场上能够保持强劲的势头，原因就在于他们与业主交往中，坚持以诚信为本，全心全意为业主服务，解决了业主后顾之忧。随着一个个小区的建成，他们都留下几个工人负责小区的正常维修工作，从不马虎，开发商非常满意，这与一些不讲信用的承包商形成鲜明对比。该建筑公司总经理对开发商说："只要是我们施工的工程，我们对工程质量负责到底，做到随喊随到。"由于承包商的承诺和全过程的服务，业主非常满意，既提高了企业品牌信誉，开发商的信用度也随之提高了。房子也更好卖了，工程款又能及时到位，走上了良性循环，现在形成开发商开发到那里，他们的施工队伍就跟到哪里。企业品牌是取信于业主的重要因素，而品牌的实质就是优质的服务和诚信。

2) 保持企业生产及服务水平的稳定。建筑产品是特殊的大型商品，产品的单件性、生产的被动性、作业场所的变动性，使得再好的企业品牌也不一定能够百分百地在新项目中重现。因此，保持企业生产及服务水平稳定的发挥，确保企业品牌顺利延伸和体现到各项目中，是非常重要的。这也正是业主和消费者对工程质量和施工现场高度关注的根本原因。

没有好的工程质量，就不能取信于业主和消费者，就不能取信于市场。今天的质量就是明天的市场，有了质量，就有了信誉，有了信誉，企业就有市场，由此可见，工程质量是企业竞争优势的直接体现。

2. 建筑企业构建竞争优势的过程

建筑企业实现并保持持续竞争优势的过程就是企业战略设计、实施与控制的过程。建筑企业总体规划的制定包括企业使命、战略目标的制定以及战略态势的选择（在第五章阐述），企业战略定位包括企业竞争性战略以及职能战略的定位（分别在第六章、第九章阐述),也就是企业战略选择的问题,而对于建筑企业产品与市场优势的实现就是市场开拓战略的选择和实施过程(在第七章、第八章阐述),而要保持企业的持续竞争优势,需要对企业的战略资源、核心能力以及企业选择的战略进行有效实施、控制和反馈(在第十章阐述)。

复习思考题

1. 企业竞争优势理论与企业战略管理理论的发展有何联系与区别?
2. 建筑企业竞争优势的本质和来源是什么?
3. 你认为本章所建立的建筑企业核心能力指标体系怎么样?如何完善?
4. 建筑企业应该如何培育和打造自己的核心能力?
5. 建筑企业的战略资源和核心能力是如何转化为竞争优势的?
6. 价值链、供应链及物流链之间有何联系与区别?
7. 建筑企业的核心平台包括哪些内容?如何构建?
8. 建筑企业应如何创建自己的竞争优势?又该如何保持这种优势?有哪些方法和途径?
9. 建筑企业创建竞争优势的模式与一般工商企业有何区别?

第五章 建筑企业总体战略

通过对建筑企业外部环境、内部条件以及竞争优势的分析，已基本弄清了"企业目前所处的位置"以及企业所拥有的与战略环境相匹配的战略资源和核心能力。在此基础上，需要进一步明确企业使命，制定企业的战略目标，选择相应的战略态势并确定企业的成长战略。本章就是要解决"企业应该发展成为一个什么样的企业"及"企业如何发展"的问题。

第一节 战略目标的制定

一、企业使命

根据建筑企业战略管理过程模型，在对企业的内外部环境进行分析，明确了企业面临的机会与威胁、优势与劣势之后，开始着手制定战略目标。而战略目标是企业使命的具体化，因此，我们首先应了解一下如何确定企业使命。

1. 企业愿景、企业使命与战略目标

为了准确把握什么是企业使命，我们从企业愿景、企业使命和战略目标的界定开始。

（1）企业愿景

企业愿景是企业战略家对企业的前景和发展方向一个高度概括的描述，这种描述在情感上能激起员工的热情。愿景是一个组织的领导用以统一组织成员的思想和行动的有力武器。

企业愿景由核心理念和对未来的展望两部分组成。核心理念是企业存在的根本原因，是企业的灵魂，是企业精神，是企业的凝聚力，是激励员工永远进取的永恒的东西。未来展望代表企业追求和努力争取的东西，它随着企业经营环境的改变而改变。核心理念和未来展望就像是八卦图的阴、阳两极，二者对立统一，构成企业发展的内在驱动力。

核心理念由核心价值观和核心目的构成。核心价值观是企业最根本的价值观和原则。比如，宝洁公司的核心价值观是"追求一流产品"，惠普公司的核心价值观是"尊重人"。核心目的是企业存在的根本原因。比如，沃尔玛的核心目的是"给普通人提供和富人一样的购物机会"，迪士尼的核心目的是"给人们带来快乐"。

未来展望由未来10~30年的远大目标和对目标的生动描述构成。远大目标必须用生动形象的语言加以描述，才能激起员工的热情和激情，才能得到员工的认同，才能使员工完全地投入。比如，福特把它"让汽车的拥有民主化"的远大目标，描述成"我要为大众造一种汽车，它的低价格将使所有挣得相当工资的人都能够买得起，都能和他的家人享受上帝赐予我们的广阔大地。牛马将从道路上消失，拥有汽车将会被认为理所当然"。

（2）企业使命

企业使命，是指企业区别于其他类型组织而存在的理由或目的，是对企业的经营范围、市场目标等的概括描述，它比企业愿景更具体地表明了企业的性质和发展方向。它回答这样的问题：我们到底是什么样的企业？我们想成为什么样的企业？谁是我们的客户？我们应该经营什么？

绝大多数的企业使命是高度抽象的，企业使命不是企业经营活动具体结果的表述，而是为企业提供了一种原则、方向和哲学。过于明确的企业使命会限制在企业功能和战略目标制定过程中的创造性；宽泛的企业使命会给企业管理者留有细节填补及战略调整的余地，从而使企业在适应内、外环境变化中有更大的弹性。

(3) 战略目标

战略目标是企业使命的具体化，是企业追求的较大的目标。如市场占有率、市场覆盖率、新市场开发、新技术开发、人才开发、中长期规划、生产规模扩展等。具体目标是战略目标的具体化，是对战略目标从数量上进行界定。如利润、投资回报率、成本降低率、资金利用率、资产保值率、劳动生产率、已完成工程项目优良率、创鲁班奖、争创各种企业集体荣誉、树立各层次的知名人士等。

2. 企业使命的定位

虽然并不是所有的企业都有文字上的企业使命的描述，而往往只为少数高层管理者所了解，但越来越多的企业将确定企业的使命看成是企业战略的一个重要组成部分。一般地，企业使命的定位包括以下三个方面的内容：

(1) 企业生存目的定位

企业生存目的定位应该说明企业要满足顾客的某种需求，而不是说明企业要生产某种产品。企业使命实质上是为谁服务和如何服务的问题，根据这个问题规划自身的活动范围、规模和未来发展的格局。如房地产企业卓越集团的企业使命："为追求生活品位的人提供优雅的生活空间"。

美国著名管理学家彼得·德鲁克（Peter Drucker）认为企业存在的主要目的是创造顾客，只有顾客才能赋予企业以存在的意义。他指出：决定企业经营什么的是顾客，是顾客愿意购买产品或服务才能将资源变为财富、将物变成产品。只有顾客对产品及其价值的看法才决定企业经营什么、生产什么以及企业的前途。顾客所购买的以及认为有价值的从来不是产品，而是一种效用，也就是产品或服务带给他们的满足。所以，顾客是企业的基础和生存的理由。

因此，要确定企业使命，就要先确定它的现有顾客和潜在的顾客。谁是顾客？顾客分布在何处？顾客的价值观是什么？市场发展趋势和潜力如何？等等。根据这些要求，考虑企业经营业务是否恰当，从而确定明确的企业使命。

(2) 企业经营哲学定位

企业经营哲学是对企业经营活动本质性认识的高度概括，是包括企业的基础价值观、企业内共同认可的行为准则及企业共同的信仰等在内的管理哲学。例如，湖南建工集团的经营哲学为：

1) 纲领：作为建筑行业中现代大型骨干企业集团，谋求改善和提高社会生活水平和质量，满足人们日益增长的对建筑产品及服务的需求。

2) 基本准则：

①以人为本，科学管理，服务社会，持续发展；

②生产社会所需要的优质产品，在创新中求发展；

③小公司、大市场，全员入市、全民经营；

④先做人后做事，诚信经营，一诺千金；

⑤母子公司同步发展，同步腾飞；

⑥塑造企业形象，提升企业品牌。

(3) 企业形象定位

企业使命定位的第三个内容是企业公众形象的定位，特别是对于一个成长中的企业。对公众形象的重视反视了企业对环境影响及社会责任的认识。从公共关系理论的角度来看，一个企业组织的营运过程，一般有员工、顾客、供应商、竞争者、政府等基本公众。每一企业在其特定的公众心目中，都有自己的形象；如顾客普遍认为IBM是电脑业的蓝色巨人，松下是生产高质量电子产品的企业，百事可乐则是年青一代的选择。企业形象的定位通过理念识别、视觉识别、行为识别三个部分来体现。

建筑企业可以通过将企业的名称、公司标志等运用在办公产品、交通工具、施工现场、媒介宣传等场所和载体上，并在颜色、模式、字体、规格等方面达到高度的统一，以此在企业形象上形成巨大的视觉冲击力，加深公众的印象，同时要加强施工现场管理，实行文明施工，使业主和客户对企业产生信赖、认同和偏爱的心理效应，从而达到提高企业知名度，最终占领和扩大市场的目的。

一般地，企业使命在企业成立之初通常比较明确，当市场、竞争地位、消费者需求以及其他战略环境等方面发生重大变化时，其使命可能与新的环境条件不相适应，会导致企业使命的改变。因此，在企业生存发展的关键阶段，必须通过制定企业战略，对企业使命进行研究并重新定位。无论在企业发展的哪一个阶段，对企业使命的定位或再定位都应该包括生存目的定位、经营哲学定位和企业形象定位三个基本内容。

3. 企业使命与战略的关系

任何企业在制定战略时，必须在分析企业内外部环境的基础上进一步明确自己的使命。这不仅因为企业使命关系着企业能否生存和发展，而且在整个企业战略的制定、实施和控制过程中有以下作用：

(1) 企业使命为企业的发展指明方向

企业使命的确定，首先从总体上引起企业方向性改变，即使企业发生战略性的改变；其次，企业使命的确定也为企业高层建立了一个目标一致的愿景，一方面，为企业成员理解企业的各种活动提供依据，保证企业内部对企业目的取得共识，同时为企业外部公众树立了良好的企业形象，以使企业获得发展的信心和必要的支持与帮助。

(2) 企业使命是企业战略制定的前提

企业使命是确定企业战略目标的前提，只有明确地对企业使命进行定位，才能正确地树立起企业的各项战略目标。企业使命是战略方案制定和选择的依据，企业要根据企业使命来确定自己的基本方针、战略活动的关键领域及其行动顺序。

(3) 企业使命是企业战略的行动基础

企业使命是有效分配和使用企业资源的基础，有了明确的企业使命，企业才能正确合理地把有限的资源分配在能保证实现企业使命的经营事业和经营活动上。通过企业生存目的、经营哲学、企业形象三方面的定位而使企业明确经营方向、树立企业形象、营造企业文化，从而为企业战略的制定和实施打下良好基础。

二、企业战略目标

要制定正确的企业战略，仅有明确的企业使命还不够，还必须把这些共同的愿景和良好的构想转化成各种战略目标。企业使命比较抽象，战略目标则比较具体，它是企业使命的具体化。

1. 企业战略目标的作用

战略目标是企业在一定的时期内，为实现其使命所要达到的长期结果。战略目标分为长期战略目标与短期战术目标两大类。前者的实现期限通常超出一个现行的规划年度，通常为5年以上；后者是执行目标，是为实现长期战略目标而设计的，它的时限通常在一个规划年度内。战略目标是企业战略的核心，它反映了企业的经营思想，明确了企业的努力方向，体现了企业的具体期望，表明了企业的行动纲领。具体来说，制定企业战略目标，具有如下重要作用：

（1）战略目标能够实现企业外部环境、内部条件和企业目标三者之间的动态平衡，使企业获得长期、稳定和协调的发展。

（2）战略目标能够使企业使命具体化和数量化。企业使命是比较抽象的东西，如果不落实为具体的定量化的目标，就有可能落空。有了战略目标，可以把企业各个单位、部门、各项生产经营活动有机地联结成一个整体，发挥企业的整体功能，提高经营管理的效率。

（3）战略目标为战略方案的决策和实施提供了评价标准和考核依据。战略方案是实现战略目标的手段，有了战略目标，就为评价和优选战略方案提供了标准，同时，也为战略方案的实施结果提供了考核的依据，从而大大促进了企业战略的实施。

（4）战略目标描绘了企业发展的远景，对各级管理人员和广大职工具有很大的激励作用，有利于更好地发挥全体员工的积极性、主动性和创造性。

2. 企业战略目标的特征

一个好的企业战略目标应具有以下特征：

（1）可接受性

企业战略的实施和评价主要是通过企业内部人员和外部公众来完成的，因此，战略目标必须能被他们理解并符合他们的利益。但是，不同利益相关者有着不同的目标，例如，在企业中：股东追求利润最大化，员工需要工资待遇和有利的工作条件，管理人员希望拥有权力和威望，顾客渴望获得高质量的产品，政府则要求企业依法经营和纳税，企业应力图满足所有公众的要求，以使他们能继续与组织合作。一般地，能反映企业使命、表述明确、有实际含义、不易产生误解的战略目标易于为企业成员和利益相关者所接受。

（2）可检验性

为了对企业管理活动的结果给予准确衡量，战略目标应该是具体的，可以检验的。目标必须明确，具体地说明将在何时达到何种结果。目标定量化是使目标具有可检验性的最有效的方法，但是，有许多目标难以量化，时间跨度越长、战略层次越高的目标越具有模糊性，此时，应当用定性化的术语来表达其达到的程度，要求一方面明确战略目标实现的时间，另一方面须详细说明工作的特点。对于完成战略目标的各阶段都有明确的时间要求的定性或定量的规定，战略目标才会变得具体而有实际意义。

（3）可实现性

在制定企业战略目标时必须在全面分析企业内部条件的优劣和外部环境的利弊的基础上判断企业经过努力后所能达到的程度。首先，既不能脱离实际将目标定得过高，也不可妄自菲薄把目标定得过低，过高的目标会挫伤员工的积极性、浪费企业资源，过低的目标容易被员工所忽视、错过市场机会，也就是说，战略目标必须适中、可行。其次，战略目标要分清主次，一个企业的战略目标可以从不同的角度和方面提出不同的目标，这些目标是相互联系的，必须围绕一定的中心目标把它们有机地结合起来，要按照目标的重要程度，分清主次，抓住主要目标，带动其他目标，协同完成企业的战略任务。另外，战略目标必须是可分解的，即必须能够转化为具体的小目标和具体的工作安排，企业战略目标是一个总体概念，必须按层次、时间或地点进行分解，使其将应完成的任务、应拥有的权利和应承担的责任，具体分配给企业各部门、各战略单位乃至个人身上。

（4）可挑战性

目标本身是一种激励力量，特别是当企业目标充分体现了企业成员的共同利益，使战略大目标和个人小目标很好地结合在一起时，就会极大地激发组织成员的工作热情和献身精神。一方面，企业战略目标的表述必须具有激发全体职工积极性和发挥潜力的强大动力，即目标具有感召力和鼓舞作用；另一方面，战略目标必须具有挑战性，但又是经过努力可以达到的。因而员工对目标的实现充满信心和希望，愿意为之贡献自己的全部力量。

3. 企业战略目标的内容

由于战略目标是企业使命的具体化，一方面企业有关职能部门都要有目标，从不同侧面反映企业的自我定位和发展方向；另一方面，目标还取决于各个不同企业的不同战略。因此，企业的战略目标是多元化的，既包括经济性目标，也包括非经济性目标；既包括定量目标，也包括定性目标。但所有企业的生存和发展都取决于同样一些因素，各个企业需要制定目标的领域是一样的。彼得·德鲁克在《管理的实践》一书中提出八个关键领域的目标：

（1）市场方面的目标：应表明本公司希望达到的市场占有率或竞争中占据的地位；

（2）技术改进和发展方面的目标：对改进和发展新产品，提供新型服务内容的认知及其措施；

（3）提高生产力方面的目标：有效地衡量原材料的利用，最大限度地提高产品的数量和质量；

（4）物质和金融资源方面的目标：获得物质和金融资源的渠道及其有效地利用；

（5）利润方面的目标：用一个或几个经济指标表明希望达到的利润率；

（6）人力资源方面的目标：人力资源的获得、培训和发展，管理人员的培养及其个人才能的发挥；

（7）职工积极性发挥方面的目标：职工激励、报酬等措施；

（8）社会责任方面的目标：公司对社会产生的影响。

三、建筑企业战略目标体系

1. 建筑企业战略目标内容

为保证建筑企业总体战略目标的实现，必须将其层层分解，明确各职能战略目标，由企业总体战略目标和主要的职能目标构成企业战略目标体系。

建筑企业战略目标体系一般按四大内容展开：市场目标、创新目标、盈利目标和社会目标，每一个目标又可以作进一步分解。

(1) 市场目标

市场目标是企业在市场上的相对地位，常常反映了企业的竞争地位。企业所预期达到的市场地位应该是最优的市场份额，这就要求对顾客、对目标市场、对产品或服务、对销售渠道等做仔细的分析。

1) 产品目标。包括产品组合、产量和产值等。

2) 地区市场目标。建筑企业在巩固本省市场的基础上，着力继续扩大省外市场，要有选择的在全国的重点地区开拓业务。

3) 多样化业务发展目标。包括多元化业务发展的预算及预期效果。

(2) 创新目标

在环境变化加剧、市场竞争激烈的社会里，创新概念受到重视是必然的。创新作为建筑企业战略目标之一，是使企业获得生存和发展的生机和活力。建筑企业一般存在着三种创新：制度创新、技术创新和管理创新。为树立创新目标，战略制定者一方面必须预计达到市场目标所需开展的各项创新，另一方面，必须对技术进步在企业各个领域和各项活动中引起的发展做出评价。

1) 制度创新目标。随着生产的不断发展，出现了新的企业组织形式。制度创新目标即对建筑企业资源配置方式的改变与创新，从而使企业适应不断变化的环境和市场。

2) 技术创新目标。这一目标将导致新的生产方式的引入，既包括原材料、能源、设备、产品等有形的创新目标，也包括工艺流程设计、施工方法改进等无形的创新目标。制定技术创新目标将推动建筑企业乃至整个经济社会广泛和深刻的发展。

3) 管理创新目标。管理创新涉及到经营思路、组织结构、人力资源、项目管理模式等多方面的内容。管理创新的主要目标是试图设计一套规则和程序以降低生产成本和交易费用，提高效益，这一目标的建立是建筑企业不断发展的动力。

(3) 盈利目标

这是建筑企业的一个基本目标，企业必须获得经济效益。作为企业生存和发展的必要条件和限制因素的利润，既是对建筑企业经营成果的检验，是建筑企业风险的报酬，也是建筑企业乃至社会发展的资金来源。盈利目标的达到取决于建筑企业的资源配置效率及利用效率，包括人力资源、生产资源、资本资源等的投入—产出目标等。

1) 生产资源目标。具体目标表现为总产值、成本降低率、劳动生产率等。

2) 人力资源目标。包括人力资源的获得、培训和发展，激励机制等目标。

3) 资本资源目标。达到企业盈利目标同样还需要合理的资本结构及资本运用，一方面，确定合理的资本结构以尽量减少资本成本；另一方面，则通过资金、资产的运作来获得利润。

(4) 社会目标

现代企业愈来愈多地认识到自己对用户及社会的责任，一方面，企业必须对本组织所造成的社会影响负责；另一方面，企业还必承担解决社会问题的部分责任。企业日益关心并注意树立良好的公众形象，既为自己的产品或服务争取信誉，又促进组织本身获得认同。企业的社会目标反映企业对社会的贡献程度，如环境保护、节约能源、参与社会活动、支持社会福利事业和地区建设活动等。

1) 公众关系目标。这一目标的着眼点在于企业形象、企业文化的建设，通常以公众满意度和社会知名度作为保证、支持性目标。

2) 社会责任目标。常常是指企业在处理和解决社会问题时应该或可能做些什么，如在对待环境保护、社区问题、公益事业时所扮演的角色和发挥作用的程序。

3) 政府关系目标。企业作为纳税人支持着政府机构和职能部门的运作；同时，政府及各职能部门对企业的制约和指导作用也是显而易见的。往往这一目标的达成可能为企业赢得无形的竞争优势。

在实际工作中，由于建筑企业的性质不同、发展阶段不同，战略目标体系中的重点目标也大相径庭。以上分析能为建筑企业确定其战略目标体系提供依据和参考。

2. 建筑企业战略目标的制定

(1) 战略目标的制定原则

1) 关键性原则

由于企业是在开放环境下运行的组织，战略目标的制定必须建立在实事求是地对内外环境进行分析、预测的基础上。首先，要明确企业的现状，充分估计企业发展的潜力，分析企业的优势与劣势；与此同时，通过外界环境的分析判断确认会给企业带来的机会和威胁，从而确定本企业的发展趋势和战略目标。

2) 平衡性原则

在制定战略目标时，应注意三个方面的平衡：第一，在不同利益之间的平衡，扩大市场和销售额的目标与提高投资利润率的目标往往是有矛盾的，即可能因扩大市场而牺牲了利润，也可能因提高利润而影响了市场份额，必须把两者摆在适当的地位求得平衡；第二，近期需要和远期需要之间的平衡，只顾近期的需要，不顾长远需要，企业难以在未来继续生存，相反，只顾远期需要而不兼顾近期需要，企业也将难以为继，因此，战略目标的制定必须兼顾企业和长短期利益；第三，总体战略目标与职能战略目标之间的平衡，求得战略目标体系的完整和协调。

3) 权变性原则

由于客观环境变化的不确定性、预测的不准确性，在制定战略目标时，应遵循权变性原则，制定多个备选方案。一般情况下，应制定在宏观经济繁荣、稳定、萧条三种情况下的企业战略目标，分析其可行性及利弊得失，从而选择一种而将另外两种作为备用。或者，制定一些特殊的应急措施，如原材料价格猛涨等情况下对战略目标进行适应性调整。

(2) 战略目标的制定过程

一般来说，建筑企业战略目标是通过组织结构由上而下逐层制定的，可采取如下几个步骤：

1) 建筑企业最高管理层宣布企业使命，开始制定战略目标；

2) 确定达到企业使命的长期战略目标；

3) 把长期战略目标进行分解，建立整个企业的短期执行性战术目标；

4) 不同战略业务单位、经营单位或项目部建立自己的长期或短期目标；

5) 每个战略业务单位或主要事业部内的职能部门（如工程部、财务部、人力资源部等）制定自己的长期和短期目标；

6) 层层优化和反馈，由局部再到整体，形成完整的企业战略目标体系。

案例：建筑企业战略目标的制定

H公司从成立至今，走过了一段曲折的发展历程，取得过辉煌的成绩，也有过艰难的坎坷。深化改革是企业的出路所在，因此，H公司分析现状，明确任务，励精图治，制定了改革与发展战略目标，使企业站在新世纪的机遇与挑战面前，解放思想，树立信心，抓住机遇，加快发展。

1. 总体目标

H公司总体目标是："一个建立、两个转变、三个达到"。"一个建立"，是指H公司和所属成员单位，都要建立现代企业制度。"两个转变"，是指"由施工主体型向施工开发主体型转变"，"由施工管理主体型向投资管理主体型转变"；"三个达到"，是指H公司经济总量到全国同类企业领先水平；H公司综合实力达到全国同类企业先进水平；职工实际人均收入达到全国同类企业中上水平。

2. 具体目标

（1）经济增长目标

经济总量年递增18%；利润总额年递增15%；技术装备率达到5000元/人，劳动生产率年递增15%，达到10万元/人；省外地域业务量和国际工程业务量均有较大增长。

（2）质量安全目标

工程质量一次交验合格率100%，优良品率每年递增8个百分点，2008年达到100%；年负伤率控制在12‰以内，重伤率控制在0.4‰以内，死亡率控制在0.15‰以内；每年获省优质工程20项，省施工现场综合考评样板工程10余项，鲁班奖1项以上。

（3）科技进步目标

争取推广应用新技术500项次，争取15~20项成果通过省级鉴定和验收，并着重抓好八大课题。到2008年科技成果转化率达50%，科技进步对建筑业发展的贡献率达50%。

（4）结构调整目标

H公司的母子公司都要建立现代企业制度，通过剥离、重组、改制，总公司拥有一个以上具有实质控制权的上市公司；通过调整，经济总量中国内建筑业产值、对外产值、投资开发产值、高科技及工业产值的比重调整为7:1:1.5:0.5；完善母子公司体制，把H公司建设成为以总公司为核心层，以控股或相对控股子公司组成紧密层，以参股公司组成半紧密层，以联营、合作单位组成松散层的产权清晰、结构合理、功能完善、信誉良好、实力强大的大型骨干企业集团。

（5）精神文明建设和生活质量目标

坚持党的基本理论和基本路线及"三个代表"的教育，大力倡导弘扬爱国主义、集体主义精神，敬业爱司。集中投入，建好一个科技示范园、改善两所职校基础设施、建好一批经济适用房，使H公司的办公环境、居住条件、学习娱乐、身心健康等生活质量方面有明显改观。

四、选择战略目标的方法和技术

1. 盈亏平衡分析法

这一方法是根据产品的销售量、成本和利润三者之间的关系，从而分析各种方案对企业盈亏的影响，并从中选择出最佳的战略目标。盈亏平衡分析基本模型如图5-1

所示。

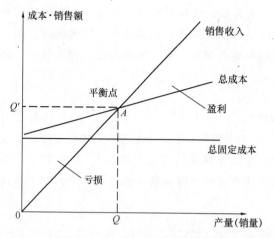

图 5-1 盈亏平衡分析基本模型图

从图中可以看出，当产品产量低于平衡点 A 时，企业必然亏损；只有当产量大于平衡点时，企业才有盈利。

其基本公式为：盈利 = 销售收入 – 总成本，即：$Q = C/(P - V)$

式中：Q 为盈亏平衡点产量（销量）；
C 为总固定成本；
P 为产品价格；
V 为单位变动成本。

要获得一定的目标利润 B 时，其产量为：$Q = (C + B)/(P - V)$。

2．期望值法

这种方法是根据各备选方案在不同条件下的可能的结果，然后按客观概率的大小，计算出各备选方案的期望值，进行比较，从中选择期望值最大的方案为战略目标。采用这一方法一般必须具备以下几个条件：

（1）要具有明确的目标（如获取最大的利润）；
（2）要有两个以上的备选方案；
（3）存在各种可能状态，并能估计其发生的客观概率以及可能的结果。

例如，某建筑材料公司，打算生产一种新型的建筑材料。为此，提出了三种方案：A 方案大批量生产，B 方案中批量生产，C 方案小批量生产。而未来对这种材料的需求有三种情况：低需求，中需求，高需求，并且知道每种需求出现的概率及其这三种方案在每种需求条件下的益损值，有关数据见表 5-1 所示。

益 损 值 表　　　　表 5-1

需求水平（概率） \ 可行方案 益损值	A	B	C
低（0.2）	−40	40	80
中（0.5）	100	140	90
高（0.3）	260	180	100
期望值	120	132	91

根据期望值法，公司选择了 B 方案，明确了中批量生产的战略目标。

3．决策树法

风险决策一般常采用决策树法，决策树法的基本原理是以期望值决策为基础，进行最佳选择决策。所不同的是，决策树是一种图解方式，对分析复杂的问题更为适用。决策树能清楚、形象地表明各备选方案可能发生的事件和带来的结果，使人们易于领会作出决策的推理过程。如果问题极为复杂，还可借助于计算机进行运算。决策树分析不仅能帮助人们进行有条理的思考，而且有助于开展集体讨论，统一认识。

按照上例给出的条件，我们可作出其决策树图，如图 5-2 所示。

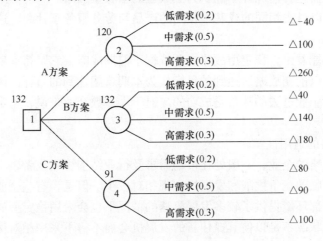

图 5-2 决策树图

根据决策树的决策结果是选择 B 方案。

第二节 建筑企业战略态势选择

所谓战略态势，就是在目前的战略起点上，决定企业的各战略业务单位在战略规划期限内的资源分配、业务拓展的发展方向。

一般说来，企业可采取四种战略态势：稳定型战略、增长型战略、紧缩型战略和混合型战略，但并不存在孰优孰劣，因为在特定的环境下，这四种战略都有可能是最合适的选择。因此，企业在进行战略态势分析和评估时，不能光凭主观的臆断和美好的愿望，而应当审时度势，果断作出明智的选择。本节将介绍这四种战略态势的特点及适用范围。

一、稳定型战略

1. 稳定型战略的概念与特征

稳定型战略是在企业的内外部环境约束下，企业准备在战略规划期使企业的资源分配和经营状况基本保持在目前状态和水平上的战略。按照稳定型战略的概念，企业目前所遵循的经营方向及其正在从事经营的产品和面向的市场领域、企业在其经营领域内所达到的市场规模和市场地位都大致不变或以较小的幅度增长或减少。

从企业经营风险的角度来说，稳定型战略的风险是相对小的，由于稳定型战略从本质上追求的是在过去经营状况基础上的稳定，它具有如下特征：

（1）企业对过去的经营业绩表示满意，决定追求既定的或与过去相似的经营目标。例如，企业过去的经营目标是在行业竞争中处于市场领先者的地位，稳定型战略意味着在今后的一段时期里依然以这一目标作为企业的经营目标。

（2）企业战略规划期内追求的绩效按大体的比例递增。与我们下面所要介绍的增长型战略不同，这里的增长是一种常规意义上的增长，而非大规模的和非常规的迅猛发展。例如，稳定型增长可以指在市场占有率保持不变的情况下，随着总的市场容量的增长，企业的销售额的增长，而这种情况并不能认为是典型的增长型战略。

（3）企业准备以过去相同的或基本相同的产品和劳务服务于社会。这意味着企业在产品上的创新较少。

从以上特征可能看出，稳定型战略主要依据于前期战略。它坚持前期战略对产品的市场领域的选择，它以前期战略所达到的目标作为本期希望达到的目标。因而，实行稳定型战略的前提条件是企业过去的战略是成功的。对于大多数企业来说，稳定型战略也许是最有效的战略。

2. 稳定型战略的适用性

采用稳定型战略的企业，一般处在市场需求及行业结构稳定或者较小动荡的外部环境中，因而企业所面临的竞争挑战和发展机会都相对较少。但是，有些企业在市场需求以较大幅度增长或是外部环境提供了较多发展机遇的情况下也会采用稳定型战略，这些企业一般来说是由于资源状况不足以使其抓住新的发展机会而不得不采用相对保守的稳定型战略态势。例如，企业因为资金不足、研究开发力量较差或在人力资源方面无法满足增长型战略的要求时，就无法采取扩大市场占有率的战略。在这种情况下，企业可以采取以局部市场为目标的稳定型战略，以使有限的企业资源能集中在某些自己有竞争优势的细分市场，维护竞争地位。

当外部环境较为稳定时，资源较为充足的企业与资源相对较为稀缺的企业都应当采用稳定型战略，以适应外部环境，但两者的做法可以不同。前者可以在更为宽广的市场上选择自己战略资源的分配点，而后者则应当在相对狭窄的细分市场上集中自身资源，以求稳定型战略。

当外部环境较为不利，比如行业处于生命周期的衰退阶段时，资源丰富的企业可以采用一定的稳定型战略；而对那些资源不够充足的企业来说，则应视情况而定：如果它在某个细分市场上具有独特的竞争优势，那么也可以考虑采用稳定型战略态势；但如果本身就不具备相应的特殊竞争优势，那么不妨实施紧缩型的战略，以将资源转移到其他发展较为迅速的行业。

3. 稳定型战略的类型

在具体实施方式上，稳定型战略又可依据其目的和资源分配的方式分为不同类型。美国的一些管理学家将其分为以下几种类型：

（1）无变化战略

无变化战略似乎是一种没有战略的战略。采用这种战略的企业可能是基于以下两个原因：一是企业过去的经营相当成功，并且企业内外环境没有发生重大的变化；二是企业并不存在重大的经营问题或隐患，因而企业战略管理者没有必要进行战略调整，或者害怕战略调整会给企业带来利益分配和资源分配的困难。在这两种情况下，企业的管理者和职工可能不希望企业进行重大的战略调整，因为这种调整可能会在一定时期内降低企业的利润总额。采用无变化战略的企业除了每年按通货膨胀率调整其目标以外，其他都暂时保持不变。

（2）维持利润战略

这是一种以牺牲企业未来发展来维持目前利润的战略。维持利润战略注重短期效果而忽略长期利益,其根本意图是度过暂时性的难关,因而往往在经济形势不太景气时被采用,以维持过去的经营状况和效益,实现稳定发展。但使用不当的话,维持利润战略可能会使企业的元气受到伤害,影响长期发展。美国铁路行业在20世纪60年代处于十分困难的状况,许多铁路公司通过减少铁路的维修和保养来减少开支,实行稳定型战略,维持分红,然而不幸的是这一困难时期延续到了20世纪70年代,铁路的状况严重恶化,最终使得这些铁路公司的经营受到了影响。

(3) 暂停战略

在一段较长时间的快速发展后,企业有可能会遇到一些问题使得效率下降,这时就可采用暂停战略,即在一段时期内降低企业的目标和发展速度。例如在采用购并发展的企业中,往往会在新收购的企业尚未与原来的企业很好地融和在一起时,先采用一段时间的暂停战略,以便有充分的时间来重新实现资源的优化配置。从这一点来说,暂停战略可以实现让企业积聚能量,为今后的发展作好准备的功能。

(4) 谨慎实施战略

由于企业外部环境中的某一重要因素仍然难以预测或者其变化方向不明朗,企业就要有意识地调整实施进度,步步为营,这就是所谓的谨慎实施战略。

4. 稳定型战略的利弊分析

(1) 实施稳定型战略的优点

1) 企业经营风险相对较小。由于企业基本维持原有的产品和市场领域,从而可以利用原有的生产经营领域、渠道,避免开发新产品和新市场所必需的巨大的资金投入、激烈的竞争抗衡导致开发失败的巨大风险。

2) 能避免因改变战略而改变资源分配的困难。由于经营主要是与过去大致相同,因而稳定型战略不必考虑原有资源的增量或存量调整,相对其他战略态势来说,显然要容易许多。

3) 能避免因发展过快而导致的风险。在行业发展迅速时,许多企业无法清醒地看到潜伏的危机而盲目发展,结果造成资源的大量浪费。

4) 能给企业一个较好的修整期,使企业积聚更多的"能量",以便为今后的发展做好准备。从这点上说,适时的稳定型战略是将来实施增长战略的一个必要的酝酿阶段。

(2) 实施稳定型战略的弊端

1) 稳定型战略的执行是以包括市场需求、竞争格局在内的外部环境的基本稳定为前提的。一旦企业的这一判断没有被验证,就会打破战略目标、外部环境、企业实力三者之间的平衡,使企业陷入困境。因此,如果环境预测有问题的话,稳定型战略也有很大的风险。

2) 特定的细分市场的稳定型战略往往也隐含着较大的风险。由于资源不够,企业会在部分市场上采用稳定型战略,这样做实际上是将资源重点配置在这几个特定的子市场上,如果对这部分特定市场的需求把握不准,企业可能更加被动。

3) 稳定型企业战略也容易使企业的风险意识减弱,甚至形成惧怕风险、回避风险的企业文化,这就会大大降低企业对风险的敏感性、适应性和对冒风险的勇气,从而也增大了上述风险的危害性和严重性。

稳定型战略的优点和弊端都是相对的,企业在具体的执行过程中必须权衡利弊,准确估计其收益和风险,并采取合适的风险防范措施。只有这样,才能保证稳定型战略的有效实施。

二、增长型战略

1. 增长型战略的概念及特征

增长型战略是一种使企业在现有的战略基础水平上向更高一级的目标发展的战略。它以发展作为自己的核心内容,引导企业不断地开发新产品、开拓新市场,采用新的生产方式和管理方式,以便扩大企业的生产规模,提高竞争地位,增强企业的竞争实力。

从企业发展的角度来看,任何成功的企业都应当经历长短不一的增长型战略实施期,因为本质上来说只有增长型战略才能不断地扩大企业规模,使企业从竞争力弱小的企业发展成为实力雄厚的大企业。

与其他类型的战略态势相比,增长型战略有以下的特征:

(1) 实施增长型战略的企业不一定比整个经济的增长速度快,但他们往往比其产品所在的市场增长速度要快。市场占有率的增长可以说是衡量增长的一个重要指标,增长型战略的体现不仅应当有绝对市场份额的增加,更应有在市场总容量增长的基础上相对份额的增加。

(2) 实施增长型战略的企业往往取得大大超过社会平均利润率的利润水平。由于发展速度较快,这些企业更容易获得较好的规模经济效益,从而降低生产成本,获得超额的利润率。

(3) 采用增长型战略的企业倾向于采用非价格的手段来同竞争者抗衡。由于采用了增长型战略,企业不仅仅在开发市场上下功夫,而且在新产品的开发、管理模式上都力求具有优势,因而其赖以作为竞争优势的并不是会损伤自身利益的低价中标,而一般说来总是以相对更为创新的产品和劳务及管理上的高效率作为竞争手段。

(4) 增长型战略鼓励企业的发展立足于创新。这些企业经常开发新产品、新市场、新工艺和旧产品的新用途,以把握更多的发展机会,谋求更大的风险回报。

增长型战略能够真正地使企业获得比过去更好的经营规模,事实上有不少建筑企业通过实施增长型战略获得了成功。

2. 增长型战略的适用性

增长型战略是一种最流行、使用最多的战略。大多数企业管理者喜欢采用增长型战略的原因在于:①在动态的环境中竞争,增长是一种求生存的手段;②扩大规模和销售可以使企业利用经济曲线或规模经济效益以降低生产成本;③许多企业管理者把增长等同于成功;④增长快的企业容易掩盖其失误和低效率;⑤企业增长得越快,企业管理者就越容易得到肯定或奖励。

从以上分析我们可以看到,实施增长型战略有时可能并不是单一地从经营上考虑的,而往往与经营者自身利益相关。因而,增长型战略的实施确实存在一定的误区。采用增长型战略有它适用的条件,主要有以下几方面:

(1) 企业必须对战略规划期内的战略环境进行分析。这是因为企业要实施增长型战略,就必须从外部环境中取得较多的资源。如果未来阶段宏观环境和行业微观环境较好的话,企业比较容易获得这些资源,所以就降低了实施该战略的成本。另一方面,从需求的角度来看,如果宏观环境和微观环境都令人乐观的话,消费品需求者和投资者都有一种理性的预期，认为未来的收入会有所提升，因而其需求将会有相应幅度的增长，保证了企业增长型发展战略的需求充足。可见，在选择增长型战略之前必须对战略环境较为细致的分析，良好的经济形势往往是增长型战略成功条件之一。

(2) 公司必须有能力获得充分的资源来满足增长型战略的要求。由于采取增长型战略需要较多的资源投入，因此企业从内部和外部获得资源的能力就显得十分重要。在企业对资源进行充分性的评价过程中，企业必须问自己一个问题："如果企业在实行增长型战略的过程中由于某种原因暂时受阻，它是否有能力保持自己的竞争地位？"如果回答是肯定的，那表明企业具有充分的资源来实施增长型战略，反之则不具备。

(3) 判断增长型战略的合适性还要分析企业文化。企业文化是一个企业在其运行和历史发展中所积淀下来的深植于员工心中的价值观念。不同的企业具有各异的文化特质。如果一个企业的文化氛围是以稳定为其主旋律的话，那么增长型战略的实施就要克服相应的"文化阻力"，这无疑增加了战略的实施成本。当然，企业文化也并不是一成不变的事物，事实上，积极和有效的企业文化的培育必须以企业战略作为指导依据。

3. 增长型战略的类型

在实践中，增长型战略主要有集中战略、一体化战略和多样化战略三大类型，每一个类型又包含不同的增长模式，增长型战略的具体发展模式将在本章第三节作详细论述，这里简要介绍集中战略、一体化战略和多样化战略所包含的内容。

(1) 集中战略

采取这种战略的企业将全部或绝大部分的资源集中使用于最能代表自己优势的某一技术，或某一市场，或某种产品，或某种服务上，他们能根据顾客的需要对产品作不同的加工，他们的目标不只是满足用户目前的需要，而且还为他们的市场确定了新的标准。没有哪个企业能够成功地解决所有用户的所有问题，只有为一定范围的市场提供用途更大的产品或服务的企业才能成为市场上的领先企业。

实施集中单一产品或服务的增长战略的风险较大，因为一旦企业的产品或服务的市场萎缩，企业就会遇到困境。因此一般企业都不会仅使用集中单一产品战略。

(2) 一体化战略

一体化战略是指企业在现有业务的基础上或是进行横向扩展，实现规模的扩大，或是进行纵向扩展，实现在同一产品链上的延长。前者为横向一体化战略，后者为纵向一体化战略。横向一体化战略是以扩大某一阶段生产能力或者兼并同一生产经营阶段的同类企业为其特征的经营方针。纵向一体化战略是集中战略的延伸，它可以通过兼并为自己提供投入品的企业、使用自己产品的企业而实现。

不管采取何种一体化战略，对企业都存在一定的风险。横向一体化的风险来自于行业内竞争的消失，企业难以改变经营方向及由此引起政府对垄断的干预。纵向一体化需要大量的资本投入，给企业财务管理带来很大的压力，还使企业进入了不熟悉的行业，增加了企业管理的难度。

(3) 多样化战略

多样化战略是指企业从现有业务基础上分离出新的、与原有业务特性存在根本差别的业务活动种类。一般来讲，多样化战略通过兼并另外一个有协作可能的企业，或从企业内部派生出一个新的但与企业原有业务具有内在联系的新业务，从而能更好的发挥新老业务的优势。

多样化战略包括同心多样化和混合多样化两种。同心多样化又称相关多样化，是一种增加与企业目前的产品或服务相类似的新产品或服务的增长战略。混合多样化又称不相关多样化，这是一种增加与企业目前的产品或服务显著不同的新产品或服务的增长战略。

4．增长型战略的利弊分析

从一般意义上看，与稳定型战略一样，增长型战略也具有相应的利弊，在实施决策前要充分地加以权衡。

（1）实施增长型战略的优点

1）企业可以通过发展扩大自身的价值，这体现在经过扩张后的公司市场份额和绝对财富的增加。这种价值既可以成为企业职工的荣誉，又可以成为企业进一步发展的动力。

2）企业通过不断变革来创造更高的生产经营效率与效益。由于增长型发展，企业可以获得过去不能获得的崭新机会，避免企业组织的老化，使企业总是充满活力。

3）增长型战略能保持企业的竞争力，实现特定的竞争优势。犹如"逆水行舟，不进则退"一样，如果在竞争对手都采用增长型战略的情况下，自己还在采用稳定或紧缩型战略，那么很有可能在未来失去竞争优势。

（2）实施增长型战略的弊端

1）在采用增长型战略获得初期的效果之后，很可能导致盲目的发展和为发展而发展，从而破坏企业的资源平衡。为克服这一弊端，要求企业在作每一个战略态势决策之前必须重新审视和分析企业的内外部环境，判断企业的资源状况和外部机会。

2）过快地发展很可能降低企业的综合素质，使企业的应变能力虽然表面上不错，而实质上却出现内部危机和混乱。这主要是由于企业新增机构、设备、人员太多而未能形成一个有机的相互协调的系统所引起的。针对这一问题，企业可以考虑设立一个战略管理的临时性机构、负责统筹和管理扩张后企业内部各部门、人员之间的协调，在各方面的因素都融合在一起之后，再考虑取消这一机构。

3）增长型战略很可能使企业管理者更多地注重投资结构、收益率、市场占有率、企业的组织结构等问题，而忽视产品和服务的质量，重视宏观的发展而忽视微观的问题，因而不能使企业达到最佳状态。这一弊端的克服，需要企业战略管理者对增长型战略有一个正确而全面的理解，要意识到企业战略态势是企业战略体系中的一个部分，因而在实施过程中必须通盘考虑。

三、紧缩型战略

1．紧缩型战略的概念和特征

所谓紧缩型战略是指企业从目前的战略经营领域的基础水平收缩和撤退，且偏离战略起点较大的一种经营战略。与稳定战略和增长战略相比，紧缩型战略是一种消极的发展战略。一般地，企业实行紧缩战略只是短期性的，其根本目的是使企业捱过风暴后转向其他的战略选择。有时，只有采取收缩和撤退的措施，才能抵御对手的进攻，避开环境的威胁和迅速地实行自身资源的最优配置。可以说，紧缩型战略是一种以退为进的战略态势。

与其他类型的战略态势相比，紧缩型战略有以下特征：

（1）对企业现有的产品和市场领域实行收缩、调整和撤退，从而使企业的规模呈缩小态势，一些效益指标，比如利润和市场占有率等，都可能会有较为明显的下降。

(2) 对企业资源的运用采取较为严格的控制和尽量削减各项费用支出，往往只投入最低限度的经营资源，因而紧缩战略的实施过程往往会伴随着大量员工的裁减，一些设备和大额资产的暂停购买等等。

(3) 紧缩型战略具有短期性。与稳定和发展两种战略态势相比，紧缩型战略具有明显的过渡性，其根本目的并不在于长期节约开支、停止发展，而是为了今后发展而积聚力量。

例如：上海梅山集团1995年遇到了资金短缺、原材料价格大幅上扬等严重困难，第一季度出现巨额亏损。于是，公司从4月份开始实施紧缩战略，狠抓成本控制，停止了九项开支，压缩预算开支和投资规模，终于使第二季度利润超过1000万元，为下一阶段的发展战略提供了保证。

2. 紧缩型战略的适用性

采用紧缩型战略的企业可能出于不同的动机，一般来说有以下几种情况：

(1) 企业为了适应外界环境而采取的适应性紧缩战略。这种外界环境包括经济紧缩、产业进入衰退期、对企业产品或服务的需求减小等种类，当企业预测到或已经感知到了外界环境对企业经营的不利性，并且企业认为采用稳定型战略尚不足以使企业顺利地度过这个不利的外部环境时，企业可以采用适应性紧缩战略来渡过危机、以求发展。如果企业可以同时采用稳定型战略和紧缩型战略，并且两者都能使企业避开外界威胁、为今后发展创造条件的话，企业应当尽量采用稳定型战略，因为它的冲击力要小得多，因而对企业的可能的伤害也就小得多。

(2) 由于企业经营失误造成企业竞争地位虚弱、经营状况恶化而采用的失败性紧缩战略。这时企业出现重大的内部问题，如产品滞销、财务状况恶化、投资无法收回等情况，只有采用紧缩战略才能最大限度地减少损失，保存企业实力。但涉及到一个"度"的问题，即究竟在出现何种严重的经营问题时才考虑实施紧缩战略？要回答这一问题，需要对企业的市场、财务、组织机构等方面作一个全面的评估，认真比较实施紧缩战略的机会成本，经过细致的成本收益分析，才能最后下结论。

(3) 为了谋求更好的发展机会，使有限的资源分配到更有效的使用场合而采用的调整性紧缩战略。调整性紧缩战略是因为企业存在一个回报更高的资源配置点，因而，需要比较的是企业目前的业务单位和实行紧缩战略后资源投入的业务单位，当存在较为明显的回报差距时，可以考虑采用调整性紧缩战略。

3. 紧缩型战略的类型

根据紧缩的方式和程度不同，紧缩型战略又可以分为三种类型：抽资转向战略、放弃战略和清算战略。

(1) 抽资转向战略

抽资转向战略是企业在现有的经营领域不能维持原有的产销规模和市场，不得不采取缩小产销规模和市场占有率，或者企业在存在新的更好的发展机遇，对原有的业务领域进行压缩投资、控制成本以改善现金流为其他业务领域提供资金的战略方案。另外，在企业财务状况下降时也有必要采取抽资转向战略，这一般发生在物价上涨导致成本上升或需求降低使财务周转不灵的情况下。

(2) 放弃战略

在采取抽资转向战略无效时，企业可以尝试放弃战略。放弃战略是指企业的一个或几个主要部门转让、出卖或者停止经营。这个部门可以是一个经营单位，一条生产线或者一个事业部。

放弃战略与我们下面将要介绍的清算战略并不一样。由于放弃战略的目的是要找到肯出高于企业固定资产时价的买主，所以企业管理人员应说服买主，认识到购买企业所获得的技术或资源，能使对方利润增加。而清算一般意味着基本上只包括资产的有形价值部分。

(3) 清算战略

清算是指卖掉其资产或停止整个企业的运行而终止一个企业的存在。显然，清算战略对任何企业来说都不是最有吸引力的战略，而且通常只有当所有其他战略都失败时才启用它。但在确实毫无希望的情况下，尽早地制定清算战略，企业可以有计划地逐步降低企业股票的市场价值，尽可能多地收回企业资产，从而减少全体股东的损失。因此，清算战略在特定的情况下，也是一种明智的选择。

4. 紧缩型战略的利弊分析

(1) 实施紧缩性战略的优点

1) 能帮助企业在外部环境恶劣的情况下，节约开支和费用，顺利地渡过面临的不利处境。

2) 能在企业经营不善的情况下最大限度地降低损失。在许多情况下，盲目而且顽固地坚持经营无可挽回的事业，而不是明智地采用紧缩战略，会给企业带来致命性的打击。

3) 能帮助企业更好地实行资产的最优组合。如果不采用紧缩性战略，企业在面临一个新的机遇时，只能利用现有的剩余资源进行投资，这样做势必会影响到企业在这一发展机遇上的前景。相反，通过采取适当的紧缩性战略的话，企业往往可以从不良运作的经营业务中转移部分资源到新的发展点上，从而实现企业长远利益的最大化。

(2) 实施紧缩型战略的弊端

1) 实行紧缩战略的尺度较难加以把握，因而如果盲目使用紧缩型战略的话，可能会扼杀具有发展前途的业务和市场，使企业总体利益受到伤害。

2) 一般来说，实施紧缩战略会引起企业内部人员的不满，从而引起员工情绪的低落，因为紧缩战略常常引起不同程度的裁员和减薪，而且实行紧缩战略在某些管理人员看来意味着工作的失败和不力。

这些紧缩战略潜在的弊端往往较难避免，这为战略管理者在战略态势决策上提出了新的问题，要求他们在紧缩战略实施中对战略参与者加强宣传和教育，以减少可能的弊端。

四、混合型战略

1. 混合型战略的概念与特征

前面分别论述的稳定型战略、增长型战略和紧缩型战略既可以单独使用，也可以混合起来使用。事实上，大多数有一定规模的企业并不是长期采取同一种战略态势。

从混合型战略的特点来看，一般是大型企业采用较多，因为大型企业相对来说拥有较多的战略业务单位，这些业务单位很可能分布在完全不同的行业和产业群之中，它们所面临的外界环境，所需要的资源条件不完全相同。因而若对所有的战略业务单位都采用统一的战略态势的话，显然是很不合理的，这会导致由于战略与具体战略业务单位和情况不相一致而使企业总体的效益受到伤害。所以，可以说混合型战略是大型企业在特定历史发展阶段的必由选择。

在某些时候，混合型战略也是战略态势选择中不得不采取的一种方案。例如，企业遇到一个较为景气的行业前景和比较旺盛的市场需求，因而打算在这一领域采取增长型战略。但如果这时企业的财务资源并不很充裕的话，可能无法实施单纯的增长型战略。此时，就可以选择部分相对不令人满意的战略业务单位，对它们采用实行抽资或转向的紧缩战略，以此来保证另一战略业务单位实施增长型战略的充分资源。这样，企业就从单纯的增长型战略变成了混合型战略。

2．混合型战略的类型

混合型战略是其他三种战略态势的一种组合，其中组成该混合战略的各种战略态势称为子战略。根据不同的分类方式，混合型战略可以分为不同的种类。

（1）按照各子战略的构成不同，混合战略可分为同一类型战略组合和不同类型战略组合两种类型。

1) 同一类型战略组合。所谓同一类型战略组合指企业采取稳定、增长和紧缩战略中的一种战略态势作为主要战略方案，但具体的战略业务单位是由不同类型的同一种战略态势来指导。因此，从严格意义上来说，同一类型战略组合并不是"混合战略"，因为它只不过是在某一种战略态势中的不同具体类型的组合。

2) 不同类型战略组合。这是指企业采用稳定、增长和紧缩战略中的两种以上战略态势的组合，因而这是严格意义上的混合型战略，也可以称为狭义混合型战略。不同类型战略组合与同类型战略组合相比，其管理上相对更为复杂，因为它要求最高管理层能很好地协调和沟通企业内部各战略业务单位之间的关系。事实上，作为任何一个被要求采用紧缩战略的业务管理者都多少会产生抵抗心理。

例如，总公司决定对 A 业务单位实行紧缩战略，而对 B 业务单位实行增长战略，则 A 部门的经理人员则往往会对 B 部门经理人员产生抵触和矛盾情绪，因为紧缩战略不仅可能带来业绩不佳和收入增长无望，更有可能对自己管理能力的名誉产生不利影响，使自己在企业家市场上的价值受到贬值。

（2）按照战略组合的顺序不同，混合型战略可分同时性战略组合和顺序性战略组合两种类型。

1) 同时性战略组合。这是指不同类型的战略被同时在不同战略业务单位执行而组合在一起的混合性战略。

2) 顺序性战略组合。是指一个企业根据生存与发展的需要，先后采用不同的战略方案，从而形成自身的混合型战略方案，因而这是一种在时间上的顺序组合。

当然，不少企业会既采用同时性战略组合又采用顺序性战略组合。总的来说，对大多数企业的管理层而言，可采用的战略选择的数量和种类都相当广泛。明确识别这些可用的战略方案乃是挑选一个特定企业最为适合的方案的先决步骤。

第三节 建筑企业的成长战略

任何企业都需要正确选择自己的成长道路，建筑企业在对外部战略环境、内部条件及竞争优势进行了战略分析，并制定了战略目标和选择了战略态势之后，就需要确定自身的成长战略。成长战略主要涉及战略的可选方向及其实现形式，本节主要从一体化、多样化及专业化角度来阐述建筑企业的成长战略。

一、一体化战略

1. 一体化战略的概念

一体化战略是指企业在现有业务的基础上，充分利用自己在产品、技术、市场上的优势，或是进行横向扩展，实现规模的扩大，或是进行纵向的扩展，进入目前经营的供应阶段或使用阶段，实现在同一产品链上的延长，以促使企业进一步成长与发展的战略。

一般来说，一体化战略根据物流方向包含三种形式：物资从反方向移动称为后向一体化，包括企业自己供应生产现有产品或服务所需的全部或部分原材料或半成品，如建筑企业从事混凝土预制构件或商品混凝土生产等业务；物资从顺方向移动称为前向一体化，包括企业对本公司产品的深加工，或对资源进行综合利用，或自己建立销售队伍来销售本公司的产品或服务，如建筑企业涉足房地产开发或物业管理。而将性质相同的企业或产品组成联合体，则称为横向一体化（或称为水平一体化），如房屋建筑企业从事水电安装、园林等经营领域。一体化战略有利于深化专业分工协作，提高资源的利用深度和综合利用率。

2. 一体化战略的理论依据

(1) 交易成本原理

企业的一体化发展是将原本属于企业之间的交易纳入到企业内部。企业内部的适应性治理与纯粹的公平市场交易机制治理相比，有着较大的区别。在企业内部完全可以凭借权威或者雇佣关系进行指令性的安排，而在市场机制下则完全是确定的契约关系。前者将企业面临的许多矛盾和争议的解决从司法仲裁机构转向了企业内部管理机制，其灵活性和全局性的优点是显著的。也就是说如果发生争议的当事人是一体化企业的不同部门，那么就能更灵活有效地解决需求与供给问题，这显然能够节约双方的交易成本。同时，如果企业能通过实施纵向一体化战略，使原来受制于其他企业的前后向业务活动成为企业能够进行有效控制的内部业务，由于内部不需要组织任何市场营销或采购部门，不需要支出广告费用，并且能把内部发生的管理成本控制在外部市场的交易成本之下，使内部交易过程的讨价还价成本比市场交易成本低，因此，可以节约交易成本。

(2) 最低产出原理

企业的每一样固定设施（备）都有一个最低的产出规模，当企业的产出规模小于固定设施的最低产出规模时，设施的利用就处于低效率状态。为了提高固定设施的利用率，有很多企业选择了投资较少、产出规模较低的设施，使设施的产出能力与企业现有的市场占有率相平衡。这种做法的实质是放弃企业扩张的机会，同时也放弃了规模经济。通过推进横向一体化战略，企业的产出规模得以扩大，因而能充分发挥固定设施的产出能力。与此同时，企业的利润也会因为成本结构的改变而扩大，使企业的市场竞争能力也相应地增强。

(3) 协同效应原理

协同效应原理是指企业能将原来分散在不同企业的业务活动集中起来，由一个企业以较少的资源投放或较低的管理成本来完成原来由多个企业承担的较多的业务量。采用一体化战略的协同效应表现得格外明显：采用横向一体化战略对企业的业务种类没有任何改变，而原来两个或两个以上企业的同类业务甚至可以完全无需调整就能实现集中；采用纵向一体化战略时，同类业务在不同企业是有差别的，但它们之间有一定的联系，当不同企业同类业务之间的联系较大时，集中这些业务活动需要对相应的组织结构和经营方式进行一定的调整。

(4) 比较优势原理

在现有的企业中，企业间的经济效益是有差别的，有的比较好，有的比较差，并且人为地出现了一些鼓励低效益企业存在的情况。认识"比较优势原理"，可以抓住当前产业结构调整和企业资产重组的有利时机，不但要实现局部资源的有效利用，消除资源浪费现象，还要尽可能地实现整体资源利用的高效率。

3．建筑企业一体化战略模式

(1) 纵向一体化战略

建筑企业纵向一体化战略是指围绕建筑及房地产的产业链（供应链）在两个可能的方向上扩展现有经营业务的一种发展战略，它包括前向一体化战略和后向一体化战略。前向一体化是企业向产业链的下游拓展业务，后向一体化是企业向产业链的上游拓展业务。

(2) 横向一体化战略

横向一体化战略是指建筑企业以扩大某一阶段生产能力或者兼并处于同一生产经营阶段的同类建筑企业为其长期活动方向，以促进企业实现更高程度规模经济和迅速发展的一种战略。近年来，我国建筑企业，特别是大中型国有建筑企业日益认识到群体优势的重要性，通过联营、兼并、收购、合资等形式，将零散企业的单位优势发展为企业集团的群体优势，取得了明显的成绩。

例如：对于单纯从事施工的建筑企业，一方面可以利用主业的优势，拓展房地产开发经营，积极向项目融资和物业管理两头延伸，实现纵向一体化；另一方面是利用主业优势，进一步拓展市政、园林、设备安装、装饰装潢等经营领域，或并购一些相关企业，实现横向一体化。

4．一体化战略的优势和风险

(1) 实施一体化战略的优势

实施一体化战略对我国建筑企业是一种挑战。目前我国一些建筑企业经营结构不合理，没有能够有效地利用大规模经营的低成本优势获取更大的效益。采取一体化战略，对于那些已经实现现代企业制度改革、内部机制灵活的建筑企业来说，就可以通过收购或兼并的方式，在较短的时间内，以较少的追加资源扩大经营规模和范围。如果收购和合并的对象是那些无法再继续经营下去的企业，则不但有利于个别企业，而且有利于整个社会的经济发展。例如，广厦建设集团有限责任公司通过1998年控股重庆第一建筑（集团）有限公司、2001年控股杭州建工集团、2002年控股北京市第二建筑工程有限公司等一体化战略的实施，短短几年就取得了快速发展，截止2004年底，广厦集团的总资产已达140多亿元，市场遍及国内28个省市以及海外10多个国家和地区。

实施纵向一体化战略，建筑企业可以建立更大规模的销售网络和生产基地而从规模经济中获益，也可以使企业扩大在建筑及房地产行业的规模和势力，从而达到某种程度的垄断控制，具体优势体现在以下几个方面：①联合经营能降低成本，减少运输费用；②降低内部控制和协调的成本；③可以减少对收集某些类型的市场信息的总成本；④可以节约市场交易的销售、谈判和交易成本；⑤与上下游生产企业关系的稳定性能提高企业的整体效益；⑥有利于企业的技术创新，纵向一体化能够使联合企业对上游或下游的技术更加熟悉，从而有助于开发出更加适合市场需要的产品；⑦前向一体化可以使企业控制销售和分配渠道，增加产品或服务的附加价值进而增加企业的利润率；⑧后向一体化可以使企业对所用原材料的成本、可获得性以及质量等具有更大的控制权和知情权，有利于企业降低采购成本、提高利润。

实施横向一体化战略的优势主要体现在：①通过收购同类企业达到规模扩张，可以使企业获得充分的规模经济，从而大大降低成本，取得竞争优势；②通过收购往往可以获取被收购企业的技术专利、品牌名称等无形资产；③可以减少竞争对手的数量，降低产业内企业相互竞争的程度，为企业进一步发展创造良好的产业环境；④较容易实现生产能力的扩张。

(2) 实施一体化战略的风险

实施纵向一体化战略的主要风险是由于企业不断在某一行业扩张，容易对该行业产生依赖；同时，随着企业规模增加不仅需要更多的投资，给企业财务管理带来很大的压力，而且要求企业掌握多方面的技术，从而带来管理上的复杂化。另外，纵向一体化还容易产生各生产阶段生产能力的平衡困难，特别是当企业是通过兼并方式实现一体化时，新老业务如果不平衡，会带来产能的浪费，有时这一浪费完全抵消了一体化可能带来的增加收益部分。纵向一体化战略一般适用于规模较大、立志在本行业长期发展的建筑企业。

实施横向一体化战略的风险主要是管理问题，收购一家企业往往涉及到收购后母子公司管理的协调问题，由于母子公司在历史背景、人员组成、企业文化、管理体制等方面存在较大的差异，因此母子公司的各方面协调工作非常困难，管理成本增大；同时由于企业对同一产业过分投入，一旦市场消失，企业要改变经营方向就比较困难。

因此，采取一体化战略要求企业管理者提高管理能力，承担更大的责任和风险。

5. 一体化战略是大型建筑企业发展的必然选择

美国华盛顿集团、福陆·丹尼尔公司、柏克德公司和加拿大兰万灵公司都是在全球排名前列的大型跨国建筑企业，它们的服务行业及业务范围的情况见表5-2所示。

国外部分知名建筑企业的业务情况 表 5-2

业务 公司	服 务 行 业	业 务 范 围
福陆·丹尼尔公司	石油、石油化工、化工、石油天然气管道、生物制药、电子、能源、基础设施、消费品、制造、采矿冶炼等	项目的可行性研究报告、环境评估、项目融资、概念设计、基础设计、工程施工及管理、设备材料采购及管理、项目管理、项目启动及试车、运行维护、人员培训等
柏克德公司	包括航空、轨道交通和水利工程在内的土建基础设施、电信、火电和核电、采矿和冶金、石油及化工、管道、国防和航天、环境保护、有害废料处理、电子商务设施和工业厂房	工程设计——采购——施工、项目管理、施工管理

续表

公司 \ 业务	服务行业	业务范围
华盛顿国际集团公司	电站、矿场、交通、水资源、环保、轻工、燃气、化工、制药、流水装配、核资源管理、国家安全防务以及军备销毁等	为全球企业与政府提供整体化工程设计、施工筹划、设施管理
兰万灵公司	电力、化工石油、基础设施、采矿设施、设施及运营管理、军工、生物制药、环境保护、农副产品加工、农业、工业与制造业、纸浆与造纸	项目的前期各项工作，设计、采购、施工及各类工程服务

由上表可以看出，作为综合性大型工程建筑公司，福陆·丹尼尔公司、兰万灵公司、柏克德公司、华盛顿集团都不是单纯搞施工，而是进行全方位的工程服务，包括项目的前期工作，设计、采购、施工及各类工程服务。而且，这些公司往往涉足多个行业，使其收益更有保障，如福陆·丹尼尔公司，在其营业收入中，石油化工行业占30％；工业及基础设施项目占15％；电力项目占19％；全球服务占24％（包括运行维护等）；政府项目占12％。显然，从涉足行业和服务范围看，这些公司实行的都是一体化的经营战略。

通过对国外大型建筑企业经营战略的分析，结合我国的国情，为了适应全球经济一体化和中国加入WTO以后建筑市场的激烈竞争，我国大型建筑企业应该选择纵向一体化战略。

6. 建筑企业一体化战略的实施

具体来说，我国大型建筑企业需要不断拓展经营领域，逐步发展成为综合性建筑公司，增强投资融资、勘察设计、建筑施工、设备采购、运行调试管理等多方面功能，实施工程建设全过程的总承包，使大型建筑企业发展成为资金密集、管理密集、技术密集，具备设计、施工一体化，投资、建设一体化，国内、国外一体化的综合类建筑龙头企业。同时，还应加大推行EPC，CMC，CM等国际通行的工程建设总承包方式的力度，逐步提高和完善参与BOT项目运作的功能，提高市场竞争力和国际承包市场占有份额，逐步建成国际化、现代化的大型建筑企业集团。

二、多样化战略

随着社会经济的不断发展，市场需求和企业经营结构也随之变化，企业为了更多地占领市场和开拓新市场，或避免经营单一的风险，往往会选择进入新的领域，这一战略就是多样化战略。多样化战略（也称多元化战略）是当今世界上大企业，特别是跨国公司普遍采用的战略。

1. 多样化战略的概念

多样化战略是指企业从现有业务基础上分离出新的、与原有业务特性存在根本差别的业务活动种类的战略。一般来说，多样化战略通过兼并另外一个有协作可能的企业，或从企业内部派生出一个新的但与企业原有业务具有内在联系的新业务，能更好地发挥出新老业务的优势。例如，施工企业原来仅从事房屋建筑，而现在可以拓展到道路、桥梁等大范围的土木工程或房地产开发等。但是企业应该清楚地认识到，成功的多种经营不是简单的聚合，每项不同的经营业务在企业中都有它的作用。

多样化战略有两种形式：一种是同心多样化，又称相关多样化，是指虽然企业新发展的业务具有其新的特征，但它与企业原有的业务具有战略上的适应性。另一种是复合多样化，又称不相关多样化，即企业新发展的业务与原有业务之间没有任何战略上的适应性。

2．多样化战略的理论依据

（1）投资组合理论

支持企业进行多样化发展的主要理论依据是投资组合理论，即通过不同业务种类之间不同业务周期的差别来分散风险。根据金融投资理论，每项投资都有其独特的活动周期特征，只要两项投资之间呈现出负值的相互关系，表示不相同的活动周期特征，将这两项投资组合后形成的组合风险将会缩小。因此，投资组合中互为负关系的投资种类越多，每项投资在总投资量中所占的比重越小，组合风险的效果就会越好。

（2）组织规模理论

企业进行多样化发展是为了获取整体规模优势，进而降低成本提高效益。如充分利用资源，或现有的营销能力和渠道，或现有的顾客资源等，实现规模优势。

（3）协同效应原理

与一体化战略相同，合理的多样化战略可能通过更有效地利用企业的资源而产生相当明显的协同效应，即以更低的成本创造出更高的价值。协同效应可以采取不同的形式，例如，虽然多样化的两项业务不存在投入产出的经济技术关系，但只要它们使用了某些相同的原材料，就会产生原材料使用上的协同效应；如果两项业务可以使用相同的营销网络，总营销成本降低，这就是营销组合的协同效应。

3．建筑企业多样化战略模式

（1）同心多样化战略

同心多样化战略是指建筑企业增加或生产与现有产品或服务相类似的产品或服务，而这些新增加的产品或服务能够利用企业在技术、产品线、销售渠道、客户资源等方面所具有的特殊知识和经验。如从事土建施工的企业涉足安装和装饰业务、从事基础施工的企业涉足主体施工等等。采用同心多样化战略是合理组合企业资源的有效途径，它能使企业在保持主要核心业务的同时分散风险，还可以使企业将竞争优势运用到多个有关的业务。但是，当企业由于采用同心多样化战略使得规模发展越来越大时，企业往往无力兼顾各个业务。这种战略一般适用于有一定规模和实力的专业化建筑公司。

（2）复合多样化战略

复合多样化战略是指建筑企业增加与现有产品或服务、技术和市场都没有直接或间接联系的大不相同的产品或服务，如建筑企业涉足百货业、金融业等。复合多样化战略的主要优点是企业通过向不同的市场提供产品和服务，可以分散经营风险。但是，复合多样化必将带来企业规模的膨胀进而导致管理的复杂化。

一般来讲，企业采取多样化战略很少涉及与本企业原有业务完全无关的领域，因为如果企业开展与原业务完全无关的业务，会增加对陌生业务技术、资源、知识等要求，会给企业带来较大的压力。复合多样化战略一般适用于资金实力雄厚、具有一定品牌优势的企业。

4．多样化战略的优势和风险

(1) 实施多样化战略的优势

1) 获得协同效益和规模经济效益。建筑企业采用多样化战略后，新老产品、新旧业务、生产管理与市场营销等各个领域，如具有内在联系，存在着资源共享性，就能起到相互促进作用。

2) 具有一定抗风险能力。多样化战略的一个非常重要的优势就是通过减少企业利润的波动来达到分散风险的目的。

3) 拥有更多的市场力量。采取多样化战略的企业可以凭借其在规模及不同业务领域经营的优势，在单一业务领域实行低价竞争，从而取得竞争优势；企业还可以通过多样化经营实现互利销售，从而扩大企业市场份额，以实现利益最大化。

4) 可以形成企业内部资本和人力市场的效益。实行多样化战略的企业可以通过内部建立资本市场，通过资金在不同业务领域之间的流动来实现各业务领域的资金需求。同时还可以通过内部人力资源市场来促进人才流动并节省费用。

5) 有利于企业继续成长。

(2) 实施多样化战略的风险

企业在充分利用多样化战略优势的同时，要充分考虑到实施多样化经营战略可能会对企业造成的伤害和风险，主要表现为：

1) 资源配置过于分散，不利于企业形成和发展自己的核心业务；

2) 由于企业在不同的业务领域经营，企业的管理和协调工作就大大复杂化，运作费用过大，投资产业和方向选择误导；

3) 要想在新业务领域获得竞争优势，必须投入必要的人才和技术资源，存在较大的风险；

4) 对新业务的介入时机很难把握等等。

大型建筑企业应该在有限的相关联产业领域发展一个核心产业，发展一个核心专长，并在必要的时机变换核心产业和核心专长，以适应产业本身生命周期的变化。

通过以上分析，尽管多样化战略有诸如不利于企业集中资源发展自己的核心专长和竞争优势等弊端，但其仍是一种可行的经营战略。我国大型建筑企业应该"知己知彼"地实施"在核心专长与核心产业支撑下的有限相关多元经营发展战略"。

5. 建筑企业多样化战略的实施

(1) 选择正确的时机

建筑企业在从事多样化经营时，必须选择恰当的时机。从企业的生命周期来看，当企业处于成长期的时候，企业的核心竞争力还没有建立起来，这时候企业应该认认真真地走专业化的路子，逐渐积累企业的核心竞争力。否则，就会造成企业的主业由于投入不足而下滑，导致企业在这一行业竞争优势丧失殆尽。当企业处于成熟期的时候，这时候，从内部环境看，企业拥有高素质的管理人才，形成了固定的企业文化。从外部环境看，企业拥有大量稳定而长期的现金流，但主导产品的市场已经趋于饱和，竞争压力逐渐加大，要进一步深挖企业在本行业的发展潜力十分困难，盈利水平与盈利空间已经明显较小。如果再继续投入资金进行技术升级和设备更新，企业的效益并不会有很大的提高，反而带来很大的边际成本和机会成本损失。在这种情况下，企业应该积极寻求多样化，以分散环境因素所带来的风险。如中国寰球工程公司、北京城建集团等企业已经在主业上奠定自己的领军地位，而随着主业上升空间的进一步缩小，主业市场日趋成熟，竞争进一步加剧，因此不进行多样化投资就无法从绝对规模上跻身于全国乃至世界大企业的行列。

(2) 实行同心多样化战略

要确立企业在多样化所进入的新领域中的竞争优势，多样化应该是建立在所经营业务的专业化基础之上的。即从整体上来看，企业是在实施多样化，但从每一项业务或每一种产品来看，企业实施的是做深、做精、做透、做强的专业化。企业应该力争做一个，成功一个，必须注重确立企业在所进入新领域的优势。因此，企业进行多样化时，应注重与原有领域在市场、技术、营销等方面存在关联性的领域内谋求发展，而不应贸然开展复合多元化。企业在相关联的领域中实施多样化，能够利用原来成功的管理经验、营销力量和技术优势等，协调各领域内的经营活动，从而有助于确立竞争优势，降低多样化成本，减轻多样化风险。企业进行复合多样化，进入一个不太熟悉的行业，可能会增加企业经营的风险，可能使高层管理者难以做出明智的决策。

对于建筑企业来说，要更多地通过同心多样化战略来实现企业的多样化经营，实现规模扩张。例如：建筑工程施工、经营建筑材料是两个完全不同的"产品线"，但它们都属于"建筑类"这个大家族，面对同样或近似的消费市场，在品牌经营、物流配送、原材料采购等方面可以进行资源共享。

(3) 注重核心能力转移

企业拥有核心能力是将可能利用的市场机会转化为实际的盈利机会的关键，是多样化获得成功的必要保证。企业核心能力是企业长期发展的产物，核心能力能使企业保持长期稳定的竞争优势和获取稳定的超额利润。一个具备核心能力的企业在从事多样化经营时若不能完成其核心能力向多样化经营事业领域的转移，则会使这些多样化的事业领域不具备核心能力而在竞争中败北。企业进行的多样化经营，应是其核心能力的运用、延伸和发挥。

对于建筑企业来说，特别是已具备核心能力的企业而言，应坚持将最出色、最优秀的人才配置到最有前途的新兴发展领域，鼓励并创造条件使这类携带核心能力的人员经常聚会、开办研讨会，相互交换新的想法和经营经验。这样，显然有利于企业核心能力在多元样化经营中转移且得到提升，也必然促使企业多样化获得成功。

三、专业化战略

1. 专业化战略的概念

专业化战略是指企业在某些特定产品领域成长发展的战略。其目标不仅是从事某个行业或某种专业业务，而是这个行业或专业的领导者地位，即实施这种战略的企业总是站在最有利的能利用各种机会的地位，并不断利用领导者地位的权势和力量，保持其远超于竞争者的状态。

2. 专业化战略的理论依据

(1) 规模经济原理

根据成本分析原理可知，一个企业的最大产量规模是由企业生产中使用的固定设施的生产能力决定的。由于拥有固定设施的企业在生产中力求实现规模效益，使其生产的能力在同样成本的条件下得以提高，或是具有同样生产能力的固定设施价格具有逐渐下降的可能，其结果是导致使用这些固定设施的企业的规模效益具备进一步强化的潜力。所以，即使是已经充分利用了现有固定设施所能提供的成本效益,如果对现有固定设施进行调整,将进一步实现生产规模的扩大。

规模经济除了来自固定成本的设备规模经济以外,还来自于生产中分工程度加深,使用专门设备和专业操作工人获得规模经济。

(2) 学习曲线原理

专业化战略的优势不仅仅反映在固定成本的作用上,还表现在由同一活动不断重复导致活动效率的提高上。学习曲线原理研究的就是这种重复而产生的经验积累对成本的影响,其表现是随着工人累积产量的增加,单位产品的成本和工时就会降低。

3. 建筑企业专业化战略模式

建筑企业可采用的专业化战略模式主要有三种:

(1) 产品对象专业化

就是按建筑产品的不同而建立专业化的建筑企业。由于建筑产品因用途与功能不同而带来施工工艺上的差别,专业化建筑企业可以发挥其在管理、技术和装备上的优势,形成完整的建筑产品。

(2) 施工工艺专业化

就是把建筑施工过程中某些专业技术,由某一种专门从事这项工作的建筑企业承担。由于这些工作专业性强,需要的施工机械设备多,实行专业化会带来很大的好处。

(3) 构配件生产专业化

就是专门向现代化工地提供大型的经过加工或组装的建筑构件、配件,以便组织建筑工业化的施工。

在现代建筑市场中,这种专业化发展还表现在:由专业化分散经营向专业化规模方向发展;由固定或区域分片向区域分散连锁化方向发展;由单纯专业化的分工向专业的上下游方向发展。

4. 专业化战略的优势与不足

(1) 实施专业化战略的优势

我国经济学家樊纲曾评论世界500强企业说:"看500强关键要看人家的竞争力,而不是规模。500强的专业化竞争能力都很强,绝大多数公司主业非常明确,他们不搞多元化经营,兢兢业业、目不斜视在一个领域里做一种产品,并多年保持这一种产品的优势。"一般来说,实施专业化战略有以下优势:

1) 对市场需求反应敏感。采取专业化战略的企业将资源集中于一种产品、一个市场或一种技术上,因此,在生产技术、市场知名度、对用户需求反应的敏感性以及对市场的了解度强于那些进行多样化生产的竞争对手;

2) 能为客户提供专业性全过程服务,而且在质量服务上有差别,竞争优势明显;

3) 技术开发和创新能力较强,便于参与市场竞争或取得资源配置。

(2) 实施专业化战略的不足

1) 经营内容单一使企业承受极大的环境压力;

2) 企业的经营范围较窄,利润风险较大。

5. 建筑企业专业化战略发展的必要性

(1) 建筑市场整体形成和发展的需要

由于建筑行业受计划经济影响时间较长、影响程度较深，既属行政干预较大的行业，又属竞争进入障碍较低的行业，加上分属各部门和各地方管理，施工生产分散，因此，市场集中程度较低。

建筑产品的商品化和社会化必将使建筑市场形成一个自然的整体，优胜劣汰是竞争的本质所在，人为地分割与保护是不行的。国家建设部颁布的《建筑业企业资质等级标准》和《建筑业企业资质管理办法》，将建筑业企业从资质上划分为综合承包类、专业承包类和劳务承包类企业，标志着我国向先进的行业管理体制和专业化方向迈进了一大步。

（2）建筑企业管理体制和项目管理模式改变的需要

建筑业市场机制的形成，导致了建筑企业在组织机构上的调整，即多级法人制度解体，总部逐渐消亡，分解成若干相对独立的一级法人单位，成为专业承包企业。

由于项目管理模式的日趋成熟，在施工生产管理过程中，企业的管理层和作业层分离，建筑企业内部资源开始有序流动、生产要素不断优化组合，必将要求有大量的专业化施工企业予以协助，进行分工合作。而且随着社会经济及科学技术的发展，一些技术资金密集的工程项目以及精、难、高、尖的施工技术，也对目前施工技术水平、工艺水平既无领先优势又无差别的企业提出了挑战。

（3）在国际市场上的优势

我国建筑企业的总承包能力较弱，但也应看到我国建筑企业在国际工程市场上的优势，那就是在专业工程承包和劳务承包方面的实力和竞争力。

劳务承包虽是我国在国际工程承包中的优势所在，但目前非劳务承包合同的数量和合同承包额增长很快，这反映了我国建筑企业在专业工程施工和管理方面水平的提高。同时，发达国家的建筑业已逐步从承包工程型转变为投资、开发经营型，这就为我国建筑企业进入国际施工承包和劳务承包领域提供了机遇，也为我国建筑企业的发展指明了方向。任何企业都有一个由小到大、由弱变强的发展过程，关键是要定好自己的位置，承认差距，积极参与分工，制定出与自己实力相当的发展战略。

6. 建筑企业专业化战略的实施

（1）目标市场定位

根据专业化发展战略的特点和形式，实施专业化发展战略的建筑业企业首先要明确自己的核心业务和发展方向，也就是目标市场定位。

我们知道，建筑业的市场结构是由产品、地域、事业领域所组成的三维空间结构。

从产品轴向来看，产品可以不断细分，除了传统的建筑产品如工业建筑、民用建筑、路桥工程、水利工程外，随着科学技术的进步和社会经济的成长发展，新的建设需求不断出现，如环保工程、海洋工程、地下工程乃至宇宙空间工程，建筑产品可以不断延伸。

从地域轴向来看，建筑企业的市场区域即地区分布，包括国内市场和国际市场。建筑企业可以集中在一起，也可以跨地区、跨国界经营。

从事业领域轴向来看，建筑企业可以向设计、咨询、投资、开发经营等智力资本密集方向发展。

建筑企业专业化战略的关键就在于目标市场定位，即在什么产品和事业领域成长、向什么方向发展。建筑企业必须在满足社会需求的同时，从市场机会和企业优势两个方面考虑，尽可能地发现每一个市场机会，明确每一个方面的企业优势，在反复权衡比较的基础上，确定企业的目标市场。

目标市场的确定，不论对于大型建筑业企业还是中小型建筑业企业实施专业化战略都有着重要的意义和作用。例如日本的长谷川公务店，将其专业化战略定位在地域中高层公寓的建设上，并且将其地域限于东京及附近地区，逐步把建设施工与不动产开发结合起来，从购地、规划、设计到施工、销售以及售后的维修、管理等，实行一体化经营，一举出名并进入了高收益企业行列。又如德国的费希尔公司，只从事建筑用具的研究、设计和生产，这个公司平均每100名员工就拥有234项国际专利，居于世界领先地位。

（2）组织结构调整

建筑企业围绕专业化的发展方向调整组织结构可从这以下方面入手：

1）采取剥离与分立措施

通过剥离和分立，解决企业办社会的问题和企业"大而全、小而全"的发展模式，突出主业和经营重点，退出竞争过于激烈或专业没有优势的市场，以适应市场经营环境的变化。同时通过剥离和分立，还能够使企业提高管理效率，创造出简洁、有效率、分权化的企业组织，以改变管理机构臃肿庞大、决策迟缓的弊端。

2）采取兼并与收购措施

通过兼并和收购，能够使专业优势企业迅速扩大经济规模，提高市场份额，也能使一些建筑业企业利用其在资金、技术、人力等方面的优势，扩大其资本运营权和资本控制权，使优良的资金获取更高的收益率，使精湛的技术得以扩展应用，使优秀的人才能在更广阔的舞台上施展手脚。

（3）人才发展

近来年，我国的建筑企业越来越重视专业技术和管理人员的作用，但由于受计划经济体制的影响，建筑业企业的人员一般以施工生产工人为主体，技术管理人员一般占企业总人数的比例较小，即便是技术管理人员，也是以为施工现场服务、围绕施工生产进行技术指导和管理为主的居多，真正搞专业技术研究开发和市场经营的人才却很少。

实施专业化发展战略，人才的培养和使用是关键。在我国市场经济迅猛发展和全球一体化进程中，企业不仅要保证施工任务的完成，保证建筑产品质量，同时还要承担很多的技术研究开发工作，考虑市场中各种风险因素，如政策风险、经营风险等。为了推行专业化发展战略，为了面对未来的市场需求，人才的需求就要随之提高，从知识上尽可能地提高员工的学识层次。同时，建筑企业不再只是土木建筑、机械安装专业人才的施展的舞台，而且也应该是应用化学、数学物理、地质、气象、生物、国际关系、政治法律、市场营销、金融贸易等专业人才的用武之地。所以，建筑企业首先要大力培养和使用人才。

（4）技术发展

由于建筑企业专业化发展战略实际上就是在一个专业或领域内具有技术、产品、工艺、质量、价格等方面领先于同行或竞争对手的发展战略。这一切都是建立在技术开发领先的基础之上的。

建筑企业在资金有限的情况下，有三种途径来实施技术差别化战略，促进和保持技术开发领先的地位：

①开发新产品。新产品包括新的施工机械、新的施工用具和新技术产品等，一旦开发

成功，一方面可迅速降低施工成本，提高劳动生产率；另一方面，又能在一定时期内优先创造新的市场，占据竞争优势。

②尖端技术和实用技术开发并举。专业化的建筑企业，必须尽力开发本专业领域内的尖端技术，拉开与其他企业的技术差距，同时还应不断开发大量的实用技术，拥有大量的技术专利并推广应用，才能在建筑业市场中占有优势。

③向与专业技术关联的技术方向发展。这些关联技术包括与施工技术相关联的上游方向或下游方向技术，比如上游方向的技术开发有规划、投资、咨询、计划、设计等方面；下游方向的技术开发有维修、检修、物业管理、客户服务等方面。

案例：一体化和多元化发展战略的制定与实施

1. 公司概况

T公司建于1950年6月，是新中国最早成立的铁道工程局。20世纪80年代改革开放之初，T公司率先进入深圳建筑市场，全面参与市场竞争。1998年底，T公司以铁路、公路承包和施工为主的优良资产剥离出来，作为主发起人创立了股份有限公司。2001年5月28日在上海证交所公开上市，成为国有铁路施工企业首家上市公司。

2. 成长战略的制定

随着经济环境的剧变和市场竞争的日益激烈，T公司领导清醒地认识到：公司要想在竞争中求生存，图发展，必须站在战略管理的角度考虑企业的发展问题。在2003年，T公司制定了"以建筑业一体化发展为主、适度发展相关多元经营"的战略行动方案：

（1）发展愿景：致力于成为中国领先的、提供全方位建筑服务的、具有相当国际竞争实力的、拥有相关多元发展的综合型建筑和工程企业，使企业逐步由被动追随市场向主动开拓市场转变。

（2）总体思路：在建筑产品纵向一体化上，加快发展上游，做好做强中游，积极拓展下游；在适度相关多元业务上，突出重点，加快发展，培育新的经济增长点；在存续业务上，分门别类，有退有进，合理配置资源，盘活资产。

（3）制定的主要原则：目标的一致性；行业优势的充分利用；企业能力优势的进一步发挥；资源的有效利用；形成内部协同性和外部的适应性。

（4）战略定位：①总公司层面，实施战略管理，以调整产业结构为目标，在纵向一体化上下功夫，注重发展相关多元经营、资本经营和国际合作，近期重点向项目开发和建设管理发展，努力寻求新的经济增长点，形成新的经济支柱，并为股份公司孵化项目；②股份公司层面，实施财务管理，注意横向扩张，在产品结构调整和市场领域扩展上下功夫，以工程施工业做大做强、为T公司整体发展奠定基础为目标，近期重点发展建筑业中游业务、设计咨询和下游业务，并承接T公司孵化的建设投资项目，队伍结构调整完成后全面发展建筑业上、中、下游业务，在发展中游业务时要开辟扩大市政建设、水利水电、港口码头、机电安装、环保工程等施工领域，为上游业务发展提供支持；③子公司层面，实施生产经营管理，以经营为龙头，以项目管理为重点，调整产品结构和队伍结构，致力于培育一两项特长技术和拳头产品，形成优势，增强核心能力。

3. 战略的实施情况

战略行动方案确定以来，T公司、股份公司分别在各自的业务定位中加快发展，各项业务发展势头良好，充分显示了战略转型所焕发的生机。

(1) 上游业务取得突破。2000年底T公司与广西新长江高速公路有限责任公司签订委托承包管理合同，以总承包模式全权负责广西兴六高速公路项目的土建工程建设管理工作。兴六项目的成功运作，使T公司积累了丰富经验，提高了知名度，扩大了影响。2003年以BOT方式投资建设四川阆中市嘉陵江大桥项目，项目总投资8000多万元，目前项目建设已接近尾声。2005年参与投资重庆忠垫高速公路、云南广砚高速公路等项目。

(2) 中游施工业务快速成长。T公司高举生产经营龙头，狠抓项目管理，工程施工产值及中标额快速增长，企业效益稳步提高。2002年施工产值47亿元，2003年56.2亿元，2004年93亿元，年均复合增长率为24%。2002年工程中标额52.6亿元，2003年77.05亿元，2004年达到160.6亿元。T公司净利润由2002年的3973万元，上升到2004年的4320万元。

(3) 相关多元业务健康发展。房地产业取得较好成绩，至2005年年底土地储备超过4000亩。公司开始介入概念及规划开发，积极向城市立体规划运作和城市运营方面迈进，异地开发也取得进展，进入了北京、贵阳、山东等地。涉足金融行业，为经营增添了新的竞争手段和资本运作平台。2005年10月29日，T公司与中国铁路工程总公司共同收购了衡平信托投资有限责任公司72.39%的股权，成为衡平信托的大股东之一，实现了产业资本与金融资本的优势互补。

(4) 国际业务成绩斐然。在国际工程承包、国际合作开发方面均实现新突破，2003年经营开发额首次突破1亿美元，2004年开发额达4.3亿美元。几年来不仅巩固了东南亚市场，还新开辟了中亚、非洲及南美市场，同时开拓了新领域、探索了新的合作模式。T公司已进入美国《工程新闻记录》（ENR）全球最大225家工程承包商排行榜，名次逐年提升。

同时，T公司先后与美国通用电气公司、上海实业集团等国内外著名企业签订了战略合作协议。按公司发展战略，上游、中游、国际业务、相关多元化产业四大板块的比例将达到3:5:1:1。

第四节 建筑企业战略选择的方法与技术

一、波士顿矩阵

波士顿矩阵是美国波士顿咨询公司（BCG）在1960年为咨询一家造纸公司而提出的一种投资组合分析方法，是多元化公司进行战略制定的有效工具。通过把客户生产经营的全部产品或业务组合作为一个整体进行分析，解决客户相关经营业务之间现金流量的平衡问题。

1. 波士顿矩阵分析方法

波士顿矩阵的横轴表示客户在产业中的相对市场份额，是指客户某项业务的市场份额与这个市场上最大的竞争对手的市场份额之比。这一市场份额反映客户在市场上的竞争地位。相对市场份额的分界线为1.0~1.5，划分为高、低两个区域。纵轴表示市场增长率，是指客户所在产业某项业务前后两年市场销售额增长的百分比。这一增长率表示每项经营业务所在市场的相对吸引力，通常用 10%平均增长率作为增长高、低的界限。图中纵坐标与横坐标的交叉点表示客户的一项经营业务或产品，而圆圈面积的大小表示该业务或产品的收益与客户全部收益的比，如图 5-3 所示。

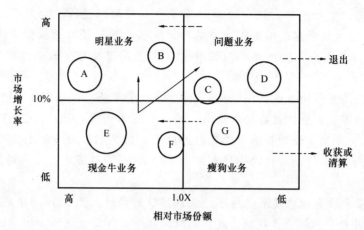

图 5-3 波士顿矩阵

根据有关业务或产品的产业市场增长率和客户相对市场份额标准，波士顿矩阵可以把客户全部的经营业务定位在四个区域中，分别为：

第一区域高增长—强竞争地位的"明星"业务。这类业务处于迅速增长的市场，具有很大的市场份额。在客户的全部业务当中，"明星"业务的增长和获利有着极好的长期机会，但它们是客户资源的主要消费者，需要大量的投资。为了保护和扩展"明星"业务在增长的市场上占主导地位，客户应在短期内优先供给他们所需的资源，支持它们继续发展。

第二区域高增长—弱竞争地位的"问题"业务。这类业务通常处于最差的现金流量状态。一方面，所在产业的市场增长率高，客户需要大量的投资支持其生产经营活动；另一方面，其相对份额地位低，能够生成的资金很小。因此，客户对于"问题"业务的进一步投资需要进行分析，判断使其转移到"明星"业务所需要的投资量，分析其未来盈利，研究是否值得投资等问题。

第三区域低增长—强竞争地位的"现金牛"业务。这类业务处于成熟的低速增长的市场中，市场地位有利，盈利率高，本身不需要投资，反而能为客户提供大量资金，用以支持其他业务的发展。

第四区域低增长—弱竞争地位的"瘦狗"业务。这类业务处于饱和的市场当中，竞争激烈，可获利润很低，不能成为客户资金的来源。如果这类经营业务还能自我维持，则应缩小经营范围，加强内部管理。如果这类业务已经彻底失败，客户应及早采取措施，清理业务或退出经营。

比较理想的业务组合状况应该是：企业有较多的明星和现金牛类业务，同时有一定数量的"问题"和极少量的"瘦狗"类业务，这样企业在当前和未来都可以取得较好的现金流量平衡。不然的话，如果产生现金的业务少，而需要投资的业务过多，企业发展就易陷入现金不足的陷阱中；相反，企业目前并不拥有需要重点投入资金予以发展的前景业务，则企业就面临发展潜力不足的战略性问题。

2.波士顿矩阵的启示

(1) 波士顿矩阵是最早的组合分析方法之一,作为一个有价值的思想方法,被广泛运用在产业环境与企业内部条件的综合分析、多样化的组合分析、大企业发展的理论依据等。

(2) 波士顿矩阵将企业不同的经营业务综合在一个矩阵中,具有简单明了的效果。

(3) 该矩阵指出了每个经营单位在竞争中的地位,使企业了解到它们的作用和任务,从而有选择和集中地运用企业有限的资金。每个经营业务单位也可以从矩阵中了解自己在总公司中的位置和可能的战略发展方向。

(4) 利用波士顿矩阵还可以帮助企业推断竞争对手对相关业务的总体安排。其前提是竞争对手也使用波士顿矩阵的分析技巧。

3.波士顿矩阵的局限

(1) 在实践中,企业要确定各业务的市场增长率和相对市场份额是比较困难的。

(2) 波士顿矩阵过于简单。首先,它用市场增长率和企业相对市场份额两个单一指标分别代表行业的吸引力和企业的竞争地位,不能全面反映这两方面的状况,其次,两个坐标各自的分划都只有两个,分划过粗。

(3) 波士顿矩阵事实上暗含了一个假设:企业的市场份额与投资回报是成正比的。但在有些情况下这种假设可能是不成立或不全面。一些市场占有率小的企业如果实施创新、差异化和市场细分等战略,反而能获得很高的利润。

(4) 波士顿矩阵的另一个条件是,资金是企业的主要资源。但在许多企业内,要进行规划和均衡的重要资源不是现金而是时间和组织中人员的创造力。

波士顿矩阵在具体运用中遇到一些困难。正确的应用组合计划会对企业的不同部分提出不同的目标和要求,这对许多管理人员来说是一个重要的文化变革,而这一文化变革往往是非常艰巨的过程。例如,按波士顿矩阵的安排,"现金牛"业务要为"问题"业务和"明星"业务的发展筹资,但如何保证企业内部的经营机制能够与之协调?

二、通用矩阵

通用矩阵也称 GE 九象限矩阵分析方法,是美国通用电气公司首先采用的一种分析公司多样化经营战略的工具。通用矩阵改进了波士顿矩阵过于简化的不足。首先,在两个坐标轴上都增加了中间等级;其次,其纵轴用多个指标反映产业吸引力,横轴用多个指标反映客户竞争地位。这样,通用矩阵不仅适用于波士顿矩阵所能使用的范围,而且对不同需求、技术寿命周期曲线的各个阶段以及不同的竞争环境均可使用。9 个区域的划分,更好地说明了客户中处于不同地位经营业务的状态,如图 5-4 所示。

通用矩阵模型所采用的二维坐标分

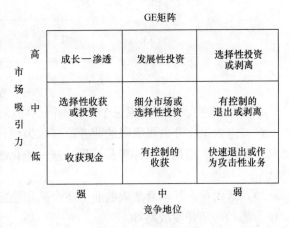

图 5-4 市场吸引力——竞争地位矩阵

别为产品——市场长期吸引力和业务单位的实力——竞争地位。纵坐标代表每个行业的吸引力,它是行业的多个影响因素的加权综合值,如产业增长率、市场价格、市场规模、获利能力、市场结构、竞争结构、技术及社会政治因素等。评价产业吸引力的大致步骤是:首先根据每个因素的相对重要程度,定出各自的权数;然后根据产业状况定出产业吸引力因素的级数;最后用权数乘以级数,得出每个因素的加权数,并将各个因素的加权数汇总,即为整个产业吸引力的加权值。

要评估业务单位的实力——竞争地位,需对每个业务单位进行评价,计算出加权综合值,评价因素包括:相对市场份额、市场增长率、买方增长率、产品差别化、生产技术、生产能力、管理水平等。评估经营业务竞争地位的原理,与评估产业吸引力原理是相同的。

将产品——市场吸引力和业务单位的实力——竞争地位这两个综合评价值用于 GE 九象限矩阵上确定每个业务单位的位置。从矩阵图 9 个方格的分布来看,处于左上方三个方格的业务最适合采取增长与发展战略,企业应优先分配资源;处于右下方三个方格的业务,一般就采取停止、转移、撤退战略;处于对角线三个方格的业务,应采取维持或有选择地发展的战略,保持原有的发展规模,同时调整其发展方向。

三、内部——外部(IE)矩阵

IE 矩阵是由通用电气公司在波士顿矩阵、外部因素评价矩阵、内部因素评价矩阵基础上建立的业务检查矩阵,如图 5-5 所示。其横、纵轴分别采用分部级的 IEF 综合加权评分和 EEF 综合加权评分作为变量,而且关于企业分部信息更多更细,IE 矩阵中各分别采用与波士顿矩阵中相同的圆圈和阴影示意图,且其代表变量也相同,只不过用各自 IEF 总加权评分和 EEF 总加权评分交点来定位。

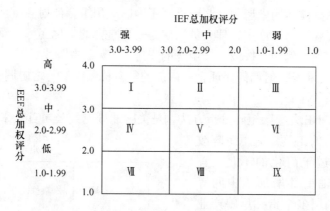

图 5-5 内部——外部矩阵

在 IE 矩阵中,可以分成三个具有不同战略涵义的区间:

(1) 落入Ⅰ、Ⅱ、Ⅳ象限的业务应被视为增长型和发展型业务。所以应采取增长型战略(市场渗透、市场开发和产品开发)或一体化战略(前向一体化、后向一体化和横向一体化)。

(2) 落入Ⅲ、Ⅴ、Ⅶ象限的业务适合采用稳定型和保持型战略,或选择盈利战略,如市场渗透和产品开发战略等。

(3) 落入Ⅵ、Ⅷ、Ⅸ象限的业务应采取收获型和剥离型战略或收获/放弃战略。

四、产品——市场演变矩阵

美国学者霍佛（Hofer）针对通用矩阵的局限性，设计出一个具有 15 个方格的矩阵，用以评价企业的经营状况，其矩阵图如图 5-6 所示。

在矩阵图中，圆圈表示行业规模或产品/细分市场。圆圈内扇形阴影部分表示企业各项经营业务的市场占有率。

从图中也可以看出，企业各项经营业务在矩阵中所处的不同地位。A 项业务类似明星业务，占有很大的市场占有率，但需要企业投入大量的资源予以支持，且加强其竞争地位。B 项经营业务与 A 项业务有着同样的前景，但是该业务在具有很强的竞争地位的条件下却没有取得较大的市场占有率，企业只有找出真正的原因，制定出完善的修正计划以后，才能进一

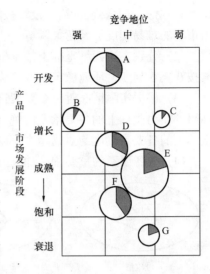

图 5-6 产品——市场演变矩阵

步分配资源给 B 项业务。F 项业务和 E 项业务都是现金牛业务，可以为企业提供资金。G 项业务正变成瘦狗业务，企业应该考虑所要采取的措施，甚至为最终撤出该经营领域做好准备。

五、战略地位与行动评价矩阵

战略地位和行动评估矩阵（SPACE）是战略方向选择的工具，在 SWOT 分析的基础上，通过确定两组具体反映企业内外部的量化指标，能够更加准确地进行战略的选择和定位。SPACE 矩阵分析虽然克服了 SWOT 分析法方向单一的不足，但由于它有多种可能组合，增加了分析的复杂程度。

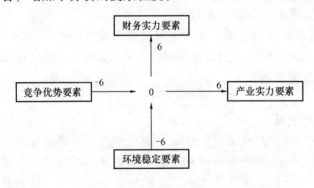

图 5-7 SPACE 评估矩阵

为克服 SWOT 分析的不足，SPACE 矩阵作了很大的改进。它用四维坐标进行评估，见图 5-7 所示。

环境稳定要素和产业实力要素是反映外部环境的坐标；财务实力要素和竞争优势要素是反映客户内部条件的坐标。

分析步骤如下：

（1）确定坐标的关键要素。和 SWOT 分析要求一样，关键要素一般不超过 8 个。

1) 环境稳定要素包括：技术变化、通货膨胀率、需求变化、竞争产品的价格范围、进入市场的障碍、竞争压力、需求的价格弹性等；

2) 产业实力要素包括：发展潜力、利润潜力、财务稳定性、技术和资源利用率、资本密集性、进入市场的难度、生产率、生产能力的利用程度等；

3) 竞争优势要素包括：市场份额、产品质量、产品寿命周期、产品更换周期、顾客对产品的忠心程度等；

4）财务实力要素包括：投资报酬、偿债能力、资本需要量与可供性、现金流量、退出市场的难易程度、经营风险等。

（2）分别在这四维坐标上按 +6 至 -6 进行刻度。产业实力和财务实力坐标上的各要素按 0 至 6 刻度；环境稳定和竞争优势坐标按 -6 至 0 刻度。

（3）根据实际情况对每个要素进行评定，即确定各要素归属哪个刻度。注意产业实力和财务实力坐标上的各要素刻度绝对值越大反映该要素状况越好，而环境稳定和竞争优势坐标上的各要素刻度绝对值越大反映该要素状况越差。

（4）按各要素的重要程度加权并求出各坐标的代数和。

（5）根据上述结果进行战略地位定位与评价，将会有多种的组合结果。以下 4 种组合是比较典型的：进攻型、竞争型、保守型、防御型，见图 5-8 所示。

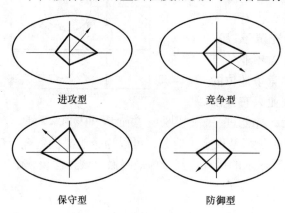

图 5-8 各种战略形态图

1）进攻型。产业吸引力强、环境不确定因素极小，企业有一定竞争优势，并可以用财务实力加以保护。处于这种情况下的企业可采取发展战略。

2）竞争型。产业吸引力强，但环境处于相对不稳定状况，企业占有竞争优势，但缺乏财务实力。处于这种情况下的企业应寻求财务资源以增加营销能力。

3）保守型。企业处于稳定而缓慢发展的市场，企业竞争优势不足，但财务实力较强。处于这种情况下的企业应该削减其产品系列，争取进入利润更高的市场。

4）防御型。企业处于日趋衰退且不稳定的环境，企业本身又缺乏竞争性产品且财务能力不强，此时，企业应集中精力克服内部弱点并回避外部威胁，采用紧缩、剥离、清算等方式转入战略防御，有选择地退出部分市场。

案例：建筑企业总体战略的调整与发展

随着中国加入 WTO，我国建筑企业面临严峻挑战，中小企业竞争力不足的弱势自不必说，大型建筑企业单纯的规模扩张，不注重管理体制和发展战略调整，也同样没有前途。目前，许多建筑企业还停留在传统的低层次竞争水平，技术和管理水平没有质的提高，以相互压价等方式残酷竞争，在承接高、大、难、新项目，项目策划、项目管理能力等方面都与国际先进水平存在着较大的差距。

S 集团公司是在我国改革大潮中崛起的中国最大民营企业之一，以建筑和房地产为主导产业，以产权为纽带，下辖建设、房产、投资、旅游、传媒、国际贸易六大行业集团和一家上市公司，实力雄厚。正是基于以上清醒认识，S 集团抓住机会，整合资源，全面调整集团总体发展战略。

1. 调整管理体制，提高资源配置的合理性和效率

（1）整合资源，实施区域管理

S集团成员企业几乎覆盖了全国所有的市场区域，管理区域广、链条长、成本高、风险大，而且在各区域内都存在着内部竞争，既消耗了内力，也不利于对外形象的塑造。从资源配置角度看，存在着不合理性，行业管理十分不利。为改变这种情况，理顺管理体制，S集团实施了区域性管理办法：在集团现有业务量较多的区域设立相应的区域性子公司或分公司，对所属项目进行重新划分和交割，效果已有显现。

区域管理调整后，成员企业的数量增加了，但集团的人才（主要是项目经理和各类专业技术人员）、资质（特级总承包和其他专业资质）以及各类获奖证书等资源还是原有的数量，而且基本集中在原有几个较大的成员企业手中，不利于新设立区域性公司的成长和发展。为此，S集团对上述所有资源实行统筹管理：对集团所有项目经理、各类工程和经济技术人员，按照区域管理的要求，经过细致周全的协调后，进行重新配置；将各类资质证书、荣誉证书等资源由集团集中保管后，实行借用制度，这样就确保了资源的共享和综合利用。

(2) 抓高端项目，培养大项目部、大项目经理，依靠集团优势，着力培育专业公司，完善产业链

S集团是从事工业与民用建筑起家的企业，一直坚持"大建设"、"大建筑"的理念，并在资本扩张和企业发展中，努力延伸产业链，增强综合竞争力。近年来，培养发展了自己的市政工程、古建园林、设备安装、装饰装修等专业公司，但资源比较分散，如一些下属公司都有自己的安装公司、装饰公司，公司一方面通过整合，培育专业公司，另一方面，通过兼并，控股等方式，发展路桥、水利、监理、建材、设计等专业公司。

2. 应对国际挑战，实施"走出去"战略

要应对建筑业的国际化竞争，就不能只把目光局限于国内，S集团实施"走出去"战略，以建筑劳务出口为主，国际工程承包业务呈快速发展的趋势，S集团国际分公司已初见雏型。随着业务的发展，通过广泛的接触，不断的学习和相关人才的引进，S集团正与国际上先进的经营管理模式接轨，最终将实现"打造跨国企业集团"的宏伟目标。

3. 调整发展战略，实现"质"的转变

长期以来，S集团坚持增长型战略，迅速实现建筑业的规模扩张，为进一步发展奠定了良好的基础。在新形势下，S集团又提出实现可持续发展的第二次创业目标，努力通过提高管理水平，做强做大建筑业。

(1) 强化计划管理，健全控制体系

从2002年开始，S集团领导反复强调计划管理，突出三个特点：一是计划的细化，即把计划工作细分为工作计划、财务计划、经营计划和工程计划4大类；二是全面性，即按照年度、半年度、季度、月度的要求编制计划；三是强调落实，具体体现在对各类月度计划执行情况的监管。同时，集团实施信息化管理，为实现全面计划管理，提升管理水平，提供了有效的支撑。

(2) 实行财务、资金垂直管理，确保企业大而高效，散而集中

对财务、资金实行垂直管理是S集团的一项传统优势。各级财务管理体系独立于行政管理体系，财务部门独立开展工作。所有业务资金的往来，统一通过"资金结算中心"的帐户运作，既增进了资金周转和使用的透明度，又盘活了滞留资金，提高了资金的利用效率。

(3) 抓好生产经营管理体系的运转，落实责任制

S集团作为管理中心,在实践中着重于管理体系的建立和运转。生产方面,从集团到子公司再到项目部、班组,均建有质量管理网络、安全管理网络,并把责任落实到人;经营方面,主要履行集团的监督职能,对各成员企业招投标工作进行把关,实行项目经理责任制。

(4) 建立独立的劳务公司

建立独立的劳务公司是建筑业界比较流行的旨在分离管理层与作业层,减少工程总承包过程中安全风险的一种实践,S集团及其下属的部分成员企业均建立了相应的劳务公司。

4. 弘扬企业文化,促进可持续发展

企业文化建设贯穿于企业管理的各个环节:从"把生命意识融入建筑"的先进理念,到如火如荼的民工学校;从"团队、敬业、超越、贡献"的员工价值观,到贫困山区里"希望小学"中飘扬的红旗;从建筑工地上彻夜的灯火与汗水,到面对党旗庄严宣誓的一批批新党员,S集团的企业文化建设始终与企业发展连在一起,这是企业可持续发展的坚实基础。除了积极推行《企业文化白皮书》教育外,S集团把党支部建在项目上,使党组织成为推进企业文化建设的主力军,结合已建设的民工学校,文化建设体制和运作模式基本形成,为整体凝聚力和员工全面素质的提升,提供了有力的保障。

复习思考题

1. 企业使命的定位应该主要解决哪些问题?
2. 一个以发展为目的的建筑企业应如何构造其战略目标体系?
3. 制定战略目标的原则有哪些?假如你是一个大型建筑企业的总经理,将如何平衡各利益集团的目标?
4. 从企业发展的角度看,为什么大多数企业都倾向于采取增长型战略?
5. 如果某建筑企业在一定时期内采用紧缩型战略,是不是意味着企业的发展潜力不足?请说明你的理由。
6. 试讨论在我国一些大型国有建筑企业中存在战略态势选择误区的原因,并请举例说明。
7. 什么是企业的成长战略,制定企业成长战略的依据是什么?
8. 一体化战略与多样化战略各有什么利弊?
9. 建筑企业无论选择何种成长战略都会存在风险,那么建筑企业应如何有效规避风险?
10. 建筑企业战略选择的方法与技术有哪些?如何运用?
11. 试分析和比较各种战略选择方法与技术的异同。

第六章 建筑企业竞争性战略

20世纪80年代初,迈克尔·波特教授提出了三种基本竞争战略:成本领先战略、差异化战略和集中化战略,在20世纪90年代,又有人提出了另外两种竞争战略类型:用户一体化战略和系统一体化战略,我们将以上这五种竞争战略统称为竞争性战略。建筑企业选择竞争性战略的目的是为了使企业在某一个特定的经营领域或细分市场中取得较好的效果——努力寻求建立独特的竞争优势。本章主要介绍建筑企业竞争性战略的概念、内容、竞争优势建立的途径以及竞争性战略选择的方法。

第一节 成本领先战略

一、成本领先战略的概念

建筑企业成本领先战略是通过取得规模经济效益和市场占有率,使企业总成本低于竞争对手的总成本,从而以低价赢得市场,增加收入,最终获得赢利。"薄利多销"是对成本领先战略最好的写照,规模经济则是成本领先战略最根本的经济学逻辑。

在建筑市场中,成本领先战略是建筑企业经常采用的战略。例如,由于普通房屋建筑市场的进入门槛低,竞争对手众多,为了承揽业务,建筑企业不得不采用低价中标策略,中标后,千方百计降低工程成本,以成本领先获得竞争优势。

二、成本优势的建立

成本领先战略的重点和关键在于通过各种方式提高效率,降低成本,建立其成本优势。获取低成本优势主要有两个途径:

第一,控制成本驱动因素。比竞争对手更有效地开展内部价值链活动,更好地管理推动价值链活动的各个成本驱动因素。建筑企业的成本控制因素包括:规模经济、规模不经济、生产能力利用模式、学习、投入价格、技术优势、自主政策选择及相互关系等。

第二,重构价值链。改造企业价值链,省略或跨越一些高成本的价值链活动。采用效率更高的方式来设计、生产或销售产品。建筑企业重构价值链的活动包括:简化产品设计生产、避免使用高成本的原材料和零部件、再造核心业务流程、充分利用信息技术进行工作再设计等。

1. 控制成本驱动因素

(1) 规模经济

在企业生产扩张的开始阶段由于扩大生产规模而使经济效益得到提高,这叫规模经济。当生产扩张到一定规模以后继续扩大生产规模,就会使经济效益下降,这叫规模不经济。换句话说,建筑企业的规模经济是指建筑产品的单位成本随着工程任务量的增加而下降的现象,如图6-1所示,当企业的工程任务量由 O 增加到 Q_1 时,建筑产品的单位成本随着工程任务量的增加而逐渐降低到 C_1。

建筑企业的成本领先战略与规模经济是密切相关的，与规模经济相关的成本优势的来源包括：

1）固定成本的分摊

规模经济最主要的来源是工程任务量的增加。随着工程量的增加，单位建筑产品分摊的固定成本减少，使单位建筑产品的总成本降低。由于建筑企业的管理费用、设备折旧费用等固定成本在企业的成本中所占比例较高，因此，企业必须不断取得承包合同，保证工程任务量的饱满，这样才能增加固定成本的分摊，从而确立企业的成本优势。

2）与专业化有关的变动

亚当·斯密指出，分工和专业化能带来劳动生产率的提高。随着建筑企业规模的增大，企业内部可以进行更细的专业分工，专业化施工队随之出现。由于专业化施工队专门从事某一专业工种，重复单一的工作使工作效率越来越高，从而降低了人工费用。同时，随着工人对专业技术的熟练程度不断提高，也能有效减少返工、停工等现象的出现。因此，专业化对于建筑企业建立成本优势意义重大。

3）营销成本

建筑企业的营销成本主要是招投标费用和各种经营开支。如果建筑企业拥有较高的中标率，能够不断地获得工程合同，那么既可以节省营销成本，同时还可以更多地分摊费用。

4）采购经济性

大规模的经营必然伴随大规模的采购。大规模的采购必然增大买主讨价还价的能力，这在建筑企业的材料采购中体现得十分明显。建筑业是资源高消耗的行业，钢材、水泥等原材料消耗量巨大，材料成本占到建筑产品造价的65%左右。为了保证原材料供应的稳定性以及减少材料费用，建筑企业需要与原材料生产者建立密切的联系。大型建筑企业的任务量大，材料采购量也大，原材料生产者也更愿意与其建立紧密联系，并提供更加优惠的价格。

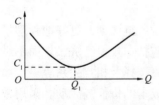

图6-1 规模经济曲线图

（2）规模不经济

根据规模经济曲线，当经济规模超出一定的范围，就会产生规模不经济，如图6-1所示，当建筑企业的工程任务量增加到Q_1后继续增加，单位产品成本反而随着工程任务量的增加而增加。与规模不经济相关的成本优势因素包括：

1）激励与职工积极性

国内一些大型国有建筑企业由于历史包袱重、资金缺乏、体制不顺等原因，职工积极性不高，生产规模扩大而效率下滑，出现规模不经济的问题。在这种情况下，需要建筑企业结合企业改制，强化管理，改革用人机制，采取有效的激励机制，保护职工积极性，提高劳动生产率，使企业在激烈的建筑市场竞争中占得一席之地。

2）管理不经济

企业生产规模变大，管理层次不断增多，这样容易造成管理人员增加，决策效率下降，管理成本上升。过去，许多建筑企业都存在管理人员多，官僚作风严重的问题，随着建筑市场竞争的加剧以及项目经理负责制的推行，建筑企业纷纷减少管理层次，以节约管理成本，提高管理效率。例如，中建集团总公司作为一家历史悠久的特大型建筑企业，公司内部不可避免地存在机构设置庞杂、企业管理失控等问题，为此公司大力推进了"裁短管理链条"工作。通过"撤（歇）、并、改、还"等多种方式，整合各类机构613家。经营机构的整合以及预算管理的加强，有效地控制了管理费用的增长，企业2000年、2001年和2002年"百元收入管理费率"，分别为5.98%、5.23%和4.95%，呈逐年下降趋势。

3) 与市场及供应商的距离

随着建筑企业生产规模增大，经营范围也相应扩大，随之而来的是，企业远离熟悉的原材料供应商或者市场，由此增加的运输费用、采购费用有可能抵消由于规模经济而节约的成本。建筑产品具有固定性，建筑企业开拓外埠市场，必然涉及机械、人员转移，运输费用增加，以及由于对外埠市场缺少了解而造成材料、劳动力采购成本的增加。因此，为了保持成本优势，建筑企业在外拓市场中，不应盲目承揽项目，而是要考虑到这个市场的容量和潜力，考虑到在当地市场是否能够连续不断地获得工程承包合同，从而减少由于远离熟悉的市场而造成的成本增加。

(3) 生产能力利用模式

当一项价值活动与大量固定成本相联系，企业成本就会受到生产能力利用率的影响。增加产量可以加大固定成本的分摊，提高生产能力利用率是提高产量的一条主要途径。保证建筑企业的生产能力在整个年度满负荷运转的途径包括：

1) 争取工程量大、建设周期长的建筑合同，或寻求拥有长期稳定工程任务的客户（业主），与其形成合作伙伴关系；

2) 鼓励企业内部各专业化队伍积极走入市场，与缺少专业队伍或设备而工程任务饱满的承包人合作；

3) 本行业工程业务量减少时，迅速转向，开拓新的业务领域。

(4) 学习

一项价值活动通过学习可以提高效率从而随着时间的推移降低成本，学习的方式包括：

1) 利用学习曲线进行管理。许多历史悠久的建筑企业学习曲线效应非常明显。这类企业由于具有多年的生产经营经验，积累起高效运作所需的知识、技能和诀窍，同时拥有大批经验丰富、操作熟练的技术工人、技术人员，因此，在施工环境、技术工艺相同的条件下，这类企业的返工率、材料利用率、安全施工等指标往往比其他企业要好，从而有效地降低了施工成本。

2) 保持学习专有。技术的优势往往可以成为企业成本优势的来源，建筑企业需要通过保护专门知识的传播、保留骨干员工、在同员工签订的合同中严格关于保密的纪律等措施来保护企业专有技术，从而建立和保持成本领先优势。但建筑业人员流动性大，对技术的保护工作又往往得不到重视，因此如何留住人才，保护企业专用技术应该成为我国建筑企业特别是大型建筑企业思考的问题。

3) 向竞争对手学习。向竞争对手学习包括：研究竞争对手的施工技术、管理方法；以同类型企业的优秀业绩为参照进行标杆学习；咨询熟悉竞争对手运营情况的相关人员，如企业的退休人员、有过长期合作的业主、材料供应商、分包商等。这也正是许多新兴的建筑企业为什么能够后来居上的原因。

(5) 投入价格

投入是指建筑企业从事经营活动所需的各种生产要素，包括劳动力、资本、土地、原材料等有形资源以及社会关系等无形资源。如果企业拥有特别的要素来源渠道，就会在同行中形成成本优势。对于本地建筑企业往往在获得劳动力、原材料等生产要素有一定优势，因此，建筑企业在企业所在地承揽业务，容易形成成本优势。例如，中建五局是中央直属在湘企业，近年来，他们改变了过去忽视企业所在地市场的做法，而是明确提出"本土化"经营的战略，即要求各区域企业不仅实现有形资源的本土化，如人力资源、分包商、设备、资金等；还要实现无形资源的本土化，如营销网络、人脉资源的本土化，企业文化的本土化，最终整个企业融入当地，被当地主管部门、当地市场和业主接纳，享受到本土企业可以享受的政策和待遇。

(6) 地理位置

不同的地区工资水平、原材料价格、运输费用、基础设施、竞争环境等方面存在差异，从而形成了成本差异。例如，因为湖南在地理上紧临广东，所以湖南的建筑企业在广东从事工程时，许多方面可以降低成本，如设备转移费用低，人工费低等，所以湖南建筑企业在广东市场具有一定竞争优势，这与湖南的地理位置是分不开的。

(7) 技术优势

"科技是第一生产力"，技术进步可以有效提高生产率，降低成本。建筑企业不仅是劳动密集型企业，也是技术密集型、管理密集型企业，因此，建筑企业的先进技术不仅包括先进技术、先进设备和新工艺等"硬技术"，还应包括企业文化、管理水平等"软技术"。目前我国许多建筑企业都已意识到"硬技术"在减少成本中的重要作用，非常重视先进技术、工艺、工法在施工中的应用，但是对于如何提高项目管理水平，营造企业文化却缺少足够的重视。实施成本领先战略应注意树立全员成本意识，培养低成本的企业文化。如果低成本理念深入人心，就会有自觉降低成本的行为发生，从而给公司带来相对于竞争对手更持久的成本优势。

(8) 自主政策选择

建筑企业选择不同的产品或服务作为企业主营业务，其成本是不同的。比如一家小型建筑公司，如果它选择高层建筑建设作为企业发展方向，那么人员培训、设备更新等转换成本将成为企业沉重负担，如果企业根据自身技术专长，从事劳务分包或专业分包，其成本便可以大大降低。

(9) 政府政策

对于建筑企业来说，政府的优惠政策对其成本的影响是巨大的。例如国内建筑企业进军国际市场，政府为其提供低息信贷支持，减免税收，实际上，就是从外部帮助国内建筑企业在国际市场竞争中建立一定的成本优势。

(10) 联系

联系主要是指价值链内部联系以及与相关企业价值链的纵向联系。一个建筑产品从原材料投入到送到业主手中，需经过若干过程，也就是建筑企业价值链中的各项活动。但是，一个企业并不一定进行价值链上所有的活动，它可以有多种选择：

1) 自行从事所有的活动，企业的业务涵盖建筑业上下游的相关行业；

2）与其他企业密切合作，如施工企业与设计企业、原材料生产厂、房地产商发展合作关系；

3）在市场购买所需资源，建筑企业可以通过招投标寻找劳务、专业施工队伍、设备材料供应商等。

建筑企业可以根据内部和外部特点做出选择。对于大型建筑企业，其实力雄厚，具有多个门类施工、设计能力，在行业内享有一定的声誉，实现设计、施工、设备采购一体化，甚至通过前向一体化进入建筑产品销售市场，后向一体化进入建筑材料生产领域，可以增加企业盈利点，减少交易成本，从而保持企业的成本优势；对于一般建筑企业，仅在设计或施工方面实力雄厚，那么通过企业间的合作，实现纵向一体化，不失为这类型企业实现成本优势战略的一条途径；工程管理公司则可能需要在建筑市场通过招标投标竞争，寻找合作伙伴，以合理最低价采购项目所需的人、材、物，发挥自身的智力优势和位置优势。

(11) 相互关系

建筑企业内部各个业务单元之间的关系也会影响到成本。在建筑企业中，它的主要业务单元就是各个项目部。在改制之前，国内许多建筑企业管理机构庞大，作为建筑企业生产基本单位的项目部，受企业多层管理机构包括总公司、分公司各部门的制约，造成上级的决策不能迅速下达到项目部，而项目部遇到的问题也无法及时得到上级的帮助和解决。通过几年的国企机构改革，项目部拥有足够的自主权，由过去对公司负责变为主要对项目负责，从而使整个企业运行效率大大提高，但同时也可能带来总公司管理力度不强的弊端。

如何提高组织效率，实现成本领先战略，不少建筑企业进行了有益的探索。某建设股份有限公司结合公路施工企业的特点，确立了"从严治企，强化内部管理，提高经济效益，杜绝经营性亏损和落实项目经理责任制"的指导思想及实行"资金集中统一管理，主材集中统一供应，大型机械设备集中统一管理，操作层集中统一采购，标后预算集中统一管理"的"集中统一管理"模式。一方面通过集中采购减低采购费用和材料设备价格，一方面通过标后预算集中统一管理，落实项目经理责任制，激发了项目部降低成本的积极性，从而提高了企业的竞争优势。

2. 重构价值链

所谓价值链，是指一个企业为顾客创造价值的主要活动和相关的支持活动及其各活动对于利润的贡献水平。建筑企业价值链的主要活动包括：项目承揽、咨询、设计、采购、施工、竣工交付、维修服务等。价值链中的每一项活动都承担一定的成本，都会占用企业的一定资源。将企业的经营成本和资源在价值链中的每一项活动中进行分配可以估测出每一项活动的成本。一般说来，活动之间都有联系，一项活动的展开方式往往会影响另一项活动展开的成本，如勘察设计成果会直接影响施工成本的高低等。价值链重构能够从根本上改变建筑企业的成本结构，利用企业优势改变竞争基础和成本驱动因素，因此，价值链重构能给建筑企业带来成本优势。价值链重构的方法主要有以下几种：

(1) 简化产品设计生产

比如，建筑构件设计的标准化将有助于模板、脚手架等设备的标准化，提高设备的利用率，降低施工费用，同时设计的标准化有助于加快设计速度，真正实现边设计边施工，从而加快工期，减少管理费用。

(2) 避免使用高成本的原材料和零部件

众所周知，劳动力、原材料价格与建筑企业成本息息相关，如何提高讨价还价能力，获得尽可能低价格的材料、劳动力是建筑企业关注的问题。例如，中建三局在全局材料广泛推行集中采购及劳务分包招投标制度，招标采购成本降低率平均在3%～10%左右，按平均每年20亿元大宗材料采购量计算，降低采购成本0.6～2亿元。劳务招投标方面通过多年的不断探索和实践，该局已形成较为完善的劳务招投标组织体系和规章制度，推广面达到90%。广泛开展大宗材料招标采购和劳务分包招投标作业，既有效地降低了采购成本，规范了分包行为，又避免了损公肥私、中饱私囊等腐败行为的发生。

(3) 再造核心业务流程，去掉低附加值的活动

目前多数大型建筑企业都希望通过多元化经营来优化企业结构，但多元经营的部门成为企业包袱的事例却屡见不鲜。建筑企业的核心业务应当还是建造业，其他业务应根据与集团母公司经营业务关联度高低和在行业内是否具有比较优势以及经济附加值高低为出发点，确定其战略定位。应避免出现新一轮的"大而全"，应先通过做"强"，进而做"大"。

例如，某建工集团总公司在产业结构调整方面，建设了四大板块。一是建筑主业，建设国际一流品牌；二是积极开发房地产产业；三是发展与建筑主业相关的工业，重点是商品混凝土、建筑构件；四是投资，主要投资市政设施领域，资产经营与生产经营并举，促进综合经营规模的较快增长。由此形成三大利润来源，即努力提高建安、工业等传统主业的赢利水平；以房地产开发为主形成一份具有风险的利润来源；通过扩大投资，形成一份较为稳定的收益。企业形成投资与建设、设计与施工、境内与境外一体化的模式，实现了发展速度、规模、效益的统一。

(4) 充分利用信息技术进行工作再设计

随着通信网络的发展，西方发达国家已把振兴建筑业、塑造顶尖建筑公司的希望寄于工程项目协同建设系统上。即对每一个工程项目建设提供一个网站，该网站是专用于该工程项目建设，其生命周期同于该项目的建设周期。该网站具有业主、设计、施工、监理等分系统，通过电子商务联结到建筑部件、产品、材料供应商，同时具有该项目全体参与者协同工作的管理功能模块，包括工作流程，安全运行机制，信息交换协议与众多分系统接口。该项目建设过程中所有的信息包括：合同法律文本、CAD 图纸、订货合同、施工进度、监理文件等，还提供施工现场实时图像。该网站完全与工程项目建设在信息上同步，通过完善的信息管理可以有效降低企业项目管理的费用，加强企业与用户之间的沟通，这将成为我国建筑企业在未来进行价值链重组的重要方式。

三、成本领先战略的适用场合

成本领先战略是一种基本竞争战略，但它并不是适用于所有的建筑企业。在以下场合，成本领先战略最能够发挥作用：

1. 基于顾客的场合

顾客对某一建筑产品或服务存在巨大的共同基本需求，质量合格的建筑产品都能满足顾客需求，价格成为顾客决定采购的主要影响因素。

2. 基于产品或服务的场合

对于建筑产品，差异化途径不多，差异化作用不明显。如果建筑企业提供的产品或服

务差别不大，则相应顾客的忠诚度偏低，比较容易改变购买厂家。因此建筑企业不得不以低价确保中标，获得工程合同。

随着城市化进程的加快，住房的需求在飞速增加，根据对我国城市居民的有关调查，价格是购房者主要考虑的因素。同时，随着建筑行业标准化的推广，普通居民住房户型、结构、修建工艺的差异性越来越小，因此，降低房屋造价，提高中标率是建筑企业的必然选择。对于许多房屋建筑企业而言，成本领先战略应当是其首选的基本竞争战略。

四、成本领先战略的风险

成本领先战略并不适用于所有建筑企业或所有场合，存在着以下一些风险：

1. 过于重视成本而忽视产品或市场的变化

建筑市场的需求会随着社会、经济等诸多因素的变化而变化，如果企业一味强调低成本而忽视市场的改变，企业就可能失去竞争的优势。例如随着经济水平的提高，顾客对写字楼、宾馆、商场等商业性建筑物的外观、内部装潢的需求层次越来越高，如果房地产开发商为节约成本而忽视对此类商业建筑物的装修装饰工程个性化、高档化的顾客需求，那么这种房地产商在商业建筑领域将丧失竞争优势。

2. 规模经济存在一定的弊端

规模经济是建筑企业保持成本优势的来源。但规模经济必然要求建筑企业进行大量投入，但是随着工程任务逐渐减少，大量闲置的设备、人员将成为企业的沉重负担，而那些小型建筑企业对市场变化反应迅速，及时进入新的领域开拓新的工程任务，而且企业人员、设备少，技术转换成本低，那些大型建筑企业原来通过规模经济取得的成本优势将不复存在。

3. 易于出现模仿

当一个建筑企业的成本优势战略获得成功，其他企业很可能纷纷效仿。成本优势的持久性取决于获取成本优势的途径和模仿的难易性。不同的成本优势来源可模仿的难度是不同的，见表6-1所示。

成本优势来源的可模仿性　　　　表6-1

模仿难度	成本优势来源	模仿难度	成本优势来源
易于模仿	规模经济/规模不经济	难以模仿	投入价格
	生产能力利用模式		地理位置
较难模仿	学习		联系
	技术优势		政府政策
	自主政策选择		企业内部相互关系

建筑企业规模经济或规模不经济以及生产能力利用模式产生的成本优势，通常不建立在历史、社会复杂性的基础上，所以易于模仿。而学习曲线的模仿需要建筑企业长时间的积累，模仿存在难度，技术的优势包括施工技术和管理技术，施工技术涉及到企业专利或企业的创新能力，是较难模仿的，而管理技术与企业文化、管理制度有密切的联系，也是较难模仿的。自主政策的选择如果只是涉及建筑物的外观、性能等，是比较容易模仿的，但当建筑企业的政策选择与企业内部复杂的决策过程相关时，就难以模仿了。

投入价格的高低与建筑企业采购生产要素的渠道相关，而这些渠道通常是建立在企业的历史、复杂的社会资源基础上的，是难以复制的，而时机的把握更加微妙，具有高度的不确定性，其模仿的复杂性不言而喻。而建筑企业要获得政府政策的支持，以保持成本优势，则需要企业具有处理政府关系的特殊能力，包括人脉、历史渊源等，这些也是难以模仿的。而与交易组织有关的成本优势，即企业价值链内部、不同企业价值链之间以及企业内部组织的联系，由于与企业组织的内外合作能力、组织效率相关，也是难以模仿的。

第二节 差异化战略

一、差异化战略的概念

建筑企业差异化战略的基本特征就是建筑企业的产品或者服务具有独特的性能或价值、高水平的顾客服务、杰出的产品质量、顾客有独享或者高档的感觉、迅速创新的能力。当一家建筑企业为顾客提供某种独特的、对顾客来说其价值不仅仅是价格低廉的东西时，它就把自己同竞争对手区别开来，获得了差异化。差异化可使该企业获得额外收益，如果实现的额外收益超出了为差异化而追加的成本，则差异化就会给企业带来理想的效益。

二、差异化的建立

建筑企业差异化战略的重点和关键是塑造建筑产品特色，为顾客创造价值，从而建立起相对于竞争对手的差异化优势。建立产品差异化优势需要解决三个基本问题：建立什么样的产品差异；在什么地方建立产品差异；以何种方式建立差异化优势。

1. 建立什么样的差异化

(1) 目标顾客或市场的确定

建筑市场根据地理、产品等因素可以划分成不同的细分市场，不同的顾客和市场有不同的需求，而要突出产品特色，就只能针对特定顾客的特定需求提供产品。而要确定目标顾客就必须对企业进行正确定位，即根据盈利前景、竞争态势等外部环境因素和企业自身的资源能力选择恰当的目标市场和目标顾客群，再以此为基础提供目标顾客认为物有所值的产品或服务。例如，湖南建工集团组织专家对全国主要的建筑市场进行分析，通过对北京、上海、重庆等区域市场的细分与定位，发现重庆建筑市场机会大于威胁，且企业有自身优势，于是集团把重庆作为目标市场，加大开拓力度，通过努力，取得了不菲的成绩，2004年以来，重庆市场的任务量获得大幅增长。

(2) 顾客核心价值的确定

建筑企业要确定顾客的核心价值，必须从分析目标顾客价值构成要素及其相对重要性程度入手，进而明确目标顾客的核心价值需求。一般来说，建筑市场的顾客价值可能由设计、质量、造价、速度、功能、外观、服务、创新等各种要素构成，其中顾客最需要和最重要的要素便是顾客核心价值所在。例如，对于厂房建设，其功能、质量、造价和速度是最为关注的要素，如果建筑企业在这些要素上投入不足，反而在顾客不太关注的厂房外观等方面投入过多，这就意味着企业对顾客核心价值定位不正确，从而削弱企业的竞争优势。

把握顾客价值，可以采用价值图分析方法。现以某建筑企业为例说明价值图分析方法的具体步骤；

第一，构造顾客价值特性，在厂房建设中，顾客价值包括质量、速度、造价、功能、服务、外观；

第二，请企业有关人员用 10 分制，对以下问题做出判断："企业的核心顾客怎样评价本企业对这六个价值特性的做法"，"企业的核心顾客怎样评价竞争对手对这六个价值特性的做法"；

第三，请企业核心顾客（即业主或厂房所有者）以 10 分制评价本企业和竞争对手在六个价值特性的做法（如表 6-2、表 6-3 所示），并将这些评价值在图上表示（如图 6-2、图 6-3 所示）。

企业与核心顾客加权值计算　　　　　　　　　　　　　表 6-2

构成要素	顾客权值	顾客评分	企业评分	顾客加权值	企业加权值	差值
质量	0.2	8	9	1.6	1.8	-0.2
造价	0.2	7.5	6	1.5	1.2	0.3
速度	0.15	8	9	1.2	1.35	-0.15
功能	0.3	8.5	8	2.55	2.4	0.15
服务	0.1	8	6	0.8	0.6	0.2
外观	0.05	6	7	0.3	0.35	-0.05
合计	1					0.25

竞争对手与核心顾客加权值计算　　　　　　　　　　　　表 6-3

构成要素	顾客权值	顾客评分	竞争对手评分	顾客加权值	竞争对手加权值	差值
质量	0.2	8	9	1.6	1.8	-0.2
造价	0.2	9	8	1.8	1.6	0.2
速度	0.15	8	9	1.2	1.35	-0.15
功能	0.3	7.5	8	2.25	2.4	-0.15
服务	0.1	7	6	0.7	0.6	0.1
外观	0.05	8	7	0.4	0.35	0.05
合计	1					-0.15

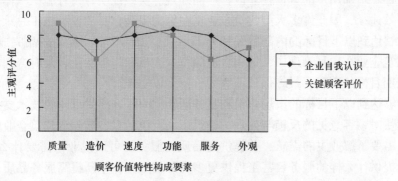

图 6-2　企业顾客价值评价图

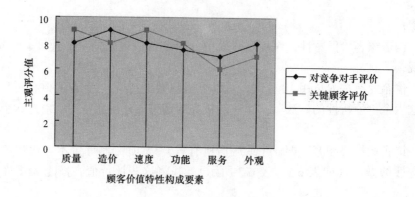

图 6-3 竞争对手顾客价值评价图

(3) 顾客核心价值的信号传达

差异化战略的关键在于把握顾客的核心价值,建筑企业在真正了解顾客的实际利益后,还需要以清晰的方式将以上信息传达给核心顾客群,使核心顾客在认知上将企业的产品或服务与竞争对手区分开来,培养顾客的忠诚度。为此,建筑企业可以通过广告宣传、营造整洁有序的施工环境、提升员工素质形象等方式,创造出优于竞争对手的顾客认知。随着建筑市场竞争的加剧,越来越多建筑企业认识到在核心顾客群中树立企业形象的重要性,如中建总公司在1995年就确定了全面实施企业形象战略的指导思想和工作原则,并于1996年7月正式在全系统开始实施。目前"CSCEC"和"中国建筑"品牌为特色的中建文化形象已经深入人心。

2. 在什么环节建立差异化

价值链的每一项活动之中都存在创造差异化的可能性,我们可以从价值链的基本活动和辅助活动分析建筑企业可以建立差异化的环节。

(1) 影响企业终端产品的质量或性能的采购活动。如,对建筑材料的采购,其质量的好坏直接关系到建筑产品的质量和造价,而建筑产品的质量和造价往往是顾客关注的核心,如果建筑企业采购的材料物美价廉,对于实现产品的"物美价廉"将是一个有力保障,从而在顾客群中获得较高评价。

(2) 能达到以下目标的生产技术开发活动:建筑企业能够以有效的成本按照业主的要求进行设计施工;施工方式更加安全;能够提高建筑产品的质量、进度和可靠性。

(3) 能够达到以下目标的生产活动:降低建筑产品缺陷、延长使用寿命、改善建筑物使用的经济性、增加用户的方便性、改善产品外观。实践证明,设计施工一体化是实现以上目标的有效途径,因此许多大型建筑企业正在努力提高自身的设计施工总承包能力。

(4) 能够达到以下目标的内部后勤和外部后勤:加快交货、提高产品完成的准确性。这就要求建筑企业在项目管理中,选用合适的技术人员和施工队伍,及时合理调配材料设备,保证工期目标的实现,最终保证顾客的价值得以实现。

(5) 能够达到以下目标的市场营销和服务活动:为顾客提供卓越的技术支持、改善信用条件、加快对顾客意见的反馈与处理。建筑市场竞争的日益激烈,建筑企业要获得更大的发展,就需要了解业主的需求,并提供高品质的服务。可以说业主需要什么样的服务,企业就应能提供什么样的服务,甚至提供更多更好的服务,不断提高服务品质,不断拓展服务内容,通过为业主创造价值从而实现企业的价值。

3. 以何种方式建立差异化

差异化的构成因素有多种，如表 6-4 所示。因此，建筑企业可以采取多种方式来满足顾客的价值需求，为顾客创造更多的价值。

差异化的构成因素　　　　　　　　表 6-4

构成因素	构成内容	构成因素	构成内容
产品特性	外观	产品销售	分销渠道
	性能		交货速度与及时性
	质量		消费信用
服务与支持	产品制造方式	产品识别与认知	营销与品牌塑造
	工程策划		声誉
	意见收集反馈	组织管理	企业内部职能部门间的联系
	回访、维修		与其他企业的联系
	咨询	其他	时机
			地理位置

(1) 产品特性

1) 外观是产品给人第一印象，往往最能吸引顾客的眼球。在建筑业中，建筑物的外观也是方案评价的一项内容，特别在城建项目中，建筑产品的外观常常影响到设计方案是否被采用，同时建筑物的美观也是建筑企业树立形象的重要内容。所以，建筑企业在实行产品差异化战略中，必须考虑到产品的外观。

2) 质量的重要性不言而喻。建筑物质量的好坏直接关系到企业的生存，目前建筑市场竞争激烈，建筑企业为在竞争中保持优势，凸现产品的差异化，不再满足于生产合格产品，而是要生产精品，为顾客创造出额外价值。例如中建一局建设发展公司于 1996 年提出了建筑物的质量标准要由"符合型"向"适宜型"转变，即从技术标准的符合型向以用户满意为原则的适宜型，强调满足业主的意图和需求。

3) 性能是产品吸引顾客的一个重要方面。以公路为例，它的性能包括行车速度、行车的安全和稳定性、道路对环境的影响、对沿线经济的影响等。不同的建筑企业可能提出不同的设计或施工方案，从而其产品在性能上也会存在差别，业主在进行方案评比中，在相似的造价情况下，将会倾向于选择那种保证公路行车安全，对环境破坏小，有利沿线发展的方案。在某些情况下，甚至愿意提高造价来实现上述目标。所以建筑企业必须根据业主的需求喜好，使建筑物的性能最能符合业主要求。

4) 产品的制造方式也可以成为差异化的来源。传统的建设方式是设计施工分离，业主需要投入大量人力、物力进行组织管理，而设计施工一体化、CM 等新型建造模式的出现，减少了业主项目管理的压力，同时有利于节约造价，加快进度，自然在竞争中受到众多业主的欢迎，转换建造模式成为了建筑企业特别是大型建筑企业实现差异化战略的重要途径。

(2) 服务与支持

服务和技术支持水平是建筑产品差异化的另一个重要来源。许多建筑产品处于成熟期，产品改进的余地不大，这时，服务和技术支持的水平显得格外重要。建筑企业为业主提供的服务可以贯穿整个项目周期,包括:项目前期了解业主的实际需求,协助进行工程策划;项目执行期随时收集业主、监理等各方意见,进行不断改进;保修期定期回访,及时维修;项目运行期就建筑物的维护改建、加固等方面,为业主提供咨询。

长期以来,我国多数建筑企业的产品服务仅仅限于按照规范要求,提供一年或两年的缺陷责任期保修。而中建一局建设发展公司没有把符合规范要求作为服务的终点,而是制订出台了《工程回访保修管理制度》,主要采用拜访、应约、信函调查、电话联系、用户座谈等方式对业主及监理进行工程回访,充分了解业主及监理的意见和建议。把工程保修回访分为工程办理竣工移交阶段以及工程保修阶段,此外,还在雨期、采暖期、节日、保修期终止等特殊情况下对工程进行回访。同时公司针对建筑工程具有很强的专业性,建筑的最终用户(如房屋住户)往往对它的构造缺乏认识,给使用、维修或改造带来很大不便,甚至可能引发质量安全事故。在国内建筑业较早实行了"建筑工程使用说明书"和"保修服务卡",与建筑工程一同交付使用的"一书一卡"制度。其中"建筑工程使用说明书",对建筑物的结构、材料、电、气、水线路、使用或维修改造注意事项等都作了详细说明。通过独树一帜的服务,树立了中建一局以用户满意为目标的企业形象,提升了企业的竞争力,仅 2003 年企业完成新签合约额 30 亿元。在建筑产品性能和品质日渐趋同的情况下,加强对建筑产品的服务和技术支持的力度,成为建筑企业取得竞争优势的重要途径。

(3) 产品销售

与众不同的营销理念与销售渠道可以成为产品差异化的来源。目前,公开招投标是建筑产品的主要销售途径。但是一些小型专业建筑公司注意与业主形成长期稳定合作关系,这样既降低交易费用,又有利于业主的意图在项目建设中得到更好的体现。

交货速度也是产品销售中的一个重要方面。许多建筑物早一天投入使用,业主就早一天收回投资,所以工期始终是业主关注的一个重点。中建公司在修建深圳国贸大厦时,创造出的"深圳速度",成为建筑行业的一段佳话,同时也为中建公司在深圳乃至全国的建筑市场建立竞争优势打下了良好的基础。

(4) 产品的识别与认知

以上的产品差异方式一般可以为顾客带来实际利益,但顾客对产品直观、感性认识也能带来产品的差异化。在建筑市场中,企业声誉是顾客对产品认识的起点。由于建筑产品的特殊性,顾客往往只能通过对企业声誉认识而建立对产品的识别,所以那些在行业中久负盛名的大型建筑企业,中标率往往高于中小企业。尤其是大量房地产公司,作为业主,他们希望承揽业务的建筑企业具有更高的面向普通公众的知名度,他们希望能够凭借建筑企业声誉吸引一批最终用户,即产品的最终购买者。例如,中建一局在承建某房地产项目时,发展商就在各类标语和广告中鲜明的打出"金牌建筑——本工程由获中国最佳施工企业第一名的中建一局四公司承建",实践证明取得了良好效果。因此,对于建筑企业,通过声誉树立顾客对产品识别的差异性,其顾客的范畴不仅包括直接的业主,还应该包括普通公众(间接顾客),相应的,企业不应仅仅在行业内树立良好声誉,而应该使企业的良好形象深入人心。

(5) 组织管理

不同的组织管理和企业文化不仅可以影响建筑企业成本,也能为建筑企业带来差异化。一般的建筑企业内部包括办公室、经营部、工程部、财务部、各级项目部等多个部门，各部门都有职责分工，但为满足顾客需求，常常需要各个部门共同合作，因此很多时候，各个职能部门常常会发生冲突。如果一家建筑企业既能保证内部分工明确，又能协调好各部门关系，这家企业就会因此而显得特别。

中国寰球工程公司在组织结构方面，推行国际工程公司通行的矩阵式组织结构，由常设机构——"部门"与非常设机构——"项目组"形成矩阵的横向和纵向管理。前期咨询、报价、技术开发、设计、监理、EPC、PMC、EPCM等各种形式的工程服务任务，均以"项目组"的形式运作，而"部门"作为"资源库"，保证为项目提供充足与合格的人力资源、技术资源和质量保障。为了解决矩阵式组织结构"双重命令系统"带来的管理矛盾，寰球公司除大力倡导"协调沟通"的企业文化外，还出台了"项目绩效奖"与"部室绩效奖"的激励制度，引导矩阵式组织结构向良性运作方向发展。

不同类型建筑企业间的合作也能使产品或服务实现差异化。例如，设计施工联合体，通过设计单位与施工单位的联合，将设计与施工有机结合，减轻了业主的管理压力和协调工作量，受到了业主的欢迎。

(6) 其他

时机也是产生差异化的一个因素。先动和后动都是时机把握上的一种选择，都有可能产生良好的差异化效果。例如，我国的高速公路修建始于20世纪80年代末期，一些建筑企业认识到高速公路建设将成为基础设施建设的重要组成部分，于是迅速更新设备，培训人员，从而取得了进入高速公路建筑市场的先动优势，为企业赢得了大量利润。

地理位置也可能成为差异化的另一个因素。例如，湖南建筑企业借助紧临广东，人员物资交流频繁这一天然优势，在广东建筑市场获得了不少的机会。此外，大量企业在地理上的聚集，容易形成产业集群，身处其中的企业也会因此区别于其他地区的企业，江苏"建筑之乡"的繁荣便是明显的例证。

三、差异化战略适用场合

1. 基于顾客的场合

顾客对建筑产品或服务有大量个性化需求或对品牌忠诚度较高，而对工程造价或价格的敏感度较低，他们愿意为能满足他们需求的建筑产品或服务支付高价。如在一些工业建设项目中，许多非标准化生产设备的安装技术难度大，而且不同的业主，不同的生产线对安装的要求也各不相同，为了保证安装质量，减少风险，业主在选择设计施工单位时，便倾向于选择技术力量强，有长期合作关系的单位，此时，建筑企业可以考虑采用差异化战略。

2. 基于产品和厂家的场合

就产品和厂家而言，某类建筑产品处于发展期，可以进行改进的机会较多，或者市场竞争激烈，建筑企业难以追求低成本优势，此时可以采用差异化以缓冲竞争压力。由于许多建筑产品已日趋成熟和标准化，可供进行改变的地方越来越少，难以突破差异化战略，但整个建筑市场的售后服务都极不完善，提供终身保修，定期回访等措施可以成为建筑企业实现差异化的手段。此外，为建筑产品的全寿命周期提供技术服务、管理也可以成为建筑企业建立差异化的方式。

四、差异化战略的风险

差异化战略也可能是一柄"双刃剑",它在给企业带来勃勃生机的同时,也经常会使企业陷入"差异化误区"而不能自拔。差异化战略的主要风险在于:

1. 未能正确了解顾客的需求

一些建筑企业由于缺少对顾客的准确定位,所确定的产品价值是从自身角度出发,而并非为顾客所认可和需求的价值。这种差异化难以在招标投标的竞争中胜出。有时,由于顾客的喜好发生变化,一个时期的有效差异化产品在另一个时期可能就不能满足顾客需求。现在,企业与业主的沟通变得越来越重要,如果建筑企业产品的差异化是符合业主需求,但由于企业没有建立与业主的有效沟通,使业主没有认识或充分了解企业产品的差异化,那么企业差异化战略也会大打折扣。因此,建筑企业在承揽工程时,就必须正确了解业主的需求,只有充分准确了解业主的需求,才能使标书内容获得业主的认同,从而成功获得建造合同。

2. 过度差异化

建筑产品过度差异化,造成报价超出顾客认可的程度,就会使顾客放弃该种产品。例如,有些建筑企业在某些专业施工方面,具有专有技术或享有极高声誉,往往报价偏高,但当报价超出业主所能承受的范围时,业主在商议后无法达成协议的情况下,常常会另选中标单位。

3. 竞争对手轻易复制差异化属性

如果一家建筑企业的差异化来源,容易被竞争对手学习和复制,那么建筑企业通过差异化形成的竞争优势将不复存在。不同差异化基础的来源不同,可复制的难度亦不同,见表6-5所示。

差异化可复制难度 表6-5

可复制难度	差异化基础	复制昂贵的来源		
		历史	不确定性	社会复杂性
可能低成本复制	产品特性	—	—	—
可能复制昂贵	产品生产	*	—	*
	与企业的联系	**	—	**
	与政府的联系	*	—	***
	产品销售	**		
通常复制昂贵	企业内部的各部门的联系与合作	**	**	**
	服务与支持	**	*	***
	时机	***	***	**
	产品的识别与认知	***		***

注:—:不可能是复制昂贵的来源; *:略有可能是复制昂贵的来源;
    :可能是复制昂贵的来源; *:很有可能是复制昂贵的来源。

一般而言,差异化建立在历史相关、不确定性大、以及复杂社会因素上,其差异化属性的复制成本昂贵,反之则比较容易复制。

就差异化基础而言,改变产品外观、性能等特性的方法是较容易复制的。由于标准化的推行，普通的房屋建设在结构设计、材料使用等方面都是大同小异，因此改变房屋外观成为建筑企业实现产品差异化的主要方式，但这种方法极容易为对手模仿。要加大对手模仿的难度，企业只能一方面以优秀的建设质量建立企业声誉和树立品牌，另一方面不断推陈出新，对房屋外观进行不断改进，以符合顾客的需求。

生产方式也是产生差异化的来源。在项目建设中，不同的业主对建设模式有不同的要求，但对于建筑企业而言，能够以何种建设模式参与建设，是与企业的实力密切相关的。一个中小型建筑企业，由于人才、技术、资金等方面的限制，可能就无力单独承揽"交钥匙"工程。相反，一些实力雄厚的大型建筑企业具备全过程工程总承包实力，以"交钥匙"模式承建项目成为企业的特色。由于生产方式与企业各种资源能力密切相关，所以复制上有难度。

在建筑行业中，与企业的联系不仅包括不同类型建筑企业的联系，如设计单位与施工单位的合作，还包括产业上下游企业的联系，如建材企业与施工企业的联系，设备生产企业与设计单位的联系等。这些联系与合作的产生如果与历史、社会等因素相关，则是难以复制的。例如，由于行业划分和部门所属的原因，一些专业设计单位与施工单位均为同一管理部门的下属机构，存在多年的合作关系，当设计单位在承揽总承包业务时，原来熟悉的合作单位就会成为设计单位选择合作者的首选。

建筑企业必须建立和保持与政府的密切联系。这种联系的建立有的与历史、社会因素有关，有的需要企业花费大量的资源，因此复制代价是较高的。例如，在过去计划经济时代，一些国有大型建筑企业与政府主管部门联系密切，两者间人员、资金的流动频繁。进入市场经济时代，企业与政府脱钩，但这些企业在政府广泛的人脉、对政府的影响力，保证了企业在政府工程竞标中处于优势地位，反观一些新兴民营建筑企业，如果需要建立与政府的密切联系，则需要较高的投入和代价。

营销方式主要包括建筑企业采用的宣传手段和销售渠道。建筑企业建立销售渠道需要以大量的复杂社会关系为基础，而建筑企业宣传的主要内容就是企业的业绩，即企业参建工程的情况，这些业绩是需要企业长期的经营才能产生。因此营销方式的复制可能是难以复制的。

建筑企业内部各部门的联系与合作则是难以复制的。满足顾客需求需要企业内部各部门间的分工合作。如何协调各部门间关系，保证其密切配合，使建筑产品或服务满足顾客需求，则与企业的组织结构、企业文化、领导者的魄力等因素相关。这些因素的复制存在不确定性，与历史、社会条件相联系，所以难以复制或者复制代价高昂。

高水平的服务及技术支持需要大量的人员和培训投入，而且处理好顾客关系并不是所有建筑企业都能做到的，因此高水平的服务及技术支持也是难以复制的。许多国内的工程企业难以在国际建筑市场立足，主要原因就是为顾客提供服务的能力不足。承揽国际工程，不仅需要精通专业知识，还需要丰富的法律、合同管理、金融等各方面的知识，而许多国内的工程企业缺少这些方面的人才和对人员的培训，难以满足顾客要求，造成国内建筑企业在国际建筑市场竞争中的被动。

中国寰球工程公司成功的重要原因就是公司对人员培训的重视。从1988年开始，寰球工程公司长期坚持向国外著名工程公司派遣管理和技术骨干进行工作和培训，学习外国公司的先进管理、工程运作经验和理念。这些人员返回公司后，已成为各方面的骨干和对外经营工作的中坚力量。目前公司已经形成了以"四个一百"（即教授级高工，博士、硕士；有丰富经验的项目经理；采购经理、施工经理；合同、计划、费用估算及控制、材料控制、风险、保险、索赔、质量、安全等项目管理人才以及从国外经过2年培训和锻炼过的人员各为100多人）为代表的骨干队伍，其中包括经过美国项目管理学会（APMI）考核认证的高级项目经理（APMP）。98%的专业技术人员具备用英文从事工作的能力和按美、欧、日标准与中国国家标准进行设计和建设的工作能力。

时机稍纵即逝，具有极大的不确定性，因此时机是难以复制的。

建立顾客对本企业产品的识别与认识需要企业长期的经营努力，产品的识别与认知是最难以复制的差异化基础。

第三节 集中化战略

一、集中化战略的概念

集中化战略是指建筑企业集中力量提供一种类型的建筑产品，或者专为一个细分市场的顾客需求服务。该战略所依据的前提是，对于正在更广泛市场内进行竞争的竞争对手，建筑企业能比其更有效或效率更高地为其狭小的战略目标服务。要实现这一目标，建筑企业要么以比竞争对手更低的价格吸引细分市场的顾客（即成本领先战略），要么更好地满足细分市场内顾客的需求（差异化战略）。因此，可以认为集中化战略是成本领先战略和产品差异战略集中于市场狭小部分的战略，所以集中化战略可以分为集中成本领先战略和集中差异化战略，可以用图6-4表示这三种战略的区别。

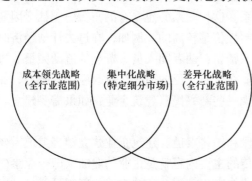

图6-4 三种基本竞争战略

集中化战略的基本经济逻辑在于规模经济、学习曲线等理论的结合。在成本领先战略中我们已经介绍了规模经济。当建筑企业集中于某一特定市场或产品时，企业资源相对集中从而获得规模经济，而对于在广泛市场上竞争的对手，其资源分散难以形成规模经济。

集中化战略的优势不仅反映在固定成本的作用上，还表现在同一活动不断重复导致活动效率的提高上，实行集中化战略的建筑企业在建筑市场的某一专业领域不断重复，将积累起经验，提高工作效率，这正是学习曲线作用的表现。

二、集中化战略的建立

市场细分是建筑企业通过集中化战略成功建立竞争优势的基础。建筑企业通过对市场进行有效的、更深度的细分，从而使每一个竞争市场的空间变得更小，企业就有更多的机会赢得竞争优势：一方面，面对更小的细分市场，企业可以更有针对性地了解并满足其市场顾客的需要从而增强了差异化优势；另一方面，通过迫使竞争对手在更狭小的细分市场上竞争，企业资源劣势可以在很大程度上得到克服。

细分建筑市场后，就需要建筑企业正确选择细分的目标市场。当目标市场有一定规模，可以盈利，或者有很好的成长前景，或者不是竞争对手重点争夺的市场，同时，企业具有服务于这一细分市场的资源和能力，那么这种细分市场有利于建筑企业集中化战略的实现。例如，中建国际根据企业实力，以及国内建筑市场的特点，对国内工程业务的经营结构重新进行了调整和定位，明确科教文卫、国防军事、使馆外资、综合开发等板块为细分重点市场和战略市场，把市场开拓的重点瞄准政府投资项目、高科技企业、军队系统、教育系统、奥运建设等极具潜力的新型市场和外资项目。中建国际经营结构的调整，紧跟了投资导向，适应了市场需求，有利于扬长避短，扩大了企业的市场占有份额。

建筑企业还应注意保持集中化战略建立的竞争优势。建筑企业要有足够抵御外来竞争者的能力，即使是市场狭小，同样也有外来竞争者，企业必须有能力去抵御外来者。建筑企业可以利用在这一市场建立的声誉和顾客的忠诚去击退进入者，也可以通过建立成本优势去抵御外来竞争者。同时，适应不断地建立新的差异性优势，以保证"人无我有，人有我新"。对于从事专业化施工的企业，通过较早进入细分市场往往在技术、人才和声誉方面有一定的竞争优势，但是由于专业化企业规模偏小，如何保持专业技术的领先是其面临的一大难题。

三、集中化战略适用场合

1. 基于市场的场合

目标市场高度专业化或者特殊需求，满足这些需求代价高昂，这样的市场采用集中化战略可以取得比较好的效果。比如商品混凝土生产，由于设备购置费用高昂，对生产规模要求较高，一般的建筑企业无力承担，而且由于混凝土材料的特性决定了商品混凝土供应的市场只能是一定范围内的区域市场，因此对于商品混凝土生产企业，集中化战略是其必然选择。

2. 基于竞争对手的场合

由于对手没有能力满足目标细分市场需求或者无意进入这一市场进行经营，企业采用专业化战略获得这一细分市场，既可以避开与竞争对手的激烈竞争，又能够以其产品的差异性获得良好的效益。许多专业分包、劳务分包企业都是由一些小型的企业甚至施工队伍转化而来的，这些小企业面临建筑市场的激烈竞争，无论技术、资金、管理都无法与大型建筑企业相比，它们寻找某些小的市场开拓工程分包业务，这样不需与大型建筑企业进行直接竞争也可分得市场的一杯羹，甚至可能与大企业形成长期合作关系，获得稳定的业务来源。

3. 基于企业本身的场合

由于企业自身资源能力所限，无力进入更多细分市场，与其各个出击，不如集中力量攻击一点，以集中化战略取得在某一细分市场的竞争优势。中建国际就是一个极好的例子。中建国际在国际市场竞争中，根据多年来的海外经营经验以及国际工程市场发展的趋势，提出了奉行服务高端市场的经营策略。根据公司对市场容量、市场增长速度和市场风险等因素对海外经营的布局进行调整，基本形成港澳地区、以阿尔及利亚为中心的北部非洲地区、以新加坡和越南为中心的东南亚地区、以美国为中心的北美地区、以博茨瓦纳为中心的南部非洲地区、以阿联酋和伊拉克为中心的中东地区的海外"大市场"格局。而对33个无经济效益、无经营前景、无战略意义的驻海外机构坚决关闭和停业，占原有机构的61%。这样，仅在阿尔及利亚，该公司近三年的合同额就分别达到3.5亿美元、4.3亿美元和3.7亿美元。

一般来说，集中化战略适用于中小企业。但是，由于建筑业是一个门类繁多，专业化程度很高的行业，即使是大型建筑企业，也不可能在所有门类都拥有较强的竞争实力，因此，集中力量开拓自身具有明显竞争优势的细分市场是其必然选择。同时，由于建筑产品的固定性，建筑企业在不同的区域市场，其竞争能力是有不同的，集中开拓某一个区域市场，在该细分市场形成规模经济或建立差异化往往也是大型建筑集团公司发展的基本战略。所以集中化战略对于建筑企业，不论是总承包企业还是专业分包企业都是适用的。

四、集中化战略的风险

1. 目标细分市场的不确定性

细分市场间的差异是集中化战略的基础，但由于顾客喜好的改变、技术进步等因素的影响，差异化会逐渐削弱，目标市场的进入壁垒随之消失。例如，过去高等级公路多为水泥混凝土路面，水泥混凝土路面施工任务饱满，但是随着改性沥青路面的推广，水泥路面施工这个细分市场逐渐萎缩，而沥青路面施工这个新兴的市场成为众多路面施工队伍的目标市场。

2. 目标细分市场的吸引力

当目标细分市场的盈利丰厚时，必然会吸引竞争对手进入，瓜分市场利润。由于建筑市场是买方市场，行业平均利润较低。当建筑市场某一细分市场存在较高的利润率时，许多建筑企业就会纷纷挤入这个市场。例如，当国家加大对公路建设投资时，不论是房建企业、铁路建设企业还是水电建设企业都纷纷进入这一领域，期望获得较高的收益。

3. 市场开放带来的压力

在较宽市场范围内经营的竞争对手与采取集中化战略的建筑企业之间在成本上的差异日益扩大，抵消了企业为目标细分市场服务的成本优势或通过集中化取得的差异化优势，导致集中化战略的失败。一些地方性建筑企业将目标细分市场定位于企业所在地的建筑市场，凭借地域优势和当地政府的优惠政策，企业在本地市场获得了竞争优势，但随着建筑市场的开放，许多大型建筑企业进入了地方建筑市场，凭借雄厚实力，与当地企业展开竞争，使得这些企业通过集中战略建立起来的优势荡然无存。

第四节　建筑企业基本竞争战略的扩展

20世纪90年代，美国麻省理工学院哈克斯（Hax）教授等人通过对近100家美国企业的研究后发现，有不少企业创造了另外两种竞争战略类型：用户一体化类型和系统一体化类型，并获得成功。他们利用这两种新的竞争类型与迈克尔·波特提出的基本竞争类型提出了竞争战略三角模型（见图6-5所示），该模型的一个角是三种基本竞争类型，它们的共同基础是产品的经济性；三角型的另一个角是用户一体化战略，其成功的基础是用户经济性；三角形的最后一个角是系统一体化战略，它以提高系统的经济性为竞争基础。

一、用户一体化战略

用户一体化战略是指企业将提高用户价值为己任，力求通过企业的活动来降低用户成本，或是提高用户价值。用户一体化战略是以用户经济性作为竞争的基础，其经济含义如图6-6所示。用户一体化战略往往包括供应商、企业及用户在内的合伙或联盟的方式。

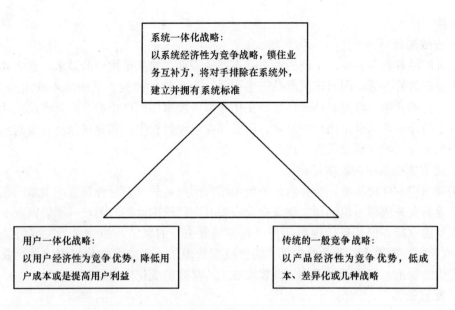

图6-5 竞争战略三角模型

在采取用户一体化战略时,企业的活动边界实际已经由仅包括本企业扩大到包括消费者活动在内的较大范围。用户不再是企业的外部环境,而是企业内部成分之一,而且决定企业内部其他活动成分的构成及其活动的原则。企业可以通过接近用户来与用户形成一体。例如,与用户一起开发新产品,按用户的要求安排自己的系统等。这种一体化有双重作用:其一是用户用于学习如何使用某产品或服务的投资,会形成较高的转换成本,这一较高的转换成本将用户与企业更牢固地捆绑在一起;其二是企业了解用户的要求,将提高企业满足用户要求的能力,从而

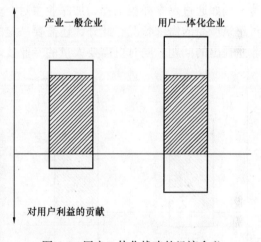

图6-6 用户一体化战略的经济含义

提高企业对用户的吸引力。在成本敏感性较高、成本结构复杂而且变化较快的产业中,采用用户一体化战略,有可能改变消费者的寿命周期特征,甚至改变产业的竞争规则,从而改变已经稳定的产业组织关系。产业组织关系的改变可以改变企业在产业中的地位。

建筑企业实施用户一体化的关键在于:

1. 建立企业联盟

建筑产品90%的成本在设计阶段就已经确定了,因此要提高建筑产品的用户经济性,首先需要设计单位在产品设计阶段就充分了解顾客需求,提供经济实用的设计方案。建筑产品必须通过施工企业才能将设想变为实体,用户的经济性才能得到体现。可以说,建筑产品要实现用户经济性离不开设计和施工两大环节。设计企业和施工企业间的密切配合才能真正实现用户一体化战略。目前我国大多数的设计单位与施工企业是分离的,因此可以考虑通过建立设计单位与施工企业间的联盟,加强设计与施工的合作,从而更好地实现用

户经济性。

2. 有效沟通

建筑产品具有单一性，不同的业主有不同的需求，要满足用户的需求，就必须与业主进行充分有效的沟通。同时建筑产品的生产是一个长期的过程，其中的不确定因素很多。如自然灾害的发生、政策和社会环境的变化等都可能增加生产成本，降低产品的功能。要确保最终的建筑产品满足用户的需求，就必须在建设过程中，和业主保持有效的沟通，向业主提出避免或减少建设风险的措施。

3. 建立实施战略的组织结构

实施用户一体化战略，企业内外的组织结构问题是关键，对外是客户关系问题，对内是本企业的业务流程重组问题。建筑企业需要有专门机构处理与用户（顾客或业主）的关系，以及建立能够把信息传递给用户（顾客或业主）的渠道，如建立公关部门关注用户（顾客或业主）的需求。在企业内部，需要减少管理层，建立柔性化组织，在企业内外部建立广泛的联系，使企业对用户（顾客或业主）喜好的变化做出迅速的反映。

4. 配置资源

采用用户一体化战略，企业在与用户建立和维持良好关系方面，需要一定的资金支持，例如通过建立样板工程，加深业主对企业的认识；与业主保持长期的联系，了解业主对建筑产品的需求状况。此外，还需要一定的人力资源投入，及时收集业主的信息，处理业主提出的问题，同时更需要大量的专业技术人员，在提升业主价值方面进行努力。

二、系统一体化战略

系统一体化战略是指企业以与企业活动有直接关系的整个系统的优势为竞争优势的基础，以形成系统经济为其活动的经济基础。该战略的经济含义见图6-7所示。这一战略是通过建立并拥有产业标准来实现的。

系统一体化战略不仅意味着企业活动边界进一步扩大，而且改变了传统的企业关系及企业与用户的关系。在系统一体化战略中，企业与其他具有直接业务互补关系的企业（例如计算机软件商及硬件商，音响设备制造商及CD盘的制造商互为互补方）的活动成为统一的活动系统。通过相关企业对系统的

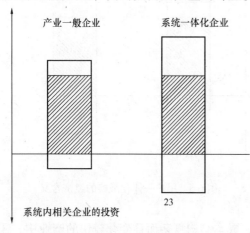

图6-7 系统一体化战略的经济含义

大量投资及建立与系统相适应的产业标准的方法来提高业务相关企业的转移成本，从而锁住业务相关企业和用户，而将竞争对手排除出该系统。

以工程机械市场为例，当前国外工程机械市场比较成熟，主要工程机械制造商基本采用的是经销制，客户与经销商发生直接关系。每个经销商都有自己的客户群，制造商如果离开了经销商，销售马上会直接影响企业的生存。而经销商基本上是独家经销，它们也离不开机械制造商，否则便无法生存。因此，在现代成熟的工程机械市场，制造商、经销商和用户之间完全是同呼吸共命运的一体化的关系。例如美国卡特彼勒公司，每年在全世界销售200多亿美元产品，几于全部由经销商来完成。香港的信昌公司，成为卡特彼勒的经

销商已经几十年，他们相互依存，相互支持，共同发展。而卡特彼勒只是专注于把自己的主机产品及零配件产品做好，对供应商的供给做好，下游工作全部由经销商来做，因此，整个卡特彼勒产业链的运行非常好，企业也运行了百年之久。2003年，有人到英国JCB公司参观访问，参观了JCB在英国的一家经销商，各方面与JCB公司本部没有两样，他们喝水的杯子上都打上JCB的标志，制造商与经销商完全融为一体。世界上其他许多大型工程机械制造企业也都如此。

目前，中国工程机械已经出现了主机制造商与重要的配套件供应商之间的一体化关系。比如柳工与上柴、潍柴、东风康明斯，厦工与上柴、临海海宏，龙工与潍柴等基本上结成了这样的一体化的雏型。柳工长期以来是上柴和潍柴的重要客户，上柴与潍柴长期以来给了柳工极大的支持。例如1993年柴油机非常紧缺时，上柴首先确保了对柳工的供应，为柳工的高速发展作出了巨大贡献。2002年柳工中标援藏38台高原型特种装载机，交货时间非常紧迫。上柴及潍柴的公司领导马上组织人员连夜加班加点工作，配合柳工按时完成任务，奏响了一曲主机制造商与配套件供应商紧密团结，精诚合作的凯歌，同时双方也尝到了相互合作的甜头。此外，如龙工注资潍柴，拥有潍柴10%的股份，主机制造商与配套件供应商融为一体，更获得了双赢。

建筑产品的生产是一个环环相扣的系统工程（如图6-8所示）。这一生产特点要求建筑企业积极拓宽经营范围，实施系统一体化战略，实现从项目前期策划到项目勘察设计、施工以至项目运行的全过程服务。目前，我国一些大型工业设计院已成功完成向工程总承包企业的转型，许多大型建筑企业也正在逐步实现设计施工一体化。我国建筑企业实施系统一体化战略，提高工程总承包能力，前景广阔。但资金问题、技术问题和人才问题是需要解决的主要问题。

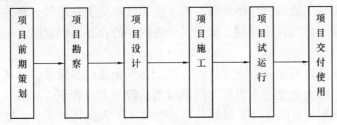

图6-8 建筑产品生产流程图

1. 资金问题

扩大总承包企业的资金实力应当从企业内外部双管齐下。对于企业本身，要盘活企业的自有资金，吸纳企业内部的个人资金。在企业外部，可以采取互补性的兼并、联营、重组等形式，既可以使用社会民间资本，也可借助外资和国外工程公司的力量。民间资本比重的扩大和引进外资都应顾及国有资金的比重，并保障国有建筑企业的职工合法权益。引进外资是中国总承包企业迅速成长的阳光大道，中建二局一公司和香港保华的联合就是很好的说明。新组建的中建保华成为香港保华进军中国建筑市场的代理人，跨国工程公司的管理人员本土化是国际工程公司抢占中国市场的必然选择。这种重组，对于中建二局一公司来说解决了资金问题，又可以从容进入香港保华的东南亚、澳大利亚、新西兰等海外市场。

总承包企业解决资金问题的另一个有效途径是对金融机构直接投资或与其建立联盟关系。从经济学原理来看，工业资本和金融资本的联合可以迅速筹集大量的资金。中建总公司和中国农业银行的银企合作就是一个成功案例。2001年10月30日，中建总公司和中国农业银行在北京正式签订为期6年的银企合作协议。根据协议，在未来的6年内，中建总公司将从中国农业银行得到60亿元的综合授信额度。这60亿元的综合授信额度将主要用于支持中建总公司增强核心竞争力，双方的合作范围将涉及本外币贷款、国际和国内结算、票据承兑、代收代付、银行卡、网上银行服务等方面业务。在北京申奥成功，一系列体育场馆和基础设施建设全面展开的形势下，银企合作为中建总公司带来了良好的发展机遇。

2. 技术问题

技术问题的解决也应当从企业自身和企业之间来解决。对企业而言，建立企业内部的技术信息资料系统、企业信息集成管理系统是必要的。企业之间和企业内部的大量信息流、物流、工作流程都需要建立技术信息数据库，为企业长期经营积累技术资料和管理信息。企业应当建立自己的研发中心，进行新材料、新工法的研究和试验，逐步建立企业的技术优势。

总承包企业可以采用技术互补性的重组和联合，提升自己的技术优势。中国石化工程建设公司的重组就是技术互补性的。原中国石化工程建设公司、中国石化集团北京设计院、中国石化集团北京石化工程公司、中国石化集团兰州设计院、中国石化集团勘察设计院和中国石化集团洛阳工程公司六个单位进行战略性重组，成为中国石化工程建设公司。通过重组和融合，成为以设计总承包为主的总承包企业。重组后的企业建立了项目管理基础数据库，开发了一系列项目管理与控制软件，加强了计算机应用系统的网络化和集成化，实现了从总部到工地的信息传递与共享。这样既解决了总承包企业的技术问题，也解决了企业之间协调工作的管理问题，实现了企业内部的业务流程重组。

3. 人才问题

现代管理学常常提到企业管理应以人为本。建筑企业也不例外，尤其是要实施系统一体化战略的企业。这类企业的人力资源问题应当从四个方面着手：

（1）保留并利用现有的企业人员，从熟练的技术工人到管理人员，建立良好的企业员工的激励机制，做到人尽其用。

（2）企业应积极地引进人才，与大专院校建立良好的合作关系，为大专院校提供需求信息，以便有针对性的为企业培养大量的工程技术和管理人员。中国的工程技术和管理人员不是太多，而是相当少，尤其是缺乏工程管理方面的人才。

（3）适应知识经济的大潮流，建立和发展学习型企业。在企业中建立一整套培养、培训体系，加强员工的继续学习和教育。有条件的企业可以请专家讲学，使企业与理论和市场同步。

（4）优秀的企业应当为自己做营销，以品牌招贤纳士。贯彻以人为本的企业精神，把员工的未来和企业的发展结合起来，注重员工发展。这样的企业，必然是有识之士的选择。

第五节　建筑企业竞争性战略的选择

一、竞争性战略选择的要点

1. 在差异化战略和成本领先战略中慎重选择

集中化战略是成本领先战略和差异化战略在某一细分市场的应用，用户一体化战略和系统一体化战略是成本领先战略和差异化战略的扩展，因此，这里只讨论建筑企业对成本领先战略和差异化战略的选择。

建筑企业如果实行差异化战略，从产品特性着手建立差异化，不论是创造出新颖美观的建造物的外观，建设精品工程，还是改进建筑物使用功能，或者采用新型建造模式迎合业主需求，都需要在技术升级、人员培训等方面增大投入。通过高水平的服务和技术支持实现差异化，需要大量人员和培训投入；采用独特的工程业务承揽方式、较强的垫资能力需要企业投入大量的社会、技术、财务资源作为基础；建立与众不同的产品的识别与认知，需要企业长期经营，组织管理的创新通常会导致企业管理费用的增加。所以，建筑企业实行差异化战略就可能以牺牲成本作为代价。

同样，实行成本领先战略的建筑企业为了降低工程成本，实现低价中标，就必须对增加成本的因素进行控制，例如，控制原材料的采购价格，这就可能阻碍了新材料在工程中的应用；大量熟练工人的使用可能不利于新工艺的推广；简化工程设计、实现产品生产标准化，就可能牺牲建筑物的特色。所以建筑企业选择了成本领先战略，也就意味着企业差异化的优势会逐渐丧失。

2. 适当进行战略组合

一般而言，建筑企业不能同时追求成本领先战略和差异化战略。但是也存在以下情况，建筑企业可以进行基本战略的组合。

（1）大型建筑企业中存在多个生产单位，不同的生产单位可以考虑采用不同基本竞争战略。如建工集团企业下辖路桥公司、房屋建筑公司、装饰装修公司等多个分公司。由于普通房屋建设技术难度小，产品趋同，房屋建筑公司应当考虑成本领先战略，以低价取胜；而装饰装修行业强调个性化，技术相对复杂，那么差异化战略就比较适合装饰装修公司。

（2）建筑企业在发展的不同时期可以采用不同的基本战略。如铁路建筑企业刚刚涉足公路建设市场时，为了开拓市场，积累业绩，往往采用成本领先战略以站稳脚跟，当企业的施工技术、管理水平逐渐提高，行业内声誉逐渐建立，企业便可以考虑差异化战略。

（3）在价值链的不同环节上可以采用不同战略。大型建筑企业施工组织能力强，庞大的工程任务量使其容易获得较同行更低的材料、劳动力的价格，因此它们在生产活动中可以采用成本领先战略，而这类企业具有一定技术、人才优势，良好的声誉以及广泛的社会资源，因此在提供服务的方式上可以采用差异化战略。

3. 根据企业具体情况选择战略

建筑企业选择竞争性战略必须从实际出发，综合考虑多种因素：

（1）建筑企业的生产、营销能力。大型建筑企业的生产营销能力都较强，因此可以考虑在生产环节采用成本领先战略,在产品销售和服务环节采用差异化战略。中、小型建筑企业生产能力强于营销能力,所以更多地采用成本领先战略。劳务分包、专业分包企业生产、营销能力都比较弱,那么可以采用集中化战略,集中优势力量于某些特定的顾客,或与某一个大型建筑企业形成稳定的总分包关系,或者集中开拓某一细分市场,如基础施工、建筑物修补加固等专业化程度较高的市场。

(2) 建筑产品所处的生命周期。普通房屋建筑物技术成熟,差异小,处于产品成熟期,那么从事这一领域施工的企业应当考虑采用成本领先战略。桥梁施工技术难度大,标准化程度低,尚处于产品成长期,桥梁施工企业就可以考虑采用差异化战略或集中化战略。

(3) 建筑企业的市场定位。工程公司将目标市场定位为工程总承包市场,这一市场对企业的设计、施工、管理能力有着较高的要求,因此,适于通过差异化战略建立企业的竞争优势;监理公司、工程咨询公司的目标市场是工程管理市场,不同业主、不同项目对管理的需求呈多样性、复杂性、独特性,因此,这类企业也可以考虑差异化战略。商品混凝土生产、设备租赁企业定位于专业市场,集中化战略是这类企业的必然选择,但这两类企业的集中化战略又存在区别:由于材料的特性,商品混凝土生产企业只能定位于某一区域的混凝土供应市场,为了在现拌混凝土的竞争中获得优势地位,往往要采用成本领先战略,而设备租赁企业通过购买新型设备、特种施工设备来满足设备租赁市场的不同需求,因此,设备租赁企业可以采用差异化战略。

二、竞争性战略选择的方法——战略钟

建筑企业在选择三种基本竞争战略时,由于实际情况复杂,并不能简单地归纳为采取何种基本竞争战略。因此建筑企业可以借用克利夫·鲍曼(Cliff Bowman)的战略钟这一工具,进行基本竞争战略选择。

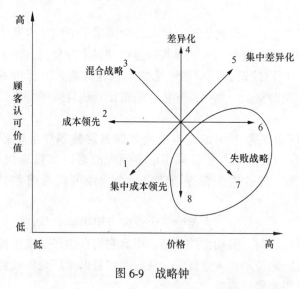

图 6-9 战略钟

战略钟将价格作为横坐标,顾客对产品的认可价值作为纵坐标。战略钟将企业可能的战略选择分为 5 大类 8 种战略,如图 6-9 所示。

(1) 成本领先战略(途径 2)。即在保持产品或服务质量不变的前提下降低工程成本,以寻找竞争优势。这就是众多中小型建筑企业以及所从事的建筑产品已进入成熟期的施工企业选择的基本竞争战略。

(2) 差异化战略(途径 4)。即以高价提供给顾客高于竞争对手的顾客认可价值的产品。工程公司、大型建筑企业倾向于采用此种战略。

(3) 集中化战略(途径 1、5)。途径 1 也称集中成本领先战略,即低价提供给顾客低价值的产品或服务。比如从事低等级道路的修建的施工企业(往往是资质低规模小的建筑企业),它将目标市场定位于县乡道路建设市场这一细分市场,这一市场的顾客财力有限,

可以接受低等级公路，同时对工程造价十分敏感，所以这一战略也是可行的。途径5也称集中差异化战略，即以特别高的价格提供顾客认可价值特别高的产品或服务。专门从事高档别墅建设的房地产公司（往往是资质高规模大的企业）由于满足了高收入消费人群的需求，因此这种战略也是有效的。

(4) 混合战略（途径3）。即同时追求成本领先战略和差异化战略。建筑企业也可能将这两种战略结合起来使用。

(5) 失败战略（途径6、7、8）。由上图可以知道，途径6是提高价格而不能提供质量更好的产品或服务，途径7是比途径6更危险的延伸，即提高价格的同时降低产品价值。目前建筑市场处于激烈竞争状态，没有哪家企业拥有绝对垄断地位，因此采用这两种战略的企业必遭市场淘汰。途径8是在保持价格不变的前提下降低顾客认可价值。这种战略有一定的隐蔽性，特别在建筑市场监督不到位，信用体系不健全的情况下，部分企业恶意压低报价，偷工减料来降低成本，提供劣质产品给顾客。但是随着建筑市场的日益完善，采用此种战略的企业将失去持久发展的空间。

复习思考题

1. 建筑企业如何控制成本驱动因素从而实现成本领先战略？
2. 为什么竞争性战略存在风险？建筑企业如何规避三种基本竞争战略的风险？
3. 建筑企业相对于其他企业而言，它的差异化战略主要体现在哪些方面？
4. 建筑企业如果采用用户一体化战略，那么用户对于企业决策者的决策有何影响？影响程度多大？请举例说明。
5. 用户一体化战略与系统一体化战略存在哪些风险因素？
6. 建筑企业与房地产开发企业应采用什么类型的竞争性战略？为什么？

第七章 建筑企业市场开拓战略

建筑企业市场开拓战略是市场营销理论在建筑行业的具体应用和体现。传统市场营销理论的逻辑框架是"S（市场细分）、T（目标市场选择）、P（市场定位）"。长期以来，设计与施工分离的主导模式使得建筑企业的生产能力同质化严重，"STP"范式越来越趋同。随着工程建设管理体制和组织运行方式的改革，工程项目从以往的设计施工分离模式逐渐发展到工程总承包模式或项目管理承包模式，建筑企业市场开拓战略必将随着市场营销理论和建筑市场的发展而发展，并且在实践中表现出更丰富的内容和形式。本章主要介绍建筑企业市场细分、目标市场选择与定位、建筑企业市场开拓战略体系以及建筑企业市场开拓战略的实施要点。

第一节 建筑企业市场细分与定位

在中国加入WTO的今天，建筑企业面临国内国外两个市场，发展前景非常广阔，但竞争也愈加激烈。任何一个建筑企业，无论其规模有多大，都无法也不可能满足整个建筑市场的需求，而只能根据自身的条件和能力，去满足特定市场的需求。因而，市场细分和目标市场定位，是建筑企业市场开拓的重要基础，只有做好市场细分，才能选准目标市场，才能更好的根据目标市场的需求，运用企业的资源和能力实施有针对性地市场开拓战略。

一、建筑企业市场细分

1. 建筑市场细分的概念

美国学者温德尔·斯密（Wendell Smith）于20世纪50年代提出了市场细分的概念。建筑市场细分理论源于现代市场营销理论，但又与建筑市场的特点和自身规律紧密相连，并不断丰富和发展。

建筑市场细分，又称为建筑市场分片，是指建筑企业在市场调研的基础上，根据一定的标准和准则，将某一建筑产品或服务的市场划分为若干个需求群，以确定自己进入目标市场的行为。这样划分所得的每一个需求群就是一个细分市场，亦称为"子市场"或"亚市场"，每一个细分市场都是由具有类似需求倾向的投资者（业主或发包商）构成的群体。因此，对于某一特定的建筑产品或服务，在同一细分市场中，投资者（业主或发包商）有着类似的需求行为和需求习惯，他们对产品或服务的需求差异是细微的，而在细分市场之间的需求存在着很大的差异。将建筑市场整体细分后，建筑企业就可以从中选定一个或者几个细分市场作为目标市场，因此，市场细分是建筑企业战略制定的前提和基础。

长期以来，建筑企业市场细分的观念十分淡薄，其重要原因是对市场细分的意义和作用不甚了解。一般说来，建筑市场细分的作用体现在：①有利于发现新的市场机会；②有利于更有效地与竞争对手竞争；③有利于企业扬长避短，发挥优势；④有利于制定最优市场开拓战略。

2．建筑市场细分的方法

由于每一个建筑企业经营方向、产品品种不同，在市场细分方法选择上也有所不同。具体说来，有以下三种市场细分的方法：

（1）单一因素法

依据一个因素，对建筑市场进行细分，比如根据地域因素，把建筑市场细分为东部、南部、中部、西部、北方市场，如图7-1所示。

（2）综合因素法

依据两个或两个以上的因素，同时从多个角度进行建筑市场细分。因为投资者（业主或发包商）需求差别极其复杂，只有从多方面去分析和认识，才能更准确地区分为不同特点的群体。

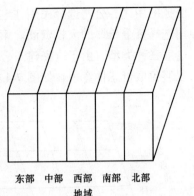

图7-1 单因素分析法

在这种方法中，最常用的是双因素分析法。例如，一家建筑公司可以从专业领域性质和承包范围两方面着手，把建筑市场细分为几十个明显的分市场，得到双因素细分矩阵，如图7-2所示。

	专业领域性质						
承包范围		房屋建筑	公路	铁路	……	通信	冶炼	电力
	总承包							
	专业分包							
	……							
	劳务分包							
	工业设备安装							
	民用设备安装							

图7-2 双因素分析法

如果增加一个因素，则为三因素分析法。例如，一家建筑企业可以依据产品生命周期、地域、承包范围三个因素，将建筑市场分为45个（3×3×5）明显的分市场，如图7-3所示。

（3）系列因素法

建筑市场细分是一个包含许多变量的多元化过程。选择两个或两个以上的因素，依据一定的顺序逐次细分市场。细分的过程，也就是一个比较、细分、选择市场的过程，应在上一阶段选定的分市场中进行下一阶段的市场细分。

例如，一家建筑公司进行市场细分，它分宏观细分和微观细分两个阶段。第一阶段分三个步骤：首先要考虑行业用户，公司选择住宅行业后，再确定最有吸引力的建筑产品或服务的用途，公司选择民用住宅（房地产开发项目）后，再考虑为之服务的用户对象，公司选择资金雄厚的大投资商。第二阶段，公司把大投资商分为看重价格、看重质量、看重进度三种类型，由于这家建筑公司有良好的市场信誉，所以它选择看重质量这个分市场，以避免低价恶性竞争，如图7-4所示。

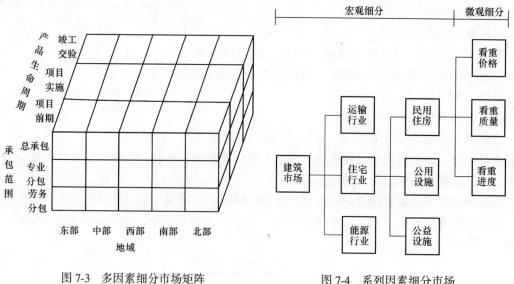

图7-3　多因素细分市场矩阵　　　　　　　图7-4　系列因素细分市场

3. 建筑市场细分的结果

建筑产品或服务的多样化市场需求，通常是由多种因素决定的，这些因素也就构成市场细分的依据。就建筑企业而言，这些影响因素归纳起来主要有以下几个方面：地理环境因素、产品因素、投资者（业主或发包商）因素、承包商因素等。依据不同的细分因素，可以把整个建筑市场分为不同的细分市场，得到不同的细分结果。例如采用单一因素法，可以把建筑企业所面对的整个市场细分为以下多个细分市场，见表7-1所示。

建筑市场细分的影响因素与细分结果对照表　　　　　　表7-1

影响因素		细分结果
地理环境因素	国界	国内市场、国际市场
	区域	东、南、西、北和中部市场
	气候	寒冷、干燥、高温、潮湿等地区市场
	地域	大城市、中小城市、农村市场
产品因素	类别	建筑、公路、铁路、水利、机场等市场
	计价方式	总价合同、单价合同、成本加酬金合同
	承发包方式	施工总承包市场、设计施工总承包市场、工程总承包市场、BOT、PFI和ABS等新型建筑市场
	生命周期	前期研究市场、项目设计市场、项目施工市场、项目验收与后评价市场
	产品或服务形态	实体工程市场、技术服务与管理咨询等无形市场
	产品规模	大、中、小型建筑市场

续表

影响因素		细分结果
业主因素	资金来源	国外金融机构投资、国家投资市场、集体投资市场等
	性能偏好	偏好进度、偏好质量、偏好造价等
	交易频率	潜在购买者、初次购买者、经常购买者
	选择偏好	选择单一总承包商，选择多个分承包商，没有特别要求
承包商因素	企业规模	大型、中型、小型建筑企业
	主营业务	建筑施工市场、劳动力市场、材料供应市场、设备租赁市场、管理咨询（勘察、设计、监理）市场等

二、建筑企业目标市场选择

目标市场就是企业决定要进入的市场，企业在对整体市场进行细分后，要对各细分市场进行评估，根据细分市场的市场潜力、竞争状况、本企业资源条件等多种因素决定把哪一个或哪几个细分市场作为目标市场，企业做出该决定是因为它能为这些细分市场提供最好的产品或服务。一般而言，企业可以考虑以下目标市场选择方式：

1. 单一市场集中化

在最简单的情况下，企业只选择一个细分市场。这个细分市场成功的条件与企业的现状十分合拍，企业的资金有限，只能在一个细分市场内经营。采用这种策略的建筑企业，不去追求和扩大市场规模，而是集中力量在单一市场，不断提高企业的市场占有率。也就是说，与其在总体市场中处于劣势地位，不如在个别市场中争取优势地位。

但是，企业实施这一策略也有较大的风险。由于企业的目标市场比较狭小，一旦市场情况发生变化，企业不能随机应变，就有可能陷入困境，甚至影响到企业的生存与发展，因此，决不能把这种策略绝对化。为了尽量减少市场风险，要根据企业可能的条件，寻找适当的机会扩大一些目标市场，以利于提高企业的应变能力和经济效益。

2. 选择性专业化

选择性专业化是指企业选择几个细分市场，而这些市场每一个都具有吸引力，并且适合企业的目标与资源。虽然这些细分市场之间很少有、甚至没有很强的内在联系，但是却仍然可预测到能为企业带来收益。这种多重细分市场的选择方式比单一细分市场选择方式具有较大的优越性，它可以分散企业风险，即使某个市场变得缺乏吸引力，企业仍然可以在其他市场内获利。

但如果业务范围过大，必然受到企业的资源状况和技术条件的限制，使企业难以应付。因此，对于大多数建筑企业来说，选择目标市场应有适当的数量控制，决不能无限扩大。

3. 产品专业化

产品专业化是指建筑企业集中于从事一种业务，不从事其他业务，此策略为该企业创造了专业化的商誉。例如，某设计公司只从事室内装饰设计，某建筑公司只从事基础工程施工等。

4. 市场专业化

市场专业化是指企业专注服务于某一特定业主的各种需要。其优点是，可以在该市场树立起专业服务形象，例如，某建筑企业专注于政府投资工程项目承包。然而，当业主的需求量下降时，由于供求失衡所造成的风险将会发生。

三、建筑企业目标市场定位

1. 建筑市场定位的内容

市场定位是20世纪70年代美国学者阿尔·赖斯（Al Ries）提出的一个重要的营销学概念，其实质是使本企业与其他企业严格区分开来。建筑企业目标市场定位是企业站稳市场，谋求发展的关键环节，从市场角度讲，建筑企业目标市场定位涉及多方面内容，既要在行业、地域、规模、组织、从业人员、科技层次等方面定位，也要在产品、价格、促销方式等方面定位。但最关键有三个方面：产品类型定位、企业品牌（质量）定位和价格定位。

（1）产品类型定位

产品类型定位是指建筑企业针对自身的实力，选择经营范围和市场主攻方向，确定自己是全面发展还是向专业化纵深方向发展。一般来说，大型、超大型建筑企业集团应全方位发展，在集团内既有完成建筑施工的建筑公司，又有市政公用事业公司，大型土石方、桩基础的公司，设备租赁公司，商品混凝土和构件公司，甚至包括其他非建设领域的多种经营公司，在企业内部形成多元化的经营格局，以适应市场的变化。小型施工企业也应根据自己的实力确定某一单项工程项目，如建安、市政、路桥、园林绿化等在某一方面努力使自己有独到之处。

（2）品牌（质量）定位

品牌定位应以目标市场定位和所面对的市场消费群体为基础。首先确定企业的经营目标，明确是以提高服务质量为目标，还是以提高生产效率、加快进度或节约成本为目标。从建筑市场目前状况来看，有条件的企业应定位于争创国优、省优工程，为社会提供更多的优质产品或服务。建筑企业创建品牌的最好宣传方式就是更多地生产出优质产品和提供更加优质的服务，使社会各界通过其所生产的产品或提供的服务的外在效果来认识企业，增加企业在市场竞争中获胜的机会。

（3）产品价格定位

价格定位是指建筑企业在激烈的市场竞争中走什么样的价格路线，这要由建筑企业当时所处的市场位置和产品成本来决定。当建筑企业市场占有率高，任务相对饱满，这时宜走高价路线，即在投标时提出较高一点的报价，以提高收入或利润。但如果该工程项目与企业的发展关系重大，应采取中报价的方式，提高中标率，通过产品的生产和服务的提供来提高企业的知名度。当建筑企业任务不足，或者由于市场投资规模减小，一时无法找到适合于自己的工程时，要想尽办法，以较低的报价赢得工程，以解决企业的燃眉之急。

建筑企业在进行建筑产品价格定位时，一定要根据实际情况采取灵活的策略，在不同情况下采用不同的价格策略以适应市场的需要。建筑企业应逐步从价格竞争向质量竞争、人才竞争的方向发展，创出企业的品牌，这样才能在激烈的市场竞争中立于不败之地。

案例：建筑企业目标市场的定位

M公司是一个有五十多年历史、技术力量雄厚、施工机械设备先进的施工总承包企业。通过产品类型定位、价格定位和品牌定位，企业明确了市场主攻方向、价格等策略和品牌创立目标。

1. 产品类型定位

根据外部环境及企业自身条件，M公司立足全方位发展，在原有的房建、装饰、安装的基础上，又开发了路桥、水利、电力、市政、钢结构、信息工程、建筑材料等领域。在巩固施工主业的同时，公司还积极尝试开发多种经营，如房地产开发、装饰设计施工、商品混凝土、预制构件生产等，形成了开发、设计、施工安装、物业管理一条龙经营服务体系。

2. 价格定位

建筑企业是基于项目的组织，有着很大的灵活性，特别是其价格定位，与企业所处的市场环境、项目组织管理水平有着密切的关系，因此，应根据不同的情况、不同的项目灵活定价。针对目前行业竞争激烈，低效运行的状况，M公司采取低价竞争策略，并逐步从价格竞争向质量竞争、人才竞争的方向发展，逐步建立起企业的竞争优势。

3. 品牌定位

M公司将铸造企业品牌作为公司工作的重中之重，依靠全体员工的共同努力，精心打造自己的质量、科技、管理、人才、文化和诚信品牌，树立起良好的社会形象。

M公司通过加大科技投入、增加科技储备含量、普及计算机应用和注重科技人才的培养、教育、使用等手段打造公司的科技品牌。通过优化组织管理、强化项目管理、加强基础管理、完善制度管理等方法使整个公司的管理工作不断迈上新台阶。通过强化质量意识、健全质量体系、加强质量管理等一系列措施为顾客提供了许多优良产品，近三年来，实现了"鲁班奖"三连冠，共创省优质工程18个，工程优良率不断提高。

建筑企业市场定位是指企业决策者在对企业自身和市场环境分析研究的基础上，为企业寻求市场最佳切入点，占领并维持企业在市场中的最佳位置的决策和运营过程。由于企业内外部环境不断变化，因此，市场定位是一个动态平衡过程。

2. 市场定位方式

(1) 避强定位（另辟蹊径式）

当企业意识到自己无力与强大的竞争者抗衡时，则远离竞争者，根据自己条件及相对优势，突出宣传自己与众不同的特色，满足市场上尚未被竞争对手发掘的潜在需求。由于避开强手，这种方式风险小，成功率高，即使是实力较弱的小企业如能正确运用此方式准确定位，仍能取得成功。例如，河北华龙集团，最初是由9位农民合办的股份制企业，在创业初期就在找准定位上下工夫。他们避开大企业竞争激烈的城市市场而定位于为农民服务，其产品定位是"物美价廉"——生产中低档方便面。由于定位准确及营销策略得当，目前已成为我国第三大方便面生产企业。再例如，日本轿车曾以其小型、节油的特色，与美国大型豪华耗油大的汽车相抗衡，取得巨大的成功。

(2) 迎头定位（针锋相对式）

这是一种以强对强的市场定位方法，即将本企业形象或产品形象定位在与竞争者相似的位置上，与竞争者争夺同一目标市场。铁路短途客运市场的定位就是此种方式。1998年10月开始运行的城际间快速列车，以其快速、舒适、便利、价格合理的优势，吸引了更多的客流，与公路客运进行针锋相对的竞争。实行这种定位的企业应具备的条件是：能提供比竞争者的质量更好或成本更低的产品；市场容量大，能够容纳两个或两个以上竞争者产品；比竞争者拥有更多资源和实力。这种定位虽存在一定风险，但能够激励企业追求高目标。

（3）创新定位（填空补缺式）

创新定位是指寻找新的尚未被占领但有潜在市场需求的位置，填补市场的空缺，或提供市场上没有的，但具备某种特色的产品。例如，高能集团就是采用这种定位方式并获得极大的成功，该企业创业时仅 200 元资产，却能够在激烈的市场竞争中生存并迅速发展，12 年间资产达到了四亿元，规模扩大了 2000 倍。其成功得益于正确的定位方式及准确的切入点。该企业属于通讯行业，但他们不去选择生产竞争者云集的传统的通讯产品，而选择了做通讯与计算机的结合部——传输和管理。因为传统计算机及传统通讯有许多企业在经营，竞争激烈，他们不具备优势，而在两者结合部却形成真空，他们具有相对优势，有足够大的市场，由于其产品技术难度大，国内同行很难进入，而且这是个具有中国特色的市场，国外大公司也难以进入。因此，他们如鱼得水，迅速发展，目前已成为江苏省最大的民营企业。采用这种定位方式时，企业应明确创新定位所需的产品在技术上、经济上是否可行，有无足够的市场容量。

（4）重新定位（以退为进式）

建筑企业如果定位不够准确或虽然开始定位得当，但市场情况发生了变化，如竞争者侵占了本企业部分市场，或由于某种原因使消费者或用户的偏好发生变化，转移到竞争者方面时，就应考虑重新定位。重新定位是以退为进的策略，目的是为了实施更有效的定位。

例如，中铁建昆明机械厂（其前身是铁兵某汽车修配厂）1984 年兵转民后没有计划指标只能自己闯市场。该厂先后将其产品定位于汽车修配、摩托车制造、电火锅等，因定位不准确，均告失败，必需重新定位。经过市场调研，1986 年开始把产品定位于路内工务器材市场，生产铁路小型捣固机，正确的定位使企业有了生机，但因该产品技术附加值低，竞争对手很快进入，产品销量下降，即竞争者与本企业定位相同并侵占了本企业部分市场，因此，仍需重新定位。根据市场竞争及其需求状况，该企业将其产品定位于高技术附加值的工务产品，不断增加其产品的技术含量，研制生产了大型抄平回填多功能捣固机，终于占领了路内捣固机市场，该产品目前在国内技术最先进，竞争对手难以进入，现在已成为中国铁路大型养路机械产、销量最高的厂家。在铁道部与世界银行共同招投标中击败所有竞争对手，其获得世行贷款，使企业获得更大的竞争优势。

第二节 建筑企业市场开拓战略体系

建筑企业市场开拓是以目标投资者（业主或发包商）对建筑产品和服务的需求为中心，并把这种需求作为企业市场开拓的出发点和最终归宿的经营哲学，它标志着企业由内向型的生产性活动转移到了外向型的创新性、经营性活动。建筑企业市场开拓战略的核心问题是如何有效满足目标投资者（业主或发包商）的需求，提高市场占有率。

一、建筑企业市场开拓的特点

一般来说，现代建筑企业的市场开拓有如下特点：

1. 市场需求导向性

在建筑市场"僧多粥少"、竞争激烈的情况下，建筑企业市场开拓以投资者（业主或发包商）的需求变化为出发点，生产经营活动的各个方面也要以能否充分满足投资者（业主或发包商）的需求为准则。随着时代的进步、科技水平的发展，新型建设模式和方式的出现使得建筑企业对建筑产品的生产和服务的提供更加具有连续性，这样可以更充分地使投资者（业主或发包商）的需求得到满足。

2．全过程性

在现代市场营销理论的指导下，建筑企业的市场开拓活动可以从建筑产品的机会研究开始，直至建筑产品竣工验收后移交给投资者（业主或发包商），并在建筑产品运营阶段提供全方位的售后服务为止，市场开拓活动呈现出全过程性。因此，建筑企业应制定长远和整体性的市场开拓战略，目光短浅、急功近利是市场大忌。

3．个体性

工程项目的一次性特征要求针对不同的投资者（业主或发包商）及不同项目进行差异化的市场开拓，以最大限度地满足其明示的和隐含的个性化需求为目的，为其提供个性化的产品或服务。因此，建筑企业必须采用不同的市场开拓组合策略，进行有针对性、独特性的市场开拓策划。

4．互动性

建筑产品的策划、设计及生产是在业主、设计、监理、施工以及各利益相关方的共同参与下完成的，充分利用与各种投资者（业主或发包商）的共同参与和互动的机会，努力贴近投资者（业主或发包商），体会其要求与感受，进行"关系开拓"和"情感开拓"，建立与投资者（业主或发包商）的"非正式关系"，是培养忠诚合作伙伴和客户群，稳定市场的必然选择，也是市场开拓的最高境界。

二、建筑企业市场开拓战略体系

从经典的市场营销理论和以"4P's"为核心的营销组合战略理论出发，在总结和吸取建筑企业市场开拓战略实践经验的基础上，构建出具有建筑行业特色的"4P's"市场开拓战略体系（如图7-5所示），即产品开拓战略（Product）、定价开拓战略（Price）、区域市场开拓战略（Place）、公共关系开拓战略（Promotion）。建筑市场开拓战略体系是一个有机构成整体，有利于指导建筑企业经营与市场开拓实践。

1．产品开拓战略

建筑企业的市场开拓战略活动是围绕如何以其建筑产品和服务来满足投资者、业主和发包商的需求这个中心进行的，产品开拓战略是市场开拓战略的出发点，是其它相关开拓战略的基础。一个建筑企业要生存和发展，关键在于其产品或服务是否满足投资者、业主或发包商的需求以及满足的程度。建筑企业产品开拓战略包括产品组合开拓战略、市场生命周期开拓战略和建筑产品研发开拓战略，建筑企业在着眼于有形建筑产品实体开发的同时，尤其不应忽视连带的咨询服务市场的开发。

（1）产品组合开拓战略

所谓建筑产品组合，就是指一个建筑企业所提供的全部建筑产品或服务的结构，它通常由下属单位所生产的建筑产品组构成。建筑产品组则是由满足同类要求，而外形、施工工艺和方法等有差异的一组建筑产品组成，这些不同的个别产品，成为产品项目，比如一个建筑企业有房屋、桥梁、道路等几个产品生产组，而桥梁组又由铁路桥梁、公路桥梁、

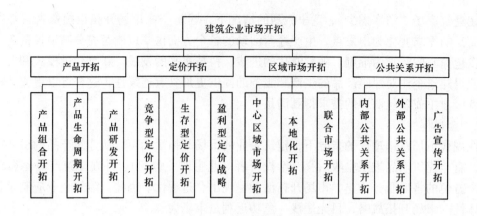

图 7-5 建筑企业市场开拓战略体系

市政桥梁等一组单个产品项目组成。

建筑产品组合包括三个因素：广度、深度和相关性，广度是说明建筑企业经营和生产的产品组类别，有多少建筑产品组；深度是指建筑企业经营和生产的每个产品组内的项目多少；相关性是指各个建筑产品组之间在最终用途，生产施工条件和工艺、组织生产方式及其他方面相互联系的程度。图 7-6 是一个典型的建筑企业产品组合示意图。

图 7-6 建筑企业典型产品组合示意图

分析建筑企业产品的广度、深度和相关性，有利于建筑企业更好地发挥产品组合战略。一般说来，扩大建筑产品组合的广度，有利于建筑企业开拓市场范围、实现差异性的多元化开发与经营，可以更好地发挥企业潜在的技术和资源优势，提高经济效益，分散企业的市场开拓战略风险。加强产品组合的深度，可以占领同类产品更多的细分市场，满足更加广泛的投资者（业主或发包商）的不同需求与爱好。而加强产品组合的相关性，可以使建筑企业在某一特定市场领域赢得良好的声誉，为未来的市场开拓战略打下良好的基础。

(2) 市场寿命周期开拓战略

建筑产品与其他产品一样，有一个诞生、成长、成熟和衰退的过程，其市场需求处于变动之中，随着时间和环境的变化，最终将不被投资者（业主或发包商）采用，被迫退出市场。因此，建筑产品市场寿命周期是指产品从进入市场到最后被淘汰退出市场的全过程，可以分为导入期、增长期、成熟期和衰退期。处于不同时期的建筑产品有不同的特点：如处于导入期的建筑产品，投资者（业主或发包商）对其施工技术和质量不甚了解，所以市场需求量少，生产费用和成本较高；而当此类建筑产品经过增长期进入成熟期后，市场需求趋于饱和，竞争激烈，企业利润可能相对下降。

对于处于不同生命周期的建筑产品，建筑企业所采取的市场开拓战略是不一样的。在制定市场开拓战略时，要认真分析建筑产品生命周期的影响，如果对于产品所处生命周期判断失误，将会错误地扼杀产品的市场寿命，使其失去为企业创造利润的机会。例如，目前一些房地产公司推出环保节能型住宅，此类建筑产品正处于成长期，符合国家环保政策和科学发展观的要求，市场潜力很大，前景光明，而一些非环保节能的过时住宅已处于衰退期，如不加选择的继续开发，将直接影响企业的发展。

(3) 建筑产品研发开拓战略

建筑企业之间的竞争，最终表现为建筑产品生产能力的竞争，随着时间的推移和科技的进步，任何一种特定产品的生产能力都会被技术更加先进、效率更高的新生产能力所取代，建筑企业根据市场需求和竞争对手的变化，有针对性地开发和研制新型技术和设备，提升和改造现有生产能力，及时填补市场空白，抢占市场的制高点，是扩大市场份额和战胜竞争对手的有力武器。建筑企业的产品研发开拓战略可以有自主开发、购买专利专有技术、改型改造等几种方式。

建筑企业在进行建筑产品生产能力或技术的开发和研制时，需要综合考虑成本大小，以及企业生产能力、技术消化吸收能力、资金实力、技术保密性等因素。

2. 定价开拓战略

定价开拓战略是指建筑企业为达到进入目标市场，保持或者提高市场占有率等战略意图，对处于目标市场中的工程项目的造价进行战略定位的一种市场开拓战略。定价开拓战略不追求单个项目，而是追求多个项目造价整体最优，从而使企业达到效益最大化。

在投标竞争中，一个建筑企业纵然有强有力的经营机构，丰富的投标技巧和手段，但如果缺乏对目标市场的工程项目造价的战略性定位，其中标的可能性会减小，有时虽然获得了项目，也由于"先天性"的定位错误或偏差，使得企业得不到相应的利润回报甚至造成亏损，从而处于被动。建筑企业的定价能力和水平是实力的综合体现，因此，定价开拓战略是其它相关开拓战略的核心，是企业生产经营和发展的关键。建筑产品定价开拓战略可以分为生存型、竞争型和盈利型三种。

(1) 生存型定价开拓战略

生存型定价开拓战略是指当目标市场竞争激烈、开辟新的目标市场又比较困难时，建筑企业为了生存，获得项目，可以不考虑各种利益和因素，对投标工程项目实行微利或不盈利一种策略。

造成建筑企业生存危机的原因是多方面的：首先，社会政治经济环境的变化，中标项目减少，建筑企业在宏观环境上将面临危机；其次，市场对建筑产品需求的变化，也使得建筑企业擅长的某些工程项目减少，这种危机常常是危害到营业范围单一、规模较小的专业建筑企业；再者，建筑企业自身经营管理不善，也能使建筑企业陷入入不敷出的境地。这时，建筑企业应以生存为重，采取不盈利甚至赔本也要得到项目的战略态势，以保证企业的简单再生产，解决设备、劳动力闲置问题，从而使得企业能够保存实力，养住队伍，减少亏损。

(2) 竞争型定价开拓战略

竞争型定价开拓战略是建筑企业为了能进入目标市场或提高既有市场的占有率，在精确计算自身成本、充分估计各竞争对手报价的基础上，以有竞争力的报价中标的市场开拓战略方式。

建筑企业采取这种方式是为了打开欲进入的目标市场，并为今后开拓市场领域、提高市场占有率奠定基础，它着眼于企业在这个市场中的知名度的提高，未来在目标市场的整体发展、竞争优势的获得，而不太在意目前的一得一失。

一般说来，建筑企业采取竞争型定价开拓战略有以下几种情况：企业经营状况不太景气、近期可能获得的项目较少；竞争对手有威胁性、试图打入新的地区；开拓新的工程施工类型、投标项目风险小、施工工艺简单、工程量大、社会效益好的项目和附近有本企业其他正在施工的项目。

（3）盈利型定价开拓战略

建筑企业投标报价在自身能力一定的情况下，充分发挥自身优势，以实现最佳盈利为目标，"抓大放小"，关注于盈利大的项目，投入较多的资源和能力，力求中标，而对效益较小的项目不去关注，甚至有时候可以故意避让，这就是建筑企业盈利型的定价开拓战略方式。

如果建筑企业在该区域市场已经具有了一定的市场占有率、施工能力饱和、信誉度高、竞争对手少、具有技术优势并有较强的品牌效应、投标目标和意图主要是扩大影响，此时，就应该采用盈利型的定价开拓战略方式。

3．区域市场开拓战略

随着经济的发展，建筑企业的市场范围已从传统区域市场逐步走向全国市场甚至国外市场，市场开拓战略的方式已经从单个工程项目开发的"点"状态逐步转变为以区域市场为基础的"面"状态的建立和建设，利用在区域市场的规模生产效益和企业所取得的竞争优势，建筑企业能够降低市场开拓成本，获得更加长久和持续的回报。

区域市场开拓战略是指建筑企业针对不同的区域市场单元制定相应的市场开拓策略，以及整个区域市场的市场开拓活动。建筑企业实施区域市场开拓战略，应从建立中心区域市场、区域市场开拓战略本地化和联合开拓战略等几个方面来进行。

（1）中心区域市场开拓战略

一定时期内，建筑企业的资源和能力是有限的，不可能同时满足各个区域建筑市场的所有不同类别和层次的需求。因此，在开拓市场时，建筑企业要按照"有所为、有所不为"的原则，在仔细分析外部市场条件和企业内部资源和能力的前提下，对经济发展较快和国家重点投资的热点区域，以及蕴含相当可观的市场机会并具有相对竞争优势的地区，集中力量，主动开拓，在站稳脚跟的情况下迅速向周边地区辐射，力求在形成几个优势明显、规模较大的区域性市场板块。

不同建筑企业的中心区域市场是不同的，就是同一个建筑企业，在不同的时期，随着内外部环境的变化，其中心区域市场也有可能变化。建筑企业在确定中心区域市场时，应从政治经济形势、产品、市场和企业自身等相关因素来考虑。如果一个建筑企业的建筑产品范围广、类型多，对技术水平适应性强，且定价较低，则其建立的中心区域市场就可能多一些，市场范围和容量也随之增大，反之就少一些。

（2）本地化市场开拓战略

本地化市场开拓战略是指建筑企业力求融入当地市场、当地文化，努力成为当地市场中的重要一员而采取的市场开拓战略。它要求企业暂时放弃以往的市场占有率目标，以企业在当地市场中的地位作为市场开拓战略目标。企业致力为当地经济发展作出贡献，在此过程中树立起良好的企业形象，最后终达到"双赢"的目的。一般说来，建筑企业本地化的市场开拓战略主要包括产品当地化、开发机构和人员当地化、企业文化当地化等几种表现形式。

产品当地化是指建筑企业以区域建筑市场的需求为目标，重点突出地进行项目承揽、项目准备、产品的生产和后期的服务等，准确把握市场脉络，根据市场需求的变化，及时调整市场开拓战略的方向和生产的能力。为了提高市场开拓战略的成功率，建筑企业在区域市场开拓战略上，应摆脱以往独立作战的做法，组织机构力求高效，队伍力求精干，充分利用当地的人力资源和各种社会资源，努力营造社会型的市场开拓战略模式。同时，应立足长远，把本企业的文化融入到当地文化中，也把当地的文化汲取到企业文化中，实现两者的良性互动，真正融入到当地社会经济中，为最终占领区域市场打下坚实的基础。

(3) 联合市场开拓战略

"单打独斗"是传统建筑企业市场开拓战略的竞争观念，这种仅靠企业自身能力的单一型市场开拓模式，效果往往很有限，使企业错失很多良机，而且企业进入一个新的本已竞争激烈的区域市场，往往面临着更多的竞争对手，其市场开拓难度更大，仅靠企业自身能力无法长久地获得和维持竞争优势。因此，与其两败俱伤，倒不如共同发展，不少建筑企业为了提高竞争力和适应力，建立起战略联盟关系，这对于提高建筑企业的综合实力，有着重要的现实意义。

联合形式应不拘一格，可以一企一联，也可以一企多联；可以是总包分包工程，也可以单纯提供劳务；可以是借牌、借市场，也可以是借资、借脑、借设备。联合过程中，除了要善于利用对方优势，还要注意学习对方先进的市场开拓和管理经验，为提高企业的市场开拓能力打下基础。

案例：战略并购的成功实施

G公司坚持"并购企业必须与产业目标相符合，并购企业本身必须是一个优势企业，并购目标企业必须与企业文化相融合"三个基本前提，把握市场布局和并购节奏，成功实施战略并购，大大提高了市场占有率。

(1) 两步走策略

第一步（从1998年开始，大致3到5年）先扩充实力，目标对象是重庆、西安、武汉、杭州、南京、上海、北京等建筑市场竞争相对不太激烈、经济发展潜力大的地区的省级优秀（同行业综合素质前两名）建筑企业；第二步逐步形成区域性市场板块布局。

(2) 区块布局策略

按照地理地址和风俗习惯的不同，全国分为东北、华北、西北、华东、华中、西南六个大的行政区域。考虑市场特性，G公司参考这六大行政区域，逐步考虑成立以杭州为中心的华东基地，以西安为中心的西北基地，以重庆为中心的西南基地，以郑州或武汉为中心的华中基地，以沈阳或长春为中心的东北基地，以北京为中心的华北基地，以南京为中心的外经基地。

(3) 基地监管策略

随着企业和项目的增多，实施监管的成本和管理难度相应增大，根据市场发展情况，各个基地下面逐步设立省级建设分公司,由基地负责日常的管理工作。

(4) 中心城市辐射策略

利用中心城市的辐射力和影响力,沿着铁道线和高速公路向地级市和县级市拓展。

(5) 并购优势企业策略

G公司把收购兼并赋予了新的内涵,企业并购不再是解决当前的生存问题,更多的是两个企业的强强联合。并购的主要目标是省级的优秀建筑企业、甲级资质的设计院、一级资质的路桥企业、一级资质水利施工企业和一级资质的装饰企业。

为此,G公司提出了"大建设、大市场、大基地"的口号和"跳出建筑做建筑"、"并购企业重在并购市场"的经营理念,在近4年的时间里,以品牌为纽带,以基地为基础,发挥整合作用,先后并购了重庆一建、南京国际、上海合力、中地建设、杭州建工和北京二建等多家国有建筑企业,其他并购方案也在按计划进行当中。

4. 公共关系开拓战略

为了取得市场开拓战略的成功,建筑企业应善于在瞬息万变的市场上不断与投资者(业主或发包商)进行沟通,使其及时、充分了解企业的状况和实力,不断制定和灵活运用公共关系开拓战略。

公共关系开拓战略是建筑企业向广大既有的和潜在投资者(业主或发包商)介绍其产品和服务,说服和影响投资者(业主或发包商)的购买行为,并树立本企业在公众中的形象,以利于未来业务的发展。换句话说,是建筑企业为赢得投资者(业主或发包商)而进行的一种信息沟通行为。

公共关系的好坏直接影响着建筑企业在公众心目中的形象,影响企业市场开拓战略目标的实现。建筑企业公共关系开拓战略的目的是为建筑企业营造一个良好的企业形象和社会声誉。

(1) 外部公共关系开拓战略

建筑企业的外部公共关系开拓战略就是要协调好与业主、设计单位、监理单位以及政府部门等之间的关系,建筑企业应适时召开一些易于融洽、有益于双方交流的座谈会、经验交流会等来增进友好感和依赖感。注意听取有关单位对在建工程质量、进度和文明施工等方面的意见,主动改善现场管理。要为业主提供后期跟踪服务,对使用过程中出现的质量问题及时解决。要及时妥善处理好各方关系,形成"我精心、你放心、他安心"的三位一体管理模式。

建筑企业外部公共关系的一个重要形式就是与媒体保持密切的联系,采用新闻发布会等形式宣传企业,提高企业知名度,加强公众对企业的记忆度和熟悉度。对建筑企业的新成果、各种庆典、上级领导来访等信息资料,及时向媒体披露,适时举办专题活动和各种会议,比如赞助、捐赠、赈灾、员工大会等,以达到与公众沟通,联络感情,加强相互信任,最终建立起企业良好形象的目的。

工程项目交工后的回访和保修,已作为一种"售后服务"方式,体现了建筑企业对工程负责到底的精神和对投资者(业主或发包商)负责的服务宗旨,同时也是企业树立形象、实施市场开拓战略的一种有效手段。工程回访有利于加强建筑企业同投资者(业主或发包商)的联系和沟通,增强投资者(业主或发包商)对企业的信任感,同时提高企业的社会信誉。

(2) 内部公共关系开拓战略

建筑企业在实行市场开拓战略时，比较重视外部公共关系的建立与培养，而比较忽视企业内部公共关系。建筑企业内部公共关系是在企业组织内部各要素之间建立的一种和谐关系，包括各个职能部门和全体员工之间的关系，建筑企业内部公共关系开拓的目的是加强企业内部的凝聚力，提高企业素质，为企业开发外部关系奠定良好的基础。

建筑企业应给员工充分的关注和认同，公开赞扬他们所取得的成就，最大限度地激发员工的工作热情和创造才能，推行各种培训计划以促使他们的能力得到进一步提高，要理顺企业内各职能部门的关系，促进企业内部信息和情感交流，培养融洽的"家庭气氛"，使员工有归属感和主人翁责任感，为他们创造增长才干、施展才华的最佳人事环境，并形成强大的工作动力和献身精神。

(3) 广告宣传开拓战略

建筑企业要走向市场，扩大企业知名度，必须重视广告的宣传作用。一则好的广告可以大大树立企业良好形象，提高企业知名度，给企业的市场开拓战略提供强力支持，也可以鼓舞士气，提高员工向心力和自豪感，提高企业的社会责任感，还可以规范企业管理，约束企业行为，维护企业良好商誉，使企业在良性的内外部环境中健康运行。

由于建筑行业的特殊性，建筑企业的广告比较稀少，具有很强的行业局限性，目标对象明确，基本上是在业内进行。广告形式主要是专业报刊杂志、标书资审文件和所承担的工程项目等。建筑工地是建筑企业投放广告最多的地方，优质工程奖是有效的广告宣传，建筑企业普遍认为，"建筑物就是最好的广告"。

建筑企业在进行广告策划时，要符合建筑企业市场开拓战略的总体要求，目标明确、针对性强、突出主题、立意高远，以达到表现企业形象的主题目标，同时注意广告形式和内容的创新与协调。

产品开拓、定价开拓、区域市场开拓和公共关系开拓是建筑企业市场开拓战略体系的四个基本内容，在动态的市场开拓战略环境中，它们相互依存，处于同等地位，虽然它们单独来说都是重要的，但真正的意义在于它们的组合，也正是它们组合起来的独特方式使每一个建筑企业的市场开拓战略或战术成为一种独特的战略或战术。在现代建筑企业的实践活动中，围绕"4P's"建立企业的市场开拓战略越来越成熟，已成为一种模块化的决策与管理方法。

第三节 建筑企业市场开拓战略的实施要点

一、树立"开拓创新"的经营理念

随着中国加入WTO，面对国外承包商强大的市场攻势，我国建筑企业开始重视市场开拓工作，如扩大市场开拓队伍，提高经营人员素质等。但仍有不少企业市场观念落后，手段粗放，仍然坚持过去单纯的依靠市场开拓部门的模式。因此，必须进行"开拓创新"观念的培训，使全体员工树立起"开拓创新"经营理念，即以目标市场为出发点，创新开拓策略，竭其所能满足投资者（业主或发包商）的需要。同时还要建立起良好的制度约束和激励机制，使每个员工的切身利益与企业的整体利益紧密结合起来。

社会主义市场经济的进一步发展促进了建筑企业市场开拓战略理论的形成与发展，新的市场开拓战略理论与方式对活跃建筑市场，满足投资者（业主或发包商）日益增长的各种新的需求起到了促进作用，也给建筑企业带来各种发展机遇。建筑企业经营理念创新有以下几个内容：

1. 关系市场开拓理念

建筑企业关系市场开拓，是以系统思想为指导，将企业置身于社会经济大环境中来考察企业的市场开拓活动，认为企业市场开拓是一个与投资者（业主）、竞争者、供应商、分包商、政府监管机构和社会组织之间互动作用的过程，强调企业与其他利益相关者之间建立、保持并巩固一种长远的关系，认为培养并维持与投资者（业主或发包商）的良好关系是企业市场开拓成功的基本保证，提倡企业间的合作而非对抗关系，推动企业纵向、横向建立战略联盟，共同开发市场。关系市场开拓旨在建立作为建筑产品或服务需求方的业主与作为提供方的建筑企业之间的长期友好关系，其最终目标是成为永久的伙伴关系。

根据以上分析，建筑企业关系市场开拓的主要内容有：需求伙伴关系、供应伙伴关系、侧面伙伴关系和内部伙伴关系，以及与建筑企业形成的多种关系，如图7-7所示。

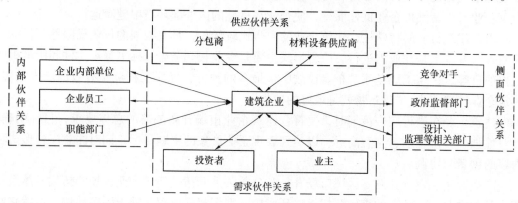

图7-7 建筑企业关系市场开拓示意图

可见，建筑企业关系市场开拓比单纯的招投标交易更好地抓住了市场开拓观念的实质。招投标交易只是把投资者（业主或发包商）看作交易的对立面，把双方的关系当成单纯的商业关系和经济利益关系，过多强调交换进程中帮助或满足投资者对建筑产品或服务的质量、进度和造价的要求。关系市场开拓战略则认为，建筑企业应与投资者（业主或发包商）在平等的基础上，建立互利互惠的"伙伴"关系，在更大范围以"伙伴"关系相处和发展，推动建筑产品或服务的交易实现和长期化。从这个意义上说，关系市场开拓是对市场开拓在认识上的深化。

与其他商业企业市场开拓相同的是，"承诺"和"信任"也是建筑企业关系市场开拓成功的基础和关键。由于市场机制不够健全，以及大量寻租行为的存在，一些建筑企业将"关系市场开拓"视为"拉关系、走后门"等庸俗的交往。其实靠"拉关系、走后门"的投机做法投资回报低，收效甚微，达不到真正开拓市场的目的，而且也破坏了企业的公众形象，失去了长期占领市场的机会，直接损害建筑企业的利益。

2. 全员市场开拓理念

市场开拓战略的制定和实施绝非仅是企业市场开拓部门的职责，也不应该只由几个企业领导或部门来执行。企业要将市场开拓的职能与技术、生产、财务、人事等职能相结合，形成团队工作的格局，开展一系列积极的、协同的市场开拓活动，调动员工的工作热情，促使其树立强烈的市场开拓意识和观念，确保企业整体市场开拓的高效性，同时，要抓住一切机会树立企业形象，使市场开拓活动成为每一位员工的责任和自觉行为。

建筑企业全员市场开拓指企业所有员工对企业的可控因素进行互相配合，以满足各项市场需求，同时以市场开拓部门为核心，技术、生产、财务、人事等各部门统一配合，以投资者（业主或发包商）的需求为导向，进行全方位市场开拓，形成"人人肩上有任务、个个心中有指标"的市场开拓局面。

金字塔形的传统组织机构不利于建筑企业的发展，建筑企业在逐步树立全员市场开拓的同时，也要逐步调整和整合企业的市场开发机构，形成有利于全员市场开拓组织结构，如图 7-8 所示。

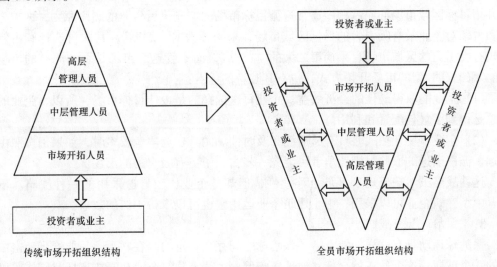

图 7-8 建筑企业市场开拓示意图

二、构建新型区域市场开拓模式

区域市场开拓模式的选择依赖于市场本身的特征、各个市场之间的联系、市场竞争状况以及企业实力等条件，因此，建筑企业在开拓区域市场时，应全面分析内外部环境，选择不同的市场开拓模式。一般来讲，有以下几种典型的战略模式：

1. "滚雪球"型战略

"滚雪球"型开拓战略是中小建筑企业最常用的一种战略，即企业在现有市场条件下，采取区域内市场开拓的方式，在一个地区取得优势后再向另一个新的区域进军的战略。具体来讲，这种战略以某一个地区目标市场为市场开拓的"根据地"和"大本营"，进行精耕细作，把"根据地"和"大本营"市场做大、做强、做深、做透，并成为将来进一步开拓的基础和后盾。在"根据地"市场占有了绝对优势和绝对稳固之后，再以此为基础向周边邻近地区逐步滚动推进、渗透，最后达到"星星之火，可以燎原"，占领整个市场的目的。采取"滚雪球"的市场开拓战略具有以下优势：

(1) 有利于降低市场开拓风险。"根据地"的市场开拓战略能为周边地区的开拓实践提供丰富的经验和良好的示范。企业在全力建设"根据地"市场的过程中，对建筑市场法律法规、地区定额和投标报价等程序和规律有了较多的研究，包括成功的经验和失败的教训。"根据地"的市场开拓经验的日积月累自然成为企业日后向周边地区开拓的最宝贵的财富和资本，投标成功率会进一步提高。随着市场的不断滚动开拓，企业的"根据地"市场地盘的扩大，这些经验和教训愈加丰富，市场开拓的风险会越来越低。

(2) 有利于保证资源的充分利用。市场份额的扩大是以"根据地"市场的"强兵壮马"为基础的，"根据地"市场的利润收入为开拓新的市场提供充足的资金积累，"根据地"市场也成为企业市场开拓人才培养的基地，能为企业各个目标市场的开拓输送人才。

(3) 有利于市场的稳步巩固。"滚雪球"型市场开拓战略是在牢牢占领现有市场后才向新的周边市场开拓，秉持稳健踏实的理念，达到步步为营的目标。

2. "采蘑菇"型战略

与"滚雪球"不同的是，"采蘑菇"型开拓战略则是一种跳跃性的开拓战略。建筑企业开拓目标区域市场的先后顺序通常遵循目标市场的"先优后劣"的顺序原则，即首先选择和占领对企业最有吸引力的目标区域市场，采摘最大的"蘑菇"，其次再选择和占领企业较有吸引力的区域市场，采摘第二大的"蘑菇"，而不管这个市场是否和原有的市场相连。"采蘑菇"型的市场开拓方式，也有其独特的优点：

(1) 企业能取得最佳的经济效益。企业每次选择的是最佳目标市场，所以，企业的资源总是得到了最佳配置和利用。

(2) 企业市场开拓战略具有灵活性和及时性。尤其在竞争者较多时，如果仍按照由近及远、循序渐进的原则，则竞争者可能先一步占领了更有吸引力的市场。

这种战略虽然缺乏地理区域上连续性，但却是企业比较普遍采用的一种战略。不但大、中型建筑企业可以采用，中小建筑企业运用它也可以取得不错的效果。

3. "保龄球"型战略

保龄球运动具有这样的特点：各保龄球之间存在一定的内在联系，只要恰当地击中关键的一个球瓶，这个球瓶就会把其他球瓶撞倒一大片。建筑企业在开拓市场时同样可以运用这样的原理。要占领整个目标区域市场，首先攻占整个目标市场中的某个"关键市场"，然后，利用这个"关键市场"的巨大辐射力来影响周边的市场，以达到占领整个目标市场的目的。这种市场开拓战略我们称之为"保龄球"型战略。当然，该"关键市场"应该具有如下特点：

(1) 该"关键市场"的投资者（业主或发包商）具有较强的创新意识和较强的购买力，因而对新的建筑管理模式、新施工方法、新材料、新技术和新工艺接受较快。

(2) 该"关键市场"的市场需求具有极强的影响力、穿透力和辐射力。一般来说，"关键市场"的投资者（业主或发包商）对建设管理思想、模式或方式具有很强的超前性和引导性，如果某种思想、模式或方式在某个区域市场一旦被投资者（业主或发包商）成功采用，会引起其他投资者（业主或发包商）效仿。所以，只要建筑企业占领这个"高端"市场，就能取得以点带面，辐射周边市场的效果。在一段时间内，建筑企业在这个目标市场能获得相对竞争优势和取得高额垄断利润。当然，这是一种"先难后易"的市场开拓战略。关键市场往往是必争之地，要攻占该战略市场，必须耗费大量的财力和人力，但一旦占领，其他市场就"横扫千军如卷雪"了。显然，这是实力较强的大型建筑企业才能选择的战略。

4．"农村包围城市"型战略

与"先难后易"的"保龄球"型战略相反，"农村包围城市"是一种"先易后难"的市场开拓战略模式。这种战略首先蚕食较易占领的周边市场，积蓄力量，并对重点市场形成包围之势，同时也对中心城市形成一种无形的影响，等到时机成熟时，一举夺取中心市场。对于中小建筑企业而言，首先就选择进攻最难占领的中心市场，欲速则不达，成功的可能性很小，还不如首先选择较易攻占的周边市场，一方面积蓄自己的力量和市场开拓经验，另一方面对中心市场给予一种潜移默化的影响。企业在包围占领周边市场同时，应对中心市场进行一定的调研，逐步建立自己的市场开拓网络，形成市场开拓能量的递增蓄积，为一举占领中心市场提供良好的基础。

5．"撒网开花"型战略

"撒网开花"型战略是企业在开拓其目标市场时，采用到处撒网，遍地开花，向各个市场同时发动进攻，对各个市场同时占领的方式。撒网战略具有极大的市场开拓威力，可在非常短的时间内达到同时占领多个市场的目标。但是，这种战略成功的条件却极为苛刻：

（1）需要企业具有充足的市场开拓的资源。多个市场同时开拓，需要同时建立多个销售渠道，同时进行前期跟踪和招标投标工作，则所需要的资金非一般企业所能承受。另一方面，每个市场都必须配备必要的技术人员和商务人员，因此，企业应有一支庞大并且经验丰富的市场开拓团队。最后，获得了项目，还要派驻大量的项目管理和技术人员，这对企业的人力资源也提出了新的要求。

（2）需要企业具有强大的调控能力。建筑企业同时在多个市场发动进攻，无论是自己承建还是进行分包，都可能遇到许多意想不到的情况和难以控制的混乱，市场风险比较大，所以，如果没有极强的协调控制能力和充足的资源，若同时发生各种意外情况，则企业难以应付。

"遍地开花"型的市场开拓就像"闪电战"，意在迅速占领，并不适应于目前实力和经验尚不丰富的建筑企业。

三、建立一支高素质的市场开拓队伍

随着建筑科技的发展和新型项目管理模式的实施，建筑企业面临人才结构的调整与优化。从总体来看，一般工人的比例将进一步下降，技术人员和管理的比例将上升。具备工程专业知识和经营管理知识应是从事市场开拓活动的必要前提，技术上的外行往往丧失商机。因此，对于建筑企业说，尽快建立一支既懂技术又具有现代营销理念的、高素质的、复合性的市场开拓队伍显得尤为迫切。具体措施包括：

（1）采用"请进来、送出去"的办法对市场开拓人员进行培训，提高企业开拓队伍的整体素质，即一方面邀请一些专家（如咨询公司的市场开拓战略专家，MBA专家）到企业讲学，对市场开拓人员进行高层次的业务培训；另一方面对企业的一些市场开拓人员进行继续教育，提高其综合素质。

（2）在不影响企业技术工作的前提下，抽调部分技术人员充实到市场开拓队伍中去，以提高市场开拓队伍的技术素质。

（3）通过招聘、引进高素质的人才，并对企业技术水平高、实践经验丰富的工程技

人员和市场开拓人员进行集中培训,培训内容包括企业精神、职业道德和责任感,本企业各类建筑产品施工的性能、特点、用途、市场开拓策略与技巧、合同法规、财务管理知识等,为构建复合型的市场开拓队伍打下基础。

四、建立以市场开拓战略为中心的运行机制

在"全员市场开拓"观念下,市场开拓工作并不仅仅是开拓部门的事,建筑企业所有部门都应以"满足投资者(业主或发包商)需求"这一原则为中心,而市场开拓部门则更应在日常工作中向其他职能部门灌输这一原则。对于建筑企业的市场开拓部门负责人来说,其面临两大任务:一是协调企业内部市场开拓活动;二是协调市场开拓部门与技术、采购、生产、质量、财务等职能部门的关系。为了加强企业各部门之间的联系、沟通和协作,培养员工的团队精神,必须对企业的组织机构结构进行调整,使其更好地满足投资者(业主或发包商)的需求。

在市场开拓过程中,市场开拓部门与技术开发部门之间的协作显得尤为重要。一方面技术开发部门需要市场开拓部门为其提供市场信息,指明研究开发的方向;另一方面市场开拓部门需要技术开发部门为其提供新技术、新产品,以满足用户的需求。两者之间的密切联系是企业取得成功的关键要素之一。但由于两部门的侧重点存在一定的差异,因此两者之间的合作并非易事。要想达到"技术与市场完美结合",除了需要两部门的共同努力外,必要时还需企业高层领导在两部门之间进行协调。

五、加强市场开拓信息系统的建立

建筑企业必须设专人负责市场信息收集与研究工作,适时调查、分析不断变化的市场需求,掌握建筑产品开发和优化配置的方向,研究、制定建筑企业产品开发的中长期计划。市场信息的收集与分析包括投资者(业主或发包商)和竞争对手两方面的信息。任何一个企业在进行市场开拓活动、分析市场环境、制定市场开拓战略措施时都需要收集广泛、系统、准确的市场信息,并对其进行全面的分析。只有全面掌握了市场信息,才能进一步寻找和发现机会,并科学地制定市场开拓战略与策略。信息的收集可通过市场开拓人员、投资者(业主或发包商)、会议、新闻媒介、专业咨询公司、市场中介公司、行业管理机构、材料机械设备供应商、分包商以及网络查询等渠道获得。

在国内外市场开拓战略过程中,建筑企业要积极推行中心区域市场战略,创新市场开拓方式,拓宽市场开拓渠道,建立起全国性乃至国际性市场开拓战略网络。目前,大多数建筑企业都是依靠自身力量直接开拓市场,但企业资源有限,要提高市场占有率,有条件的建筑企必须选择熟悉本行业、有足够资源和实力的企业合作,建立战略伙伴关系或总分包关系,建立几个具有代表性的市场"据点",并逐渐形成市场网络。

案例:建筑企业市场开拓战略体系的建立

随着社会主义市场经济体制的建立和完善,带有浓厚计划经济色彩的经营模式已不能适应市场化要求,同时,建筑企业所面临的国内、国际竞争也日趋激烈。在这种情况下,N公司清楚地认识到,认真分析企业内、外部环境,科学制定市场开拓战略,不仅非常必要,而且意义深远。几年来,通过全面实施市场开拓战略,取得了令人瞩目的成绩。

1. 区域市场开拓

N公司立足省内市场,拓展省外和国外市场。经营地域由原来仅限于本省及周边地

区，发展到北京、上海、深圳、厦门、山西、青海、海南等地，形成"沿海连成片，沿江连成线，国内国外共发展"的市场格局。区域经营提高了长三角、珠三角、环渤海湾经济圈和西部市场的市场占有率，经营版图已经扩展到全国29个省、市、自治区，外省业务占据了N公司的半壁江山。

省内市场毫无疑问是N公司的核心市场，N公司从外部和内部环境两个角度，采用SWOT分析法对省内市场进行深入分析后，认为该市场机会大于威胁，同时与其他企业相比较，其内部能力处于优势，在省内市场应定位于市场领导者的角色，在建筑产业链上充分发挥自身优势、做大做强，力争占据省内第一的位置，继续保持现有市场优势，获取更大的市场和份额利润。

2. 相关产业市场开拓

N公司将扩大经营领域作为市场开拓工作的重点，从划小业务单元着手，进行市场细分与目标市场定位。在强化房屋建筑主营领域的同时，继续向路桥、水利、机场、市政、环保和通讯等大建筑领域拓展延伸。与此同时，积极采用多元化发展战略，积极拓展相关领域和产业，如房地产、商品混凝土和工程咨询行业。在积极开拓外部市场的同时，眼睛向内，努力营造内部市场，认真搞好企业内部的物业管理、社区服务等第三产业，以培育新的经济增长点。

N公司在省内有从事房地产的优势，拥有一定的土地储备，拥有设计、施工、销售的产业链优势，在一定程度上具备了成本优势。N公司充分利用自身的产业链优势、土地资源优势，积极从事房地产开发，将房地产业务定位在"致力于开发以经济适用房为主，中高档商品房占部分比例，各种配套设施齐全的中型居民小区"。1999年N公司开发的某15000m² 小区一期工程未竣工就已销售一空。房地产等新兴产业的利润在企业利润总额中的比例不断提高。

3. 采取灵活多变的市场开拓模式

N公司在北京市场并不拥有地域优势、公共关系资源优势，但公司扎扎实实地从劳务分包做起，发挥N公司在建筑施工方面的专业优势，在强手林立的北京市场也获得一席之地。N公司在西部市场实力相对较强，在施工技术、管理水平、经验、资金等都具有优势的情况下，采用"保龄球"战略，积极攻占重庆、成都、西安等区域市场。

N公司根据实际情况，不断强化全员参与经营的意识，让员工树立起"市场才是你的家"、"人人都要参与经营"的观念。同时，推行分层次经营策略，成立了专门的经营分公司，各自建立独立的市场营销体系，多渠道广揽信息，逐步形成了"抓大不放小"、"小公司、大市场"的经营格局。

4. 积极探索市场定位

N公司秉承"优质优价"的原则，采用盈利性定价战略，不盲目压价，努力用优异的质量、良好的服务来吸引业主，所承揽的同类型的工程项目，其综合技术经济指标比其他企业高出5%左右。同时，改进项目开发方式，积极与相关部门联合开辟市场。2003年与某大学联合，以大学出地，N公司负责建造、销售和管理的模式联合开发了10万m²的房地产项目，取得了良好的效益，2005年第二期开发项目又如期开工。

5. 积极与政府及行业主管部门沟通

在有关政府部门支持和帮助下，N公司每年都获得几个产值亿元以上的总承包项目，在国家重点工程（如：西气东送、南水北调、三峡工程、青藏铁路）和国家级援外工程方面也实现了突破。

6. 建立市场开拓支撑体系

市场开拓与企业发展是相辅相成的，N公司在把市场开拓作为发展战略的出发点和归宿的同时，坚决执行"一司多制"、科技创新等相关支持战略，充分而合理的配置企业内部资源，建立起强有力的支撑系统（如图7-9所示），使区域市场、国际市场、相关产业市场等市场开拓战略得到切实执行，取得了良好的效果。

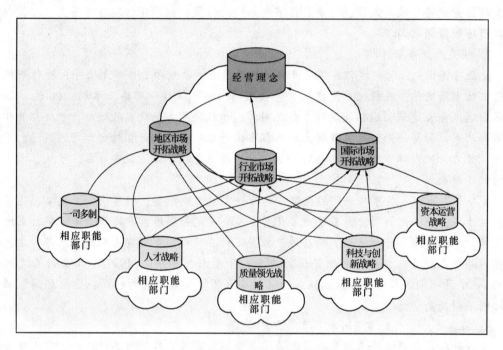

图7-9　N公司市场开拓战略系统层次结构图

近年来，N公司以提高集团整体实力和综合竞争力为出发点，以"母子公司同步腾飞"为目标，成功实施了市场开拓战略，大力开拓省外和国际市场，积极开发相关新兴产业，走出了一条具有自身特色的健康快速的国企改革之路。公司经营规模超强扩张，每年承接工程任务增长幅度超过40%，2004年突破100亿元，集团综合实力首次跻身中国企业500强。

复 习 思 考 题

1. 为什么说市场开拓战略是建筑企业战略管理的重点和核心？
2. 建筑企业市场开拓战略与市场细分、市场定位是一个什么样的关系？
3. 建筑企业如何进行目标市场定位？
4. 建筑企业市场开拓战略的特点和内容有哪些？
5. 建筑企业市场开拓战略体系是如何构成的？你认为还可以进行哪些完善？
6. 各类建筑企业应如何实施市场开拓战略？请举例说明。

第八章 建筑企业跨国经营战略

随着中国加入 WTO，国内、外市场逐步一体化，国际大型承包商以先进的技术力量、较高的管理水平和较强的融资能力为竞争手段，抢占工程规模大、技术水平高、利润丰厚的项目，承包方式也将以利润颇丰的工程总承包与项目管理承包为主，我国建筑企业将面临更加激烈的竞争。在此形势下，我国建筑企业应努力把握机会，积极实施跨国经营战略，扩大国际工程承包市场份额，提高国际市场竞争力。本章主要阐述建筑企业跨国经营的特点与现状，分析了建筑企业跨国经营战略的规划、实施要点以及跨国经营的风险管理。

第一节 建筑企业跨国经营战略概述

一、建筑企业跨国经营与跨国经营战略

1. 建筑企业跨国经营

跨国经营是企业通过对外直接投资开创国外经营基地所从事的有目的的经济活动。西方经济学家从不同的角度、不同的因素出发对直接投资进行跨国经营进行了研究，创立了一系列对外直接投资的理论，比较有代表性的如美国学者海默（Highmore）的垄断优势理论、英国学者巴克利（Barkley）和卡森（Carson）的内部化理论以及英国学者邓宁（Dunning）的国际生产折中理论。随着时代的发展，专门论述发展中国家企业境外投资的竞争优势理论也出现了，如美国经济学家威尔斯（Wells）的小规模技术理论及英国经济学家拉奥（Rao）的技术地方化理论。这些理论从不同侧面阐述了企业在跨国经营中的竞争优势，指出了发展中国家企业在不具备绝对优势的情况下发展境外直接投资的可能性，对于指导发展中国家企业境外投资有重要意义。

我国建筑企业同发达国家的企业相比，无论从资金实力、技术实力还是管理能力上都存在一定的差距。但是，由于建筑业的特殊性，国际建筑市场并不是完全意义上的垄断市场，在没有绝对优势的条件下，我国企业完全可以以自己的相对优势进行跨国经营。

我国建筑企业跨国经营主要是指在国外建筑市场上承包工程项目以及相应的劳务、设备输出。这是一种以工程承包合同、劳务、设备输出合同为主的非股权投资模式，是 20 世纪 70 年代以来被广泛采用的一种新的国际市场进入方式。联合国跨国中心在一份研究报告中称其为"直接投资的替代物"。当然，随着我国建筑企业综合实力的不断提高，在拥有较强投资能力的基础上，采用以股权投资为主的模式，如直接在目标国成立合资或独资企业，特别是以管理为主的总承包企业、管理咨询企业，也将逐渐成为我国建筑企业选择的跨国经营模式之一。

2. 建筑企业跨国经营战略

建筑企业的跨国经营战略，是指建筑企业在把握国际经营决策环境的变化趋势及其自身能力运用的基础上，为实现跨国经营目标与公司内部结构及外部环境的动态平衡和统

一，所制定的长期的、影响全局的谋划。具体来说，就是以全球的竞争视野和思维方式，考虑到来自世界各地的环境制约因素，最合理地配置和使用各种有限资源，对各种市场做出合理的选择、组合及有效地进入，并以全球市场来安排投资、生产、销售及研究与开发等活动，以实现全球性的利益最大化。

二、建筑企业跨国经营的特点

1. 非资本过剩型特点

资本作为最重要的生产要素，在发展中国家通常是最为紧缺的资源，越紧缺的资源市场价值越高，投资回报越高。从严格意义上说，我国仍然是一个资金缺口、技术缺口较大的发展中国家。因此，我国建筑企业的跨国经营不具备受边际产出递减规律支配的典型特征。

另一方面，我国建筑企业确实存在资本在全球范围内寻求更高报酬率的内在动力。虽然从总体上看，我国属于资本短缺国家，但是部分建筑企业经过多年的发展已经具备相当强的资金实力。大型建筑企业具有"走出国门"寻求高投资回报市场的需求。从宏观上讲，我国较高的储蓄水平和大量的外汇储备为企业参与国际竞争提供了强有力的支持。资本无论在发展中国家，还是在发达国家都是最基本的生产要素，设备、劳动力等其他生产要素只有被资本雇佣后，才能形成生产能力，并最终创造价值。因此，即使在资金实力雄厚的发达国家，我国建筑企业只要从个体上拥有资金实力，还是能取得一席之地的。

2. 非竞争优势型特点

我国建筑企业在国际市场竞争中缺乏整体优势。产业集中度低导致企业规模和竞争实力有限。根据2004年的统计资料，在全球最大的225家国际工程承包商中，我国入选的49家公司的营业额总和（88.3亿美元）仅为排名第一位的德国霍赤蒂夫公司（126.32亿美元）的69.9%。同时，科技投入的严重不足，限制了企业的持续发展能力。

三、建筑企业跨国经营战略的意义

1. 推进我国建筑业结构调整

我国经济经过20多年的快速增长，进入了一个新的结构调整期。包括建筑业在内的许多行业生产能力富裕，生产工艺成熟，需要向国际市场转移。

当前，我国建筑业产业组织结构初步形成了以总承包企业为龙头，以专业分包和劳务分包企业为依托的产业组织结构。但是，在企业规模和机构上，我国建筑企业平均规模偏大，机构臃肿，尚未真正建立起科学合理的总分包体系，效率有待提高。而实施跨国经营，有利于规范企业行为，以市场手段代替行政手段，促进行业组织结构调整。

2. 参与国际分工，不断开拓国际市场

由于发达国家企业占据了许多产业的技术制高点，拥有技术创新方面的绝对优势，而我国企业必须首先巩固和扩大原有的比较优势，在此基础上谋求部分领域的绝对优势。建筑企业应充分利用我国工程技术的相对优势和劳动力资源优势打入国际市场，去开展工程咨询、承揽各类工程或输出劳务人员。国际市场总体上是一个比较稳定的市场，开拓国际市场可以使建筑企业进退自如，是实施"走出去"战略的重点内容。

3. 有利于吸取国外先进技术和管理经验，提高企业国际竞争力

我国建筑企业持续发展在很大程度上取决于推动技术和管理进步的能力，实施跨国经营，有利于建筑企业尽快熟悉国际惯例，吸取国外同行先进的施工和管理经验，学习新工艺，掌握新技术，在提高自身国际竞争力的同时，带动国内建筑企业技术和管理水平的全面提高。

第二节 建筑企业跨国经营战略的环境分析

一、建筑企业跨国经营的市场分析

1. 国际工程承包市场总体分析

依据国际工程承包市场统计资料，2004年全球最大225家国际工程承包公司营业总额为5023亿美元，比2003年增长15.5%，其中，国际市场营业额为1675亿美元，比2003年增长19.8%。目前，国际工程市场发展总体趋势良好，市场规模正在逐步扩大。随着全球经济的稳步发展，国际工程承包市场的容量将进一步加大。据美国《工程新闻记录》的统计结果和标准普尔公司的预测分析，2010年全球建设支出将达到5.74万亿美元。而且经济全球化趋势的增强，将进一步促进工程承包市场的扩大开放。

我国于2001年12月11日正式加入了世界贸易组织，成为WTO的正式成员。这表明我国建筑企业在国际市场上已经享受最惠国待遇，关税得到减免，国际市场进一步打开，这些都成为我国建筑企业发展的新动力。

但随着改革开放的深入，国外建筑企业也将逐步进入国内市场，抢占国内市场份额，以先进的技术力量、较高的管理水平和较强的融资能力为竞争手段，争夺工程规模大、技术水平高、利润丰厚的项目，使我国本土建筑市场的竞争更加激烈。加上我国建筑企业大多不熟悉国际惯例和竞争规则，缺乏与国际大型承包商在同一环境竞争的经验，很可能造成新开发的国际市场不能弥补国内市场损失的情况，这将对我国建筑企业带来新的冲击。

2. 国别市场差异分析

国别市场环境的构成要素一般包括两个层次：

(1) 宏观环境要素，如政治、经济、技术、社会、人口、教育、法律、文化、自然资源、地理环境等，这些要素中尤其要注意与本国有较大差异的地方，这种差异性会影响和制约企业的国际性经营活动，但这些影响和制约作用是比较间接的，因此也称为次级影响要素。

(2) 行业环境要素，如需求者、供应者、竞争者、行业政策、技术水平等，这些要素直接影响企业的经营活动，也称为直接影响要素。

这些直接或间接的环境影响要素分析与国内经营环境分析的内容差不多，只是这些要素状况可能与本国环境不相同，具体区分如表8-1所示。

国内经营环境与跨国经营环境分析的区别　　　　表8-1

国　内　经　营	跨　国　经　营
1) 语言与民族较单一 2) 市场相对同一 3) 通常易于获得准确的信息 4) 政治因素相对次要 5) 较少政府干预 6) 单个企业对经营环境几乎没有影响力 7) 民族至上有助于企业经营 8) 经营环境相对稳定 9) 同一金融环境 10) 单一货币 11) 经营法规明了 12) 熟悉的管理方式和经营方法	1) 多语种和民族 2) 相互分割互不相同的许多市场 3) 收集信息困难，需要投入大量人力和财力 4) 政治因素往往起决定作用 5) 涉及国民经济计划，政府影响经营决策 6) 大公司对经营环境影响很大 7) 民族至上妨碍企业经营 8) 多国经营环境，其中许多国家经营环境很不稳定（但也有可能有利可图） 9) 不同的金融环境，有的过分保守，有的高度通货膨胀 10) 多种货币，各自稳定性和实际价值互不一致 11) 不同的经营法规，有些不成熟，易变且不明了 12) 不同的管理方式和经营方法

二、我国建筑企业跨国经营现状分析

在我国经济持续高速发展和我国政府采取积极财政政策的背景下，我国建筑企业发展势头良好，跨国经营业务从无到有，从小到大，公司实力由弱变强，取得了很大的成绩，但也存在一些问题。

1. 市场规模逐步扩大

据统计，1979~2005年间，我国对外承包工程（包括设计咨询）合同额从0.3亿美元增加到296亿美元，年均增长率达到30.4%。在1983~2005年间，承包工程的营业额从1.9亿美元增长到217.6亿美元，年均增长率也高达24%。我国对外承包工程无论是合同额还是营业额的增长速度都大大高于同期我国对外贸易的增长速度和GDP增速。

2. 地区拓展速度加快

我国的对外承包工程是从西亚地区起步的。20世纪90年代以后，在东南亚经济快速发展和我国企业"走出去"战略的指导下，东南亚地区成为我国对外承包工程的主要市场。非洲是我国对外承包工程的第二个大市场，业务主要集中在苏丹、尼日利亚、南非、赞比亚等，并且大项目不断增加。近年来我国建筑企业在其他发达国家市场上的承包工程业务也有所突破，中国冶金建设总公司在美国本土承包的冷轧钢厂项目合同额为1.4亿美元就是一个例证。

3. 企业实力得到增强

我国对外工程承包企业经过20多年的发展，规模得到发展，实力得到了增强。进入全球225家最大国际承包公司排名的我国建筑企业的数量从1984年的1家增加到2004年的49家，我国对外工程公司在国际承包市场上的地位日益提高。但是与发达国家的承包商相比，我国建筑企业无论在市场占有率、总承包管理能力，还是在经济效益方面都存在很大的差距。以市场占有率为例，在2004年全球最大的225家国际承包商中，我国入选的建筑企业虽然在入选数量上仅排在美国之后，列世界第二位，但平均每家完成营业额仅1.8亿美元，远远低于225家公司7.4亿美元的平均营业额。

4. 国际竞争力方面处于弱势

由于长期受封闭市场和单一管理模式的影响，我国建筑企业在跨国经营上缺乏超前意识和科学决策，缺乏国际工程承包经验；竞争意识淡薄，经营者缺乏紧迫感和危机感，大锅饭现象仍然存在；企业经济基础薄弱，综合实力不够强，缺乏工程总承包能力和融资能力，不能和国际上的大承包商平起平坐，在较大的工程项目招标中无法参与竞争。

5. 企业实力与效益的差距源于人才的差距

尽管经过20年的发展，我国已培养和锻炼了一大批从事对外工程承包的业务骨干，但是仍然赶不上业务发展的需要，精通国际工程的专业技术人员、商务人才、法律人才、财务人员等各方面的人才都面临短缺局面，特别是懂外语、通商务、懂技术、会管理的复合型人才更是凤毛麟角。

第三节　建筑企业跨国经营战略的规划

建筑企业跨国经营的战略规划包括三个方面的内容：（1）对建筑企业跨国经营在总体层次上的战略规划；（2）从战略竞争力角度出发，制定建筑企业职能层次的战略规划；

(3) 针对某个具体目标制定市场进入的战略规划，即通过何种方式进入该市场，以及如何发展。

一、跨国经营战略总体层次的规划

建筑企业跨国经营总体层次的战略包括多中心战略、有限地区战略及全球战略等。

1．多中心战略

多中心战略，是指建筑企业选择若干个目标国作为自己的战略发展重点，企业经营也完全超出本国的狭隘界限，进行经营资源的多国多中心配置。各子公司、业务单位或事业部可以根据不同目标国的社会文化和经济环境制定不同的经营战略或策略。多中心战略一般用在跨国经营经验不足，但是在某些目标国市场具有一定优势的建筑企业。

2．有限地区战略

有限地区战略，是指建筑企业将自己的跨国经营活动集中于某一特定地区（如中东地区、东南亚地区等），以谋求在该地区的长期发展。这些地区通常是由具有某方面相似特征的若干个相邻国家组成。企业向这些国家进入和进行经营活动，相当于进入了一个具有同质性的多国区域市场。这些企业往往在国际竞争中具备了一定的实力，但是由于存在强有力的竞争对手、贸易壁垒以及未知风险等原因，无法进入整个国际市场。但在这些有限的地区内，市场容量较大，企业具有足够的竞争力能够获得更多的市场。

我国建筑企业可采用以上两种战略，遵循"由近及远、先易后难"的顺序，系统选择，采用循序渐进的作法：本国市场——相邻国家市场——有限区域市场——全球市场，随着经验的积累，一步一步地发展。

3．全球战略

全球战略是跨国经营战略的高级形式。实行这种战略的企业不再以一国一地的利益为转移，而是在全球范围内有计划地构建自己的经营组织网络，配置和调度自己的经营资源，统一规划各地子企业的活动，通过内部价格划拨、设备和原材料的国际采购等措施降低成本，提高效率，以谋取企业系统整体利益最大。实施全球战略的行业一般都是技术和资金密集型的，目前来看，我国建筑企业还比较缺乏实施全球化战略的条件。

二、跨国经营战略职能层次的规划

从战略竞争力角度考虑，跨国经营职能战略包括核心能力战略、资本运营战略、技术开发与创新战略、协同战略等。

（1）核心能力战略

核心能力是建筑企业所有能力中最根本的能力，可以使企业获得可持续竞争优势的力量或能力。建筑企业获取核心能力的基本途径有：①联合开发，与拥有互补优势的企业形成战略联盟（如合资、协作等），这种途径风险最低，并且能够比其他途径以更低的成本、更快的速度获得竞争力要素；②兼并或收购拥有某种企业所需要的专业竞争力要素的企业，这种途径风险高于联合开发，且要求企业具有一定财力；③内部培育和开发，这种途径虽然易于控制，但所需时间漫长，要求企业财务实力雄厚，本身已拥有相当的能力。目前，我国建筑企业从事跨国经营，适宜采用低成本、低风险、速度快的途径来获取竞争力的要素，如建立战略联盟、进行兼并收购、或者两者兼用的方式，而内部培育和开发是建筑企业的长期战略任务。

（2）资本运营战略

随着形势的发展，建筑企业从产品经营发展到资本经营是高层次国际竞争所必需的。资本运营战略衡量指标有企业资本的规模、国际融资、国际资本的运作能力等。在国际建筑市场上，项目风险较大，为了规避风险，常常要求承包商具备融资能力。我国现在明确规定施工企业不准带资垫资承揽项目，是为了规范市场，降低施工企业风险。但是，随着我国加入WTO，建筑市场规则就要按国际通行的惯例执行。因此，建筑企业应早做准备，逐步培养我们的融资能力，以适应国际建筑市场激烈竞争的需要。我国建筑企业要加强与金融机构的合作，培养项目融资与资本运作能力，作为获得项目和实施项目的坚强后盾。

（3）技术开发与创新战略

技术开发与创新战略是企业发展的源泉和内动力，是企业获得长期竞争优势的基本保证，是企业可持续发展的关键。它包括研究开发资源的获取与利用、研究成果的转换与市场化等。建筑企业要以技术创新为核心开展经营活动，把持续不断的技术创新与日常的工程技能改善和施工现场作业技能改善紧密结合起来。长期以来，我国强调建筑企业的劳动密集型特征，千方百计创造就业优势，从而导致鼓励技术进步的政策不足，缺乏推动技术创新的激励机制。

实施技术开发与创新战略的要点：①加大应用"四新"力度，并以此为契机，带动创新体系的建立和实施；②提供必要的资金和人才，加大企业的科技投入；③加大企业信息化进程，包括信息情报网络的建立与管理、信息装备、特殊的信息渠道及信息技术的运用等。

对于从事跨国经营的建筑企业而言，掌握国际市场环境中激烈动荡和变化的信息并将其运用于重大决策过程尤为重要。例如，运用电子商务系统扩大企业国际采购的网络，提高国际采购能力；多渠道了解国际招标投标信息，以降低承包工程风险等。

（4）协同战略

协同战略是对原有资源的重新分配方式，对公司的发展具有深远意义。在采取战略联盟和兼并收购的途径获得外来竞争力要素时，要特别注意企业之间的文化协同性等问题。面对国际市场的建筑企业，要转变观念，与供应商、用户（业主等）乃至竞争对手建立战略伙伴关系，将各自的优势综合起来，努力开拓市场，分享利益；要加强与国外承包商的合作，从承包方式、融资渠道、管理程序等方面与国际惯例接轨，学习他们的先进经验，通过技术进步和管理创新，努力降低经营成本，提高国际竞争力。

三、国际市场进入的战略规划

由于国际建筑市场竞争异常激烈和市场环境的复杂多变，企业要实现跨国经营战略目标，就要针对某个具体目标制定国际市场进入的战略类型、战略模式和进入方式。

1. 国际市场进入的战略类型

跨国经营战略的类型主要有：市场独占型、市场领袖型、市场挑战型、市场追随型等模式。

（1）市场独占型

如果企业进入的国际目标市场是寡头垄断性市场，即在该市场上由少数几家企业控制了大部分市场份额，而各企业间的经济依存性又十分明显，这时候，企业应采取独占型的市场开拓战略。其突出特点在于企业与竞争对手达成默契，共享市场份额。若贸然与竞争对手展开激烈竞争，会导致两败俱伤。国际建筑市场虽然不是寡头垄断市场，但是，垄断还是在一定的细分市场内存在的。建筑企业若在这样的细分市场上具有垄断优势，则可以采用质量或服务竞争这种较为隐蔽的方式，通过建立差别优势来提高市场占有率，获得高额利润。

(2) 市场领袖型

在国际目标市场上，如果企业是处于市场领袖型地位，则企业会完全暴露在众多竞争对手面前，面对他们的挑战，企业要想维持其领袖地位，就必须发挥自身优势，不断创新，在维持现有市场的同时，拓展新市场。建筑企业可采取以下措施：第一，有效控制成本，成本优势是不断构成建筑企业领袖地位的首要因素，如对于国际工程承包而言，提高项目管理效率、就近采购原料、利用本地劳务等是削减成本的最好方式；第二，通过创新，保持竞争优势，即通过技术创新、管理创新来加强企业实力，提高企业竞争力。

(3) 市场挑战型

当企业在国际目标市场上具备了向竞争对手提出挑战的实力时，企业便可以采取挑战型的市场开拓战略。企业实施挑战型战略时应努力提高产品和服务质量，降低成本，同时采取适当的市场渗透和市场开拓战略，提高现有市场上的占有率，并把经营业务推向新的市场。

(4) 市场追随型

作为市场追随者，企业通常只掌握少量的市场份额。由于竞争实力相对较小，无法在激烈的竞争中获益，所以明智的做法是追随领先者。通常企业应该应用其特有的能力积极活动，保持自己的市场份额，并有所增长。追随者常会成为挑战者的攻击目标，所以，应保持低成本和高质量服务，必要时能进入新的目标市场。

2．国际市场进入的战略模式

从国际市场进入的战略选择来看，建筑企业一般选择单一进入战略、循序渐进战略、系统选择战略等三种模式。

(1) 单一进入战略

许多建筑企业的管理人员在选择进入市场的过程中，常常不自觉地采用一种简单化的"一刀切"方法，即不管目标市场环境如何，一律采用单一的进入方式。单一进入战略方式简单，不用对环境做出缜密细致的调查，决策过程简单明了，"以不变应万变"，但是也有缺点：可能使企业丧失许多机会，也可能在某些国家采用了错误的方式，造成"不该进的进了，该进的却进错了"的后果。

(2) 循序渐进战略

循序渐进战略主张对不同的市场采取"先近后远，先易后难"的进入方式。从目标市场的选择来看，宜遵循"由近及远，先熟悉后陌生"的顺序，通常是：本国市场——相邻国家市场——区域市场——全球市场；从进入方式来看，是从低风险到高风险，从低控制程度到高控制程度，随着经验的积累，一步一步地发展。这种战略相对而言比较能适应具体环境，花费的时间和费用较少，但缺点是忽视对企业长期战略和竞争优势的考虑，过于按部就班，有可能丧失最佳的时机，造成很大的机会成本损失。

(3) 系统选择战略

系统选择战略要求建筑企业管理人员对全球市场和企业本身可供选择的方式作系统分析，然后综合比较做出选择。这种方式理论上比较完美，但是因为这种调查分析工作量很大，对管理人员素质要求很高，所以在实践中很难做到。

3．国际市场进入的方式

对于建筑企业而言，国际市场进入的方式有合同安排和直接投资两种。

（1）合同安排

合同安排又称非股权安排，或契约式合营。这种方式是两国合作者建立在契约基础上的各种形式合营的总称。企业以承包商、代理商、经营管理和技术人员的身份，通过国际工程承包、经营管理、技术咨询等形式，取得利润。建筑企业跨国经营的合同安排主要包括交钥匙工程合同、国际分包合同、劳务输出合同等，这是我国建筑企业从事跨国经营的主要方式。

（2）直接投资

直接投资是指企业利用股份控制的办法，直接参与目标国市场的经营，并对目标企业的经营管理拥有一定程度控制权的投资活动，包括成立全股子公司、分公司、合营子公司等形式。直接投资是国际经营活动的高级形式，也是企业国际化成熟的标志，但是直接投资风险大，管理难度也大，比较适合以管理为主的总承包、咨询等企业。

第四节 建筑企业跨国经营战略的制定与实施

一、国际建筑市场区域划分

纵观国际工程市场，我国建筑企业主要在亚、非等国家建筑市场占有较大份额，而在发达国家的工程很少。欧美等发达国家虽然很稳定，市场容量大，但是非关税壁垒的障碍和实力上的差距，全面进军欧美建筑市场还需假以时日，但这个市场是真正检验我国建筑企业竞争力水平的试金石，有实力的建筑企业应考虑进入这个市场，在竞争中带动我国建筑业的发展。拉美市场是韩国建筑企业的天下，我国建筑企业有实力与之一较高低，应积极拓展，但是这一市场的经济充满变数，建筑市场同前几年相比，总体上显得萧条。我国建筑企业对外市场开拓的重点地区在亚洲和中东地区：中东地区是我国建筑企业走向世界，进入最早的市场，具有一定的传统优势，我国建筑企业在中东市场上无论从成本上，还是技术上都有一定的竞争优势；东南亚由于地缘、文化和人脉上的亲和性，我国建筑企业占有较大的市场份额，这是我们需要进一步巩固和发展的重点市场。对于非洲市场，由于我国同非洲的多数国家保持着良好的邦交关系，技术上又有明显的优势，是可以积极开发的市场，但是非洲许多国家经济落后、民族矛盾激化、工程承包的风险很大，应慎重选择区域及项目。各地区市场容量与我国建筑企业国际竞争力分析如表8-2所示。

各地区市场容量与我国建筑企业国际竞争力分析表　　　表8-2

序号	地区	细分市场	市场容量	国际环境竞争力	国际市场竞争力	国际战略竞争力
1	亚洲地区	日本	经济萧条，增长缓慢	严格的市场准入制度，外国建筑企业难以进入	市场占有率极小	无论从管理、技术开发、规模等都占劣势
		香港地区	近年经济不景气，建筑市场萎缩	利润下降，风险加大	有一定市场份额，但逐渐减少	管理和技术处于劣势，但劳务价格占优

续表

序号	地区	细分市场	市场容量	国际环境竞争力	国际市场竞争力	国际战略竞争力
1	亚洲地区	新加坡	经济逐渐回升，建筑市场增大	按资质等级承揽任务，市场比较放开	市场占有率逐渐增大	技术、管理不占优，但劳务人员充足，价格低廉
		韩国	建筑市场随着国内经济低速增长而逐步恢复	市场保护主义严重，但逐渐开放	市场份额小，但有潜力	综合实力稍弱，但劳动力价格便宜
		马来西亚	经济恢复缓慢，市场有潜力	华人较多，文化趋同	占有量不大，属潜力市场	劳动力没有优势，但技术与管理要好于该国
		其他地区	经济增长不明显，建筑市场容量较小	文化与价值观分散，进入壁垒较高	由于地理的因素，有一定的份额，但增长缓慢	综合实力有优势
2	中东地区	沙特和科威特	油价上涨，基础投资增多，市场庞大	国有企业私有化，进入壁垒较小，但存在潜在冲突	有一定市场份额，但远远不够	真正的竞争对手不是该国建筑企业，而是国际大承包商
		其他地区	投资递增，市场潜力巨大	市场进入阻力减少，但存在冲突的可能，特别是伊拉克	呈逐年递增的态势	真正的竞争对手不是该国建筑企业，而是国际大承包商
3	非洲地区	南非等国	市场开放，发包项目较多	企业私有化进程加快，存在环境壁垒	市场占有率不高，潜力较大	规模与综合实力有优势，劳动价格不占优
		其他地区	市场较封闭，工程任务较少	私有化逐步进行，市场开放程度不够	有一定的占有份额，源于中非的传统经济	规模与综合实力有优势，劳动力价格不占优
4	欧洲地区	西欧	经济增长平稳，建筑市场增长率不高	市场化程度高，市场竞争规范，但进入壁垒高	占有量很少	综合实力、技术研发、管理与工艺等差距很大
		波兰、匈牙利	经济增长较快，市场不断扩大	市场正在逐渐放开	占有量很少，但西欧的建筑公司的占有率较高	技术与工艺上有优势，真正的竞争对手来自西欧的建筑集团
		俄罗斯	经济低速增长，市场潜力巨大	与中国接壤，市场化程度增大，尚有政治风险	有一定的市场份额，尚有潜力发展	地广人稀，劳务人员数量与价格占优
		其他地区	发展平稳	市场化程度较高，建筑市场增长不大	市场占有率小	综合实力与规模不占优势，个别分项有一定实力

续表

序号	地区	细分市场	市场容量	国际环境竞争力	国际市场竞争力	国际战略竞争力
5	美洲地区	美国、加拿大	经济增长的势头不错	承包市场最有活力，市场对外开放	市场占有率小	综合实力、技术、管理以及人员素质等差距较大
		巴西、墨西哥	投资增多，建筑市场逐渐繁荣	政策逐渐开放，进入壁垒减少	占有率不大	技术、管理有优势，但劳务数量与价格不占优
		其他地区	经济增长缓慢，基建投资不多	市场相对保守，政局更迭频繁	市场占有率不大，但尚有潜力	技术、管理有优势，但劳务数量与价格不占优
6	大洋洲地区	澳大利亚、新西兰	经济发展稳定，市场规模	市场化程度较高	市场占有率不大，但尚有潜力	综合实力处于劣势，但劳务人员充足、价格占优

二、建筑企业跨国经营战略的构建

1. 分阶段分层次进入国际市场

通过对国际工程承包的六大区域性市场的分析，我们可以看出不同市场的特性有着显著的区别，针对不同的区域市场，我国建筑企业可以分阶段、分层次进入国际建筑市场。近期目标包括亚洲的新加坡、韩国、马来西亚等，中东地区，南非等非洲开放国家，中东欧的俄罗斯、波兰、匈牙利等，南美的巴西、墨西哥，大洋洲的新西兰等；中期目标是亚洲的较落后但政局较稳定的国家，非洲较封闭但私有化程度加大的国家，南美的较落后地区；长期目标是亚洲的日本、西欧和美国市场。

在形成阶段目标的基本格局与步骤时，并不排除局部的立体交叉，如进入美国市场学习先进的管理与技术，以带动其他层次市场的进入。

2. 以不同承包方式进入国际市场

根据国际竞争力和比较优势分析，我国建筑企业可以三种承包方式进入国际建筑市场：劳务输出方式、分包方式及总承包方式。

以劳务输出的方式进入大部分市场，首先是中东地区、俄罗斯、新西兰等劳动力匮乏的国家，其次，是欧美等发达国家；以占领局部优势的分包方式占领国际市场（此类市场的建筑企业竞争力基本不低于我国建筑企业的竞争力），依次进入如中东地区，亚洲的韩国、香港、日本等国家和地区，中东欧的波兰、匈牙利等国，美洲的美国，大洋洲的澳大利亚，西欧等国；以总承包的方式进入国际市场（此类市场的建筑企业竞争力基本低于我国建筑企业的竞争力），依次进入如中东地区、非洲大部分地区、亚洲的落后地区、南美国家等。三种承包方式可在同一地区并列使用，对于不同地区，三种承包方式可并重使用，但具体到某一企业，最好以某一种方式为主，越精越好。

3. 制定和实施科学的发展战略

选择好国际目标市场后，建筑企业在选择发展战略时，必须认真研究企业的资金、技术、设备、人力、管理等资源，在分析、预测企业外部环境和发展前景的基础上，根据自身特点和实际情况制定科学的国际市场开拓战略。

对于具有较强国际竞争力的建筑企业应向国际一流大型承包商看齐，形成我国建筑企业开拓国际工程总承包市场的龙头企业，带动中小企业的对外施工承包、劳务输出等。而中小型建筑企业要根据企业实际情况，分别发展成为有竞争力的专业施工公司、劳务公司等。

比较优势理论认为，两国间的差异越大，它们进行贸易的可能性越大。与发达国家相比，我国建筑企业劳动力价格低廉且资源丰富，因此，对于不同的国家可采取不同的发展战略，对发达国家以输出建筑劳务为主，对发展中国家以输出技术、管理为主。要根据企业自身实力，选择好不同的市场开拓突破口，采取灵活的市场开拓策略。

我国建筑企业跨国经营战略的实施是一个循序渐进、逐渐展开的过程。在这个问题上，中建总公司通过组建海外事业部，筹组新的区域性公司来拓展海外业务的做法值得其他国内承包商借鉴。

三、建筑企业跨国经营战略的实施要点

1. 实施供应链管理打造成本优势

在市场环境相对稳定的条件下，采用"纵向一体化"战略是有效的，但是，在市场竞争日益激烈的今天，特别在复杂的国际市场，"纵向一体化"战略则显示出无法快速敏捷地响应市场机会的弱点。供应链管理将企业配置资源的视角从企业内部扩展到企业外部，为企业提高专业化程度、扩大主营业务的市场份额，提供了一种新的思路。供应链管理模式是一种订单驱动的采购方式，有助于克服传统采购模式的缺陷。由于各类供应商与总承包企业建立了长期稳定的战略伙伴关系，不再需要双方的询价、报价的反复协商，大大地降低了交易成本。

2. 发展咨询业打造项目管理优势

逐步培育和发展若干按国际惯例运作的工程咨询公司或项目管理公司，有利于改善建筑业的经营方式，从整体上提高项目管理水平，促进我国建筑企业进入国际市场，承揽更多的大型工程总承包项目。

现阶段我国许多大型设计院的体制还不能完全与国际接轨，应通过改革重组，既能承担工程设计、技术咨询任务，又能编制各类管理文件，承担大型项目管理咨询或项目总承包任务。对于大型建筑企业也可以通过改组和改造，使其具备工程设计、项目管理咨询的能力，成为技术密集、资金密集的管理型总承包企业。

3. 建立跨国集团打造国际经营优势

通过合资经营或建立跨国集团，有利于拓宽融资渠道，推动我国建筑企业技术进步，培养高层次技术和管理人才，更有效地参与国际分工，形成全球范围内的经营优势。

但是，我国建筑企业在建立跨国集团或实施跨国并购时应注意：跨国公司及其外国资本的介入不能损害本国企业的利益；合资公司应是促使本企业发展的一个配角，而不应成为主角。同时，要充分发挥人力资源的本土化优势，促进企业的可持续发展。

四、建筑企业跨国经营的风险管理

1. 跨国经营风险种类分析

建筑企业的跨国经营是一项风险事业，面临着比国内市场更为复杂的环境与风险：

(1) 国别风险

1) 政治风险。政治风险是一种完全主观性的不确定事件，通常由以下因素构成：政局不稳；政策多变；对外关系反常；强烈的排外情绪；专制行为；权力部门腐败；经常发

生内乱或骚乱；拒付债务；法制不健全；国际信誉差等。

2）经济风险。经济风险是指一个国家在经济实力、经济形势以及解决经济问题的能力等方面潜在的不确定性因素构成的经济领域的可能后果。通常由以下几方面构成：外贸业务实力弱；国际市场的价格竞争力弱；经济结构不合理；国际经济形势区域恶化；债务繁重；经济基础薄弱以及国民经济滑坡等。

3）商务风险。商务风险主要表现在商务投资方面。借贷投机、派生资本、投资国际化和银行制度的差异以及破产的连锁反应给国际建筑市场特别是工程承包市场带来了极大的风险。

4）社会风险。社会风险在国别风险中占据相当重要的位置。主要由以下原因造成：首先是宗教信仰，宗教习俗制约着企业活动的正常进行；其次是社会治安混乱，影响企业的正常经营；公职人员劳动者素质等都会对企业的跨国经营带来影响。

(2) 工程承包风险

1）决策错误风险。建筑企业在考虑是否进入某一市场，或承揽某一项目时，首先要考虑是否能承受进入该市场或承揽该项目可能遭遇的风险。企业必须对此做出决策，完成一系列工作，这中间无不存在着风险，包括信息取舍失误或信息失真风险、中介代理风险、保标与买标风险、报价失误风险等。

2）缔约和履约风险。缔约和履约是承包工程的关键环节。许多企业对缔约和履约过程的风险认识不足，致使本不该亏损的项目亏得一塌糊涂，甚至倒闭破产。缔约和履约风险主要存在于合同条款、施工管理、合同管理、物资管理和财务管理中。

3）责任风险。国际工程承包是基于合同当事人的责任、权利、义务的法律行为。企业对其承揽的项目负有不可推卸的责任，而承担工程承包合同的责任是有一定风险的。责任风险主要发生在这些方面：职业风险、法律责任、他人的归咎责任以及人事责任。

2. 跨国经营风险管理的步骤

跨国经营风险管理的步骤主要包括风险识别、风险分析、风险管理对策选择、风险管理措施实施与评估等。

(1) 风险识别

风险识别是风险管理系统的基础。风险事件具有一定的隐蔽性和突发性，首先要识别风险存在的可能性，研究风险发生的概率、严重程度和造成的损失，以便确定风险防范的范围和内容。

(2) 风险分析

在风险识别的基础上，进一步对风险作深入的分析与研究，以便了解这些风险的准确情况。风险分析就是应用各种分析技术和方法，对风险的不确定性及其可能造成的影响进行准确的分析和评估。风险分析的步骤：采集风险的相关数据；建立不确定性分析模型；进行风险影响的评价。

(3) 风险管理对策选择

在风险分析的基础上，对于不同的风险采取不同的对策，应根据具体情况，研究各种措施和手段。在有效地管理各种风险的同时，要特别重视发生频率高和影响重大的风险，尽量避免或减轻风险造成的损失，甚至可利用风险扩大收益。

(4) 风险管理措施实施与评估

采取果断行动，实施风险管理对策中预定的措施，并在实施之后对效果进行评估，分析发生偏差的原因，把信息反馈给有关决策者。

3．跨国经营风险管理的方法

跨国经营风险管理可以采取以下几种主要方法：

(1) 风险回避

风险因素是产生风险的必要条件，风险回避就是通过回避风险因素，从而回避可能产生的潜在损失或不确定性，中断风险源。主要包括以下两种情况：一种是拒绝承担某种特定风险，例如，由于某国政局失稳而放弃进入该国市场的计划，从而免除政治风险导致的损失；另外一种是中途放弃已承担的风险以避免更大的损失。回避风险是一种消极的防范手段，在避免损失的同时也失去了获利的机会，一般这种情况适应于某种特定风险因素导致的风险损失频率和幅度相当高，或是采取其它风险规避措施的成本超过其产生的效益。

(2) 风险控制

风险控制包括风险预防和风险抑制两方面。风险预防是采取措施减少风险发生的机会，风险抑制是降低风险的严重性，设法使损失最小化。如发现设计中的疏漏和错误，及时修改设计并提出工程变更等。在进行风险损失分析时不能只考虑直接成本和间接成本，还要充分考虑隐蔽成本，如因事故造成情绪变化而降低功效的损失等。有条件的企业还可建立内部保险机制或保险机构，从总体上平衡或减少风险。

(3) 风险分离

风险分离是指将各项风险单位间隔和分离，以避免发生连锁反应或相互牵连。如建筑企业在跨国经营的设备采购过程中，为了尽量减少因汇率波动而招致的汇率风险，可在若干不同的国家采购设备，或采用多种货币付款。对材料的分期供货和分隔存放同样可以避免一些可能招致的损失。

(4) 风险分散

风险分散与风险分离不同，它是指通过增加风险单位以减轻总体风险的压力，达到共同分摊集体风险的目的。多承揽工程可避免单一项目的风险过大。承包工程款采用多种货币组合也是基于风险分散的原理。

(5) 风险转移

许多风险对一些人可能造成损失，但风险转移后并不一定给他人造成损失，其原因是各人的优劣势不同，因而对风险的承受能力也不一样，如通过工程保险、工程担保将可能发生的风险转移给保险公司或保证人。风险转移的方法常用于技术转让、财产出租、工程承包等。

案例：本土化经营在美国建筑市场取得成功

2005年11月4日，C公司在纽约市承接的某工程破土动工。在隆重的开工典礼上，纽约州州长、纽约市市长、项目业主代表先后发表了热情洋溢的讲话，当地的主流媒体FOX、NBC、CBS等和主要的中文媒体新华社、中央电视台、凤凰卫视、经济日报、世界日报、侨报等进行了报道。一些报道称：中国建筑企业已成功打进美国主流建筑承包市场，实现了"从承建中国使馆工程——承建中资企业投资工程——打入美国本土工程主流市场竞争的'三级跳'"。

美国是世界上最大的建筑市场，但竞争十分激烈，基本上是美国本土承包商竞争的市场，国际承包商要想在美国市场分一杯羹难上加难。中国建筑企业要在美国市场立足，并打进当地主流建筑市场，其历程的艰难可想而知。但现实是，C公司在实施国家"走出去"战略中，在美国市场的艰苦开拓却取得了成功。原因何在？他们说：创造性地走适合企业自身特点的本土化经营之路，是取得成功的关键。

1. 市场目标本土化：明确到美国来做什么

C公司自20世纪80年代中期进入美国，由于当时整体经济形势低迷和自身经营决策失误，从事的房地产投资开发陷入困境。是收摊退出还是另辟蹊径？C公司选择了在美国重新进行市场定位。1996年，C公司从房地产开发转向工程总承包，由开发商/投资商向承包商转型。公司决策者深知美国市场的战略意义，果断指示"要跳出做中国使馆和中资企业投资工程的小圈子，一定要加大市场开拓力度，在美国主流市场做强做大"。由此，C公司转变思维方式，向美国本土建筑市场发起了强有力冲击。

2. 营销策略本土化：明确在美国怎么做

C公司能在美国中资建筑企业"一枝独秀"，不仅靠自身强大的实力，正确的战略方向，更靠自身灵活多样的本土化的营销策略。

在美国经营，就要按照美国市场的游戏规则做事情。C公司是唯一一家在美国注册成立，并在各地拥有总承包商营业执照和最高等级施工资质的中资建筑企业，在组织结构，管理方式上是一家地地道道的美国建筑企业，是一个不折不扣的拥有中国血统的"美国人"。在具体营销策略上，C公司实施"农村包围城市"营销策略，开创了一条具有中国特色的成功之路。1998年，C公司协助海尔集团在此地投资建厂而来到南卡罗莱纳州。当时，C公司利用在美国长期经营积累的项目开发和工程管理经验，向海尔在南卡州就投资建设冰箱厂免费提供全部的有关选址、购地、同当地政府进行优惠政策谈判的全套咨询服务，探索出了一条以咨询带动工程总承包的成功之路。获得海尔南卡冰箱厂的建厂总承包合同后，C公司派出了一支由四五名年轻人组成的精干的项目管理组，所有施工工作全由当地专业分包商完成，进行了一次实实在在的本土化经营实践，用不到一年时间出色完成了总投资1500万美元的工程建设。此项目被《美国工程新闻周刊》誉为快速施工法的典范。

在此环境下，C公司决定以南卡为突破口，集中力量对当地公共建筑市场进行强攻。整整一年，投标10次，终于在2002年10月以2188万美元的价格中标南卡州杉地高中和技术中心项目，成为第一家承包美国公共项目的中国建筑企业。在获得此项目后，公司抓住市场机遇，继续扩大在当地建市场的占有份额，又连续中标了布鲁瑞吉高中和坎普曼高中两个项目，将南卡变成C公司在美国的一个稳定的基地。

在稳定保持南卡当地市场份额后，C公司并未就此止步，在"大市场、大项目、大业主"的整体战略部署下，又将下一个主攻方向瞄准了纽约地区——这个建筑投资总量最大的美国大都市。依靠公司的国际化背景和本土化经营的强大实力，经过一系列的成功运作，2004年公司赢得了投资额2.4亿美元的私人项目——纽约哈雷姆万豪酒店项目和纽约地标性公共建筑——布鲁克林八大道地铁站项目。这两个项目的实施，标志着C公司成功打入强手如林的纽约主流建筑市场，为实现公司的全球化布局占得先机。

就这样，从"农村"到城市，从中资项目到美国投资公共项目，再到当地私人项目，

C公司用不到五年时间完成了本土化经营的"三级跳"。

3. 人力资源本土化：明确用什么人在美国创业

再好的战略，再好的目标，都需要有人来实施和实现。人才是一个企业最可宝贵的财富。选择优秀海外经营人才，特别是优秀海外经营带头人，是C公司在美国发展壮大的又一关键。

C公司作为中国最早"走出去"的企业，二十多年的海外经营，造就和培养了一大批高素质、复合型的国际化人才。但本土化经营离不开本土化的人力资源支持。在现阶段，公司的人力资源构成可用"532"来概括，即内派人员占五成，当地美国雇员占三成，在当地聘用的中国在美国工程技术人员占二成。将来的目标是"262"，即内派员工占二成，当地美国雇员占六成，留学生占二成；总体实现用20%内派员工，带动80%的当地员工（包括留学生）。

C公司内派人员敬业、忠诚，具有团队精神和主人翁精神，是公司的支柱。在美国学成后留下来的工程技术人员聪明、刻苦，既了解中国，又熟悉当地社会，能给在美国的中资公司工作，精神上有归属感。比例逐渐增大的当地雇员是公司本土化的重要指标，公司大胆使用美国高端人才，使之在经营活动中大显身手。

行之有效的本土化经营战略，使得C公司在美国建筑界影响日隆，也引起了美国主流经济界的关注，出现了故事中开头的感人一幕。

复习思考题

1. 我国建筑企业开拓国际市场所面临的主要问题有哪些？应该如何应对？
2. 国别环境分析包括哪些要素？其具体含义怎样？
3. 各种战略类型、战略模式及进入方式的优缺点是什么？如何比较选择？
4. 建筑企业跨国经营战略的风险主要有哪些？应该如何规避这些风险？
5. 在中外合资建筑企业中，由于中外双方文化的差异，经常发生管理冲突，如何克服或协调？

第九章 建筑企业职能战略

建筑企业职能战略包括人才战略、资本运营战略、技术创新战略、品牌战略、市场开拓战略以及跨国经营战略等。市场开拓战略在建筑企业职能战略中处于核心主导地位,跨国经营战略是市场开拓战略在空间上的延伸,这些内容已在第七章、第八章中加以阐述。建筑企业应将市场开拓作为战略思考的出发点和归宿,而其他战略可看作市场开拓战略的支撑战略。本章主要阐述建筑企业的人才战略、资本运营战略、技术创新战略和品牌战略的内容。

第一节 建筑企业人才战略

人才是企业最重要的资源,是指具有较好的品德和一定的才智并具有某种特长的人,是能对企业做出贡献的人。在日益激烈的市场竞争中,拥有比竞争对手更优秀、更忠诚、更有主动性和创造性的人才,是构建企业竞争优势的重要因素。然而,人才资源始终是稀缺资源,随着社会的发展,人才的竞争也会越来越激烈。

建筑企业市场竞争靠资金、靠技术、靠管理,但归根到底是靠人才。建筑企业是人才需求量大、专业人才需求多的企业,因此,人力资源是建筑企业首要的战略性资源。

一、建筑企业人才战略概述

1. 建筑企业人才战略的概念

建筑企业人才战略,就是对建筑企业人才工作的全局性或决定性的策略与谋划,它是建筑企业管理的重要组成部分和重要内容。人才战略实施的目的就是要使建筑企业明确人才在企业生存与发展中的特殊性和重要地位,把人才战略置于企业管理的核心,使企业能够识才、爱才、聚才,并且能够知人善用,使优秀的人才脱颖而出,能够把个人发展与企业发展有机结合起来,有效地促进人才主观能动性与创造性的发挥,从而使企业在市场竞争中始终处于主动和领先地位。

建筑企业人才战略的主要内容是:明确人才战略在企业管理中的地位以及企业人才战略的目标,并对企业人才资源的历史、现状及未来的发展趋势进行分析,对企业发展环境的优势与劣势作出正确评估,确立企业人才选拔与任用的基本原则与基本思路,制定企业人才资源的发展计划,并制定企业使用人才的绩效评价、奖惩等一系列激励体系。

2. 建筑企业实施人才战略的必要性

(1) 人才战略是实施建筑企业总体发展战略所必须的,它是战略启动阶段为使战略具体化和可操作而制订并实施的职能战略。

(2) 人才战略是提高建筑企业人员素质所必要的。一个企业要发展,必须有高素质的人才,人是最主要的、能动的资源,不论是领导成员,还是管理成员或作业人员,都是不可缺少的,都要求具备必要的素质,以适应各岗位的需求。

(3) 人才战略是建筑企业管理现代化、知识化、信息化、科学化的需要。

(4) 在当今知识经济时代下实施人才战略可以更新人才，更新知识，把现有人员的知识水平、专业水平和综合能力提升到一个新的层次，从而使建筑企业的人才储备能满足企业集团化、专业化、国际化及可持续发展的要求。

二、建筑企业人才战略环境分析

1. 宏观环境分析

(1) 优势分析

1) 建筑队伍空前发展

改革开放以来，作为国民经济支柱产业的建筑业得到迅速发展，队伍不断壮大，据统计局资料，2004年我国建筑业从业人员已近4000万人。建筑业在为国民经济做出巨大物质贡献的同时，吸纳了大量的就业人员，特别是进城务工人员。

2) 从业人员素质有所提高

用专门人才数量占从业人员总数的比重来衡量建筑业从业人员的素质水平，近20年来有了很大增长，其中，有学历人才所占比例不断提高。这些都充分说明了在队伍总量不断增加的情况下，建筑业队伍的素质得到了一定提高。

3) 建筑企业从业人员的职业结构趋向合理

在建筑企业中，各类从业人员中工程技术人员所占比例逐年提高，其他人员（包括行政人员、后勤服务人员等）所占比例则有较大减少，说明建筑业从业人员的职业结构趋向合理。工程技术人员的增多，意味着企业队伍整体素质在向技术型、专业化方向发展。

(2) 劣势分析

1) 人才数量偏少

在我国建筑行业中，具有初级职称以上的技术、管理人员的数量只占全体员工的2%~3%左右，而机械、电子等行业拥有的人才比例达到20%以上，国外先进建筑企业的人才比例高达60%以上，远远高于我国建筑行业。

2) 队伍结构不尽合理

建筑业应用型人才多，而管理型、科研开发型人才偏少，层次不高，致使科技成果转化能力较弱，技术创新能力差。项目管理人才尤其是懂得国际工程管理的总承包项目管理人才、懂得工程索赔的合同管理人才、懂技术善经营的企业经营管理人才严重匮乏，不利于提高企业的竞争能力。

3) 专业技术深度不够

建筑业的人才队伍中具有国际知名度的大师级人才极少。有些技术、管理人员对常见的理论、技术和方法较为熟练，但遇到新技术、新材料、新结构、新工艺就不知所措，甚至有抵触情绪；有些技术、管理人员熟悉本国的建筑法规、条例、技术规范等，但对他国的规范或世界通用规范则一窍不通。因此，亟需提高技术、管理人员的专业技术水平和深度。

4) 知识结构不够合理

建筑业目前拥有的管理人才中，熟悉项目管理且熟悉技术、经济、法律的综合性人才严重短缺；外语水平较高且能熟练地进行对外工作交流的从事国际化经营的人才严重短缺；懂技术、会经营、善管理的人才严重短缺；能熟练准确地计算国际投标报价的人才严重短缺；能熟练运用国际工程所在国的各种法律法规维护自身利益的人才更是极度短缺。

5）一线操作人员管理混乱

建筑业进入"门槛"相对较低，目前还是一个劳动密集型产业，吸纳了大量农村转移的劳动力，据统计，我国建筑业进城务工人员已达3200多万人，大部分以承担纯体力劳动为主，流动性大，再加上建筑业的季节性较强，施工工地分散，因此，难以进行集中的管理和控制。

涉及农民工的问题较多，难以妥善处理。例如，因拖欠农民工工资而引发劳动关系矛盾、群体性事件在增多；在劳务承包企业中，与农民工签订劳动合同的不到15%，只有50%左右的劳务承包企业在城市建设部门的干涉下为部分民工交纳了"意外工伤保险"；一些工地劳动安全保护措施缺乏，农民工自我防护能力弱；有的企业违反规定私招滥雇，农民工未经安全生产培训就直接进入施工现场，加之长年加班加点、超负荷劳动等，致使伤亡事故时有发生，每年建筑业发生的伤亡事故中，农民工的伤亡率较高，隐瞒不报、草率处理等问题屡见不鲜。

综上所述，我国建筑业经过20多年的快速发展后，无论在人才数量上，还是在人才素质上都得到了较大改善，但是，建筑业从业人员的整体素质仍然不高，还远不能适应形势发展的需要。而一线操作人员素质低、管理混乱，已经成为制约工程质量提高、安全生产和行业生产方式转变的巨大障碍，严重影响产业结构升级和企业效益的提高。同时，高素质的管理人员的缺乏，更是成为企业开拓市场、发展壮大的瓶颈。

2．微观环境分析

就目前建筑企业的现状来看，许多企业都能把人力资源管理作为一项重要工作来抓，企业重视人才的现象也开始逐渐呈现，但是，大多数企业还没有从战略的角度，制定出符合企业未来发展需要的系统的人才战略，因而人力资源管理工作缺乏制度性和规范性。我国建筑企业整体人力资源管理水平较低，主要表现在以下几个方面：

（1）人员招聘程序不规范，很多企业没有进行岗位职务分析，没有编制工作说明书，招聘效果不理想。

（2）缺乏系统的培训计划。有的建筑企业不愿意投资培养人才，企业需要时直接到人才市场招聘。据统计，我国建筑企业职工每年每人用于培训的费用只有60元，虽然国家设立了职工技能发展基金，规定培训费为职工工资总额的1%～3%，但实际上缴额不到1%，这与发达国家用于培训的费用相比相差甚远。

（3）没有建立科学的员工绩效考评体系。受长期计划经济的影响下，建筑企业内部分配机制不合理，"大锅饭"现象仍然存在，缺乏人才价值观，缺乏有效的激励机制，利益分配也不能合理体现员工的绩效情况。

（4）用人机制不合理。不少建筑企业尤其是国有建筑企业存在严重的论资排辈现象，人才"出头"机会较少，造成人力资源的浪费。一些建筑企业没有把人才资源开发作为企业长期的发展战略，只注重人才对企业的贡献而忽视了人才的自身需求，不重视人才的继续教育，使人才感到在企业发展受到阻碍，不少人选择跳槽谋求新的发展。建筑企业特别是从事施工业务的企业，由于自身的特点，长期从事野外作业，有的经常到外地流动施工，工作条件和工作环境比较艰苦，人才的精神生活和文化生活单调，如果忽视员工的精神文化需求，缺乏企业文化和员工普遍认同的价值观，难以对人才产生凝聚力。

建筑企业人才的流失，将导致企业人才数量不足，出现"三个缺乏"和"三个断层"，严重削弱了企业竞争力。"三个缺乏"即：有学历、有技术的人才缺乏；高层次、高能力的人才缺乏；经营型、复合型的人才缺乏。"三个断层"即：人才年龄结构断层，有一定工作经验、年龄较轻的人才留不住；人才层次结构断层，一般性的人才较多，拔尖型人才留不住；人才专业结构断层，热门专业及紧俏专业人才留不住。如何扭转人才流失的不利局面，是事关建筑企业生死存亡、亟待解决的一个重大问题。因此，树立建筑企业人才战略观，大力提高从业人员素质，提高人力资源管理水平已成为建筑企业发展的当务之急和重中之重。

三、建筑企业人才战略的制定与实施

（一）按企业发展阶段分析

企业发展处于不同阶段时，其组织形式、工作特点和对员工的要求是有差异的，因而人力资源管理的重点随之发生变化。美国南加州大学马歇尔商学院葛拉勒（Creiner）教授的企业发展理论认为，企业由小到大、由年轻到成熟的演化过程，依次通过创新成长——指导成长——委派管理成长——协调发展——合作发展等几个阶段，企业在不同阶段有着不同的管理重点。企业发展演化阶段的不同特点和对人力资源的要求见表9-1所示。

企业发展演化不同阶段的特点　　　　　　　表9-1

发展阶段	管理重点	人力资源管理要求
创新成长阶段	生产与销售	自助管理
指导成长阶段	运作效率	创业者要接收和采纳他人的意见，需要合乎战略发展的技能
委派管理成长阶段	市场扩张	责任和权利向低层次转移，下层的压力也增加
协调发展阶段	组织巩固	员工是聘用的，不同单位之间的协调是关键任务
合作发展阶段	问题解决和创新	处理相互管理变得最重要，管理技能侧重于与其他企业的合作

可见，随着企业的发展演化，企业的组织特点和工作特点相应地发生着变化，因此，要求企业的人力资源管理作相应地调整，对于建筑企业人才战略的制定和实施更应如此。根据建筑企业处于不同的发展阶段，可相应地采取追赶型人才战略、领先型人才战略。

1. 追赶型战略

当建筑企业处于初创或成长阶段，如"创新成长阶段"或"指导成长阶段"等时，企业的管理重点在于提高运作效率和市场占有率、多揽业务、节约成本，企业的管理目标是通过管理求得生存和成长。在此阶段，人力资源管理工作侧重于激励员工不断提高生产率，在保证企业目标实现的同时，企业员工能获得应有的物质激励和精神激励。为此，建筑企业应制定一个能吸引人才、留住人才的追赶型发展战略，即严格人力资源管理程序，完善人力资源激励机制，合理进行人力资源职业生涯设计等，其目的是激励对企业发展有功人才。对这类建筑企业而言，要充分强调人力资源管理的硬功能，从人力资源管理的各个环节注重人才的有效吸引和合理使用。

建筑企业实施追赶型人才战略的要点：

（1）突出绩效，完善绩效考核体系。绩效考核的目的在于改善员工的工作表现，提高员工的满意度和成就感，它要求建立科学的评价标准和指标体系，突出价值创造和岗位贡献，突出以效益为中心的管理理念和企业文化。

(2) 以体现价值创造为目标,改革报酬体系。以报酬和分配为导向,在企业内逐步形成比贡献、比干劲的良好风气和企业文化氛围,让能干的人有动力,平庸的人有压力,偷懒耍滑的人没有生存的余地。

(3) 建立全员培训的机制。加强员工培训是开发人力资源的基本途径。对于中小型建筑企业,要想快速赶上经济实力雄厚的大型建筑企业,必须致力于企业现有人力资源效率的提高。为此,企业必须建立全员培训的机制,保证企业所有人力资源都得到充分开发和全面提高。

2. 领先型战略

当建筑企业处于成熟和稳步发展阶段,如"协调发展阶段"或"合作发展阶段"时,企业内部就进入了和谐、协调的合作状态。在此阶段,企业管理的重点在于组织巩固和机制创新,管理的目标是通过战略联盟和合作来创造价值,人力资源管理工作侧重于协调和处理不同单位之间的关系等。对这类建筑企业,我们不仅要强调人力资源管理的硬功能,即招聘、培训、报酬、奖惩、晋升等,更要强调人力资源管理的软功能,如沟通、协调、企业形象建立、企业文化建设等,因为它们是企业正常运转的润滑剂。

建筑企业实施领先型人才战略的要点:

(1) 构筑独特的企业文化。企业文化一定要有鲜明的个性,体现建筑行业的特点,使员工感到这种文化既是建筑行业经营所特有精神状态的真实写照,又是本组织所具有的唯一特征表述,从而起到鼓舞士气、激励斗志、形成良好精神氛围的作用。

(2) 实现无缝沟通。"沟通无极限"、"沟通从心开始"绝不只是一两句虚张声势的宣传口号。一个企业、一个组织对内对外沟通的"无缝度"是衡量其贯彻"以人为本"的极好试金石。在建筑企业人力资源管理体系中,沟通是企业实现将人力资源管理同各业务管理有效整合的纽带。没有有效的沟通,再好的人才战略也仅仅是流于形式,不能促进企业的发展。

(3) 给人才一个最佳的位置。社会无论如何发展,它的最小组成单元并起决定作用的仍然是人。企业的成败是由人决定的,这是一个众人皆知的道理。但有时企业在做一些重大决定时,却常常忽略企业的行为主体——人。国内许多成功的建筑企业大都有一套比较完善的人员奖惩激励机制,能够使人的潜能充分发挥出来。

(二) 按人才管理过程分析

1. 人才选拔

建筑企业人才选拔,通常可以采用以下几种方式:

(1) 招聘选才。招聘对象可以分为两种,一种是企业外部的人才,也就是引进的人才,建筑企业应有专门负责人力资源的系统和机构,跟踪市场上人才发展和流动的趋势,比较本企业与同行业的特别是竞争对手的用人机制和管理办法,以便及时调整企业的用人机制,及时引进所需人才。引进人才的方式主要有吸收新毕业的学生、在社会上吸收企业有用的人才两种。如,北京建工集团坚持每年招收引进一定数量的大专院校毕业生,加大社会招聘力度,重点引进企业紧缺的市政、地铁、装饰等领域的专业技术管理人员,公司的整体人才素质因而得到了很大提高。另一种是挖掘企业内部的人才。在企业内部,往往拥有许多未被发现和利用的"潜在人才",通过公开竞聘,正是发现和利用这些"潜在人才"的好机会,同时,还可以克服企业内部埋没人才、浪费人才的现象。

在招聘人才时，对人才的选拔条件应注重以实践经验和工作能力为主，学历和职称也是应考虑的条件，但不能搞唯学历论和唯职称论。

(2) 绩效选才。这也是一种内部发现人才、选拔人才的重要手段。以工作绩效为标准，择优选拔人才，是一种比较公平合理的人才选拔方法。实行绩效选才，工作绩效是摆在桌面上的，人人看得见，一清二楚，可以相互比较，相形见绌者自然心服口服，所以，用绩效选拔出来的人才是可靠的。

按绩效选才最重要的是制定科学完善的考核标准与考核办法。考核标准应包括两个方面：一是"职务标准"，即对各类不同岗位的人员有不同的工作标准；二是"职位能力标准"，即对各类人员完成不同的工作任务应具备的知识、业务能力。另外，考核的办法应严格、完整、科学，没有漏洞，不给投机取巧者可乘之机。只有坚持高标准严要求，才能确保绩效选才的质量。

2．人才培训

当今世界，科学技术的发展日新月异，经济全球化趋势日益迅猛，知识更新的速度不断加快。随着新技术、新工艺、新材料的不断涌现，人们观念的变化，人们对建筑产品的结构形式及功能提出了更高的要求，同时，一直以来以施工为主、靠体力劳动打天下的施工企业将逐渐向工程总承包企业、施工总承包企业、专业分包企业转型，市场上也出现了越来越多的咨询、中介企业，也就是说，建筑行业将逐渐由劳动密集型向技术密集型、管理密集型转变。在这种形势下，建筑企业不但需要更多高素质的人才，而且还需要不断提高职工的知识素质和技能素质，以适应新知识、新技术条件下市场竞争的需要。这就使企业对职工的培训比以往任何时期都重要。不重视培训、培养人才的建筑企业必将在激烈的市场竞争中败下阵来。

另外，通过对我国建筑企业人才战略的环境分析可知，建筑企业从业人员的整体素质仍然不高，还远不适应建筑业发展的需要。而且，建筑行业许多岗位需持建筑职业资格证书上岗，但并不是每个员工都具备了其从事的岗位所需要的能力和资格，因此，企业广泛开展职工培训、努力提高职工素质已成为当务之急。

人才的培训，必须按照一定的程序，有组织有计划地实施，并定期加以检查，以保证培训工作的科学、有效。其具体程序如图9-1所示。

(1) 制定人才培训规划

制定建筑企业人才培训规划是搞好人才培训的前提。人才培训规划必须从建筑企业人才战略出发，确保企业人才开发与合理使用，以加速实现企业经营目标。建筑企业人才培训计划的内容和步骤有以下几个方面：

1) 从企业经营目标和企业人才个人成长目标出发，确定职工培训目标，培训目标包括培训规模和培训水平；

2) 根据企业的资源条件和人才素质基础，确定培训的内容和培训方式；

3) 人才培训规划的组织宗旨；

4) 人才培训规划执行情况的检查与考核，发现问题进行纠正，或者实行信息反馈，修订培训规划。

(2) 建立职工全员培训体系

1) 培训内容：文化及基础知识培训；专业管理知识培训；基本操作技能培训；法律、

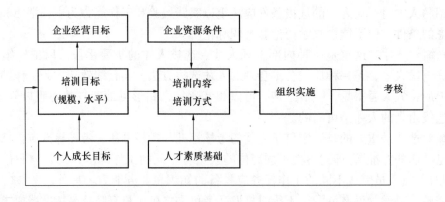

图 9-1 人才培训的具体程序

政策及制度培训；职业道德及文化传统培训。

2）培训层次：领导者培训；管理者培训；基层技术人员培训；一线工人培训。

3）培训场所和地点：企业内职工培训，如工作（项目）现场培训、企业内培训中心培训；企业外培训，如大专院校培训、企业外培训中心培训。

4）培训时间：职前培训；入场前教育培训；上岗前或专岗培训；晋升前培训；在职培训，如脱产培训、不脱产培训等。

5）培训方式：自学、辅导；师傅带徒弟；课堂教学；相互研讨、考察观摩等。

总之，建筑企业人才培训的内容、级别、场所、时间方式等有多种多样，每个企业应根据自身的需要和办学条件来选择采用，注重培训效果，提高职工素质。

(3) 一线工人培训

我国建筑企业队伍庞大，绝大多数是一线工人，他们是企业从事生产经营的直接参与者，他们的能力和素质直接关系到建筑产品或服务的质量，因此，应该把对一线工人的培训当作建筑企业头等大事来抓。

一线工人的培训分为岗前培训、在岗培训和转岗培训三种，其培训目的和内容如下：

1）岗前培训。指对刚进入建筑企业的新工人，或对企业刚聘用的劳务人员在上岗或进入现场前的培训。培训的目的是：第一，帮助他们熟悉新的工作环境，了解有关的规章制度；第二，帮助他们了解企业及其所在部门或项目的性质、目标、任务以及其所从事工作的意义，使之有归属感，热爱自己将从事的工作；第三，帮助他们掌握上岗前必要的知识和技能，特别是安全知识，提高工作效率，降低安全事故的发生。

2）在岗培训。即工人上岗后要一面工作，一面接受培训。在岗培训的目的是：第一，使工人成为合格的生产者，通过对工人在岗的绩效考核，找出其不足，采取集中培训或个别指导使其达到符合规定的要求；第二，使工人成为某一岗位的专业能手，如扎钢筋能手、支模板能手等，并充分发挥其创造力；第三，使工人掌握新技术、新工艺和先进的操作方法，以提高劳动生产率。

3）转岗培训。这是指当建筑企业生产任务发生变化需要工人转岗，或者工人自身难以适应原岗位工作要求时，为使他们适应新的工作岗位而进行的培训。转岗培训的内容要视新岗位与原岗位工作的差异而定。

(4) 技术人员和专业管理人员培训

在建筑企业中从事工程技术和专业管理的人员一般都具有一定的学历，但企业也不能放松对他们的在职培训。许多工程技术人员或管理人员，特别是一些应届毕业生，运用所学专业知识解决生产中实际问题的能力很差，对企业经营和市场情况缺乏了解，知识面狭窄。还有一些技术和专业管理人员，不同程度地存在知识老化、思想僵化等问题。因此，需要对这些人员继续教育培训，使之更好地适应社会，适应工作。

针对技术人员和专业管理人员的培训，可以根据其实际情况，采取实践培训、专业理论知识讲授培训，以及两者结合等方式进行。

(5) 项目经理的培训

项目经理是企业法人代表在工程项目上的委托代理人，是工程项目的最高管理者。我国各建筑企业中，尚缺乏优秀的，尤其是能够管理国际工程等大型工程的项目经理。因此，应将项目经理的培养列入建筑企业人才战略的重要位置上来。

培训项目经理，首先是现代项目管理知识，重点学习项目管理的规律、思想、组织机构、程序以及谈判、合同、控制等理论知识；其次是项目管理技术，重点是网络技术与进度管理、预算及成本控制、合同管理、采购管理、组织理论、协调技术、行为科学、系统工程、价值工程及管理信息系统。培训方法可以是讲课、经验交流（研讨会或成果发布会等）、案例解剖、模拟训练等，要做到理论和实际相结合。

3. 人才使用

人才使用是企业人才战略的重要组成，建筑企业的经营活动为人才的锻炼成长提供了用武之地。在人才的使用过程中，应扬长避短，将人才用到最适合发挥其才能的地方。同时还应注重人才的培训提高、考核评价和福利补偿等几个基本环节，从不同角度激发人才的内在积极性，鼓励人才根据企业发展目标制定个人发展计划，进行个人职业生涯设计。

(1) 人才使用的原则

1) 因事择人、量才录用。所谓因事择人，就是以职位空缺和实际工作的需要为出发点，以职务对人的要求为标准，选拔使用各类人员。所谓量才录用，就是根据人员的能力、特长以及兴趣爱好将其安排到适宜的工作岗位上。因事择人、量才录用是实现人才最佳配合的基本要求，它可以保证机构精简高效，使个人才能得到充分发挥。

2) 德才兼备、任人唯贤。德才兼备是强调用人标准要全面，既要重视其知识和能力，又要重视其思想品德，两者缺一不可。任人唯贤是强调用人要出自"公心"，秉公选拔人才，做到大贤大用，小贤小用，不贤不用。只有坚持德才兼备、任人唯贤的用人原则，才能确保所用各类人员的素质。

3) 知人善任、用人所长。知人善任是指对下属要了如指掌，及时发现其特长，使用恰到好处，使每个人的才能都得到充分发挥。用人所长是指对下属不求全责备，要扬长避短，把注意力放在充分利用人的长处方面。建筑企业生产经营活动涉及内容多、范围广，需要的知识和技能多种多样，而一个人的知识、能力和个性发展往往是不平衡的，不存在样样都精通的"全才"。但是，只要知人善任、用人所长，建筑企业就能完成各项任务，实现其经营目标。

4) 刚柔相济、指导帮助。作为领导者对提拔使用下属人员，既要严格要求，又要关心爱护，工作上给予指导帮助，生活上给予关怀照顾。

(2) 人才使用战略的基本内容

1) 根据企业的任务目标，制定各类人才使用规划及考核制度。首先，要对各个部门及专业岗位的人才使用配置作出合理规划，即从组织管理的角度，通过人员的合理配置形成人才的互补效应。其次，要制定人才使用过程中考核管理制度，人才考核的发展趋势是从定性考核向定量考核发展，不论采用哪种考核方式，都要形成制度化、公开化，并通过实践逐步完善。

2) 根据人才成长的特点和需要，调整各类人才的使用方式。人才使用的战略目标之一，就是通过对通用型人才和复合型人才的培训规划作出安排。通用型人才和复合型人才的培养方式，都是在使用过程中培养，要有计划地进行横向岗位轮换，以避免由单一专业"直线式"上升的人才对企业全面情况缺乏了解。但也应注意不要把岗位轮换单纯作为培养手段，对管理工作者工作横向调动不宜采取定期进行的方式，最好是在某一岗位上取得一定成绩后进行调动，其效果才会较佳。

(3) 人才使用的环境塑造

1) 注意加强企业文化建设。企业文化是企业长期形成的全体成员价值观念、道德标准、经营理念、行为规范的总称。它有利于增强企业的凝聚力和向心力，有利于调动职工的积极性、主动性和创造性，是企业发展的"软环境"。建筑企业人才战略的实施，必须解决好如何吸引人、培养人、激励人、用好人、留住人等一系列问题，而这些问题的解决都离不开企业文化的建设。面对经济全球化的挑战，企业文化越来越成为吸引人才、激励人才的重要因素。建筑企业的企业文化建设一直落后于工商企业，但是，随着人们观念的变化、企业管理方式的改进，企业文化建设已经也必须被建筑企业提上议事日程上来。

加强建筑企业文化的建设，就是要在建筑企业内部建立一种人本文化，注重个人理性与发展，提倡创新与创造，鼓励职工解放思想、更新观念，努力发挥个人的积极性、主动性和创造性。同时，要不断提升企业文化的内涵，要形成独特的、富于创新精神的企业文化，在企业内部形成一种共同学习、团结协作、求实创新，把个人的发展与企业的发展统一起来，甘愿为企业的发展贡献个人聪明才智的良好氛围。

2) 塑造尊重人才的组织氛围。尊重人才必须从企业领导自身做起，从而带动整个企业各部门、各单位、各项目尊重人才，进而形成尊重人才的组织氛围。尊重人才就是要承认人才的价值，给予人才合理的精神与物质奖励。这些年来，不少国有建筑企业人才流失严重，原因之一，就是他们的物质待遇与其贡献不相称。因此，塑造尊重人才的组织氛围是建筑企业使用人才、激励人才的关键。

四、建筑企业人才战略实施的保障措施

1. 树立适应时代需要的新型人才观

要确立并实施建筑企业的人才战略，必须树立正确的人才观。首先是必须解决"什么是人才"的问题。人才是一个动态的概念，它随经济的发展和社会的进步而不断变化。在市场经济条件下，一个人是不是人才，应该通过社会、市场，通过其所创造的业绩来评价。不能说项目经理是人才，农民工就不是人才，因为在项目第一线，农民工也创造了非凡的业绩。因此，在人才观上，建筑企业必须走出认识上的误区，树立"人人都是人才"的观念。

其次是必须树立"人才是第一资源"的观念。人才是企业生存和发展的支撑，只有牢固树立"人才是第一资源"的观念，在企业内部形成"尊重知识、尊重人才"的良好氛围，人才战略的实施才能真正落到实处，否则只能是纸上谈兵，做表面文章。事实上，有很多建筑企业并没有树立起这种观念，口头上重视人才问题，实际上却并不重视；有的干脆什么也不做，这实际上也是某些企业创新能力差，在市场竞争中处于不利地位的一个重要原因。

树立适应时代需要的人才观，要依据企业的实际和环境情况，正确地处理好以下几个辨证关系：

(1) 文凭和水平的辨证关系。正确对待高文凭与高水平的关系。高文凭不一定有高的工作水平，不一定是人才，没有高文凭却有真才实学、有丰富的工作经验、有改革创新的思路与办法的，才是真正的人才，建筑企业尤其如此。

(2) 年龄和能力的辨证关系。年龄大意味经验多，但经验多有时意味保守、不思进取。能力强又有年龄优势的人才最合适，但这类人才在建筑企业并不太多。因此，注重老中青人才的搭配对建筑企业也是很重要的。

(3) 过程和结果的辨证关系。有的人工作兢兢业业，做事中规中矩，有些人创新意识强，做事不墨守陈规。对待不同类型的人，要安排在适合他们的岗位上，因为不同的人有不同的工作方式，他们都很有可能把事情办得非常完满，关键是要看工作的结果。

2. 做好人才战略规划

人才战略规划，是为实现企业总体发展目标，满足其所需人才而预先进行系统谋划的过程。建筑企业人才流动性比较大，因此，需要做好人才战略规划。重点应抓好以下几个方面：

(1) 制定企业的人才标准。人才对建筑企业来讲，是相对的和动态的，每个企业对于人才都有其不同的需求。因此企业应当面向市场竞争、面向未来的生存和发展，制定符合本企业实际的人才标准及操作方法。

(2) 对企业的人才现状及需求作系统分析。建筑企业应当按照本企业制定的人才标准，对企业现有的以及企业在未来发展中所需要的人才数量、结构、层次进行综合分析，使企业人才工作有针对性。

(3) 制定企业的人才战略目标。制定战略目标，是建筑企业人才战略实施的一个重要环节。企业应当根据企业的人才现状及需求，做好人才战略近期目标和长远目标的规划，并根据企业所处的不同发展阶段，分别实施人才的追赶型战略、领先型战略或人才的国际化竞争战略、人才本土化竞争战略等，以此制定详细的计划，包括人才引进、培养计划，使企业的人才工作有计划、有步骤地进行，保证企业人才战略的实施，符合企业发展的需要。

3. 建立企业内部人才市场

建立企业内部人才市场，是促进人才合理流动、优化人力资源配置、合理使用人才的基础。不仅要在社会建立人才市场，而且在企业内部也要建立人才市场，实行全员合同制。通过人才市场使人才合理流动，企业通过人才市场招聘，选拔人才，使每个人才找到他们潜能最大发挥的工作岗位。

五、建筑企业劳务管理措施

劳务管理成为建筑企业需要面对的首要问题之一。解决好这个问题，对于企业减轻管理负担、提升竞争力、实现向管理型、技术型的转化能够起到极大的促进作用。建筑企业劳务管理可采取如下措施：

（1）加快管理层、技术层与劳务层的分离，使劳务层进入市场，大型建筑企业可不设固定工人队伍，让固定工人由内部劳务公司统一管理，与项目经理部签订合同，也可把固定工人剥离出公司，进入社会劳务市场；

（2）利用内部劳务市场和社会劳务市场的劳动力进行作业。在签订合同前必须仔细地、逐一地进行技术考核。应逐步实行工人技师和高级技师的职称制度。凡行业规定持证上岗的人员，全部要持证，无证者拒收、拒用并防止冒名顶替；

（3）成建制地组织与使用民工，少吸收零散民工。在成建制使用前，特别要考核劳务公司的领导、以往的业绩、工人的技术状况以及组织文化状况等；

（4）对进入企业工人进行培训。对于社会劳务公司的工人，可有针对性地进行岗前教育，并督促劳务公司对其进行技术培训等；

（5）制订严格的用工管理制度、劳动分配制度、劳动安全制度、劳动保护制度、劳动保险制度、劳动考核制度等，使劳动制度健全、合理，以有利于劳动力使用，有利于安全施工，有利于工程质量，有利于提高劳动生产率。

总之，建筑企业人才战略的制定与实施，是一项长期的、艰巨的任务。在经济全球化进程不断加速，中国加入WTO的背景下，建筑企业面临的形势更加严峻，因此，必须抓紧研究新情况、新问题，制定并实施企业人才战略，抢占人才竞争的制高点，只有这样才能在激烈的国际、国内竞争中立于不败之地。

案例：人才战略的制定与实施

L公司是国有独资公司，在新形势下，企业以发展为主线，通过基础管理的完善、运营机制的调整、企业信息化建设、企业文化重塑等方面的工作来提升企业的知名度和信誉度，以增加优势，使公司进入一个更高的发展阶段——战略、文化、品牌一体化发展阶段。然而所有这一切工作的完成均需要有一个高素质的人员队伍作为保障，因此，人才战略自然就摆在了公司发展战略的最重要位置。

1. 组建人才联盟

人才联盟是指企业为了抓住市场机遇和促进企业发展，采用临时聘请和雇用的办法吸引和利用企业外部的人力资源，来完成企业难以完成且又急待完成的任务。这种人才联盟有助于企业之间的人才共享，使企业能够注入新的管理思想和技术，有助于推动公司各个方面的管理创新、技术改造和企业信息化建设，为企业文化的重塑注入了新的活力。同时还避免了公司在编人员的增加，减少了公司的人力成本。

由于国有企业招工和辞工受到多方面因素的制约，因而组建人才联盟成为L公司重要的人才战略。组建人才联盟就是以L公司人才需求为核心，结合人才信息而做出的敏捷而迅速的反应。进行人才聘请时必须考虑聘请成员的合作能力、管理能力和技术能力，使其尽量与公司员工的能力形成优势互补。而且人才联盟中的成员必须很快掌握公司必要的情况，与公司的员工倾力合作，发挥自己的智慧优势，共同完成合作的项目任务。建立人才联盟可分三步走：

(1) 建立人才库。建立人才库的途径有两种：一种是公司与外面的人才市场、学校和科研机构等建立联系。另一种是利用好现有的人才，建立公司内部人才库。

(2) 根据发展需要，合理选择并聘请人才。根据聘请联盟成员的有关规定，严把聘请的质量关，防止盲目聘请，保证人才质量。

(3) 采取激励措施，使人才联盟成员发挥出最大的效应。

2. 人员培训规划

L公司受国有企业体制的约束，提高公司员工素质的根本途径是对员工进行内部培训。根据公司的内外部环境，对员工培训除了沿用成熟的岗位培训、短期培训和脱产到国内各大院校学习等形式以外，不脱产的一般文化教育、专题培训、轮岗培训和个人自选培训也根据情况穿插进行。另外，对有培养前途的专业带头人，鼓励其参加相应的学历教育。

3. 优化人员结构配置

针对公司的具体情况，主要从以下几个方面进行结构优化：

(1) 年龄结构优化

在公司未来的发展中，力争在公司的每一个岗位上形成合理的"老中青"年龄结构，其比例应该呈现金字塔的形状，老年的比例在塔顶，青年的比例在塔底。

(2) 能力结构优化

对公司的各个管理和技术岗位进行招标，使能者居之。在公司内形成一种对素质高、能力强的人积极推荐的良好风气。各个岗位形成合理的"强中弱"能力结构，以便"强"帮"弱"，同时保证每个岗位上至少有一名业务骨干，形成岗位技能上的梯次结构。

(3) 专业结构优化

根据公司的人力资源现状和公司的整体发展战略，要想成功实现管理创新，必须使公司管理人员的素质普遍提高，其比例要适当下调。为适应公司技术改造的要求，技术人员的比例要适当提高，使管理人员、技术人员和基层人员的结构比例处于最优化。同时，优化专业结构还要让相近专业的员工相互了解，加强彼此间工作的协调意识，实行公司内部员工的轮岗制，这样就可以使公司的信息资源在较高的水平上实现共享。

在优化人员结构配置的同时，选拔生产一线的优秀人才，将其调整到关键岗位或破格提拔到管理岗位；选派管理岗位上的人员到生产一线挂职锻炼，增加现场实践经验，传授技术理论知识。

4. 完善激励机制

在L公司的人才战略中，激励机制从两个方面进行建立和完善：

(1) 通过分配制度改革，建立新的薪酬机制。对于公司基本员工继续采用岗位技能效益工资制，但在固定工资与浮动工资的比例上要有一个较大的调整，浮动工资所占的比例要越来越大，而且浮动工资与员工平时的表现和工作绩效密切挂钩，这样就能杜绝"平均主义"，充分调动员工的积极性。对于高层管理人员，根据我国分配制度改革的要求，设计并实行新的分配制度——年薪制：年薪＝基薪＋风险收入，风险收入在年薪中所占的比例要越来越大，充分调动高层管理人员的能力和才智。

(2) 通过用人制度改革，建立新的竞争机制。健全和完善"末位淘汰"和"竞聘上岗"制度，以实现淘汰冗余，精兵强将，引入竞争，能者居之的目的。培育职工岗位竞争意识，彻底消除"大锅饭"。通过人才战略的成功实施，L公司人力资源实现优化组合，提高了企业工作效率，促进了企业效益的增长。

第二节 建筑企业资本运营战略

一、建筑企业资本运营战略概述

1. 资本运营概念

资本运营，又称资本经营，是指对企业可以支配的资源和生产要素进行运筹、谋划和优化配置以及裂变组合，把企业所拥有的一切有形和无形的存量资产变成可以流动的活化资产，以最大限度地实现资本增值目标的过程。

资本运营属于企业运营的范畴，是每个企业运作的重要部分。19世纪末以前，资本运营与生产运营基本上是一致的，随着企业制度的变迁，所有权与运营权或控制权的分离，以及资本市场和产权交易市场的发展，资本运营才逐步与生产运营分离，并上升到企业战略的层面。

我国建筑企业引入资本运营战略是一种管理理念的创新，意味着对传统的单一生产型运营理念的扬弃，可以通过资本运营发现新的机遇，进入新的领域，上升到更高的境界。

2. 资本运营战略的特征

资本运营战略不同于其它企业战略，具有独特的对象、收益和机制导向，特征如下：

（1）资本运营战略的对象主要不是产品本身，而是价值化、货币化、证券化了的物化资本，或者说是可以按价值化、货币化、证券化操作的物化资本；

（2）资本运营战略的收益主要来自于生产要素优化组合后生产效率提高所带来的运营收益增量，或者是生产效率提高后资本的增值；

（3）资本运营战略是以资本导向为中心的企业运作机制，要求企业在经济活动中始终以资本保值为核心，以资本最大限度的增值为目标，注意资本的投入产出比率，保证资本形态变换的连续性；

（4）资本运营战略是一种结构优化式运营战略。结构优化包括企业内部资源结构，如产品结构、技术结构的优化；实业、金融、产权等资本形态结构的优化；存量和增量资本结构的优化等等；

（5）资本运营战略一般要求企业全部财产资本化，并以获得较高的资本收益率为目的进行运作；

（6）资本运营战略是以价值形态为主的管理，要求将所有可以利用和支配的资源、生产要素都看作是可以经营的价值资本，用最少的资源、要素投入获得最大的收益。

3. 建筑企业资本运营战略的意义

目前，在国内外激烈的竞争形势下，建筑企业需要适应形势，更新观念，积极深入地开展资本运营，优化资本结构，以达到最优地规模经济效益，并尽可能地消除竞争对手的威胁，为企业盈利创造优势环境。对于以传统生产经营为主的国有建筑企业而言，为了谋求更长远的发展，并在国际竞争中争取强势有力的位置，进行经营战略的调整，实施资本运营具有重大的战略意义。

(1) 有利于积累雄厚的资本

随着我国加入WTO，国际大型承包商逐步进入中国建筑市场，带来的不仅是先进的管理理念和施工技术，更主要的是诸如BOT、EPC、DB等新型项目运作模式，新模式的实施需要企业雄厚的资本作保证，而"资本不足"正是我国绝大部分建筑企业的"通病"。为了应对国际、国内市场的激烈竞争，实施资本运营战略，积累企业资本成为我国建筑企业改革的首要任务。

(2) 有利于盘活存量资产，提高资产质量

国有建筑企业改制后，国家虽然承认了企业的法人资格，但由于产权责任不明确，所有权与运营权没有彻底分离，企业没有真正获得自主权，企业领导体制依旧不规范，企业还不能成为真正的市场竞争主体。实施资本运营战略，能够把建筑企业内的非运营闲置资产、没有发展潜力的资产予以分离，同时对潜力巨大、具有良好发展前景的资产予以购并，从而提高资产的运营质量，实现资产增值。

(3) 有利于企业良性扩张，形成规模经济

建筑企业要实现大集团发展战略，单靠生产运营、自我积累速度太慢，不能满足企业发展的需求。通过国有企业之间或外资、民企的购并，可以构造大型建筑企业集团，实现资本运营和规模经营，有助于提高我国建筑企业的国际竞争力，促进经济结构的合理调整，带动产业结构升级，推动我国建筑企业成长与发展。

(4) 有利于国有资产分散风险，实现保值增值

国有建筑企业占主导地位的产权主体是国家，绝大部分企业资产都是国家单一投资，没有或较少有其他经济成分或投资主体，不利于国有资产分散风险，企业亏损破产时，只能由国家承担无限责任。实行资本运营能够强化建筑企业市场风险意识和约束机制，增强自主运营能力和发展潜力。从经济增长方式看，实行资本运营，有助于改变传统思想中只重视规模投入、不重视资本投入的机会承包的错误观念，增强建筑企业资本保值增值的意识。

二、建筑企业资本运营战略的类型

建筑企业可以采取不同的资本运营战略实现不同的发展目标，总的来说，资本运营战略大致可以分为三种类型：资本扩张战略、内部调整战略和资本收缩战略。资本扩张战略包括产权资本扩张战略和融资战略；资本收缩战略包括资产剥离、公司分立、分拆上市以及股份回购等方式；内部调整战略是指企业内部的资产重组与结构优化，使集团内各公司间的生产运营更为协调一致，从而实现一体化运营。三种战略在具体运用过程中，相互交叉，在实施资本扩张时往往要伴随内部调整，而在进行较大的内部调整时，又往往实施资本收缩。建筑企业资本运营战略模式如图9-2所示。

1. 内部调整战略

内部调整战略主要是指企业在现有的资本结构下，通过整合内部资源，有效运用存量资本，维持并发展企业竞争优势，横向延伸企业的生命周期线。内部调整战略的特征主要表现在：

(1) 完全依靠自身的力量达到资本运营的目的，在资本运营过程中所开发利用的资源是企业长期的积累；

(2) 企业的实力是决定其运营能力（包括规模、速度、效果等）的关键，两者之间呈正相关关系。

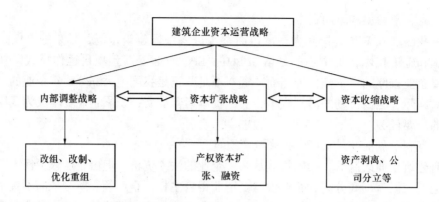

图 9-2 建筑企业资本运营战略模式

内部调整战略主要表现在企业设备的更新和增加，资产结构的调整，成本控制的加强，技术的引进和创新，组织结构的优化和管理水平的提高等。相反，如果企业资产结构畸形，设备更新改造不及时，成本控制不力，技术引进与创新滞后，管理水平低下，员工纪律涣散，营销渠道不畅等，就极有可能使企业的生命周期线过早地进入衰退阶段。

2. 资本收缩战略

资本收缩战略是指企业把自身拥有的一部分资产、子公司、内部某一部门或分支机构转移到公司之外，从而缩小公司的规模。它是对公司总规模或主营业务范围进行重组，其根本目的是追求企业价值最大化以及企业运行效率的提高。该战略通常是放弃规模小且贡献小，以及与公司核心业务没有协同或很少协同的业务，宗旨是支持核心业务的发展。当一部分业务被收缩掉后，原来支持这部分业务的资源就相应转移到核心业务上，有利于主流核心业务的发展。资本收缩战略是资本扩张战略的"逆操作"，其主要实现形式有资产剥离、公司分立、分拆上市和股份回购等。

（1）资产剥离

资产剥离是把与企业发展战略目标不适合的资产出售给第三方，这些资产可以是固定资产、流动资产，也可以是整个子公司或分公司。资产剥离主要适用于以下几种情况：①不良资产的存在恶化了公司财务状况；②某些资产明显干扰了其他业务组合的运营；③行业竞争激烈，公司急需收缩产业战线。

（2）公司分立

公司分立是指公司将其拥有的某一子公司的全部股份，按比例分配给母公司的股东，从而在法律和组织上将子公司从母公司中分离出去。通过这种资本运营方式，形成一个与母公司有着相同股东和股权结构的新公司。在分立过程中，不存在股权和控制权向第三方转移的情况，母公司的价值实际上没有改变，但子公司却有机会单独面对市场。公司分立通常可分为标准式分立、换股式分立和解散式分立。

上海建工集团通过这种模式，将内部的专业劳务及非生产经营部分剥离出去，形成众多与原企业有资产联结、业务依托而又"专、精、活"的新企业，这些新成立的企业改制成为多元投资主体、独立进入市场的法人实体。经过分立，部分国有资产得到置换，集团人员减少一半以上，为最终成为技术管理密集型企业创造了条件，有利于企业专业化分工的发展。

(3) 分拆上市

分拆上市是指母公司将其在子公司中所拥有的股份，按比例分配给现有母公司的股东，从而在法律上和组织上将子公司从母公司分离出去。分拆上市有广义和狭义之分，广义的分拆包括已上市公司或者未上市公司将部分业务从母公司独立出来单独上市；狭义的分拆指的是已上市公司将其部分业务或者某个子公司独立出来，另行公开招股上市。分拆上市后，原母公司的股东虽然在持股比例和绝对持股数量上没有任何变化，但是可以按照持股比例享有被投资企业的净利润分成，同时，母公司将获得超额的投资收益。

(4) 股份回购

股份回购是股份有限公司通过一定途径购买本公司发行在外的股份，适时、合理地进行股本收缩的内部资产重组行为。通过股份回购，股份有限公司达到缩小股本规模或改变资本结构的目的。股份公司进行股份回购，一般基于以下原因：一是保持公司的控制权；二是提高股票市价，改善公司形象；三是提高股票内在价值；四是保证公司高级管理人员认股制度的实施；五是改善公司资本结构。股份回购与股份扩张一样，都是股份公司在发展的不同阶段和不同环境下采取的运营战略。因此，股份回购取决于股份公司对自身运营环境的判断。一般来说，一个处于成熟或衰退期的、超过一定规模的公司，可以选择股份回购的方式收缩运营战线或转移投资重点，开辟新的利润增长点。

3. 资本扩张战略

资本扩张战略是一种外部交易型资本运营战略，指在现有的资本结构下，通过内部积累、追加投资、吸纳外部资源即兼并和收购等方式，使企业实现资本规模的扩大。资本扩张战略的适时运用，可以使企业规模迅速扩大，以较小的自有资本控制较大的社会资本，形成规模经营的优势。

资本扩张战略的实施途径主要有两种：一是产权资本扩张战略；二是融资战略。

三、建筑企业产权资本扩张战略

1. 产权资本扩张战略概述

现代企业运营观念的一个重要突破是，对企业运营资源的认识不再仅仅局限于自身的资本、劳动力、技术等，而是强调产权是一种资本，从而在更大的范围内运作资本，使企业通过兼并、收购、租赁等方式，实现资本扩张，获得资本的最大增值。

(1) 产权资本扩张是企业进行资源优化配置的方式和手段。企业经营的主要目标是资本不断增值，实现利润的最大化。当企业的目标受到市场、资金、管理、技术等方面的制约，所有者无法获得预期收益，反而要承担亏损甚至破产的风险时，企业所有者就会将企业的产权出售，获取另一种产权形式——货币产权，以重新选择投资方向，满足获利动机。产权资本扩张是一种积极主动的资源重组方式和手段。

(2) 产权资本扩张的对象是产权。产权资本扩张的主要方式是产权交易，即在不同法定主体之间进行产权体系即财产所有权、使用权、收益权及处置权的全部或部分转移，以完成资本转移和生产要素的流动。通过产权的交易，可以使企业资本集中或分散，从而达到优化企业资本结构的目的，为企业带来收益。在产权交易市场，对买方来讲，通过兼并或收购可以直接持有企业的股本，也可以在证券交易市场上购买企业的股票或债券，以获得企业的收益；对卖方来讲，为了获得资本而出让一部分权益。产权市场上买卖的实质是企业的权益，买方通过持有企业产权而分享企业利润，即购买的是企业的盈利能力。

(3) 产权资本扩张的目的是增强企业实力。企业通过产权资本扩张，可以使分散的资金聚合，扩大运营规模，同时，还可以从被兼并企业中得到优秀的人才和成熟的技术等许多无形资产，实现优势互补；通过控制股权，有可能以较少的资金控制更大的资产规模，加速企业成长；通过对闲置资产的产权转让，可以盘活资产，使凝固的资产通过市场流动以实现资源的有效配置；通过调整产品结构可以提高资本运营效率。产权扩张是企业实现跨部门、跨行业投资或要素转移，突破进入壁垒更为迅速和有效的方式。

2. 产权资本扩张战略的实施方式

从目前我国建筑企业产权扩张的内容看，按照交易方式划分，可以分为企业产权整体交易、企业产权分割交易和企业产权分期交易。企业产权整体交易是指企业所有权发生转移，生产要素整体流动，产权根据市场定价一次性付费，主要形式有兼并、合并、拍卖等；企业产权分割交易是指企业产权分割为所有权、占有权和运营权分别进行交易，即产权权能的分割，分割后的各种权能可以单独转移，主要形式有参股和控股等；企业产权分期交易是指企业在所有权和运营权分离的条件下，运营权在一定时期内可以有偿转让，在这种形式中，承包者和承担者获得的只是企业财产的运营权，而所有权则在发包者和出租者手中，企业法人财产的运营权是分期转让，转让的期限以及双方的权利和义务均由交易双方通过签订合同来决定，主要形式有承包运营和租赁运营等。

综合起来，我国建筑企业产权资本扩张的形式主要有企业合并、产权拍卖、参股和控股、承包运营和企业托管等。

(1) 企业合并

企业合并是两个或两个以上企业通过协商和契约，合并为一个企业，主要有新设合并和购并两种形式。

新设合并是指参加合并的两个或两个以上公司通过合并同时消灭原有的法人资格，而后形成一个新设的公司，新设公司接管原来几个公司的全部资产、业务和债务，形成新的企业股权结构和治理机构。

购并是甲公司接收乙公司的全部或部分资产，购并后甲公司原有的法人资格不变。它包括两种类型：吸收合并，即甲公司吸收乙公司，乙公司因之解散，原有的法人资格消失；部分收购，即甲公司购买乙公司的部分股份或资产（纯粹以投资为目的而不参与运营的股权购买行为不包括在内），乙公司的法人资格可以继续保留。

(2) 参股与控股

参股是企业将部分资产作为股本向另一家企业入股。控股是企业收购另一家企业的大部分股权，从而可以控制该企业或使之成为本企业名下的子公司。

例如，上海建工集团通过合资合作、控股参股等产权资本扩张方式，广泛吸纳社会资本以增强国有资产的渗透能力和支配调控能力。短短几年时间，集团通过兴办中外合资企业55家，共吸纳资本1.26亿美元，同时，积极调控支配较多的社会资本，集团运用资产收益累计的资金，投入新的经济增长点。集团为了发展预拌商品混凝土这一新兴行业，利用自身拥有的商品混凝土管理技术和市场占有率高的优势，投资近3亿元，在浙江湖州建立年产200万吨的优质石矿基地，还收购、兼并集团外的一些混凝土搅拌台，并增添相关设备，使生产能力扩增一倍，达到产权扩张、生产扩张的双重效应，有效保护了较高的市场占有率。

(3) 产权拍卖

产权拍卖是产权拥有者和需要者在产权交易市场中通过买卖，使产权从拥有者向需要者转移。产权拍卖包括企业的整体性拍卖，以及企业闲置的设备、仪器等资产的拍卖。整体拍卖是将企业的资产所有权、使用权及处置权一起转让，转让后原企业法人资格被取消。对行将破产企业的拍卖，由于其法人地位仍然存在，属于产权的有偿转让；对已破产企业的拍卖，由于其企业法人资格已经消失，此时拍卖的真正意义已不是产权的有偿让渡，而是偿付债务和股东投资。产权拍卖分为单项拍卖和整体拍卖。

(4) 承包运营

企业承包运营是企业所有者作为发包者，通过契约形式将企业的资产有偿转让给承包者使用。

承包制作为一种资本运营形式，曾经在我国的经济发展中起到过重要的作用，但也存在着一些难以克服的功能性缺陷，如没有触及产权制度，产生对企业的软性的产权约束，企业行为的短期化等。

(5) 企业托管

企业托管，指作为托管方（又称受托人）的企业，经另一家企业所有权主体（又称委托人）的委托，以托管方财产作抵押，有偿取得该企业的运营权。

在并购条件暂不成熟的情况下，采取企业托管的方式也可以达到利用外力的效果。被托管的企业一般效益不好并处于困境，因此托管方必须投入一定数量的资金和其他运营要素。

企业托管的内容和方式主要有三种：①全面托管运营，即将整个企业交给受托人运营；②部分托管运营，即将整个企业部分生产单位、部分物业资产权益进行托管运营；③专项运营，即对企业中的某项业务，如产品生产、产品销售、产品设计等单个环节实行委托运营。

案例：产权资本扩张战略

某建筑设计院，经历三次改革，成为第一家"由事改企"的设计单位，第一家员工买断设计院的设计单位，也是第一家因改制而被"换壳"的设计单位，三次改革很好地阐释了产权资本扩张战略的内涵。

1996年6月设计院实施第一轮改革，国有股占60%，员工自愿出资入股置换国有资产占40%，人人持股。然而员工认为企业改制没有改彻底，1999年进行第二轮改革，国有资产全部退出，设计院严格实行"资产人格化，劳动关系社会化，管理关系属地化"。同时，全院有30位职工出资置换了全部的国有资产并进行产权分割。2000年9月，设计院更名建筑设计有限公司，并重新选举了董事会、监事会，任命了新的经营者。但由于企业改革是人人持股的新"大锅饭"，改制并没有真正调动职工的积极性。改制后10个月，公司亏损已达70万元，陷入发不出工资的困境，且已经离开单位的股东纷纷要求退股，使得企业雪上加霜，开始一蹶不振。2002年，为求得生存与发展，设计院经全体股东表决，决定忍痛再来一次"资产重组"。

美国史密斯设计集团公司从市场扩张的战略角度出发，高价收购了该设计院，随即又注入了资金和技术力量，使之成为一家甲级设计公司。收购该设计院后，史密斯集团在中国境内开展业务容易很多，在市场拓展方面渐入佳境，其企业管理、客户观念、团队精神等在建筑市场上声誉鹊起，在城市规划、住宅小区、综合商业、综合办公大楼、园林景观设计等方面都有了很大的收获。

四、建筑企业融资战略

企业发展需要注入大量资金，实施融资战略，扩大融资渠道是优化企业资本结构，扩张资本规模的重要措施，对资本构成不合理、资产负债率高的建筑企业尤为重要。

1. 融资战略概述

融资战略即资金筹措战略，是企业战略实施的必由之路，也是企业战略实施的首要条件，融资战略是指根据企业内、外环境状况，结合企业投资战略，对企业融资渠道、规模、结构及融资成本等进行长期的、系统的策划，以满足企业经营战略中的资金需要。融资战略可以采用多种不同的方式，在企业内部和外部同时实施。

在企业内部融资，主要有两个来源，一是企业自身积累，二是通过出售那些已经不符合企业发展战略要求的部分资产，或部分股份，或者是下属公司的整个公司产权，以换取现金。依靠内部资金筹集，风险小，但是数量有限，速度慢，往往不能适应市场竞争和企业不断地扩大生产运营规模的要求。

从企业外部利用各种融资方式筹措资金，能快速集中大量资本，是当今企业高速扩展的主要战略措施。企业融资，来自两个资金市场，一是货币市场，又称短期资金市场，融资期限时间在一年以下，主要包括，票据融资、短期贷款及短期证券等；二是资本市场，也称长期资本市场，融资时间在一年以上，其中包括长期债券市场和股票市场。

2. 融资战略的实施方式

建筑企业融资战略的实施受到企业内外理财环境因素的制约，因此，企业应把握环境的现状及未来变化趋势，利用有利于企业融资的机会，避开环境威胁因素，最大可能实现企业价值最大化。

（1）企业外部融资

近半个世纪以来，世界金融体系发生了巨大的变化，逐渐占据银行传统信用业务领域的证券化趋势，便是其中之一。发达国家的大部分成长迅速的企业，都是借助证券市场，从中获取资金而得到源源不断的推动力量。我国建筑企业也认识到证券融资的优势，最近几年，先后有上海隧道、浙江广厦、中国武夷、辽宁金帝等一批企业在上海和深圳证券交易所上市，从而筹措到更多的资金，发展更加迅速。

而上海建工集团运用多种融资方式扩大融资能力的经验尤其值得借鉴，具体做法如下：

1）加强银企合作。银企合作是集团公司涉足资本市场，扩大融资渠道的有效形式，是市场经济发展到较高阶段的必然要求。最初，上海建工集团投资华夏银行，占有股份的同时也获得稳定、全面的金融服务，1997年又与上海市建设银行合作，协议融资贷款3亿元。良好的开端为今后拓宽合作渠道奠定了基础，银行可代理集团发行债券，筹措长短期资本，这些都将有利于提高集团在资本市场筹措资金的能力。

2）积极进入证券市场。上海建工集团通过多种途径上市经营，大大提高了企业的融资能力。

3）拓展投资新领域。BOT是企业运用自身的资本实力和信用，取得政府特许经营项目，进行资本融资的方式。上海建工集团积极探索运用该模式，投资、建设和经营城市基础设施，通过项目投资带动企业的项目施工承包，又以项目进行产权运营，既实现了资本扩张又带动了产业扩张，将资本运营与生产经营完美地结合在一起。

（2）企业内部融资

对于我国建筑企业来说，为了能够筹措到充足的发展资金，在重视企业外部的融资渠道的同时，深入挖掘企业内部的融资能力，通过资本运营战略，将企业凝固的实物资产盘活，以存量转化来加快资本的积累。

例如，上海建工集团利用自身优势，把开发利用房地产资源作为盘活存量资产的重点，主要途径有：

①利用地租级差效应，进行土地批租和转让。集团先后将市区位置较好的四个基地共36000m^2的土地置换，用来招商批租。四个地块采取"一次批租，分期开发"的办法，与香港恒基集团合作，在3～5年内建造内销住宅，集团分期获得4亿多元的土地变现资金。

②利用闲置场地，自行开发房地产，变土地资本为货币资本。依据自身固有的优势，上海建工集团要求每个子公司至少置换出一块生产或生活基地用于开发内销房，到2001年为止，累计共利用可开发地块18.67km^2，建造的办公楼、住宅全部脱销后净增资本约9亿元。

③采用租赁方式，盘活零星房地产资源。对于不能成片进行批租或开发的地块和零星房产，集团采用租赁的方式充分发挥地产的资源效应：一是出租给外商、合资企业；二是向社会出租；三是调剂出租给集团内的优势企业。

④进行股权投资和股权转让，提高房地产的运作效率。除了批租出让和自行开发外，还将房地产进行投资入股。如集团投资7500万元成为华夏银行的股东，其中近33%以房产实物投资，这部分资产在投资过程中通过评估实现升值，以后逐年通过红利分配继续增值。

⑤开展土地资源调查，制定经营开发规划。土地资源是重要的国有资产，在调查的基础上，上海建工集团根据市政府的城市布局调整制定好开发规划，同时与集团的产业发展相结合，更规范地开发利用土地资源，盘活存量地产，为企业发展积累资本。

第三节　建筑企业技术创新战略

一、建筑企业技术创新战略概述

1. 技术创新概念

美籍奥地利经济学家熊彼特（Schumpetet）1912年在其《经济发展理论》中提出了"创新"概念。西方企业技术创新理论是在分析电子和机械制造行业的基础上提出来的，基于发达的市场经济体制，以某行业全球一流企业为对象，有一定的局限性，更不能生搬硬套。因此，有必要依据经典技术创新理论，结合建筑企业的特点加以探讨。

建筑企业技术创新是指企业以追求利润最大化为目的，建立效率更高、费用更低的生产经营系统，从新型建筑产品或新工艺、新技术、新材料、新设备的研究开发、试验生产到实际应用的综合过程。技术创新是经济与技术相结合的产物，始于研究开发，止于市场实现，贯穿于企业价值链的全过程。建筑企业应在项目规划、设计、施工、采购、交付运营、物业管理产业链的每个环节实现技术创新，为产业结构优化升级提供技术保障。

2．建筑企业技术创新的内容

建筑企业的技术创新内容包括两大类：建筑产品创新和建筑工艺创新。

（1）建筑产品创新

建筑产品创新是指生产出新的建筑产品或提供更新服务的技术创新活动，是对建筑产品的质量和功能的改进，实现产品的更新换代，并且推动建筑材料、施工技术和建筑设备的开发研究，从而全面促进建筑企业的技术进步。

建筑产品创新能使建筑产品的功能得到合理配置。采用了新结构、新材料，改善结构功能，减轻建筑物自重，节约能源；或提供新功能，达到占据市场并实行市场价值的目的。它是针对市场需求和未来发展需求，在产品形态和功能上通过技术创新和品牌营造等手段，创造具有市场性能优势的建筑产品的过程。

建筑产品创新要综合多种知识。建筑产品创新是科学技术转化为最新生产力或知识转化为物质的过程，是对相关资源的有机整合，并非是简单的迭加。它综合许多学科知识，是一个系统集成的产物。例如智能型住宅开发创新战略过程中就涉及建筑技术、计算机网络技术、通讯传输技术、机电一体化技术等领域的知识。

（2）建筑生产工艺创新

建筑生产工艺是指生产者利用生产工具对建筑材料、在制品进行加工处理，使之成为具有使用价值的产品的方法或过程中采用的一切物质手段及其方法的总和。它包括建筑设计手段、施工工艺技术、检验试验方法、组织管理技术、信息技术应用等方面的创新。

建筑产品的个体性、固定性、多样性、综合性等特点决定了建筑产品的生产方法具有多种选择的可能性。例如，对于给定的产品设计，在满足设计要求的前提下，承包商可以根据自己的经验、技术优势、可供使用的机械设备的数量和性能、可投入的人员的数量和素质等方面的情况，选择最优的施工方案和方法，客观上存在降低物化劳动和活劳动的可能性，在降低消耗和提高劳动生产率方面有着很大的潜力，这就为建筑企业进行生产工艺创新提供了直接的现实的动力。

3．建筑企业技术创新的特征

建筑企业技术创新受行业特点、项目特征和外部环境的影响，与一般工业企业相比，除了具有风险性、高收益性、连续性、系统性、市场性、协同和一体化等的特点外，还有着自身的特征，主要表现在：

（1）依赖于情景性知识

情景性知识为"特定时间和地点的环境知识"。这种性质的知识较一般学科知识而言难以编码和可见，存在于特定个人以及这些个人之间的联系中。因此，在不同环境下的应用过程就是一个创新过程。

建筑企业是劳动密集型企业，依赖于工人的知识与技能，建筑活动的过程大部分是情景性知识运用的过程。建筑企业在生产和提供各类服务的过程中，都有它自己的知识集合和特性，这些特性影响企业的技术开发与技术进步。

（2）主要是工艺创新

当建筑企业现有的工艺、技术不能满足市场竞争要求时，就必须创新。例如，为了完成某特定工程项目，需要根据项目的具体要求和条件，将人员、设备、原材料、施工顺序、作业计划、工艺流程与要求等进行重新组织和整合，这种整合随着项目的不同而不同。因此，在建筑企业中，主要创新都是工艺创新，工艺创新主要是以新知识和新工法的形式出现。

(3) 结合特定项目

情景性知识导致建筑企业的技术创新一般不具有通用性，只适宜特定类型的项目。也就是说，建筑企业的技术创新是以具体的工程项目为载体的新技术开发和使用，以项目为导向，属于问题解决型，特定项目的技术创新人员起着重要作用，建筑企业较少出现不结合特定建设项目的技术创新。

4. 建筑企业技术创新战略概念

技术创新是建筑企业争市场创效益的关键，是竞争优势的基础，是建筑企业转变经济增长方式的主要途径。因此，必须从战略的高度来重视和推动建筑企业技术创新。建筑企业技术创新战略是在一定的时空条件下，面对有限的创新资源，在内外部环境分析的基础上，所做出的技术创新目标的总部署，以及为实现该目标所进行的全局性、长期性的谋划。技术创新战略是公司战略的有机组成部分，应服从于整体战略，与其他价值活动形成协同效应，才能有效地促进建筑企业的发展。与其他公司战略一样，技术创新战略包括战略分析、战略设计、战略实施与评价等阶段。

二、建筑企业技术创新战略的类型

一般说来，建筑企业的技术创新战略有以下几种类型：

1. 自主创新战略

自主创新战略是指建筑企业依靠自身的力量独自完成创新工作，减少了与外部协调的不确定性，可以降低交易费用，提高创新效率，但企业也要独自承担创新的全部风险。自主创新战略应该是企业努力的方向，由于自主创新要求企业有雄厚的研究开发实力、研究成果积累、处于技术领先地位和雄厚的资金实力，而我国许多建筑企业的整体技术水平、创新能力与发达国家的建筑企业相比有很大差距，并且抗风险能力较弱，因此，对大多数建筑企业来说，目前不宜过分强调自主创新战略。

2. 引进创新战略

引进创新战略是指建筑企业在率先创新企业的示范影响和利益诱导之下，通过合法手段（如通过购买专利、专有技术、工法等方式）引进新材料、新技术，新工艺，并进行改进的一种创新战略类型。引进创新并不是原样仿造，而是有所发展、有所改善。引进创新是我国建筑企业现阶段实施施工技术、施工设备、建筑材料等技术创新较为现实的战略，它可以使落后企业在较短的时间内提高技术水平。引进创新是向自主创新过渡的必经阶段，企业只有在引进创新的过程中，逐步培育出一支善于创新的人才队伍，不断增强自身的研究开发实力，并在引进创新中不断增加自主创新的比重，最终才能过渡到自主创新为主的阶段。

3. 模仿创新战略

模仿创新战略是指建筑企业通过学习和模仿率先进行创新的建筑企业的创新战略思路、工艺、技术、材料、机具和创新行为，吸取其成功经验和失败教训，破译其核心技术与工艺的技术秘密，并在此基础上改进完善，进一步开发的创新战略。模仿创新战略是大部分建筑企业参与市场竞争的有力武器。

模仿创新战略的要素投入相对于自主创新战略的投入要少得多，却能最大程度地吸取技术创新企业的成功经验和失败教训以及优秀的技术成果。模仿创新更适用于工艺技术的研究开发，在模仿创新战略中，如果企业能够扬长避短，充分发挥模仿创新战略所带来的后发优势，就能形成持续的模仿创新，有效地提高企业的研究与开发能力。

模仿创新战略是以模仿和跟随为主要特征，因此在竞争有可能处于被动地位，核心技术信息可能被封锁，形成技术进入的壁垒。在市场竞争中，由于被动跟随和市场定位的经常性调整和变换，不利于市场的巩固和发展。

4. 合作创新战略

合作创新战略是指二个或二个以上的企业或机构凭借各自技术力量合作实施的创新战略。科学技术的发展和社会的进步使得无论是生产技术或是产品技术都成为一个复杂的技术体系，单个建筑企业的技术能力已经不能完全覆盖整个建筑技术甚至是某一细分市场所涉及的所有技术领域，为了加快技术创新的速度，获得技术创新所需的资金、人才和信息，也为了优势互补、降低技术创新风险，国内建筑企业可采取合作开发研究模式，它包括企业与企业之间的合作、企业与科研设计院所之间的合作、企业与高校之间的合作。在我国，推动产、学、研合作创新是建筑业技术创新战略的重要内容，也是建筑企业技术创新战略的重要模式。

实际上，在建筑企业技术创新实践中并不存在绝对的自主创新战略、引进创新战略、模仿创新战略或合作创新战略，每一种创新战略中都有其他类型的成分，每一种技术创新战略类型中都有其他创新战略类型的贡献。

三、建筑企业技术创新战略的基础

建筑企业技术创新战略是一个有机整体和复杂的系统工程，必须分析技术创新的动力机制，以较强的技术创新管理和创新资源投入做前提，才能保证技术创新战略的有效实施。

1. 建筑企业技术创新的动力分析

（1）建筑企业技术创新的外在动力

1）市场需求和竞争是建筑企业技术创新的外在动力

市场是建筑企业技术创新得以实现的最终场所，更是建筑企业技术创新活动的动力源泉，是技术创新活动的基本起点。这里的市场需求既包括投资者、业主和发包商对建筑产品和服务在价格、质量、工程进度的需求，也包括建筑企业自身生存发展上的需求。这些市场需求随着经济和社会发展不断地变化，当变化达到一定程度，形成一定规模时，将直接影响建筑企业的生存和发展，并引导建筑企业以此为导向开展技术创新活动，从而形成对企业技术创新活动的拉动和激励。

市场竞争则是建筑企业技术创新的持续动力要素。市场需求引发建筑企业为生存和发展而进行技术创新，使创新成为可能。市场竞争则促使企业比竞争对手更快、更好地进行更有效的技术创新活动。建筑企业在与竞争对手的较量中，感受到竞争所带来的压力，也正是这种竞争的压力成为建筑企业技术创新成功的动力。要在市场中立足，要在与竞争对手的挑战中获利，就必须通过技术创新来改变自己的不足，因此，市场竞争压力是建筑企业技术创新动力的主要因素。

2）社会和行业技术进步是建筑企业技术创新的外在拉力

毫无疑问，建筑企业技术创新活动的每个过程，每个环节都受到整个社会技术创新环境特别是建筑业技术环境的影响。社会和行业的技术创新拉动建筑企业的技术创新，推动建筑企业技术创新活动的开展和实施。例如，建设部近年来大力推行的"十大新技术"、"十大新工艺"，对建筑企业技术创新起到了明显的促进和激励作用。

3）政府行业主管部门是建筑企业技术创新的行政推力

建筑企业技术创新不仅是一种企业的技术经济活动，同时也表现出很强的社会性。建筑企业要进行技术创新，离不开国家行业政策的激励和指导，尤其是在技术创新的市场动力机制作用不足的情况下，有必要采取行政手段来推动。

政府行业主管部门的技术创新激励政策包括宏观产业政策、技术创新政策、财政税收政策等几个方面，政府行业主管部门的政策支持能有效地帮助建筑企业技术创新。

(2) 建筑企业技术创新的内部动力

1）建筑企业对利润的追求是技术创新的内动力

实现利益最大化是任何一个建筑企业经营的前提和目标。利益驱动力是建筑企业技术创新的最主要的内部动力。创新利益的大小具有诱导和进一步激励建筑企业技术创新的双重功能：当一项技术创新活动开始之前，对创新利益的预期会诱导建筑企业做出决策选择这项创新；当创新成功之后，巨大的利益会激励建筑企业继续创新，同时也会诱导其他建筑企业加入创新的行列。

2）企业家精神是建筑企业技术创新的前提

企业家作为建筑企业创新决策的主体，在企业的技术创新活动中占据着特别突出的地位。企业家精神是建筑企业从事技术创新活动的重要前提，而技术创新则是企业家精神在现实中的一种集中体现。

富有创新精神的企业家，使建筑企业的每一位员工都迫切地渴望新事物、渴求变革，并且通过制定具有开拓精神的技术创新激励政策和计划来实现企业技术创新的目标，从而使技术创新对创新者和全体员工都具有吸引力，最终使技术创新成为保证企业生存和发展的有效途径。

3）激励机制是建筑企业技术创新的内部催化力

建筑企业技术创新涉及到企业经济实力、技术力量、组织结构与管理以及企业文化等各个方面，而其核心就在于人力资源，即具有远见卓识的企业家、经营管理者和具有技术创新能力的技术人才。要充分调动各类人员的工作积极性，关键是建立起企业内部的技术创新激励机制。

激励是建筑企业的一项重要管理职能，也是调动员工积极性的主要手段和有力杠杆。企业通过制定刺激性的技术创新鼓励政策和对有重大贡献的员工给予丰厚的物质奖励和精神鼓励，会提高员工钻研技术、开发技术的积极性，从而为建筑企业的技术创新活动提供助动力。实践也证明，在相同的外部环境下，建筑企业能否持续创新，首先取决于企业内部能否构造一套有效诱发员工持续创新的激励机制，即能否制定一整套制度性办法，激发企业员工推动和参与企业创新的积极性。因此，在建筑企业内部建立技术创新激励机制是企业技术创新启动、开展、强化，取得成功的力量源泉。

4）创新文化是建筑企业技术创新的根本动力

创新文化是建筑企业技术创新的根本动力，主要体现在以下方面：创新文化决定着建筑企业技术创新的价值导向；创新文化是建筑企业技术创新动力机制得以形成和高效运转的环境；创新文化是企业创新活动效率和效益的源泉。

与发达国家相比，我国建筑企业的技术创新活动，无论在规模、水平和效率方面均存在不小差距，投入不足、产出不高，引导不够、激励不完善是我国建筑企业在技术创新方面存在的问题。建设具有中国特色的建筑企业创新文化是一条根本的解决途径。

2. 资源投入和有效管理是战略实施的基础

无数经验与案例表明，只有以较强的技术创新的资源投入和管理作保证，建筑企业技术创新战略才能成功实施。

（1）技术创新资源投入

技术创新资源投入是指建筑企业投入到创新战略中的资源数量和质量。技术创新资源投入分为 R&D 投入和非 R&D 投入。R&D 投入集中体现在技术创新战略的经费、人员和设备上。可用研究开发经费占销售收入的比重和人均研究开发经费反映经费投入能力，用 R&D 人员数量和素质，包括学历、职称和成果水平，来衡量人员投入能力，用 R&D 设备的净值来反映设备投入能力。

非 R&D 投入在建筑企业的创新战略活动中是存在的，主要是指：①建筑企业包括通过公共关系等方式加强投资者和业主联系，分析竞争对手和聘用外部机构或人员；②设计和制造一定比例的试验原型，然后再改造既有或者定制施工机械和设备及组织试验新型施工工艺和流程；③购买专利、专有技术、工法等技术资料以及从各种类型的设计开发咨询机构和中介购买新型施工技术、新工艺、新材料的生产诀窍和技能；④内部培训和购买，借用技术开发和研究人员技能；⑤购买其他企业研制的新型施工设备和中间投入；⑥重组整个建筑企业自身的市场开拓、生产和技术自主和技术管理系统（BPR）、整个生产系统和生产工艺、流程。

（2）技术创新管理

技术创新管理是指建筑企业组织技术创新战略实施，发现、评价创新机会，管理技术创新活动的一整套管理工作。

迅速和敏捷地在瞬息万变的市场中发现和把握创新机会是制定和实施技术创新战略的重要前提和基础。因此，必须把握建筑行业的施工技术、产品类型以及其发展趋势，并对细分市场上的竞争对手的技术创新战略进行认真分析。然后，要充分分析企业自身的资源与能力，选择好技术创新的主攻方向。最后，根据战略目标和技术创新战略要求，在技术创新战略资源的配置上做出相应的安排。

构建创新机制是建筑企业技术创新管理的主要内容，有效的技术创新机制使建筑企业能人尽其才、沟通顺畅、合作有效。

人尽其才是指有条件充分发展技术开发、研究人员的创造性，技术创新人员的研究成果的质量与其晋升密切挂钩，而且有明确的物质奖励，在奖励形式上要根据技术创新人员的需求与环境，采取多种形式，比如住房、职称、技术入股等；沟通顺畅是指建筑企业内技术创新、施工生产、市场开拓与综合后勤等部门之间有良好的沟通方式与渠道，能开展旨在实现技术创新的大协作，建立起创新小组，把来自施工技术和工艺的研究、设计、预算、施工生产、质量管理、市场开拓等各个领域的人员组织在一起形成技术创新的有效机制；合作有效是指在与企业的外部技术力量如其他大型施工企业或集团、大学、建筑科学研究机构、设计院所的合作方面具有行之有效的办法和经验。

四、建筑企业技术创新战略的实施要点

建筑企业要成功实施技术创新战略，除了保证创新资源投入和加强技术创新管理外，还要树立企业创新意识与文化，增大政府对企业技术创新的支持力度，营造良好的企业自主创新的氛围与环境。

1.加大技术创新资源投入

由于多方面因素的影响，建筑企业整体对技术创新的投入较少，严重影响了企业的技术进步和核心竞争力。因此，加大技术创新资源投入是成功实施技术创新战略的主要措施。

（1）拓宽资金来源渠道，提高研究开发经费比重。强化建筑企业现有自身的融资能力逐步提高科技投入比重，逐步建立起以企业为主体、多渠道、多方位的资金支持和保障体系；优化技术创新战略的投资结构；加大设计和工程实际应用的资金投入，使有限的资金创造的效用最大，借鉴国外的成功经验建立科技开发与创新战略的风险基金；积极利用政府主管部门的技术创新战略条款的政策。

（2）引进人才，培养人才以优化人员结构和素质。制定人才引进计划，采用外部人才内部化、企业内部选拔培养，"送出去、请进来"等共享等方式来充实建筑的技术创新人才力量。建立起创新人才的激励机制和内部流动机制，以调动创新人才的积极性和创造性。可聘请部分学科知名人士成立专家组或顾问团，有条件的可以建立博士后科研流动工作站。同时，要加强职工培训特别是一线专业技术操作工人的培训力度，制定工人的长期培训战略和年度培训计划，对于部分急需的特殊工种和操作要求高的岗位，还需要引进部分特殊人才。

（3）更新研究设备和检测设备，提高研究装备水平。通过技术改造的形式，淘汰部分陈旧且无法使用设备，购置必要的研究设备和检测仪器，保证必要的研究设施条件。要加大装备投入和装备改造的步伐，采用先进的新设备、新工艺、新材料替代现有的装备。

2.明确技术创新战略方向和模式

建筑企业技术创新战略方向和创新模式的选择，应根据企业发展目标、总体经营战略、市场环境、企业实力等因素进行综合评判才能确定。

目前建筑企业大多数负担重，装备较为陈旧，成本水平相对偏高，一般企业采取成本领先竞争战略。若采用模仿创新模式可避免巨资投入，降低风险，也不会影响企业的生存与发展。从企业技术创新战略的现实性来看，建筑企业也适宜采用模仿创新模式。

在制定具体措施与对策时，一是采用先进适用的施工技术，加大技术改造投入，扩大优势建筑产品生产能力，实现规模效益；二是引进、消化吸收新技术、新设备、新材料，提升装备技术水平，实现施工工艺和技术的升级，降低成本，提高效益；三是加强与高校、科研院所合作，为企业的持续技术创新战略打下坚实的基础。

3.构筑建筑企业技术创新体系

建筑企业技术创新战略是一个有机整体，需要企业各部门的紧密合作，且与国家创新系统密切相关。建立建筑企业技术创新体系是实施技术创新战略的重要环节。

建筑企业技术创新体系的构建要因企制宜。企业规模不同、技术的先进性不同，创新战略体系的规模、层次也不同。一般认为，大型建筑企业集团应建立以集团公司的技术中心为核心，分公司的项目经理部为载体，大专院校、科研院所为依托，纵横交叉相互结合的三级技术创新战略体系。而中小型建筑企业则更要注重自己的实力和可行性，要更多地利用既有施工工艺和技术、提高运用能力。

借鉴国外企业的成功经验，建筑企业应对原有研究机构和资源进行优化重组，成立技术中心，使其成为企业发展的支撑和依托。技术中心紧密配合生产现场，围绕降低成本、提高质量、优化产品结构开展技术攻关。

建筑企业技术中心的组建按照精干、高效的原则，以现有的科研力量为基础，进行扩展，形成决策层、管理层、开发层一体化的组织机构，如图9-3所示。

技术中心是建筑企业技术创新战略的核心，应及时收集、掌握和研究国内外建筑技术发展现状和趋势，提出企业的科技发展规划，对企业的技术难点组织攻关，同时加强对技术创新项目切入的主动性，在市场机会分析和项目招投标阶段就开始着手和组织研发。要与国内外研究机构进行学术交流，通过各种合作研究方式，引进和培养人才，提高企业工程技术人员的综合素质，逐步形成产学研相结合的创新体制和科研环境。

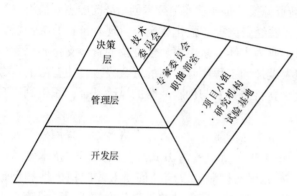

图9-3 技术企业技术中心组织形式图

4. 树立创新意识与创新文化

创新意识是一种意识与观念，它贯穿于技术创新战略的全过程，影响整个技术创新战略活动，技术创新意识，它不仅包括全体员工的技术创新意识，更为重要的是建筑企业决策层的技术创新战略倾向。

对企业决策层来讲，一是要确立一个具有战略目光和一定前瞻性的领导集体；二是选拔一批具有创新战略精神的中级管理人员，使创新战略政策能够组织落实；三是要树立风险投资意识，敢于冒创新战略失败的风险。

结合建筑企业自身特点，培育具有企业特色的创新文化是实现创新战略的一个重要方面。新型创新文化使得建筑企业经营好坏标准主要不只在于产品数量，而是以创新为主；企业经营者的职责主要不只是如何承揽和完成施工生产任务，而是如何实现技术与市场的结合；技术引进、技术模仿将只是技术创新的手段，而不是创新目的；企业将不再只是一个以生产为核心而是一个为社会提供高附加值的组织，建筑企业创新文化的培育在企业内部与企业文化建设结合起来。建筑企业的经营者要善于创造一种有利于创新的宽松环境和文化氛围，给创新以积极的支持和帮助，并对那些创新失败者以保护和鼓励。积极鼓励创新活动中的"个人主义"精神，但更要鼓励集体主义的合作精神。企业经营者更应该有卓越的眼光，勇于打破现有的权利框架，作为风险的报酬，给那些为企业带来生机、希望和发展机会的创新者应有的权利和利益。

5. 增大政府对企业技术创新的支持力度

发达国家经济的发展表明，政府在技术创新中扮演着十分重要的角色。当前，我国正处于经济转型时期，市场机制尚不完善，建筑企业还没有真正成为技术创新的主体。因此，政府主管部门应结合具体国情和建筑行业特点，运用经济杠杆和政策导向，鼓励企业多渠道筹集技术开发资金，鼓励科研机构以各种形式进入建筑企业，促进产学研一体化，促使企业真正成为技术创新的决策主体、投资主体、研究开发主体和利益分配主体。同时，要重视中小建筑企业的发展，扶持中小建筑企业的技术创新。通过行业组织结构调整，形成工程总承包、施工总承包、专业分包、劳务分包等层次分明的企业，不同类型企业有不同的技术进步发展方向，以形成合理的行业技术创新结构。

2001年《建设部关于加强技术创新战略工作的指导意见》中明确提出"各级建设行政主管部门，要结合本地区的资源条件、技术发展水平和劳动生产力状况，制定切实可行的配套政策和措施，加强对建设科技工作的组织管理。要强化建设科技工作体系，做到机构落实、人员落实、经费落实，使科技工作真正落到实处。省级建设行政主管部门要积极探索建立科技发展基金，增强融资能力，拓展融资渠道，增加建设科技资金投入"。从我国经济发展形势和建筑行业的地位来看，政府还应继续加强对建筑行业技术创新战略的支持力度，制定和完善建筑行业技术创新发展规划与战略，建立建筑技术交易市场，制定和实施优惠政策，促进技术创新成果商业化，为建筑企业的技术创新提供了良好的政策和外部环境。

案例：注重技术创新，提升核心竞争力

S公司在技术创新的发展模式上，坚持自主创新与引进相结合的原则，注重体现创新的整体优势，既重视技术引进和吸收，更强调自主创新，获得更多有自主知识产权的技术和产品。在技术创新的组织实施上，坚持集中力量办大事与走市场化路子相结合的原则，将公司具有的专业配备齐全的团队优势与高等院校、科研院所联合，提高技术创新的效率，为获得更多大型工程合同，并建好这些工程提供强有力的技术保证。

S公司努力强化技术的支撑作用，逐步建立技术创新机制，以一批具有较高技术难度和知名度的工程为重点，三年中立项研究的科研项目超过四十项，实现了三个领域的重点突破。一是实用技术领域，如住宅成套施工技术、新型模板技术、新脚手架技术。二是核心技术领域，如超高层施工成套技术、超深基坑施工及环境保护成套技术、特种结构及特殊工程施工技术。三是总承包技术管理领域，如对大型钢结构集成安装、特种幕墙、机电安装等的总承包技术管理，机电安装深化设计及管线综合协调技术。在此基础上，使技术管理和技术创新能紧紧围绕公司的改革和发展战略，服务于经营结构调整、效益增长和品牌的提升，真正成为企业发展的主导，不断提升核心竞争力。

第四节 建筑企业品牌战略

在技术、产品和市场日渐趋同的情况下，企业已经开始步入品牌竞争的时代。"海尔"作为中国家电业的著名企业，其竞争重点已由产品上升到品牌。"海尔"成为技术、质量、信誉和售后服务的保证，"海尔"的知名度、美誉度显示出巨大的市场号召力。纵观国际大公司，"市场决定前途、产品决定生存、品牌决定发展、人才决定兴衰"是企业发展的必然之路。在国内外建筑市场竞争空前激烈的情况下，我国建筑企业为了生存与发展，不仅需要加快行业结构的调整，完善经营机制和内部管理，更重要的是要不断地提高企业的品牌意识，走品牌战略之路。

一、建筑企业品牌战略的概念

根据美国营销协会的定义，品牌是指"用于识别产品和服务并以此来和竞争者区别开来的名称、符号、标志、设计或它们的组合。"品牌作为企业的一种重要资源，已经与资金和人才一起成为现代企业运行的三大基本要素，其中人力资源是主体，资本资源是实体，品牌资源是虚体。建筑业与其他行业相比有明显特征：是竞争性行业；是服务加工性产业；缺少以产品为龙头的实体资源。因而建筑企业品牌资源的作用大于人力资源和资本资源，在企业各种资源中处在第一位。对建筑企业而言，品牌不仅能够吸引资本，开辟市场，而且还是凝聚人才的旗帜。

具体来说，建筑企业品牌包括品牌名称和品牌标志两部分：①品牌名称即品牌中可以用语言表达的部分，如"广东建工"、"北京城建"等；②品牌标志，即品牌中可以被认知，但不能直接用言语表达的部分，如中建总公司的"cSCEc"标志。

建筑企业品牌的核心是向业主或客户长期提供一组特定的利益和服务，一个好的品牌可以传达企业对建筑产品质量和服务的承诺。品牌不仅仅是一个单纯的符号，它还蕴涵了属性、利益、价值、文化、个性和使用者这六层含义，其中有的品牌属性易于被竞争者所模仿，但价值、文化和个性则是一个品牌的基础，是其最为持久的内涵。因此，如何赋予建筑企业品牌独特的内涵，培育和提高市场对品牌的忠诚度，提高企业竞争力，进而提升品牌价值，这是建筑企业制定和实施品牌战略亟需考虑的重要内容。

二、建筑企业品牌战略分析

1. 建筑企业品牌战略的外部需求分析

我国建筑企业的品牌塑造起步较晚，企业经营管理者只是近十几年才开始重视起品牌战略，而此前的建筑企业品牌战略仅停留于理论探讨之中。随着改革开放和我国社会主义市场经济建设的蓬勃发展，市场需求状况发生了巨大的变化，呈现出以下发展趋势：由单一化需求向多样化需求转变；由雷同化需求向个性化需求转变；由贫困型、温饱型需求向小康型、富裕型需求转变。需求的改变要求供给也相应发生变化，具体到建筑市场，就是要求企业提供的建筑产品和服务能够多样化、个性化以及高品质化，这种变化又导致建筑企业之间竞争的加剧和竞争方式的改变。在此背景下，我国建筑市场正在逐步形成品牌竞争的格局，主要表现在以下几个方面：

（1）建筑企业之间的竞争内容已由谋求资源优势、成本优势转变为谋求技术优势、人才优势和品牌优势，而技术、人才的优势最终仍将体现在品牌优势上。因而，在经济步入"相对过剩"时代之后，资源优势的重要性有所下降，谋求品牌优势已成为众多建筑企业求得长远发展的当务之急。

（2）竞争的手段逐步由以价格手段为主的竞争，转向以非价格手段为主的竞争。过去，我国建筑市场上的价格战是企业间竞争的主要手段，但由于受到了众多"豆腐渣"工程的困扰，业主或客户越来越趋向于重视品牌、质量、服务等非价格因素。例如在工程项目招投标阶段，低价策略虽然能够在表面上节省业主的投资预算，承包商也较容易中标，但是，承包商往往从成本角度考虑，采取提前竣工、以次充好等手段，极易滋生质量隐患，导致业主和承包商两败俱伤的"双输"结局。而依靠质量优、服务优所树立起来的品牌优势、按照合理低价中标的原则，可以使承包商增加经济效益，并有能力提高建筑产品的质量，从而在业主满意的基础上，为承包商树立名誉、提升市场地位，以及获得可持续发展奠定良好的基础。

（3）竞争的结构已由国内企业之间的有限竞争，转向国内外企业之间的多向竞争。自从中国打开国门后，一些实力雄厚的发达国家跨国公司大举进入中国市场，在我国市场上同本土建筑企业展开了"贴身肉搏"，使我国建筑市场的竞争逐渐国际化，市场竞争日益激烈。因此，我国建筑企业必须尽快运用本土企业的有利条件，努力创建出国内名牌，与洋品牌相抗争，维护民族产业的发展。同时也只有站稳脚跟后，才能走出去开展跨国经营，参与国际市场的竞争。

2．建筑企业品牌战略的内部不足分析

（1）缺乏实施品牌战略的意识

同其他产品相比，建筑产品有其特殊性，因为它不可能把庞大的建筑贴上商标让社会承认，这决定了建筑企业的品牌追求也有其固有特性。在传媒业高度发达的今天，包装自己让公众了解已显得十分重要。然而，当前大多数建筑企业决策者还普遍缺乏实施品牌战略的意识，没有把创建并塑造品牌作为一项大事来抓，以至于品牌战略在建筑企业往往得不到重视，有些企业甚至干脆就没有品牌战略。

（2）对建筑品牌的内涵理解错误

建筑企业对品牌的理解往往单纯强调企业的知名度，而忽略了品牌的其他组成部分。由于这种误区的存在，建筑企业很难全面把握品牌的内涵，更不用说培育并升华品牌了。一些企业认为，只要有了知名度，企业的品牌塑造就成功了。他们或通过电视、报纸、刊物，或通过公益活动，或通过现场CI形象设计宣传企业。另外，不少建筑企业制定了创优夺杯的目标，这些固然是塑造企业品牌的重要部分，但还远远不够。而通过艰苦的努力，着眼市场、着眼长远去培育企业的品牌，树立企业在市场上的形象，真正提高市场的竞争力与占有率的建筑企业，却并不多见。随着经济全球化的浪潮汹涌而来，一场跨越国界的品牌大战也已悄然打响。但按建筑企业目前的状况，要想参与国际建筑市场的竞争，其品牌竞争力远不能满足要求。

（3）缺乏维护品牌的手段

品牌之所以被信赖，是因为其受制于商业道德和规范限定。维护品牌就是要恪守自己的承诺，无论何时何地，以何等代价，都必须遵守这一"不二法则"。企业建立品牌的过程，也就是孜孜不倦实践其承诺的过程，而市场竞争的法则成为品牌道德的主要约束。

首先，在建筑领域，由于企业的安全意识不高而造成的安全事故，质量意识不高而造成的质量事故时有发生，这便是一种践踏品牌，缺乏主体意识、自尊意识和社会责任感的表现。其次，企业之间甚至企业内部的各事业部为争抢某项工程，不惜竞相垫资压价，甚至相互中伤的做法，则是一种不珍视品牌，损害品牌形象的短期行为，一种不利于品牌成长的功利主义。再次，企业无论从提升企业内部素质，到运用法律武器维护品牌的意识上都比较薄弱，这也不利于品牌的培育和提升。

三、建筑企业品牌战略实施的意义

建筑企业实施品牌战略的主要目的就是要扩大公众认知度、增强企业竞争力和实现可持续发展。

1. 扩大公众认知度

公众对品牌的认知度是建筑企业实施品牌战略成效的最直观的表现。当然，相对于普通公众而言，获得企业利益相关者的认知度就显得更为重要了。具体而言，认知度包括知名度、美誉度和忠诚度等三个方面。

（1）知名度。较高知名度是建筑企业获得业务、抢占市场，以及其产品和服务能被顺利接受的重要因素，是企业一笔巨大的无形财富。

（2）美誉度。较高美誉度是建筑企业经营者和全体员工经过长期的艰苦奋斗和精心经营，所形成的企业本身、产品和服务在业主、公众及相关部门和单位心目中的良好印象。对业主和客户而言，较高的美誉度意味着高质量、高技术含量和良好的服务水平；对合作企业和提供资金的银行而言，较高的美誉度则意味着可靠和值得信赖。在市场经济条件下，广大建筑企业只有讲究信誉，才能得到市场主体的认同，才能得到长远的发展。

（3）忠诚度。在一定的市场竞争条件下，品牌成为建筑产品竞争力的综合表现，品牌直接代表了建筑产品的质量、性能和信誉综合特质。由于这种特质的暗示，客户或者业主将对品牌所代表的产品或服务产生一种该建筑企业所预期的满意，这也使得建筑企业获得业务的机会大大增加。

2. 增强企业竞争力

建筑企业通过实施品牌战略来塑造品牌，也可以获得良好的企业内部效果。

（1）提高建筑企业的科学管理水平。品牌竞争力也是企业综合实力特别是管理能力的表现，品牌战略实施的效果好不好、能不能提供持续的竞争优势，归根结底体现在企业管理水平的高低上。品牌的推出需要企业全部人力、物力和财力的支持，建筑企业要想提供良好质量的建筑产品，或令人满意的服务，就需要其拥有科学的管理，而品牌战略会促进企业管理水平的极大提高。

（2）增强建筑企业的发展能力。首先，品牌像一面旗帜，其所到之处，标志着它所代表的产品或服务在市场上所占有的阵地。因此，实施品牌战略能够扩大建筑企业的市场份额。用品牌来扩大产品或服务的影响，提高竞争力，拓展市场占有率，是企业实现其整体战略的一个锐利武器。建筑企业通过品牌战略的实施，能够在提高企业品牌知名度、信誉度等的同时，增加企业承揽项目和提供服务的市场份额，而这正是企业取得良好效益的保证。其次，实施品牌战略能够获取巨大的经济效益。成功的品牌战略可以使建筑企业获得更大的市场份额，而且能够在竞争中，以比竞争对手更高的价格取得项目或提供服务。因此，塑造建筑企业的名牌战略能够实现巨大的销售额，给企业带来丰厚的利润。

另外，我国建筑企业的国际化品牌竞争力较弱，这是我国建筑业整体国际竞争力较弱的一个主要表现，同时也是中国企业在国际分工和国际竞争中未能获得更大利益的一个重要原因。因此，在建筑企业跨国经营中实施品牌战略，是提高我国建筑企业国际竞争力的重要措施之一。

3. 实现可持续发展

从长远来看，建筑企业品牌战略是要实现品牌和企业的壮大和可持续发展。

建筑企业品牌不仅反映了建筑产品当前的竞争力状况，而且体现了某种更深厚的因素，也就是说，品牌具有很强的累积效应，它可以体现历史上沉淀下来的竞争优势。所以，品牌具有形成"进入壁垒"的性质，要克服这种"进入壁垒"是非常困难的，因为它不只是表现在技术垄断和产品质量的高不可攀，而且更重要的是由于竞争优势的深厚历史沉淀。反过来说，一个新的品牌，即使有了相当强的竞争力，在短期内也很难形成并真正成为名副其实的"名牌"，因为，建立和维护名牌所需要的不仅仅是技术、质量，还要有"资历"。

曾有知名企业家认为，一家大的企业，所生产的主要不是产品，而是品牌，因为，任何一种产品的生产都是暂时的，有生命期的，最终总会被其他产品所代替，而品牌则相对来说是永久的。因此，一旦形成世界名牌，其产品在国际市场上可以所向披靡。

案例：20年铸就金字招牌

2002年8月22日，是华西公司在深圳创建20周年纪念日。20年来，华西人为深圳特区建造了500余幢精品工程，荣获8项鲁班奖、37项深圳市优质样板工程，用心血和汗水打造出"中国华西"这块金字招牌。

1982年，华西人来到深圳，面对陌生的环境和市场经济的挑战，他们凭着敢打硬仗的精神，排除各种困难，在深圳站稳了脚跟。1984年，公司圆满建成深圳体育馆，在国内首次成功地将1400吨球型网架屋盖整体顶升一次到位，并且节省资金1000万元，拿到了深圳建设工程第一个鲁班奖。一时间，华西公司名声鹊起，成为全国各地建设精英在深圳中标率最高、承包工程最多的建筑施工企业。之后，一大批高层建筑、标志性建筑在华西人手中拔地而起。20年来，华西公司已发展成为以建筑施工为主业，多元化开拓经营，涉足国内外市场的国有一级建筑施工企业，并在北京、珠海、东莞、惠阳、大亚湾、中山等地设立了分公司，形成了全方位、多领域、大跨度参与市场竞争的能力。公司施工产值由1983年的2500多万元增长到2001年的12亿余元；20年来，施工产值、税金、实现利润平均每年以24%、22.9%、15.6%的速度增长。

华西公司成功的秘诀何在？缘于华西人"建一幢大厦，树一座丰碑"的经营理念和"既要争名，又要争利，干什么都要争第一"的市场意识。在深圳四大高尚住宅区之一"蔚蓝海岸"建设中，开发商颇具匠心地将一期工程对等发包给华西公司及另一家实力雄厚的施工单位。为了做到质量优工期快，华西公司采用了主体工程倒排流水限期封顶、内装修、安装工程错3层紧逼跟上、外装修不占工期等措施，打了一个漂亮仗，赢得了开发商的信任。二期工程华西公司拿到了60%份额，三期工程开发商几乎全部交给了华西公司。

出精品，重品牌，这是华西公司的长远战略，也是公司长盛不衰的法宝。

四、建筑企业品牌战略的类型与实施

建筑企业品牌战略体系包括品牌战略目标、总体战略、阶段战略等主要内容，见图9-4所示。

实施品牌战略，首先需要具有品牌战略的意识，要有长远的眼光。其次，要根据品牌战略制定短期目标和长期目标，确立总体战略，然后分阶段进行实施。

1. 品牌总体战略

（1）品牌发展对象

品牌战略可以分为公司战略和产品战略。从建筑企业提供的建筑产品来看，由于建筑施工具有产品单件性、场地变动大等特殊性，不像一般工业产品那样可以重复生产某

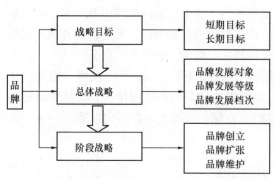

图9-4 建筑企业品牌战略体系

个商标的拳头产品,一般而言,一栋大厦竣工交付使用之日,也就是企业人员撤离现场之时,因此,其品牌发展对象主要还是建筑企业本身,而不是其提供的建筑产品;而从建筑企业提供的服务来看,由于服务的非实体性,其品牌发展对象就也应该是企业本身。也就是说,建筑企业的品牌战略是公司品牌战略。

(2) 品牌发展等级

按照影响区域划分,品牌等级分为区域级、国家级和国际级等若干层次。建筑企业可根据企业当前所处的市场环境,以及企业在不同层次中的品牌知名度、美誉度以及市场份额等来确定企业品牌发展等级。例如,企业在省内具有较高的知名度和美誉度,市场份额较高但与其他省内企业相比还不具有明显的优势,省外市场份额较小,或与国内大型建筑企业相比劣势明显,但省内市场规模较大,则企业宜将品牌发展等级确立在"省内名牌"的位置,即稳定并增加企业在省内市场的份额,形成很高的知名度和美誉度,进而增强对外的辐射能力。

(3) 品牌发展档次

理论上,企业按照所面对消费层次的不同,可以采取不同的质量和价格组合来实施品牌战略。例如高质高价、中质低价等。但是,鉴于目前过度竞争的市场环境所带来的业主的高质量、高效率、低成本的要求,建筑企业在施工领域往往选择中低价策略。当然,在其他领域,如咨询、装饰、智能建筑等领域,也存在按质定价的情况。因此,建筑企业可以根据自身规模实力以及技术水平,分别就不同的业务制定不同的品牌发展档次。

2. 品牌阶段战略

品牌具有生命周期,包括形成期、成长期和成熟期。与此相对应,品牌阶段战略包括品牌创立战略、品牌扩张战略和品牌维护战略。

(1) 品牌创立战略

品牌创立主要解决以下问题:

1) 品牌决策

品牌决策,即要不要塑造品牌的问题。品牌对于建筑企业开拓市场、吸引客户、提升形象等具有积极的作用,但是使用品牌需要付出成本,诸如设计费、制作费、注册费和营销费等,这就使得建筑企业会考虑是否需要建立品牌的问题。就当前总体情况来看,建筑企业数量庞大,结构趋同,公众对企业的认知度普遍不高。面对国内过度竞争的建筑市场,同时考虑到企业参与国际竞争的需要,大中型建筑企业要想在市场中脱颖而出,获得公众特别是客户的较高的认知度,实施品牌战略势在必行。而且对于已经走向专业化的小型建筑企业或劳务企业,塑造品牌也是一种获得竞争优势的有利手段。

企业创立品牌可以考虑两种主要做法,一是自创品牌,二是收购品牌。自创品牌是从无到有,除了进行整体策划,还要考虑与现有的提供同类建筑产品或服务的企业的品牌竞争能力。收购品牌似乎是一条捷径,但具有收购价值的建筑企业一般规模较大,因此首先要有雄厚的资金,并挫败其他兼并对手,克服兼并收购道路上的种种障碍。一个品牌的创立过程是要付出昂贵代价的，因此，建筑企业在创品牌时必须权衡两种途径的利弊，并考虑到自身实力、品牌的市场价值和发展前景、兼并收购过程中的风险与困难等。

2) 品牌定位

决定实施品牌战略后，接下来必须进行品牌定位，品牌定位决定了品牌特性和品牌发展动力。它要回答四个问题：品牌的服务内容是什么？品牌的服务对象是谁？何时设立品牌？品牌竞争者是谁？总体上讲，品牌定位应该区别于竞争对手的定位。由于我国建筑企业特别是国有和集体建筑企业的命名同质化非常严重，如各市都有"××一建"、"××二建"，各省都有"××建工"等，因此，建筑企业在进行品牌定位时应力求在品牌个性和形象风格上与竞争者有所区别，否则，消费者很容易将它们混淆，而难以产生对品牌的忠诚度，哪怕企业做得再好。

品牌定位过程可分为四个步骤：一是针对选定的市场进行调查；二是细分市场；三是排定优先顺序，选择目标市场；四是定位，决定自己在这个市场中的角色。建筑企业品牌定位一般可以采用以下策略：

① 逆向定位。逆向定位这一策略，来自"逆向思维"的启发，即在定位时，一定要有反其道而想的能力。逆向定位策略可基于提供的建筑产品或服务的特色方面展开。

② 以文化为核心的定位。品牌文化在营销中的竞争威力已被众多有识之士注重并提出，不同的品牌，附着于不同的特定的文化，品牌文化蕴涵着民族的精神和企业的经营理念。尽管建筑企业提供的产品和服务很容易被模仿，但是品牌的文化是模仿不来的。

③ 创新性定位。创新是一个品牌的生命力得以延续的基础，创新也是适应竞争需要、提高品牌的市场竞争力最根本、最有效的手段。

品牌定位不是一件简单的事，更不是企业领导者主观上的某个想法，它需要结合企业的规模、技术水平、实力等现状，以及企业战略远景、行业现状和社会发展的总体趋势来进行综合分析。例如，如果一个目前连建筑总承包资质都没有取得的企业，而把自己定位成中国建筑行业的领导者，显然是不合实际的。比较合理的做法是认真分析自身的设计水平、设备条件、施工实力等，然后仔细研究本地区实力与自己相当的企业，找出自己与他们竞争的优势和劣势，以及所处环境的机会和威胁，运用战略分析方法，如 SWOT 分析法、人性品牌分析法（又称"四境界"分析，即：产品境界分析，人性境界分析，需求境界分析，品牌境界分析）等，系统地加以分析，再确定自己的合理定位。此外，建筑企业在定位时需要明确的一点是，"存在即合理"，也就是说，任何建筑企业只要存在就有其存在的理由，就必然有与其相适应的定位存在，因此建筑企业的决策者要有信心找到自己企业的合理定位，以推动企业的健康持续发展。

(2) 品牌扩张战略

当建筑企业进入成长期，具有了一定的实力或特色后，一般都有能力吸引一些公众的注意，此时，企业可以不失时机地采取品牌扩张战略，千方百计使品牌不断壮大。建筑企业品牌扩张包括品牌延伸扩张、品牌市场扩张、品牌规模扩张等模式，如图9-5所示。

1) 品牌延伸扩张

这是企业利用现有品牌名称来推出一个新的业务或服务项目，也可称为系列品牌战略。常见的做法是在原用的品牌名称上，附加上系列标号。如中建总公司的"中建地产"、"中建国际"等等。建筑企业品牌延伸的优点是：可以利用其本身已具有的知名品牌，使

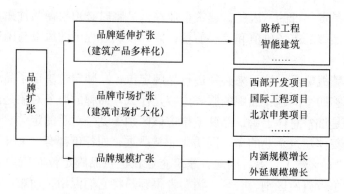

图 9-5 建筑企业品牌扩张模式

推出的新业务或新服务易于很快被市场认知和接受，从而降低新业务或服务的营销费用，加快市场推广速度。但品牌延伸也具有一定的风险，新业务或新服务一旦推广失败，可能使业主或客户失望，因而损害企业其它业务或服务的美誉度、信任度。因此，建筑企业进行品牌延伸时应慎重对待，进行严格论证，研究各业务或服务之间的联系，防止和减缓新业务或新产品失败的负面效应。

品牌延伸要考虑的因素有：品牌核心价值与个性、新老产品或业务关联度、产品或业务的市场容量、企业所处的市场环境、企业发展新产品的目的、市场竞争格局、企业财力与品牌推广能力等。

建筑企业应该处理好主业与其他相关产业的延伸关系，在具体选择时，应优先考虑相关行业，如从事房屋建筑的企业可以尝试进入到市政工程、路桥工程及其相关的机械施工、租赁、房地产、智能建筑开发等行业中去。相对而言，这些行业的关联度较强，技术比较接近，风险较小，但由于每个行业对技术手段、管理水平等的要求都不尽相同，如果没有统一品牌核心价值，而奢谈发展壮大无疑天方夜谭。

2）品牌市场扩张

品牌战略实施的主要目的之一，就是能够达到产品或服务的市场扩张，提高市场份额。而对于建筑企业来讲，市场扩张是实现品牌扩张的主要途径。

目前，随着全国建筑市场的进一步开放以及整个国际建筑市场的开放，企业必须考虑拓展新的生存发展空间。从国内来讲，当前主要有以下几大块市场潜力较大：一是北京奥运工程，它需要建设大量基础设施，巨大的市场容量给建筑企业提供了极好的发展机遇；二是西部大开发战略和振兴东北战略，它们是我国的重大国策，时间跨度长，动用资金大，国家优惠政策多，是建筑企业最应瞩目的焦点之一；三是实施国际招标的国内工程，一般而言，这些工程规模大，利润高，自然也成为建筑企业竞相争夺的一块"蛋糕"。从全球来讲，经济的逐步复苏使国际工程承包市场又开始呈现出了欣欣向荣的趋向，特别是随着伊拉克战争的结束以及石油价格的猛涨，中东建筑市场需求强烈，为我国建筑企业进军国际市场，扩大全球市场份额提供了很好的外部环境。但是，市场扩张也存在风险性，如可能遇到市场路途遥远、人生地不熟、竞争激烈而导致的投标失败、成本增加等情况；而参与国际工程则会遇到国外承包商的竞争，甚至还存在政治风险、经济风险等。因此，建筑企业进行品牌市场扩张的时候，也要针对目标市场实际情况，制定适合自己的战略计划。

3）品牌规模扩张

在品牌成长期，随着目标市场的不断扩大，建筑企业必须扩大生产规模；生产规模的扩大，又会反过来促进品牌知名度的提高。没有规模扩大，就无法提高市场占有率，品牌等级也就不可能得到质的提高。

建筑企业的品牌扩张可采取外延式扩张和内涵式扩张相结合的方式。外延式扩张是量的扩张，即对外品牌输出，包括新建、扩建、兼并和联合等；内涵式扩张则属于质的提高，包括技术进步、提高劳动生产率、扩大品牌战略覆盖范围等措施。

(3) 品牌维护战略

品牌战略是一个成长性的战略，如逆水行舟，不进则退，品牌可能会随着企业的发展逐步壮大，也可能逐步消退。因此，建筑企业对其品牌需要精心维护。

品牌维护就是要在传播中保持品牌精神的一致性，把握住品牌的精神不变，改善和增进客户或业主对品牌的信任度和忠诚度，维护和强化品牌资产的无形价值。

品牌维护包括自我维护、法律维护和经营维护。品牌维护体系图见图 9-6 所示。

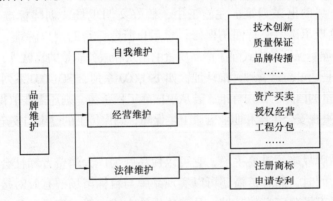

图 9-6　建筑企业品牌维护体系

1）自我维护

①技术创新

在工程施工的过程中，建筑业的技术敏感度一般较低，因此建筑行业的技术创新似乎不是特别受人关注。但是，不可否认，施工技术的进步对于建筑企业以及整个建筑行业起着积极的促进作用。事实上，建筑企业之间的竞争，很大程度上是技术的竞争，因为技术直接影响到工程质量的好坏，影响到工程成本的高低，决定了企业的素质和对外的形象。特别是随着建筑企业由传统的劳动密集型企业向管理密集型、技术密集型企业的转变，由主要以施工为主向以工程总承包、专业分包逐渐过渡，技术创新对于提高企业竞争力、塑造良好的品牌形象就显得更加重要了。

建筑企业技术创新要做到以下几点：首先，要让技术创新体制化，即技术创新应像生产工业产品一样，有计划、有目标、有组织地规范化进行；其次，加大科技投入，坚持技术投入是企业创品牌的基础，我国建筑企业平均技术开发费用极少，人均技术装备率很低，极大地妨碍了创品牌工作地开展；第三，建立技术协作联盟，一是企业通过联合其他企业，如与国外承包商联合承包国际项目，进行技术协作，建立战略联盟，就某一新技术共同组织人力、物力、财力来联合开发，成果共享，这样可以避免单个企业资金不足的弊病，加快技术创新的速度；二是加强与大专院校、科研院所的合作，以较低的成本获得较先进的技术；三是加速技术改造，通过技术改造来使企业的技术获得新的发展，并更适合本企业对技术的运用。

②质量保证

广义的质量概念包括产品质量和服务质量，对于建筑企业来讲，还可以加上环境质量。质量是品牌之本，没有质量的保障，品牌的树立是不可能达到预期效果的。

建筑企业市场竞争靠质量，工程质量不过硬，用户不满意，在市场中就失去了竞争力，就等于砸了自己的饭碗。一流的工程质量能赢得用户，赢得市场，在激烈的市场竞争中路子越走越宽广。实践证明，良好的服务是建筑名牌形象的信誉保证，是维系企业与用户的一座信任的桥梁。建筑企业不仅要向用户提供名牌工程，还要提供名牌服务。这种服务，也不仅仅是竣工后的回访保修，而且是贯穿于勘察设计、招投标、施工生产、交付使用等全过程、全方位的服务。要扩大服务的内涵，变被动服务为主动服务，变简单服务为全方位服务。一方面，在工程设计、施工前，就要从业主的立场出发，即从实用和方便出发，想业主所想，帮助出谋划策；在施工中，搞好文明现场，创建标准化工地；另一方面，工程竣工后兑现承诺，坚持回访保修，急用户所急，帮助用户解难。

建筑企业提供质量保证的方式除了产品质量的出众和服务质量的真诚外，还应该在以下两方面开展工作：一是通过质量管理标准认证，如 ISO9000 系列、ISO14000 系列等有关产品质量、服务质量和环境质量的国际、国内标准，若从事国际工程承包，则还需要取得目标国规定的其他认证标准；二是重视安全生产和职业健康卫生保障，确保员工的健康与安全。

③品牌传播

品牌传播是品牌战略的重要手段，它可以使品牌为广大消费者和社会公众所认知，提高品牌的知名度。同时，品牌传播还可以实现品牌与目标市场的有效对接，为品牌及产品或服务进占和拓展市场奠定宣传基础。品牌传播的方式主要有广告、公关和销售促进等。

广告是品牌传播的主要手段，走向市场经济的我国建筑企业已明显感受到"酒好不怕巷子深"的时代已一去不复返了。对一个立志创出品牌的企业来说，广告投资是不容吝惜的。美国通用汽车公司总裁史密斯（Smith）先生认为：靠停止做广告省钱的人如同靠拨停表针节省时间的人一样愚蠢，由此可见广告（品牌传播）的重要性。建筑企业广告应保持针对性和实用性，目前用得比较多而且效果较好的方式有：通过媒体，如报刊、杂志或路牌刊登广告；利用项目现场的资源，如配合工地创优活动，在工地墙壁喷上企业标志、企业精神；统一工作人员（特别是营销人员）的服饰、装备等，在公众中树立良好的企业品牌形象。

对于媒体选择和组合是一个至关重要的问题，要有计划、有步骤的进行，媒体选择的恰当与否直接影响到广告效果的优劣。建筑企业广告的对象首先应该是具有一定社会地位和影响力的企业中高层领导，因为他们的意见直接影响究竟选择哪一家企业为公司服务。因此投放广告时，要重点考虑目标对象经常与哪些媒体接触，主要受哪些媒体影响，然后从中选择主要的几种载体进行投放。这里以建筑钢结构企业为例，给出一个简单的媒体投放方案。建筑钢结构企业广告投放应首先考虑行业内媒体，提高行业内的知名度，如北方的《钢结构》、《建筑结构》、中国钢结构网站，南方的《建筑钢结构进展》、《上海钢结构》、钢结构网站；其次应考虑行业内的其他媒体，如《建筑》、《工业建筑》、《施工技术》

等等；再次要考虑其他目标对象经常接触的媒体，如高速公路路牌广告、机场路和机场收费站路牌广告、机场灯箱广告（或其他形式的机场广告）、航空杂志广告，其他常见的还有《中国建设报》、《中华建筑报》、《哈佛商业评论》、《经理人》、《中国经营报》、《南风窗》、《21世纪经济报道》、《经济观察报》等等。

公关传播是品牌宣传的一种有效方式，它又分宣传性公关、赞助性公关、征询性公关和服务性公关等。服务性公关是建筑行业尤其要注重加强的。服务性公关是通过各种服务，以行动去获得客户或业主的了解、信任和好评，进而增强品牌的认知度，树立和维护品牌形象与声誉。例如，2001年，一家上海的企业收到一封来自英国某建筑公司的商业信函，信函中提醒该企业，其所拥有的一幢由该公司承建的物业已逾80年历史，并详细列举业主在物业维护中应该注意的若干事项。此事曾在中国商界掀起轩然大波，引起了国内企业关于品牌维护的反思。

2) 经营维护

品牌经营维护指既要充分利用品牌资源，又要维护品牌形象，在品牌扩张过程中进行科学决策与管理。

3) 法律维护

关注企业商标的保护状况。品牌战略与商标关系很大，实施品牌战略必须加强对商标的保护，商标保护状况直接影响到建筑企业品牌战略的实施。保护措施之一是加强商标注册管理，及时注册，注册防御性商标，以免与其他企业的混淆；其次，对于建筑企业所拥有的特有技术，包括独特的产品设计方案、先进的施工技术等，符合条件的要进行专利申请，运用法律的手段加以保护。

五、建筑企业品牌战略实施相关问题

1. 品牌的管理

品牌的管理，即是在制度上建立适应品牌战略实施的运行机制，包括岗位责任制度、职工教育培训制度、品牌档案管理信息系统等。特别是"全员品牌"制度，是品牌管理上的创新，"全员品牌管理"制度的目的是使品牌形象的塑造成为每一个员工的任务，如果把品牌管理的任务仅仅委派给某一个人或某一个小组，就会使其他人忽视品牌。例如，如果一个建筑企业的销售员把自己公司的工程质量说得如何优异，但是工程竣工后，每逢下雨必漏水，打电话催促维修又"只听人答应，却不见人影"，这样的企业无论如何也不可能塑造出成功的品牌。因此，"全员品牌"就是强调企业内每个人都要对品牌负责，让品牌的管理和销售流通环节扩大到生产制造和其他服务环节。

2. 品牌的审计

对品牌的定期审计有利于企业对本企业品牌形象和地位做到心中有数，便于企业及时调整品牌战略、修正品牌经营中的失误和加强品牌管理中的薄弱环节，防止品牌形象受到损害、过时落伍、甚至被挤出市场，使市场占有份额下降。品牌审计的基础是品牌价值评估。品牌审计要回答下面一系列问题：本企业品牌是否在市场上占优势；该品牌价值多少；该品牌有几个竞争对手；本企业如何保护品牌；用何种体制来支持品牌管理；该品牌的年度费用是多少；品牌是由谁来负责管理的；该品牌的客户忠诚度如何；该品牌的投入产出比率是多少；品牌价值是增值还是贬值；该品牌是地方品牌还是国际品牌等等。

3. 品牌战略评价和反馈

品牌战略确定并实施后，还须通过对品牌战略效果的评价来确定品牌战略目标的实现程度，并决定现有品牌战略是否应该有所变化。由于制定品牌战略的目的是为了完成特定的目标，这些目标可通过品牌的审计对已取得的或预期的成果来评价。建筑企业品牌战略的评价要根据企业资源、环境以及各方的利益，并通过检测实际经营活动业绩与过去的和预期的成果的比较来完成。

在品牌战略实施过程中最容易出的问题是，由于外界环境的改变而使企业的发展方向偏离了原有的品牌战略目标。而这一过程经常被企业所忽视，在未经过品牌战略的综合分析前，就采取了修改品牌战略目标的决定，这样修改品牌战略目标的结果很可能使企业处于被动的适应状态，使品牌战略目标形同虚设，无法主动、积极地去应对企业内、外部环境的变化。

案例：品牌战略的制定与实施

D公司拥有30多家全资和控股企业，总资产115亿元，年综合生产能力200亿元以上，是以建筑、安装、水利水电、装修装饰为主体，多种经营并举，工贸科研相结合的大型国有企业集团。

在2001年，D公司领导层充分认识到企业品牌已经成为影响建筑企业竞争力的关键因素。因此，在对企业品牌现状进行深刻分析后，提出了D公司的品牌发展战略，为公司的跨越发展奠定了坚实的基础。

1. 品牌现状分析

D公司并不是没有品牌，而是长期在吃品牌老本，就像"新司机，开老车，走老路"。具体表现在：

（1）品牌特征不明显。人们对公司虽然有"规模大、技术新"的印象，但无法与品牌的关键因子密切挂钩。

（2）受企业经营体制约束，集团资源配置"大而散"，集团规模、技术优势没有转化为成本优势和质量优势。

（3）品牌集中在较单一的产品范围和市场范围，没有实现有效扩张。

（4）品牌船队很大，但是缺乏旗舰，母公司领头羊的地位不突出。没有强大的母体，就不可能对子公司实施有效的管理和监控，也不可能担当旗舰重任。

2. 品牌战略目标

（1）品牌形象目标：在本省有很高知名度和很好美誉度，成为本省驰名建筑企业，为走向全国打下更坚实形象基础。

（2）品牌竞争力目标：与竞争对手拉开较大距离，尤其是工程质量、安全文明和成本控制等最关键的品牌因子保持绝对领先地位。

（3）最终战略目标：提高品牌对顾客影响力，提高市场占有率，增加预期收益。

3. 品牌战略的实施

（1）品牌定位

D公司品牌定位为：技术领先，价格中低，"三质同优"。其中，"三质同优"是核心，即工程质量、现场环境和服务质量均达到优秀。通过企业改制，充分发挥技术领先、规模大的优势，再塑"建筑先锋"的企业品牌形象。

(2) 品牌扩张

D公司在实施品牌输出时，结合地域扩张战略在北京、西北地区新建分支机构甚至独立法人机构，或选择合适的当地队伍进行联营。对联营队伍实行优势互补、互利互惠的策略时，确保公司品牌不变形、不跑调，尤其应避免急功近利、饥不择食的短期行为。

为了达到内涵扩张目的，有必要对D公司现有的资源和相关业务进行适当整合，以发挥集团规模优势。

1) 扩大装饰工程的经营规模。将土建公司设置的装饰分公司优质资产充实到其他装饰公司，形成拳头，逐步形成各自有特色的核心竞争力。

2) 组建"混凝土公司"。将各搅拌站合并后组建"混凝土公司"，这样可以减少管理层次，降低内耗，提高对市场反应能力，削减运输费用。

3) 成立"设备租赁公司"。由建筑机械厂为母体，合并土建公司的大型机械设备，成立全新的设备租赁公司，既可形成相对集中优势，又可依靠建筑机械厂特长，有效降低设备维修保养费用。

(3) 品牌维护

在实施"三质同优"战略时，D公司树立了"梯度质量"观念。

1) 注重顾客感知质量。譬如在关键部位、重点环节实施"光亮工程"；

2) 根据项目性质，对"三质"进行有机组合。不分对象，妄图一视同仁"三质同优"的做法，必然导致成本过高，精力分散，无法持续保证投入。

3) 提高项目经理和工人素质，落实奖励和约束机制，解决创样板工程"临门一脚"问题。

4) 品牌经营维护。通过加强对外围分公司管理、加强对联营分包队伍监控、成立"信息中心"及发挥品牌组合优势等措施，积极做好品牌的经营维护。

4. 战略展望

以现有品牌为基础，充分利用企业改制和资质重新就位的良好机遇，通过上述战略措施，D公司品牌发展战略目标是可以实现的。同时，还将在企业内部产生一系列变革。

(1) 产品结构：通过产品扩张，安装工程由34.5%增加到40%（含智能建筑）、装饰工程由3.8%增至15%，路桥工程占10%，相应减少土建工程比重；

(2) 市场空间：通过品牌地域扩张，市场以本省为依托，辐射北京、西北等热点地区，进而渗透到其他地区；

(3) 组织结构：母公司对成员企业的管理实行"两条腿走路"——以资产经营为核心的有形资产管理和以品牌经营为核心的无形资产管理，母公司职能部门作相应对口调整；

(4) 母体实力：将部分优质资产和精英人才集中到母公司，成立由母公司控股的设备租赁公司、混凝土公司，母公司以特级资质直接进行生产经营，为将来资本经营奠定物质基础；

(5) 品牌结构：母公司成为品牌旗舰，占据本省建筑高端市场；子公司一方面作为母体的支撑协作单位，另一方面发挥本身品牌优势，独立进攻相应细分市场。母、子公司不在同一层次上竞争，而且各子公司之间还有意识地创建各自的品牌特色。

复习思考题

1. 建筑企业的职能战略应包含哪些内容？他们之间的关系是怎样的？
2. 我国建筑企业的人力资源管理存在哪些问题？应如何有效实施人才战略？
3. 建筑企业资本运营战略包括哪些内容？应如何实施？
4. 建筑企业技术创新战略的实施途径有哪些？应如何促进产学研有效结合？
5. 建筑企业实施品牌战略对企业的发展有何积极意义？应如何实施？
6. 我国建筑企业与国际先进企业存在的差距体现在哪些方面？应该如何缩小这些差距？

第十章 建筑企业战略的实施与控制

在建筑企业战略管理中,明确了战略目标,制定了企业发展战略之后,重点转入战略的实施与控制。战略制定是一种思维过程,注重效能,需要良好的分析技能,而战略实施与控制是一种行动过程、注重效率,需要良好的激励和领导技能、需要对众多部门和人员进行协调,因此,战略实施与控制比战略制定更为困难、更为复杂、也更为重要。本章主要从建筑企业战略行动计划、资源配置、组织结构调整等方面对建筑企业战略实施全过程进行论述,并阐述了建筑企业战略控制的原则、控制过程、控制类型与方法。

第一节 概 述

一、建筑企业战略实施与控制的意义

美国管理学者托马斯·波奈玛(Thomas V. Bonama)指出:"一个合适的战略如果没有有效的实施,会导致整个战略失败。有效的战略实施不仅可以保证一个合适的战略成功,而且还可以挽救一个不合适的战略或者减少它对企业造成的损害。"

当建筑企业进行战略管理时,尽管外部环境的变化难以把握,但只要企业能够制定正确的战略并有效地组织实施,就能实现预期的战略目标。而且,即使有时企业战略的制定并不完善,但只要在战略实施过程中随时对进展情况和效果进行监控,并根据实施情况对战略进行调整,就能克服原有战略的不足之处,从而使企业目标得以实现。例如,建筑企业经营人员在承揽任务和开拓市场的过程中,可以发现市场开拓战略存在的问题,及时地调整目标市场和重点,并根据环境的变化有效配备和利用企业资源,积极参与新的目标市场的投标竞争,从而获得良好的经营业绩。

图 10-1 反映的是企业战略实施与战略制定的关系,以及战略实施对实现企业战略目标的重要意义。

成功的战略制定并不能保证成功的战略实施,因为战略实施通常要比战略制定困难得多。在企业战略管理实践中,大量战略失败的原因是缺乏有效的战略实施。目前,我国一些大型国有建筑企业仍保留着计划经济的"痕迹",运行机制不够灵活,管理体制相对滞后。面对中国加入 WTO,建筑市场竞争日益加剧的形势,许多建筑企业开始树立战略意识,重视企业战略的制定,但往往容易忽视企业战略的实施与控制,常常使战略制定流于形式,制定好的企业战略也被束之高阁,难以实现企业的战略目标和可持续发展。

由于建筑行业的特点,企业和项目一般都分散在全国各地乃至世界各地,企业总体战略和经营战略在整个企业集团内部的实施效果通常难以控制。对于施工地点分散的建筑企业来说,不可能对每个项目经理部实施严格控制,因此,抓大放小是比较理想的战略控制手段。在战略实施过程中,建筑企业应该尽可能对一些大型的、对企业发展有重大影响的项目实施严格监控,如开拓目标市场的项目、争创"省优"、"国优"的项目等,以保证整

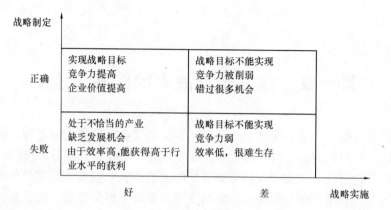

图 10-1 战略制定与战略实施的关系

个集团的战略顺利进行。

二、建筑企业战略实施与控制的重点和变化趋势

影响建筑企业战略实施与控制的因素有很多,可分为三大类:需求和市场、资源和能力、组织和文化。在动荡的竞争环境下,这些影响因素呈现不断变化的趋势,企业战略实施与控制的重点也随之转变,应主要关注和重视以下几个方面的变化趋势:

1. 以顾客满意为导向

不同的需求驱动因素(如质量、品牌、信誉、服务等)在不同的时间和地点扮演着不同的角色。目前业主在选择承包商时开始更加重视质量和价值。一些卓有成效的建筑企业开始以业主满意为导向,致力于提高质量,同时努力降低成本。他们的指导思想是持续不断地用更少的成本为业主创造更多的价值。

2. 重视关系建设

现代建筑企业重视公共关系,开始从注重交易过程转向注重关系建设,注意与业主、金融机构、政府部门及其他利益相关者保持和谐融洽的关系。建筑企业应积极开展公关活动,宣传和推销自我,沟通和联络感情,树立良好信誉和品牌,为提高中标率创造了有利的条件。

3. 提高资本运营能力

随着投融资体制改革的加快,建筑企业大量进行资产重组和企业购并活动,实现企业的战略扩张。通过资本运营,建筑企业可以改变产权单一、产业结构不合理的弊端,增强其在国际市场和国内市场的竞争力,推动企业资源整合,从而全面提高企业的整体效益。

4. 整合业务流程管理

现代建筑企业打破传统的各自为政的职能部门设置,以成本控制、质量控制为目标整合业务流程,并组成跨部门的工作团队管理这些业务流程,实现了企业战略实施与控制的优化。还有一些企业集团从单纯承担施工任务向开发、建设、经营一体化发展,从业务、环节的分割经营向资源集成、价值链优化方向提升,从而促进了企业的发展。

5. 全球导向的经营模式

现代企业的边界日益扩张,无国界经营成为发展趋势。当建筑企业进入国际市场时,必须具有与国际惯例接轨的承包能力和专业人才,如工程总承包、项目管理能力,相关的营销、签约、商务能力和复合型人才。建筑企业必须从全球化角度进行战略思考,必须善于转变传统做法去适应当地的习惯与环境,实现战略实施和控制的区域化、本地化。

6. 加强战略联盟和网络组织

在全球化过程中，即使是大型建筑企业也不可能完全拥有保证成功的全部资源和能力。立足于完整的价值链，建筑企业应加强与其他组织的合作，把越来越多的时间用于设计战略联盟和网络组织上，打造和提升竞争优势。例如，如果建筑企业开展国际工程承包实力不足，可以联合其他企业，特别是工程所在地的公司或技术装备先进的公司联合投标，可提高企业的中标率。

7. 重视权力关系及其影响

任何组织都存在权力关系，凭借这种关系，某一类人可以对另一类人施加影响，使之做一些没有这种关系就无法做到的事情。现代建筑企业面临的复杂环境决定了人们在目标、价值观、利害关系、职责和认识上的分歧，同时彼此对对方又有控制权，在某种程度上还要依赖对方。因此，现代建筑企业应重视利用权力关系推动企业战略的有效实施，实现企业整体的和长期的利益。

8. 追求不断改善的企业文化

现代建筑企业战略有效的实施，需要形成不断追求改善的企业文化、标杆学习和全面质量管理，以提高效率、降低成本、获得更好的产品质量和更大的顾客满意度。标杆学习为设定业绩目标提供了一个现实的基础，而全面质量管理则体现了一种注重和支持不断改善的思想。

第二节 建筑企业战略实施

一、建筑企业战略实施的步骤

建筑企业战略实施是贯彻落实企业战略方案，实现企业长远战略目标的过程。战略实施过程一般包括以下几个步骤，如图10-2所示。

1. 企业战略的评价与选择

基于建筑企业内外部环境和竞争优势的分析，对企业的总体战略、竞争战略和职能战略进行评价与选择，并为战略的有效实施奠定合理和坚实的基础。

2. 对企业战略目标的说明

战略目标是企业战略的核心，表明企业的行动纲领和长期努力方向，可以定量加以描述，同样也可以定性地表述。然而，这种战略目标与具体的、有数量概念的分阶段目标有着本质的区别，它们应该是概括性的和非限制性的阐明。

3. 确定企业分阶段目标

分阶段目标是建筑企业向其总体战略目标前进时欲达到的、有时间限制的里程碑，如年度目标。一般需要对分目标加以尽可能具体与定量的阐述，重点是保障实现总体目标。企业的分阶段目标常常与行动计划和规程联系在一起，而这些行动计划与规程是为达成企业总体目标的具体工具和措施。

4. 编制企业的行动计划和规程

行动计划就是关于完成一项任务必须执行的行动或步骤的描述。在建筑企业战略实施阶段，这些行动计划常常包括经营布局、产业调整、人力资源、技术研发、市场开拓、投

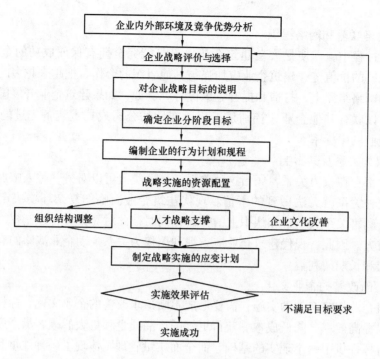

图 10-2 企业战略实施流程图

融资、现金流及资产负债计划等。规程，有时被称为标准操作规程，详细描述完成一项具体项目或工作的一系列连续步骤和技巧。这些活动是实现企业战略目标所必需的，因而规程必须在进度、质量、成本等方面满足战略目标的要求。为了制定最佳的工作规程，可以借助于计算机和先进的管理理论与方法。

5. 战略实施的资源配置

企业战略资源是指企业用于战略实施的有形资源、无形资源和人力资源的总和。资源配置是指按照分阶段目标所确定的优先顺序对资源进行重新配置，以保证行动计划的顺利实施。

有形资源包括实物资源、财务资源和组织资源。无形资源包括技术资源、文化资源、信息资源和社会资源等。人力资源是介于有形资源和无形资源之间的一种特殊资源，包括企业所拥有人才的智慧、经验、知识和能力，反映了企业的知识结构、技能和决策能力。

6. 制定战略实施的应变计划

企业战略基本上是由各种对环境的预测与假设而推论得出的，它们在某种程度上正确反映了客观现实，具有诸多可取之处，但它毕竟包含了相当程度的主观性。各种环境因素在一定时间内都可能发生突如其来的变化，与其唐突应战，还不如早备上策。假如将制定应变计划作为整个战略实施过程的一个正式部分的话，建筑企业就可以应付各种瞬息万变的环境，在错综复杂的竞争中独领风骚。

二、建筑企业战略的评价与选择

1. 战略评价和选择的标准

英国战略学家理查德·鲁梅特（Richord Rumelt）提出战略评价和选择的四个标准：协调、优越、一致和可行，如表 10-1 所示。"协调"和"优越"针对外部环境评价，主要用于检查企业战略的基础是否正确；而"一致"与"可行"针对内部环境评价，主要用于检查战略实施过程中可能出现的问题。

企业战略评价与选择的标准　　　　　　　　　　　表 10-1

外部环境评价	**协　调**
	协调指在评价战略时既要考察单个趋势，又要考察组合趋势。战略必须对外部环境和企业内发生的关键变化做出适应性反应。在战略制定中将企业内部因素和外部因素相匹配的困难之一在于绝大多数变化趋势都是与其他多种趋势相互作用的结果。
	优　越
	战略必须能够在特定的业务领域是企业创造和保持竞争优势。竞争优势通常来自以下三个方面的优越性：资源、技能和位置。对资源的合理配置可以提高整体效能，好的位置是可防御的，即攻占这一位置需要付出巨大的代价，这会阻止竞争者向本企业发动全面的进攻。只要基础性的关键内外部因素保持不变，位置优势便趋向于自我延续。
内部环境评价	**一　致**
	一个战略方案中不应出现不一致的目标和政策。组织内部的冲突和部门间的争执往往是管理失序的表现，但它也可能是战略不一致的征兆。建议采用以下准则：（1）如果一个组织部门的成功意味着或被理解为意味着另一个部门的失败，那么战略间可能存在不一致；（2）如果政策问题不能被上交到高层领导层来解决，那么便可能存在战略上的不一致。
	可　行
	一个好的战略必须既不过度耗费可利用资源，也不造成无法解决的派生问题。对战略的最终的和主要的检验标准是其可靠性，即依靠企业自身的物力、人力及财力资源能否实施这一战略。

2. 战略评价和选择的影响因素

在多数情况下，战略评价过程提供给决策者的是若干可行方案，这无疑要求战略决策者要根据影响战略决策的诸多因素，在众多可行方案中选择出最适合企业发展的战略。这些影响因素包括：企业过去的战略、高层管理者对风险的态度、企业文化与权力的关系、基层管理者或职能部门人员的态度、竞争者行为和反应、时限的长短等。

（1）企业过去的战略

无论企业是否自觉地制定和实施企业战略，企业战略都是客观存在并起着指导作用。对大多数建筑企业而言，企业过去的战略都是新战略的主要影响因素，过去的战略是新战略的起点，新战略是过去战略的延续。然而，当原有战略是错误的，建筑企业应否定原有战略而选择一种全新的战略。然而，这需要满足两个基本前提：一是要有较充足数量和较高质量的资源（物质、技术、人才、管理和信息）支持新战略的实施；二是组织结构调整和人事变动必须符合新战略的要求。只有这样，新的管理层才能减少过去战略的限制，真正排除原有战略的影响，推进新战略的实施。

（2）高层管理者对风险的态度

战略选择中的风险因素不可避免，没有一种战略选择可以消除战略实施过程中固有的风险，关键在于决策者对风险所持的态度。一般来说，面对风险有两种态度：一类是乐于承担风险，他们往往在更多的、更广泛的战略方案中作出选择，表现出更强劲的进取精神；另一类是尽可能回避风险，他们往往倚重过去成功的战略，不到万不得已的情况下很难做出创新型的选择，这种稳健性的态度往往将战略选择局限在较狭窄的空间内。

（3）企业文化与权力

企业文化作为企业的价值观、经营宗旨和行为准则，在很大程度上决定了企业经营模式，也决定着企业经营是否成功，因此，建筑企业战略的选择一般要适应企业文化的要求。如果选择的企业战略与企业文化格格不入，除非管理者有能力变革企业文化，缩小企业战略与企业文化之间的差距，否则就一定会遭致失败。

权力是存在于企业内部员工之间的一种相互关系，凭借这种关系，某一类人可以对另一类人施加影响，完成一些没有这种关系就无法完成的事情。最高管理阶层的权力及地位，使其成为影响建筑企业文化和战略选择的强有力因素。当建筑企业拥有最高权威力量的领导人赞成某种战略方案时，这一战略方案一般会成为该企业的最终选择。同时，权威还创造出保证战略方案成功实施所需要的企业文化。

（4）基层管理者或职能部门人员的态度

由于不同层次管理者所处的地位及其各自利益的差别，他们对企业战略方案有不同的评价。特别是基层管理者或职能部门人员可能从个人或部门的目标和利益的角度，提出不同于决策者的战略方案。即使战略方案强行通过，他们也会或明或暗地采取各种消极态度或方式降低战略规划对其约束力，从而使战略方案在实施过程中扭曲变形。没有基层管理者和职能部门人员支持的战略方案，即使再好也可能流于形式。因此，了解基层管理者和职能部门人员的意见或倾向，尽可能提出被他们理解和支持的战略方案，是战略方案选择并顺利实施的关键。

（5）竞争者的行为和反应

建筑企业战略的选择应考虑竞争者行为和反应，这对战略选择产生十分重要的影响，特别是那些在行业中居于主导地位的建筑企业更是如此。

此外，战略选择要考虑与自己实力相当的竞争对手的反应，当双方在短期内谁也无法战胜对手时，采取过激的、进攻性的战略方案，容易激怒对方，引发过度竞争，最终导致两败俱伤，给弱小的或潜在的竞争对手提供发展机会。

（6）时限的长短

时限不仅是指实现战略选择的战略目标所需的时间长度，也是指决策者用于选择战略方案的时间长度。时间的长短构成战略实施的特殊压力。在时间紧迫条件下所做出的战略选择，会大大减少用于评价各种方案的信息量，限制应列入选择范围的战略方案的数量，考虑为数极少的因素并更容易倾向某类单一因素，从而造成决策的主观性、片面性、随机性，使决策过程在时间压力下充满极大的风险性。

实施不同战略并达到预期目标所需时间的长短也是影响战略选择的一个重要因素。时间过长或时间过短都可能给战略实施带来负作用。时间过长会给竞争者带来机会，足够的时间为竞争者提供了捷足先登的条件，形成墙内开花、墙外结果的结局。时间过短可能导致行业内部的激烈竞争，势均力敌的竞争者为争取某种技术、规模、产品、市场的优势而混成一团，最终结果必然是付出的代价比索取的回报多，赢家和输家莫不如此。

三、建筑企业战略实施的行动计划

行动计划在战略实施过程中是较低的一个决策层次。但是，企业中任何一项或一组总目标都必须通过一项或一组体现在有关行动计划中的战略来实现。即使是最正确的总目标和总战略，如果不转化为贯彻战略和实现目标的各项行动计划，并付诸实施，那只不过是一纸空文而已。表 10-2 所示是某建筑集团制定的部分战略部署和分步实施计划。

战略部署和分步实施计划　　　　　　表 10-2

要点	第一阶段	第二阶段	第三阶段
业务组合	(1) 拓宽大型房屋建筑、特种房屋建筑业务 (2) 开辟基础设施施工项目	大型/特种房屋建筑业务成熟，全面拓展房地产业务，路桥、市政等业务占到一定业务份额，成为支撑业务	(1) 基础设施业务成熟 (2) 各项业务均衡发展
组织机构	(1) 组织机构进行初步的调整 (2) 初步明确总部和下属公司的权责分配	(1) 面向市场/客户的组织，具有灵敏性 (2) 总部与下属公司协调发展	与企业战略适应的灵活的组织结构，总部对下属公司实现强大的支撑和协调
财务/投融资	(1) 财务管理能力得到强化，实现核算型财务到管理型财务的转变 (2) 有大型项目的融资能力 (3) 风险控制体系初步建立	(1) 实现财务分析与决策支持 (2) 有一定程度的投资规模 (3) 能与 BOT 等项目匹配，实现融投资一体化，并从中获利	(1) 完备的财务分析与控制机制 (2) 完备的融投资风险控制体系
人力资源/企业文化	(1) 初步梳理岗位/职责分析 (2) 确定人力资源战略 (3) 有针对性的进行人员招聘与培训 (4) 初步建立协作、创新、负责的企业文化	(1) 明晰的岗位/职责设计 (2) 建立有效的绩效考核体系 (3) 根据业务拓展维系一批高素质人才 (4) 企业文化基本建成，相关理念深入人心	(1) 能够完成二级单位中层管理人员的职业生涯设计 (2) 作为优秀的企业吸引大批人才进入 (3) 员工富有凝聚力和朝气，团结向上
项目管理	(1) 完善现有的施工项目管理模式 (2) 开展设计与施工的一体化尝试 (3) 有针对性的进行项目总包业务	(1) 丰富的项目总承包经验开始尝试 BOT 项目 (2) 设计/施工一体化能力得到完善	(1) 已经有工程总承包（EPC）经验 (2) 丰富的 BOT 与 BOOT 等项目管理经验
IT 建设	完善现有的办公自动化软件，实现与财务软件的集成，启动项目管理软件试点应用，客户关系管理应用考察	(1) 项目管理软件成熟应用， (2) 启动客户关系管理软件的选型与实施	完成已有系统的集成，启动知识管理项目

四、建筑企业战略实施的资源配置

1. 战略实施与资源配置的关系

(1) 资源对战略的保证作用

资源配置与战略实施的最基本关系是资源对战略的保证作用，即建筑企业在战略实施过程中，应当有必要的资源保证。

但在实际工作中，建筑企业战略实施没有资源保证，又没有充分意识到其危害性的情况却有很多。究其原因，大致可归纳为三点：①战略制定者在思考程序上存在缺陷，他们没有意识到确保资源的必要性，从而制定了"空洞"的战略；②必要的资源难以预测而导致偏差，由于预测不准，造成战略缺乏资源保证的后果；③没有把握本企业资源，尤其是因为看不见的资源而出现错误,造成未能预料的损失。

（2）战略促进资源的有效利用

即使企业具有充足的资源,也不是说企业就可以为所欲为。过度滥用企业资源,使企业丧失既得利益,也会使企业丧失更多的获利机会。因此,企业采用正确的战略之后,就应该使资源得到有效地利用,发挥其最大效用。同时,正确的战略还应促使企业充分挖掘并发挥各种资源的潜力,特别是附着于人、财、物上的无形资源。

（3）战略促使资源的有效储备

由于资源是变化的,因此在企业实施战略过程中,通过现有资源的良好组合,可以在变化中创造出新资源,从而为企业储备资源。所谓有效储备,是使必要的资源以低成本、快速度、在适宜时机所进行的储备。战略通过两种类型来实现这一目的：①战略推行的结果可附带产生新资源；②这种新资源可以成为其他战略必要的资源而能被经常地、及时地加以使用。

2．资源配置的主要内容

（1）组织结构调整

组织结构是战略实施的重要资源,是战略实施的组织保证。企业组织结构是为战略实施服务的,必须要服从战略,并随着战略目标的变化而及时调整,否则一个好的企业战略也可能变成一纸空文。因此,必须对建筑企业战略实施中的组织结构调整予以充分重视。

（2）人才战略支撑

企业战略实施的成败,在很大程度上依赖于具有较好品德和一定才智并能对企业做出贡献的人才,因此,建筑企业战略的实施需要人才战略的支撑。人才战略是指根据企业的发展阶段和组织结构特点,调整人力资源管理的重点,采取合适的人才战略,包括人才选拔、人才培训、人才使用与激励等。本书第九章已有详细介绍,这里不再赘述。

（3）企业文化改善

企业文化是企业员工普遍认同的价值观念和行为准则的总和,既可以成为战略成功的动力,也可能成为战略实施的阻力。例如,一个以强调节俭作为共同价值观的企业文化可能非常有利于低成本战略的实施,而一个以信奉稳健为文化特征的企业,如果要制定和实施以技术革新创建技术领先地位的战略,就不得不考虑其中的难度。因此,追求企业文化与战略的匹配是保证战略成功实施的关键因素之一。

大量研究表明,企业战略是企业内、外部环境作用的结果,由多方力量驱动并受到竞争力量支配,当企业战略与文化不相适应时,企业不可能为了迎合现有的企业文化而重新制定战略。因此,必须改善企业文化,使之与企业战略相互适应和协调。严格地讲,当企业战略制定后,企业文化应随着新战略的制定而有所变化。但是企业文化具有一定的持续性,一旦形成,很难进行变革,而急剧改变企业文化将会冲击企业的正常生产经营秩序,引发混乱,同样对企业战略的实施是不利的。因此,在战略管理中,企业内新旧文化更替和协调也是战略实施获得成功的保证。较为稳妥的做法应是逐步调整,在企业文化的转型过程中注意鉴别现有文化中哪些方面对新的战略实施构成阻力,应坚决摒弃；哪些方面对新的战略实施是有利的,则予以保留,以实现企业新、旧文化的平稳过渡。

除此以外,企业还可以考虑从以下几个方面着手：① 为了形成新的文化,招聘或从企业内部提拔一批高素质人员,特别是企业的高级管理人员,及时淘汰一批试图保留旧文化的人；②改变奖励结构，将奖励的重点放在具有新文化意识的事和人身上，促使文化教育的转变；③设法让管理人员和员工明确新文化所需要的行为，形成一定的规范，保证新战略的实施。

五、建筑企业战略实施的组织结构调整

1. 企业战略与组织结构的关系

（1）企业战略的前导性与组织结构的滞后性

在不同的经济发展阶段，企业最先做出反应的是战略，而不是组织结构，即在反应的过程中存在着战略的前导性和组织结构的滞后性。

1) 战略的前导性

战略的前导性是指企业战略的变化快于组织结构的变化。这是因为，企业一旦意识到外部环境和内部条件的变化提供了新的机会与需求时，企业首先要改变战略，以便在新的条件下求得经济效益的增长或保证企业的生存。例如，经济的繁荣与萧条、技术革新的发展都会刺激企业发展或减少现有企业的产品或服务。而当企业自我积累了大量的资源以后，企业也会据此提出新的发展战略。

2) 组织结构的滞后性

企业组织结构的变革常常要慢于企业战略的创新，特别是在经济快速发展的时期更是如此。造成组织结构滞后的原因有两个：一是新、旧组织结构的交替需要有一个更长的时间进程，当新的环境出现后，企业首先考虑的是战略，新的战略制定出来后才能根据新战略的要求来考虑组织结构的变革，而原有结构还有一定的惯性，原有的管理人员仍习惯运用旧的职权和沟通渠道去管理新的战略活动，因而新战略的贯彻和执行也受到了很大的限制和阻碍；二是原有管理人员会抵制企业组织结构的变革，企业管理人员对旧的组织结构已经熟悉、习惯或运用自如，而组织结构的变革会威胁到他们的地位、权力、利益，特别是心理上感到混乱和紧张，甚至恐慌和压力，他们往往会用各种方式去抵制组织机构的变革。

从战略的前导性与组织结构的滞后性可以看出，在战略转变过程中，总会有一个企业利用旧的组织结构推行新战略的阶段，在开始实施战略时就应考虑组织结构的滞后性，在组织结构变革上既不能操之过急，又要尽量缩短组织结构的滞后时间，使其能尽快与新战略的需求相匹配。

（2）组织结构影响企业战略的实施

企业战略在很大程度上决定了组织结构，然而，组织结构对企业战略也具有一定的制约作用，不仅影响着企业战略的制定和变化，而且对于企业战略的实施和控制也起着制约的作用，因此，组织结构服从战略就是要为战略实施提供一个协调机制，并随着战略的变化而进行必要地调整。

企业组织结构制约着企业战略可以从三个方面来理解：①现存的组织结构对于企业战略的选择存在着制约作用，如在一个集权制组织结构下，企业的战略主要是由高层管理人员进行谋划，企业往往比较倾向于那些能体现企业总体资源的优势及其主要的竞争优势的战略，并具有风险性特征，若在一个分权制组织结构下，当企业制定战略时，各个层次、各个部门的领导、经理往往会代表着不同的群体的利益，其多种力量的冲突结果必然导致战略更多地具有稳健性；②企业战略能否有效地实施也受制于企业的组织结构，组织结构虽然要服从于战略,通常要滞后于战略决策而决策,但一旦予以规定,却反过来会影响战略的实施,当组织结构与战略相匹配的时候,就会保证和促进战略的实施,反之则会起到破坏作用;③企业战略的变化总是要求组织机构予以相应的变化,若跟不上这种变化或反对这种变化,将使战略难以实施。

总之,组织机构与企业战略要形成一种匹配和平衡的关系,既要使企业的组织机构比较有效地支持企业战略,也要使企业战略在富有弹性的组织框架中,不断地寻求对环境制约的突破以及自身的发展。

2. 建筑企业组织结构类型的选择

一般来讲,建筑企业组织结构的类型可分为:职能型组织结构、事业部型组织结构、矩阵型组织结构、柔性化组织结构、混合型组织结构、网络型组织结构和流程型组织结构。所有组织结构都有其战略优势和劣势,不同类型的组织在贯彻实施战略上的有效性是不一样的,没有一种绝对最佳的组织形式。因此,建筑企业应根据自身所处的发展阶段和战略类型选择适合的组织结构类型。

(1) 职能型组织结构

在经济发展初期阶段,生产力水平较低,产品供不应求,产品与市场高度集中,这时,企业把生产作为经营重点,企业战略的重心放在效率提高、成本降低和规模经济上面。企业只要能生产出合格产品,销售是不成问题的。与之相适应,企业将采取职能型组织结构的形式,设立专门的职能机构,同时,企业高层领导者直接领导下属各个生产部门。

随着生产规模的扩大,企业为获取竞争优势,实现了前向、后向等一体化战略,以求控制部分原材料和分销渠道,增强其竞争实力。与这个战略阶段相适应,企业一方面在不同的地区复制其已有的组织结构,形成地区组织结构,各地的业务由公司总部集中管理;另一方面,企业建立了统管产、供、销的一体化组织结构,对企业经营活动进行统筹安排和指挥协调,这也使原来的职能型组织结构变得较为复杂,形成了部门内复杂的组织结构或有一定自主权的部门。

(2) 事业部型组织结构

随着市场竞争的白热化,企业为了分散投资、经营风险,同时获取广度经济与合成效益,大多采用多元化战略。这时,企业提供多种产品和服务,产品间的相互关联程度较低,市场间相互联系的程度也较低,客观上需要减少协调工作量。为适应这种形势的需要,企业一般按产品、用户或地区等要素实行事业部制的组织结构。

例如,进行区域经营是大型建筑企业集团市场风险的重要部分,为规避风险,企业可采取事业部型的组织结构,对所属的各区域分支机构按照经营特点、经营规模等条件进行重组,使各分支机构组成一个整体,进行独立的经济核算。由集团对其运作即人员管理、投资运营、固定资产的管理等方面进行有效的监督和控制,使经营需求与市场风险得到有机的协调。

(3) 矩阵型组织结构

当企业发展到一定战略阶段,在企业内部产生了必要的双重领导,这时企业内部资源需相互借用,企业运营的不确定性、复杂性及相互依赖程度增强,需要更有效地处理信息和决策。与此相适应,企业多采用矩阵式组织结构,它将职能型和事业部制的原理相结合，目的是加强各职能部门及规划部门的协作，将集权与分权结合起来。

(4) 柔性化组织结构

随着企业发展壮大，组织结构变得复杂庞大，既不利于调动下属的积极性又不便于控制，而组织的小型化、简单化则更能使人感到工作与本人关系密切，使个人的作用与贡献发挥得更完备，又有利于领导下放权力且便于控制。柔性化组织的核心内容就是通过信息技术，在企业内外部建立广泛的联系，同时应用市场机制来糅合一些主要职能，以实现更为广泛的战略目标。

(5) 混合型组织结构

在日益激烈的市场竞争环境下，现代企业组织结构的明显趋势是，一方面下放权力，另一方面将战略计划和决策机制集中于公司总部，从而形成了高度集权与高度分权相结合的混合型组织结构。这种结构，常常以模拟分散制和超事业部制结合的形式为代表。混合型组织结构具有三个特性：①组织稳定，富有效率；②具有不断创新的企业家精神；③有适当的方式来对付重大威胁，以增强企业对外在环境的灵活应变性。

(6) 网络型组织结构

随着科学技术的不断发展，企业组织结构也在向着网络型组织结构转化。它包括两层组织：①管理控制中心，它集中了战略管理、人力资源管理和财务管理等功能；②柔性的立体网络，它以合同管理为基础，根据需要组成业务班子，而合同则是机构的联系纽带。网络型组织结构可以提出更具感召力的目标，真正实现结构主义→功能主义→过程主义→价值主义的转变。

(7) 流程型组织结构

流程型组织结构，即以组织的各种流程为基础来设置部门，决定人员的分工，在此基础上建立和完善组织的各项机能。流程型组织结构侧重的是目标和时间，将组织的行为视为一个总流程上的流程集合，对这个集合进行管理和控制，强调全过程的协调及目标化。每一个工作都是流程的一部分，是一个流程的节点，它的完成必须满足整个流程的要求。

3. 建筑企业组织结构调整的内容

建筑企业应根据既定战略，努力调整现有的组织结构，设计开发出适应战略实施的组织结构模式，形成能够自我完善与发展的组织能力以减少企业的运营风险。在组织结构调整过程中，建筑企业应综合考虑各种组织结构的特点，综合分析其自身的长处与短处，而不应局限于某一基本的组织形式。组织结构作为实现企业战略的手段，其本身无所谓好坏，关键在于其如何适应企业战略。因此，企业应从实践出发，对自身的组织结构进行有效地调整，让其既能满足战略要求又适用可行，而不可盲目追求结构的膨胀和形式上的完美。

(1) 正确分析目前组织的优势和劣势，设计适应战略需求的组织结构模式

例如，企业若实施稳定型战略，以低成本或高质量优势来保护和巩固现有较为狭窄的经营领域，那么采取集权的职能型组织可以发挥各项职能活动的效能，从而有利于实现高效率目标；若要实施增长型战略，致力于开发新产品、开拓新市场，那么采取事业部型组织形式就更为有效；假如企业的发展涉及到两类不同的经营领域，其战略就是要在维持现有的产品和市场的同时，开发和利用其他可能的发展机会，在这种情况下采用矩阵结构最为适宜，这时企业可以根据各类产品系列所适用的战略方案组建项目小组。

(2) 通过企业内部管理层次的划分，调整关键职能部门，确保战略的实现

企业组织结构是一个有机的整体，构成组织结构的许多基本单位必须通过某种关系和联系相互连接起来，部门组合是连接各种关系的基础。不同单位由于所承担职能的重要程度不同，它们在组织中所处的地位也会有所差别。企业要成功地实施战略，都必须将关键活动和职能落实到处于组织结构中心的、承担重任的单位。而且，企业战略改变了，其关键活动和职能将随之发生变化，从而组织结构也要进行相应的调整，以便把执行新的关键职能的单位调整到组织结构的中心。当然，对这种关键活动和职能的确定是因所采用战略的不同而各异的。战略上追求生产经营活动稳定不变或只进行事后应变的企业，其关键职能体现在生产技术部门；而作出先导反应的企业所要求的关键职能是广告宣传和市场预测，所以营销部门在组织结构中居于中心地位；探索创新型战略则强调技术和产品创新，因而由研究开发部门承担关键职能。为关键职能岗位选择最适合的人才，也是战略顺利实施的保证。

4. 建筑企业组织结构调整的关键问题

一般说来，多数人往往习惯保持现状，对新的事物和变化会有本能的抵触。企业组织结构的创新会遇到来自于习惯势力的阻力。在组织变革的过程中，利益调整是必然的，遇到阻力时是退而求稳还是坚持正确方向不变，这是机构改革取得成效的关键。对改革的目的不明，是机构改革的大患。对于大型国有建筑企业，由于企业历史较长，内部关系复杂，调整难度大，因此，在进行组织调整和创新时，应充分考虑以下问题：

(1) 加强对组织结构调整重要性的认识

在人们的认识上存在一个误区就是技术才是最实在的，管理和机制都是空洞的、务虚的东西。于是，技术型的管理人员，通常对技术、材料和机械等硬件的方面相对重视，而对组织结构等软科学则常常忽略。

(2) 给予企业领导足够的权威和相应的激励机制

一般来说，进行组织结构的改革和重组必须自上而下。一方面，在我国现阶段，企业的盈利水平仍不是考核企业领导表现的最关键指标，国企的领导们缺乏足够的激励动机去实施企业组织结构的重组和改革，况且，企业组织结构的重组和改革要冒很大的风险；另一方面，大型国有企业领导人大多由政府任命，有时缺乏足够的权威去裁员和创新组织结构。

(3) 注意减员的影响

企业组织结构的重组和改革不可避免地将造成大量富余人员的辞退和裁员，而裁员将涉及到非常广泛和复杂的问题，事关企业的士气和社会的稳定与安定，应慎重妥善地处理。

案例：战略实施过程中的组织机构调整

2001年6月，J公司明确提出了企业发展战略目标：到2010年，把公司建设成为以工程总承包为主，房地产开发及物业经营管理、高新技术产业并举的，产业多元化、经营规模化、管理现代化和跨地区、跨行业、跨所有制、跨国经营的国内领先、国际知名的大型综合性企业集团。为此，J公司委托咨询公司进行组织结构诊断和设计。

1. 现行的组织机构

J公司是政府授权资产经营的国有独资企业。以项目经理负责制为经营管理模式，决定了项目的质量、成本与工期是关键控制要素。因此，为了控制这些关键要素，在机构设置上生产部门是齐全的，如技术质量部、工程管理部、经营管理部、市场营销部等。企业组织机构的设置仍带有行政色彩。主要表现在职能交叉过多，行政指挥过多。原J公司的组织机构如图10-3所示。

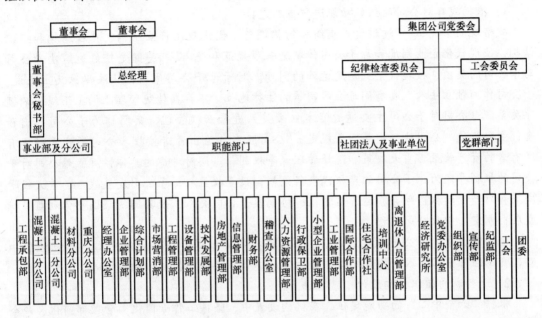

图10-3 原有的组织机构图

咨询公司认为，原有的组织结构不符合新战略下实施功能建设的要求。新战略要求J公司加强战略规划、投融资、资本运营、工程总承包、市场营销、科技开发、人力资源开发与管理、企业文化建设等功能建设。从目前的机构设置来看，还过多地重视事务性的工作管理，与新战略的要求不相匹配。组织机构不调整，公司的职能就不可能转变；工作班子不适应，新的战略意图就得不到有效的贯彻和实施。

2. 组织机构的战略性调整

为此，咨询公司提出了如下的解决方案：

(1) 建立完善的法人治理结构，促进公司规范化运作和管理

除了完善、清晰公司董事会、董事长职权外，重点为董事会设计了四个专门的议事机构，即战略投资委员会、财务审计委员会、提名委员会与薪酬考核委员会。同时制定了董事会的议事规则与程序，如规定董事会所有议题必须先由四个专门委员会进行研究，提交决策建议后再交董事会决策；专门委员会必须吸引外部的有关专家组成，明确各专门委员会的职能。例如，提名委员会构成及其职能如下：

由正、副董事长，党委正、副书记，总经理以及分管和负责组织人事工作和人力资源开发方面的董事会、党委、经营班子成员和外部有关人力资源方面的专家组成，负责集团公司副总经理、总经理助理，直属企业和控股子公司产权代表（主要指子公司的董事长、总经理、财务总监和专职监事）的任免考察与业绩考核，向董事会提出任免意见，报董事

会决定。

各委员会设专职秘书一名，编制设在董事会办公室，具体负责有关会议通知、文件的准备、会议记录、对外联络及有关材料的保管，负责工作程序的拟订、工作计划的制定和与相关职能部门的联络、协调。

(2) 对组织机构进行战略性重新设计

1) 依据战略对公司的组织功能进行重新定位

战略规划中提出："通过资产重组和结构调整，优化集团产业结构、产权结构和组织结构，使现代化企业制度和母子公司体制进一步规范和完善"。关键是较好地解决母公司与子公司的关系，按现代企业制度运作的问题。对于母子公司体系，从法律意义上来说，子公司作为独立法人，具有同母公司同等的法律地位，不存在传统管理上的上下级行政领导关系。母公司对子公司主要通过资本纽带关系进行产权管理（集团作为子公司的出资者，主要行使《公司法》中第四条规定："公司股东作为出资者按投入公司的资本额享有所有者的资产收益、重大决策和选择管理者等权利"）。同时考虑的具体情况，母公司对子公司的权利界定为：子公司的产权代表任免权；投资收益权；子公司发展战略、重大投资决策和财产变动权；财务、运营监督权；协调各子公司关系，使其围绕集团整体利益目标发展；制定、修改公司章程。

根据以上母、子公司权利关系，J公司的功能定位是：战略决策中心，生产经营中心，资本经营中心，人力资源中心，技术发展中心，协调、控制、服务中心。

2) 进行新的组织机构设计

根据"六个中心"的功能定位，在机构设置中，坚持工作专门化、管理部门化、命令单一化、跨度适度化、组织扁平化、运作规范化的"六化"原则，优化集团的组织结构。

咨询公司经过研究分析，从多个方案中选出建议方案，即建议将原16个职能部门调整为8个部门与4个事业性单位，撤并了小型企业管理部、工业管理部、技术发展部、信息管理部等8个部门。建议方案提出后，经过与公司领导多次沟通，考虑到实际情况，将建议方案中的"综合办公室"又调整为总经理办公室与行政保卫部（本部门完全是为了适应政府有关主管部门而设置的），这样，形成了新的组织结构，如图10-4所示。

在部门领导的安排上，咨询组建议：资本运营部、工程部、人力资源部、财务部、企业管理部、国际合作部等六个主要的职能部门的经理由公司副总经理或三总师担任。这样可以解决三个问题：一是命令单一化，提高了部门工作效率；二是减少大量协调工作，主要领导有更多时间考虑企业发展和例外管理；三是适当解决本集团副职过多而造成的多头管理问题，增大了副职的责权。

在组织设计中，咨询组与集团领导达成共识，集中一个事业部负责全公司的施工主业，将工程部与工程总承包部合并，这样，从机构上既保证主业的力量，同时更加强主业以外的管理力度。因此，咨询组大胆调整，将以前涉及集团主业的市场开发、工程、质量、技术等方面职能的部门进行撤并，成立新的工程部，既是事业部又具有管理职能，便于更好地对外开展工程业务的承揽活动，以公司职能部门的名义可以直接利用特级总承包资质，同时赋予原工程管理部的职能，这样公司负责施工生产的部门就更加集中了。增加了两个事业性单位：经济研究所和技术发展中心，分别负责战略研究与技术开发，作为公司机关事业性单位，而不是管理职能部室。

3. 公司机构的再调整

J公司新的机构、新的职能的改变是革命性的，给人耳目一新，并顺利运行了一段时间。但随着主要领导的更换，加上内部各种潜在的抵抗，2003年初新的领导集团对新的组织机构进行了微调，主要是重新划分了工程部的职能，加大业务开发力度，重新成立了市场营销部，恢复了原生产指挥系统，工程部与总承包部分离，回归了建筑行业集团公司组织机构的主流模式。

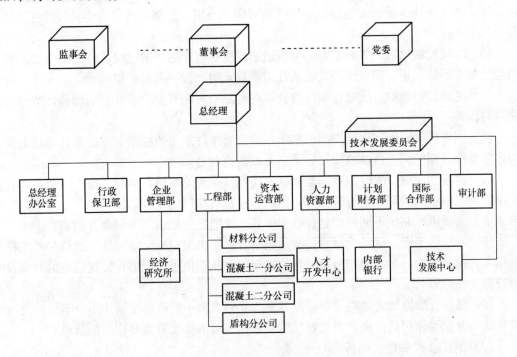

图10-4 新的组织结构图

企业组织机构调整主要是适应市场环境的需要，环境变了组织就要跟着变。J公司的机构再调整，只是在前战略性调整的基础进行了微调，是为适应新的领导班子的经营思路，回归以生产指挥为主的管理系统，但其它与主业关联不大的部门没有完全调整，资本运作的地位并未因此削弱。这次调整可能是一次利益调整的反弹，也是对公司战略的一次挑战。J公司作为一个优秀的企业，过去能够在企业发展的每一个关头总能预先调整自己的战略，获得快速发展，今天一定会把握好战略时机，在职能调整与机构改革中与时俱进，早日实现自己的目标。

第三节 建筑企业战略控制

在建筑企业战略实施过程中，由于企业外部环境和内部条件发生了变化，或战略本身存在缺陷等原因，战略实施的结果可能偏离预定的战略目标。建筑企业战略控制是通过实际效果与预期目标之间的比较，向管理者提供必要的反馈，并采取纠正措施或调整战略，使战略实施结果符合战略总体目标。战略控制是战略实施的保证，是企业战略管理的重要内容。

一、建筑企业战略控制的原则与特点

1. 建筑企业战略控制的原则

(1) 确保目标原则。战略控制必须通过战略计划的执行，以确保战略目标的实现。因此，既要控制短期性经营活动，也要控制长期性战略活动。

(2) 适度控制原则。战略控制要求严格而不乏弹性，有时严格认真，有时又要有弹性。战略控制切忌过度频繁，只要能保持与战略目标的一致性，保持战略实施的正确方向，就应尽可能地少干预实施过程中发生的问题，否则，干预过多可能会引起混乱和目标移位。

(3) 时机控制原则。战略控制要掌握适当时机，选择适当的时候进行战略修正，要尽可能避免在不该修正时采取了行动或者在需要修正时却没有及时采取行动。

(4) 优先控制原则。战略控制应选择那些对战略实施有重要意义的活动和环节进行优先控制。

(5) 例外控制原则。战略控制应集中在对例外事件发生的控制上，注意针对超出预先确定的容许范围的那些活动或成果，采取有效的控制行动。

(6) 适应性原则。战略控制应能反映不同经营业务的性质与需要。由于经营业务有大有小，对战略成功的影响力有轻有重，因此，应视各部门的业务范围、工作性质、对企业未来成长的贡献来制定不同的控制标准和方式，才能更好地适应不同业务的需要。

(7) 激励性原则。战略控制要与激励相结合，要将控制的标准与员工的行为考核标准相结合，使员工的行为期望与战略目标相互衔接，从而使员工能够在发现偏差的时候及时地进行自我控制。

(8) 信息反馈原则。战略控制应充分发挥战略管理中的信息反馈作用，不仅要反馈对实施战略有重要作用的信息，而且要反馈对最初战略的形成有重要作用的信息。

2. 建筑企业战略控制的特点

建筑企业战略控制是企业高层战略活动的控制，是面向整个企业系统的，因此，不同于基层管理活动的控制。战略控制标准依据的是企业的总体目标，而不是战略的本身，建筑企业战略控制具有以下特点：

(1) 渐进性

企业的战略是逐步形成的，虽然人们经常可以在平时的点滴想法中发现一些十分精炼的战略分析内容，但真正的战略却是在企业内部的一系列决策和一系列外部事件中逐步得到发展的，是使最高管理班子中的主要成员对行动有了新的共同看法之后，才逐渐形成的。在优秀企业中，管理人员积极有效地把一系列行动和事件逐渐概括成战略思想和战略目标。

因此，建筑企业的高级经理们可以有意识地用渐进的方式来进行战略控制，制定一些带有试验性质的战略方案，并随时准备在适当的时候进行复审和修正。实践证明，为了改善战略控制过程，最好是谨慎地、有意识地以渐进的方法加以处理，以便决策能够与新出现的、必要的信息相吻合。

(2) 交互性

战略控制要求保持高质量的工作效果、态度、服务和形象等有助于提高战略可靠性的因素。而建筑企业面临的环境控制因素的多样性和相互依赖性，决定了企业必须与外界信息来源进行高度适应性的相互交流。

战略必须进行适当的检验、反馈和动态发展，注重信息收集、分析、检验，以唤起人们的意识，扩大集体意见，协调其他一些与权力和行为有关的行动。同时，要使公众形成对自己有利的观点和行动需要很长时间，也需要积极地、源源不断地投入智力和资源。

（3）系统性

有效的企业战略一般是从一系列制定战略的子系统中产生的。子系统指的是主要为实现某一重要的战略目标而相互作用的一组活动或决策。每一子系统均有自己独有的与其他子系统不相关的时间和信息要求，但它又在某些重要方面依赖于其他子系统。

各个子系统是有组织地针对全企业的某个具体问题（如产品系列的布局、技术革新、产品的多种经营、收购企业、出售产业、与政府及外界联络、重大改组或国际化经营等）产生的，是企业总体战略的关键组成部分。不过每个战略子系统在时间要求和内部进度参数方面，却很少能与同时进行的其他子系统的需要相配合，而且各子系统都有它自己的认知性限度和过程性限度，因此建筑企业必须采取有目的、有效率、有效果的管理技巧把各个子系统整合起来。

由于子系统的进度千差万别，各自处于不同的阶段，因此，除了总的原则之外，不可能一下提出同时能顾及所有领域的企业整体战略，整体战略在细节上也就永远不可能真正地完善。即使所有的子系统偶尔在同一时刻同步，按照逻辑，战略也会立即随着新数据、新情况对它的影响而发生变化。

二、建筑企业战略控制的程序

企业战略控制作为一个调节过程，一般有以下几个步骤，如图10-4所示。

1. 确定衡量执行效果的标准

企业的长期与短期目标是战略控制的依据和前提，建筑企业应根据企业的长期与短期目标，明确衡量战略执行效果好坏的指标体系，包括定性标准和定量标准两大类。

（1）定性标准

在定性评价标准方面，一般包括：①战略内部各部分内容具有统一性；②战略与环境保持平衡性；③战略执行中注重其风险性；④战略在时间上保持相对稳定性；⑤战略与资源保持匹配；⑥战略在客观上具有可行性和可操作性。

（2）定量标准

定量标准有下列三种类型：①以历史数据为基础拟订的标准，如把上年的实际数作为标准，把历史上最好的水平作为标准，或者把前几年的平均数作为标准等，这是反映动态变化的标准；②以同行的平均水平、先进水平，或竞争对手所达到的水平作为标准；③按照一定的准则，以大家所公认的标准作为评价标准，具体指标包括销售增长额、市场占有率、利润额、利润率、投资受益率、股票价格、股息支付、每股平均收益等。

2. 衡量实施效果

企业管理人员需要收集和处理数据，检测外部环境和内部条件变化时所产生的信号，判断和衡量实现企业效益的实际条件。此外，为了更好地衡量实际效果，企业还要制定出具体的衡量方法及衡量范围，保证衡量的有效性。

3. 实际效果与战略目标相比较

企业用实际的效果与战略目标相比较，确定两者之间的差距，并尽量分析出形成差距

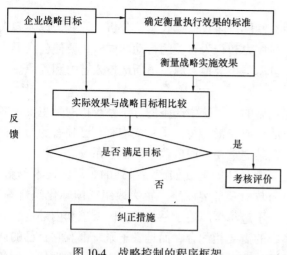

图10-4 战略控制的程序框架

的原因。一般地说，形成差距的原因主要有：

（1）环境变化

建筑行业竞争激烈，企业外部环境和内部条件都不断发生变化，这是一个非常直接且影响力极大的原因。

（2）短期化行为

短期化行为是指企业高层管理者仅以利润或投资收益率考核企业及基层单位，造成企业单纯追求短期效益，忽视长期使命，短期增加了利润，但却丧失了长期发展的潜力，使企业长远战略目标难以实现。

（3）目标移位

目标移位是指将帮助战略目标实现的经营活动本身变为目的，或经营活动未能实现自己所要达到的目的，从而混淆了企业战略的目的和手段，导致整个企业经营业绩下降。目标移位有行为替代和次优化两种类型。其中，行为替代是指用某种行为替代另一种行为，而不考虑这种行为对达到目标的作用。而次优化则是指在实行独立的责任中心、分权事业部的大型建筑企业中，有的事业部将自己视为独立存在的实体，强调本部门、本单位的局部利益，忽视企业整体利益，致使企业整体经营业绩不能达到最优化。

4. 纠正措施

在生产经营活动中，一旦企业判断出外部环境的机会或威胁可能造成的结果，就必须采取相应的纠正或补救措施。为了纠正战略实施过程中出现的偏差，使实际效果与预期目标趋向吻合，对企业战略进行适时纠正或变革十分必要。大量的实践表明，建筑企业的成功或失败常常取决于管理者是否具备战略控制与调整的能力。一般而言，常见的纠正有如下几种方法：

（1）常规战略变化

常规战略变化，是指建筑企业为了吸引业主而在战略上采取的正常变化。企业可以在正常的生产经营活动中改变自己的广告、宣传形式，使用不同的投标策略等方式来进行常规的战略变化。

（2）有限的战略变化

有限的战略变化，是指建筑企业在原有的产品系列基础上向新的市场推出新的产品时，只需要做出局部的变化。由于建筑产品更新的方式较多，这种变化的形式也较多。一般地讲，如果只是改进建筑产品的形式，则不需要在生产和市场营销上做出很大改变，但如果建筑产品中附有高新技术，则会对战略实施带来新的复杂问题。

（3）彻底的战略变化

彻底的战略变化，是指企业的组织结构和战略发生重新组合等重大变化。这种变化有两种主要形式：一种是在建筑企业之间形成联合或兼并时会出现这种变化，作为一个新的联合体不仅要求获得新的产品和市场，而且会遇到如何制定新的组织结构、形成统一的企业文化等问题，这些都使战略变化复杂化；另一种形式是企业自身发生重大的变化，特别是在多种经营企业中，企业管理高层如果对下属的经营单位采取大出大进的方式推进联合或出售时，这种变化便格外明显。

(4) 企业转向

企业转向是指企业改变自己的经营方向，这种变化主要也有两种方式：一种是建筑企业与处于不同行业的企业联合和兼并时所发生的变化，这种变化的程度完全取决于行业之间彼此不同的程度，以及新企业实行集中管理的程度；企业转向的另一种形式就是建筑企业转到一个新的行业中，这种转向会使企业战略的实施变得更为复杂，因为它往往要求企业的使命发生变化，而且要开发新的管理职能和产品性能。

总之，战略是企业发展的一套总体设想，是一种主观对客观的预测，而随着客观条件的不断变化，就会出现主、客观的偏差，需要随时进行修订，这种修订不是一时的，而是每年都需要进行的，因此，战略的滚动修订就成为客观的必然要求。战略滚动一般都是时间跨度很大的滚动，大约在三年以上。由于滚动中总有几年是在重复修订与不断准备中，因而能使战略更接近于客观实际，实现的可能性更大。

5. 反馈

在企业战略控制过程中，反馈是一个重要的环节。反馈对加强绩效责任制十分必要，即使反馈不能用于调整输入量，也表明整个过程的结果受到监控。在环境变化重复发生时，反馈可以根据评价结果，提出调整与创新的需要。

如果要进一步保证反馈的效果，则需要有一个学习的过程。建筑企业管理人员认真分析不同的输入所产生的结果，把握输入与结果的关系的不完整性。管理人员如果很好地掌握了输入与结果的关系，着眼点就会从效果控制系统转向具体活动控制系统，从而有效地发挥整个控制系统的作用。

应当指出的，管理人员要有效地实施反馈需具备一定的条件，即环境变化要有重复性和至少有部分的重复性。如果环境变化只是一次性地发生，则反馈回去的信息在管理上用处不大。在这种情况下，管理人员即使了解，也不可能有更大改动的可能性。此外，从成本角度来考虑，设计、实施、维护一个反馈系统，代价一般比较昂贵，在设计控制系统过程中，应有反馈的意识，但采取什么反馈手段、反馈系统的复杂程度如何，则应根据企业的具体情况和迫切性来决定。

三、建筑企业战略控制的类型和方法

1. 战略控制的类型

(1) 事前控制

事前控制是在战略实施前，预计可能会出现什么偏差，从而提前采取纠正措施，使预期偏差不至于发生。如何提前判断是否会出现偏差，这主要是通过相关因素变量（预报因子）进行分析。例如，建筑材料的质量偏差会引起工程质量的下降，人均收入的提高可预计房地产需求的增加等，前者就是后者的预报因子，通过对预报因子的分析和研究，就可预测将来实际的成果与目标会有多大偏离，并提前采取纠正措施。事前控制的最大优点是防患于未然，使企业避免损失。

(2) 过程控制

过程控制是在战略实施的过程中，把实际工作中预测的最终结果与标准进行比较，

然后，决定采取什么纠正行动。在进行战略的过程控制时，不仅对原来的工作进行检查、分析，看是否满足要求，还要对以后的工作结果进行预测。预测到的数据加上环境条件的最新资料，便是一个有关最可能结果的新预测。如果预测到的执行效果不佳，就马上着手进行纠正。

（3）事后控制

事后控制是在部分实施战略后，比较结果与目标，视其是否相符，并分析、研究、确定所采取的措施，从而获得经验，有利于将来的活动。这种方法被经常使用，但它的不足之处是，工作绩效是否出现偏差要等事后才能得知，再加上原因分析、制订纠正计划、采取纠正措施，这中间都需要足够的时间，往往会贻误时机，给企业带来损失。

2．战略控制方法

战略控制涉及多方面的内容，可采取不同的方法。按照控制的对象，我们将控制方法归纳为人员控制、财务控制、作业控制、信息控制和综合控制五种类型。

（1）人员控制

建筑企业中各级组织的目标都是通过组织成员的工作来实现的，因此，如何使员工的行为更有效地趋向组织目标是十分重要的。为做到这一点，管理者对员工进行控制的主要方法就是对其行为和绩效的评价。在日常工作中，对员工行为过程的控制是根据管理者的直接观察作出主观判断，以确定是否需要采取纠正措施。对员工工作绩效的评价则是运用评价标准与其工作结果进行对比衡量，再依据评价结果的优劣给予奖惩，来促使员工按组织目标期望的方式工作。

（2）财务控制

获取一定的利润是每个建筑企业追求的首要目标。为了实现利润目标，财务控制的任务就是使财务支出限定在一定水平，尽量降低成本，并使所有资产都得以有效利用。对于建筑企业来说，资金短缺是比较严重的问题，所以在大家共有的发展轨道上，企业掌握了更灵活的资金，就有可能发展得更快，因此，战略管理中一定要注重财务控制。财务控制的方法有预算和财务报表分析等。

1）预算

预算是使用最广泛的控制方法或工具。财务预算为管理者提供了一个比较与衡量支出的定量标准，据此便可知道标准与实际支出之间的偏差。制定出预算之后，企业内部的会计部门就要作详细的各项开支记录，定期作出报表，表明预算、实际支出以及二者之间的差额。做好报表之后，通常要送到该项预算所涉及的不同层次的负责人手中，由他们分析偏差产生的原因，并采取必要的纠正措施。可见，预算是进行战略控制的重要方法，预算的制订、管理和对预算偏差采取纠正行动，是成功地实施战略的关键因素。

2）财务报表分析

财务报表是用于反映企业经营的期末财务状况和计划期内的经营成果的数字表。财务报表分析法有实际数字法与比率法两种，前者是用财务报表中的实际数字来分析，后者是求出实际数字的各种比率后再进行分析。由于后者更加容易辨识，所以经常采用。按照分析目的的要求，比率法有：构成比率法、趋势比率法、相关比率法和新增比率法等。

（3）作业控制

建筑企业战略的成功，在很大程度上取决于它在生产产品或提供服务的能力上的效率和效果。作业控制方法就是用来评价一个企业生产转换过程的效率和效果问题的。作业控制包括：监督生产活动以保证其按计划进行；评价购买能力，以尽可能低的价格提供所需的质量和数量的建筑材料；监督产品或服务的质量，以保证满足规定的标准；保证所有的设备得到良好的维护等。针对以上不同的控制问题，作业控制方法主要有：生产控制、成本控制、采购控制、质量控制和维护控制等一系列方法。

(4) 信息控制

信息是建筑企业战略管理不可缺少的资源。不精确、不及时、不完整甚至过多的信息不但对战略决策和实施不会有帮助，反而起阻碍作用。因此，如何保证能在正确的时间、以正确的数量、向正确的部门、为正确的人提供正确的信息，十分重要建立和开发一套管理信息系统便是最好的办法。管理信息系统基本思想是以系统的和整体的方式而不是以分散的和零碎的方式为管理层提供信息。基于计算机和网络平台的管理信息系统有助于战略控制的实施。

(5) 综合控制

综合控制与以上几种控制相比具有更宽的适应范围，有以下几种主要方法：

1) 目标管理

目标管理用于战略控制，是定期将实际工作的结果与预定目标相比较，分析偏差及其原因，制定出采取纠正行动的计划。目标管理作为控制方法的特点是标准清晰、明确，各级管理者容易作出判断，由于整个企业组织或系统的目标分解成为各个子系统的目标，若各个子系统目标实现，就能确保整个组织目标实现，这样就提高了控制的可靠程度。目标管理的核心是各级组织成员参与自己目标的制定，员工的行为和态度与组织目标更加接近，这又使人员行为的控制更为容易。

2) 审计

审计是客观地获得有关经济活动和事项的论断，通过评价弄清实际业绩与标准之间的符合程度，并将结果报知有关方面的过程。审计过程基本上着重于注意一个企业作出的财务论断，以及这些论据是否符合实际。在我国执行审计的人员可分为两类：一类是独立的审计人员或注册会计师，他们的主要职责是检查委托人的财务报表。另一类是企业内部审计人员，他们的主要职责是确定企业的方针和程序是否被正确执行，并保护企业的资产。此外，他们还经常评估企业各单位的效率以及控制系统的效率。

3) 网络分析

建筑企业运用网络技术作为控制方法，可以有效地对活动所使用的人力、物力、财力资源进行平衡，能够控制活动的时间和成本，能够在实施出现偏差时找到原因和关键因素，并能从总体上进行调整，以保证目标的实现。

4) 现场观察

建筑企业的各层管理人员（尤其是高层管理人员）深入到施工现场，进行直接观察，从中发现问题，并采取相应的解决措施。

四、建筑企业战略控制的工具——平衡计分卡

1. 平衡记分卡简介

平衡计分卡（Balanced Scorecard），简称 BSC，自 1992 年由美国哈佛商学院教授卡普兰（Kaplan）和诺顿（Norton）创立以来，很快引起了理论界和实务界的浓厚兴趣与反响。据

有关调查资料显示：截至1999年，列入美国《财富》周刊500强的国际大公司，有60%左右采用了这种绩效评估与战略控制的创新方法。

所谓平衡计分卡是一个将企业组织的远景与战略转化为一套可供操作的业绩评价指标体系的战略控制框架，从而实现了业绩评价与战略控制的有机结合。其"平衡"意义体现在：以完成企业战略目标为核心，按照一定的"因果关系"设计业绩评价指标体系，实现了财务指标与非财务指标之间的平衡、先行指标与滞后指标之间的平衡、企业内部资源要素与外部利益相关者需求之间的平衡。平衡计分卡的最大魅力在于它不仅克服了传统业绩评价体系的滞后性、偏重短期效益和内部效益以及忽视无形资产收益等诸多缺陷，而且还妥善地解决了将企业长期战略目标转化为年度经营指标与行动的转化机制问题，为企业战略的有效实施与控制提供了保障平台。

2. 平衡计分卡的基本原理与流程

（1）以组织的共同愿景与战略为内核，运用综合与平衡的哲学思想，依据组织结构，将公司的愿景与战略转化为下属各责任部门（如各事业部）在财务、客户、内部业务流程、学习与成长等四个方面的系列具体目标，并设置相应的四张计分卡。

（2）依据各责任部门分别在财务、客户、内部业务流程、学习与成长等四种计量上可具体操作的目标，设置一一对应的绩效评价指标体系，这些指标不仅与公司战略目标高度相关，而且是以先行与滞后两种形式，同时兼顾和平衡公司长期和短期目标、内部与外部利益，综合反映战略管理绩效的财务与非财务信息。

（3）由各主管部门与责任部门共同商定各项指标的具体评分规则。一般是将各项指标的预算值与实际值进行比较，对应不同范围的差异率，设定不同的评分值。以综合评分的形式，定期（通常是一个季度）考核各责任部门在财务、客户、内部业务流程、学习与成长等四个方面的目标执行情况，及时反馈，适时调整战略偏差或修正原定目标和评价指标，确保公司战略得以顺利并正确的实施。

3. 平衡记分卡的绩效评价指标体系

与传统的以财务指标为主的绩效考核体系不同，平衡计分卡作为一种战略控制工具，主要从财务、客户、内部业务流程、学习与成长四个维度来设计和选择企业业绩评价指标体系，如图10-5所示。

（1）财务维度

对于营利性企业组织而言，财务目标的改善和实现是其终极目的，因为企业各个利益相关者之间的利益均衡最终是通过企业所创造的财务业绩来实现的。虽然传统业绩评价体系由于仅仅或过度考虑财务性指标而遭到批判，但平衡计分卡并未因此而否认财务指标的作用和地位，而是将财务维度作为评价企业业绩的重要方面。

在财务维度下，各种财务指标主要用于评价那些已经发生的、可计量的经济行为结果，并通过具体的财务业绩的计量与评价方法，揭示企业的战略及其与执行是否真正对企业经营结果的改善有良好的贡献，因此，财务维度的指标通常是滞后指标。由于企业的财务目标与盈利能力、成长性和股东价值直接相关，故在财务维度下，核心财务指标通常包括营业收入、净利润、投资报酬率、净资产报酬率、经济增加值、成本与生产率以及现金流量等。另外，企业选择财务指标应与企业发展所处的生命周期阶段相匹配，即当企业处于成长期、维持期和成熟期等不同阶段时，财务指标的选择侧重点也应不同，从而保证评

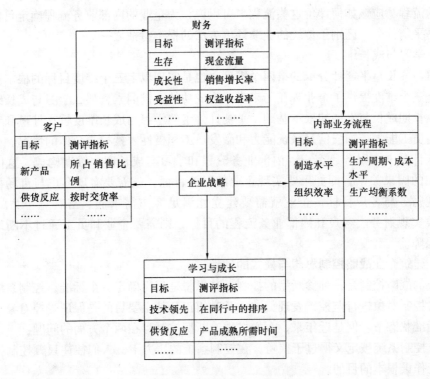

图 10-5 平衡记分卡逻辑框架

价指标与业绩之间具有相关性。

(2) 客户维度

进入目标市场、赢得关键客户是建筑企业竞争成败的关键。平衡计分卡中的客户维度试图为企业选择目标客户和价值定位提供帮助。因此，客户维度的指标主要是用于评价企业所面对的竞争性客户和市场份额状况，以及计量该企业目标市场中的业绩。

根据卡普兰和诺顿教授的原创性成果，客户维度的指标分为滞后指标和先行指标。前者包括客户保持率或忠诚度、新客户开发率、客户满意度、客户盈利性及市场份额等，后者主要包括与客户满意有关的时间、质量、成本、价格、准时交货、客户关系和公司形象等。由于顾客需求的多样性，客户维度指标的设计必须根据特定目标客户群量身订做，同时，企业在其目标市场中，用以吸引并留住客户的价值观念对企业的决策会产生重大影响。因此，在客户维度下，无论是哪一类指标，都要能很好地反映和传递企业战略目标和价值定位的要求。

(3) 内部业务流程维度

企业内部业务流程是指以顾客需求为起点，从输入各种资源到企业创造出对顾客有价值的产品或服务为止所发生的一系列活动。从平衡计分卡的要求来看，在内部业务流程维度下，企业各个业务部门需认真识别和确定哪些是关键的内部流程。通过关键流程，企业能有效传达在目标市场中吸引和保持客户所需要的价值定位，并满足股东及其他利益相关者对企业财务业绩的良好预期。因此，内部业务流程维度的计量指标，侧重于对客户满意程度和对实现企业财务目标有重大影响的内部经营活动，如投标中标率、生产周期、技术水平、产品质量、生产能力等。同时，企业必须确定和评价自身的核心竞争力——什么是最重要的流程，应该如何评价这些流程。可以说，为企业的内部业务流程确定目标和评估方法，是平衡计分卡区别于传统的业绩评价方法的根本特征之一。

(4) 学习与成长维度

学习与成长是平衡计分卡的第四个维度，也是实现以上三个维度目标的根本保证。如果说以上三个维度提供了企业现在与未来取得成功的关键因素，那么学习与成长维度则是建立企业长期成长与发展的根本基础。平衡计分卡的学习与成长维度旨在计量和考核企业组织提高员工能力、加强信息系统能力和激发员工积极性、授权与合作的情况。

平衡计分卡由财务、客户、内部业务流程和学习与成长四个维度构成，这四个维度有其内在的因果关系，即如果要实现企业的财务目标，就需要实现客户与市场目标；如果要实现财务与客户目标，企业就需要建立能满足客户需求的、富有竞争力的业务流程；而要实现财务、客户和内部业务流程的目标，则需要企业和员工通过不断地学习和成长来保障。

五、建筑企业战略控制思想与模式的创新

传统的战略控制是一种诊断型的控制，其思想是现行确定一个标准，控制系统围绕这一标准对控制对象进行监控，发现偏差，及时纠正，其主要目的是保证受控对象永远处于预定的标准状态下。但是近年来，人们发现诊断型控制存在两个方面的问题：

(1) 控制系统被定义得过于狭隘，在控制系统的压力下，人们往往只顾控制指标，而忘了其工作最根本的目的。

(2) 诊断型控制的基础是控制标准，但在一些特殊情况下，企业无法确定控制标准，而是依靠员工的主动精神去对环境的变化做出正确地反应。失去了控制的标准，诊断型控制就无法实施，在这种情况下，需要一种新的控制模式。

在现代社会中，环境变化的速度大大提高，环境的失稳使得诊断型控制越来越不适应现代管理的需要。在这样一种背景下，一些非诊断型控制思想被提出来。一般可以分为以下几类：

1. 学习性控制

学习性控制是指依靠员工综合素质的提高来适应环境的变化，达到减少差错、提高应对能力的目的。学习性控制是通过学习来达到的。所谓学习，是指不断的根据环境变化进行自我更新的过程。学习性组织是将企业的学习与组织成员的学习有机的结合起来，使员工的学习成为提高组织自我更新能力的一部分。学习性控制需要花费大量的精力从组织的外部学习知识，包括向顾客、供应商、竞争对手等学习，这样的学习保持了与外部环境的紧密联系，使企业对外部变化作出迅速反应成为可能，另一个学习的来源是组织内部。学习的深层含义是超越自我，企业通过自身综合素质的不断提高来增强抵抗风险的能力。

2. 禁区系统

禁区系统基于一个简单但却深远的，被称作"负面思维力量"的管理原理。如果希望自己的员工能够充满主动精神和创新精神，那么你应该告诉他们哪些是不能做的而不是应该怎样做。通过标准操作规程或操作手册告诉员工工作怎样做，可能会影响他们的主动性和创造性。而仅仅告诉他们不能做什么，则能给员工留下更多的创新空间，当然这一空间应是有明确限制范围的。在现代企业中，禁区系统的作用如同企业的刹车控制，就像赛车一样，那些发展最快、以工作业绩为中心的企业需要最好的刹车控制。

3. 互助式控制系统

互助式控制系统是经理们用来定期亲自参与下属决策过程的正规信息系统。通过这些系统，高级经理们参与下属的决策过程，将企业的注意力和学习方向转移到重要的决策问题上。高效率的管理者要将权力下放给自己的员工，因为他们相信人们内在的革新和增值能力。为了发挥这一种潜能，高级经理们必须在许多问题上放弃控制，允许基层管理者和员工独立工作。随着公司规模的扩大，组织的松散化以及地域的分散，高级经理们不再能够不断接触所有能够发现新问题和机遇的基层员工，毋庸置疑，交流与控制变得异常重要。

通过相互支撑和配合，几种控制手段能够相互加强，使企业能够从容面对日益复杂的外部环境和竞争压力。

总之，战略分析、战略设计、战略实施以及战略控制是战略管理过程中不可或缺的四个动态阶段，其中战略实施与控制是至关重要的环节。建筑企业战略实施的任务是将战略计划转变为行动和好的结果。检验有效的战略实施的标准是，实际的组织业绩是否能够匹配或超越战略计划中的目标。业绩的下降表明战略是无力的，或者实施是无力的。建筑企业战略控制则是通过实际绩效与预期目标之间的比较，向管理者提供必要的反馈，并采取纠正措施或调整战略，保证战略实施结果符合战略总体目标。

战略管理使越来越多的建筑企业以战略的眼光看待问题，注重研究市场的变化趋势，认真谋划自己的发展战略，有效实施和控制这些战略，从而使企业在激烈的市场竞争中生存发展并获得持续竞争优势。

复习思考题

1. 你认为建筑企业战略的实施应包括哪些内容？
2. 建筑企业应如何有效配置资源以保证战略的成功实施？
3. 建筑企业在战略实施过程中应注意哪些问题？这些问题的相互关系如何？
4. 建筑企业战略控制一般有哪些步骤？有何关键控制环节？
5. 影响建筑企业战略控制的因素和趋势有哪些？

参 考 文 献

1. （美）迈克尔·波特. 竞争战略 [M]. 北京：华夏出版社，1997
2. （美）迈克尔·波特. 竞争优势 [M]. 北京：华夏出版社，1997
3. 王方华，吕巍. 企业战略管理 [M]. 上海：复旦大学出版社，2003
4. 金占明. 战略管理——超竞争环境下的选择 [M]. 北京：清华大学出版社，1999
5. 邹昭晞. 企业战略分析 [M]. 北京：经济管理出版社，2001
6. 林有孚. 现代企业管理 [M]. 北京：中国统计出版社，2000
7. （美）戴维·贝赞克等. 公司战略经济学 [M]. 北京：北京大学出版社，1999
8. （英）格里·约翰逊. 公司战略教略 [M]. 北京：华夏出版社，2002
9. 秦远建，胡继灵，林根祥. 企业战略管理 [M]. 武汉：武汉理工大学出版社，2002
10. 孟卫东，张卫国，龙勇. 战略管理：创建持续竞争优势 [M]. 北京：北京科学出版社，2004
11. 孙伯良. 企业战略管理 [M]. 北京：北京科学出版社，2004
12. 王玉. 企业竞争管理教程 [M]. 上海：上海财经大学出版社，2000
13. 姚兵，丛培经，萧利民. 建筑业行业及企业发展战略概论 [M]. 广州：华南理工大学出版社，2001
14. 吴维库. 企业竞争力提升战略 [M]. 北京：清华大学出版社，2002
15. 石勇民. 施工企业经营管理学 [M]. 北京：人民交通出版社，2001
16. 卢有杰. 新建筑经济学 [M]. 北京：中国水利水电出版社，2000
17. 部振廷，刘志昆. 企业创新策划新思维 [M]. 北京：中国经济出版社，1999
18. 吴贵生. 建筑企业技术中心建设与评价 [M]. 北京：中国建筑工业出版社，2003
19. 罗殿军. 现代企业制度创新 [M]. 太原：山西经济出版社，1998
20. 植草益. 产业组织论 [M]. 北京：中国人民大学出版社，1989
21. 马建堂. 我国企业行为与现代产业组织理论 [M]. 北京：经济研究出版社，1993
22. 夏大慰. 产业组织学 [M]. 上海：复旦大学出版社，1994
23. 中国建筑业发展战略研究课题组. 中国建筑业发展战略研究报告 [R]. 1998
24. 建设部工程质量安全监督与行业发展司等. 中国建筑业改革与发展研究报告（2005）——市场形势变化与企业变革 [M]. 北京：中国建筑工业出版社，2005
25. 汪文忠. 建筑企业跨国经营 [M]. 北京：方志出版社，2003
26. （美）菲利普·科特勒. 市场营销管理（亚洲版）[M]. 北京：中国人民大学出版社，1997
27. 郭国庆. 市场营销学通论 [M]. 北京：中国人民大学出版社，1999
28. 崔育祯. 建筑业企业文化 [M]. 北京：中国广播电视出版社，2004
29. 金国利. 市场营销 [M]. 北京：北京华文出版社，2003
30. 王秀村，王月辉. 市场营销管理 [M]. 北京：北京理工大学出版社，2002
31. 汤坤. 企业资源与能力的关系研究 [D]. 北京：中国农业大学，2004
32. 陈辉华. 大型建筑企业竞争优势分析与实证研究 [D]. 长沙：中南大学，2004
33. 陆歆弘. 中国建筑业成长发展轨迹与增长影响因子研究 [D]. 西安：西安建筑科技大学，2003
34. 佟希飞. 中铁三局集团发展战略研究 [D]. 成都：西南交通大学，2002
35. 黄春生. 河北建工集团有限责任公司发展战略研究 [D]. 南京：南京理工大学，2002

36 曾思成. 案例：广东建工集团——大型建筑企业的品牌发展战略［D］. 广州：暨南大学，2002

37 陈俊洪. 广东建筑工程集团有限公司——资产重组的战略思考［D］. 广州：暨南大学，2002

38 谢景. 北京当代集团房地产竞争战略研究［D］. 西安：西安理工大学，2003

39 李晔. X电力设计工程公司发展战略研究［D］. 成都：四川大学，2003

40 李忠前. 鞍钢集团建设总公司企业发展战略研究［D］. 大连：大连理工大学，2003

41 高山. 国有大型建筑企业发展战略的研究［D］. 南京：南京林业大学，2004

42 张梅梅. 企业环境分析及战略选择［D］. 保定：河北农业大学，2003

43 孙良云. 基于竞争优势的供应链核心企业能力评价研究［D］. 重庆：重庆大学，2002

44 田刚. 国有大型建筑企业的发展战略研究［D］. 上海：上海海运学院，2000

45 逢宗展. 对中国大型勘察设计单位创建国际型工程公司的研究［D］. 重庆：重庆大学，2002

46 潘安平. 建筑业技术创新的理论与实证研究［D］. 杭州：浙江大学，2002

47 刘显东. 企业技术创新能力的理论研究与实证分析［D］. 西安：西北工业大学，2002

48 项保华. 企业战略管理若干问题分析［J］. 南开管理评论，1999（4）

49 项保华、李庆华. 企业战略理论综述［J］. 经济学动态，2000（7）

50 徐二明，王智慧. 企业战略管理理论的发展与流派［J］. 首都经济贸易大学学报，1999（1）

51 周文燕，陈辉华，刘微明. 企业战略管理理论的发展［J］. 吉首大学学报（社会科学版），2004（1）

52 王孟钧，陈辉华. 铁路施工企业成本竞争优势的价值链分析［J］. 铁道科学与工程学报，2004（1）

53 陈辉华，刘少兵，王孟钧. 基于价值链理论的工程总承包企业的竞争优势分析［J］. 建筑经济，2004（12）

54 尚耀华，金维兴. 中国建筑企业的战略选择——基于价值链理论的分析［J］. 建筑经济，2005（10）

55 张根凤. 施工企业获取竞争优势的价值链分析［J］. 价值工程，2002（2）

56 陈轲. 价值链分析——降低成本的新方法［J］. 四川会计，2002（7）

57 陈伟，刘希宋. 基于价值链管理的成本竞争优势研究［J］. 经济师，2002（4）

58 晏胜波，王孟钧. 施工企业核心竞争力综合评价研究［J］. 现代建筑科技与工程，2003

59 孙中林. 建筑企业核心竞争力的构建［J］. 建筑，2002（9）

60 魏江，叶学锋. 基于模糊方法的核心能力识别和评价系统［J］. 科研管理，2001（2）

61 常永华. 企业核心能力的模糊综合评判模型与案例［J］. 西北大学学报（自然科学版），2001（3）

62 顾刚. 建筑施工企业创新与培育核心竞争力［J］. 西部探矿工程，2003（8）

63 洪兆平，洪兆根. 建筑企业培育和提升核心竞争力的途径［J］. 建筑经济，2003（7）. 55~57

64 张沫贤. 建筑业战略管理的创新研究［J］. 基建优化，2003（4）

65 李胜利，邢作国. 建筑企业的专业化发展战略［J］. 基建优化，2002（3）

66 冯玺玲. 龙铁集团的人才战略［J］. 人才资源开发，2005（7）

67 张涑贤，黄旭东. 建筑企业组织结构与经营战略的匹配研究［J］. 西安建筑科技大学学报（社会科学版），2003（9）

68 叶敏. 关于我国建筑企业规模结构问题的思考［J］. 建筑经济，2001（4）

69 陈建国. 建筑业产业组织政策的分析和研究［J］. 建筑经济，2002（12）

70 廖玉平. 建筑业产业结构调整战略研究［J］. 建筑经济，2005（3）

71 赵伟. 建筑企业改革中市场定位的思考［J］. 安徽建筑，2000（2）

72 孙宏生，曲艳凤，秦鸿. 浅谈企业的市场定位［J］. 建筑管理现代化，1999（2）

73 马林. 企业经营战略中的市场定位［J］. 铁道物资科学管理，1999（2）

74 王丽. 建筑企业的自组织与产业组织优化研究［J］. 鞍山科技大学学报，2005（6）

75 王孟钧，杨承恺. WTO与中国建筑业［M］. 北京：中国建材工业出版社，2002（4）

76 刘少兵，张建平，王孟钧. 基于制度经济学的工程总承包模式探讨［J］中国投资，2005（1）

77 王孟钧，俞冠军．建筑企业核心能力的培育［J］．铁道工程企业管理，2005（4）
78 王孟钧，李博．流程型组织——项目管理组织的变革［J］．铁道工程企业管理，2005（6）
79 彭庆辉，王孟钧．工程总承包企业价值链及其优势分析［J］．湖南工程学院学报，2005（12）
80 王孟钧，韦玮．建筑企业战略环境分析［J］．铁道工程企业管理，2004（12）
81 2001年中国建筑业统计年鉴［M］．北京：中国统计出版社，2001
82 2002年中国建筑业统计年鉴［M］．北京：中国统计出版社，2002
83 2003～2004年中国建筑业统计年鉴［M］．北京：中国统计出版社，2004
84 湖南省发展和改革委员会．湖南省"十一五"规划重大课题研究报告，［R］．2004
85 苏东水．产业经济学［M］．北京：高等教育出版社，2000
86 王孟钧，赵建伟．建筑企业核心竞争力的识别方法［J］．铁道工程企业管理，2005（2）
87 王孟钧，彭敏．建筑企业竞争优势的层次结构分析与构建［J］．铁道工程企业管理，2005（5）
88 王孟钧，薛立谦．铁路施工企业战略管理与优劣势分析［J］．铁道工程企业管理，2005（3）
89 林小丹，陈松．建筑业创新体系的构建［J］．建筑经济，2003（11）
90 金维兴，唐晓灵．中国建筑业技术创新体制研究［J］．建筑经济，2004（9）
91 李昌凰，邓从先．WTO条件下的市场营销创新［J］．中国中小企业，2001（5）